Pascal K'in Greub
Lattice Surfing

Pascal K'in Greub

LATTICE SURFING

Kosmisches Lebensnetz, Drachenkraft und die kommende Herzzeit

NEUE ERDE

Bücher haben feste Preise.
1. Auflage 2014

Pascal K'in Greub
Lattice Surfing

Titelseite:
Foto: www.justwave.com; Whirlpool Galaxy M51: NASA, ESA, W. Li and A. Filippenko (University of California, Berkeley), S. Beckwith (STScI), and The Hubble Heritage Team (STScI/AURA)
Gestaltung: Dragon Design, GB

Satz und Gestaltung:
Dragon Design, GB
Gesetzt aus der Minion

Gesamtherstellung: Appel & Klinger, Schneckenlohe

Printed in Germany

ISBN 978-3-89060-635-4

Neue Erde GmbH
Cecilienstr. 29 · 66111 Saarbrücken · Deutschland · Planet Erde
www.neue-erde.de

Für meine kosmische Lebens-Partnerin
und ihr Verständnis und ihre Unterstützung
während der Redaktion und Edition
dieses Buches.

Auch hab' ich weder Gut noch Geld,
Noch Ehr' und Herrlichkeit der Welt.

Es möchte kein Hund so länger leben!
Drum hab' ich mich der Magie ergeben,
Ob mir durch Geistes Kraft und Mund
Nicht manch Geheimniß würde kund;

Daß ich nicht mehr mit sauerm Schweiß,
Zu sagen brauche, was ich nicht weiß;

Daß ich erkenne, was die Welt
Im Innersten zusammenhält,
Schau' alle Wirkenskraft und Samen,
Und thu' nicht mehr in Worten kramen.

JOHANN WOLFGANG VON GOETHE (1749 - 1832)
AUS *FAUST, DER TRAGÖDIE ERSTER TEIL* [1]

Inhalt

Einführung

Als Autor freue ich mich, dass du zu diesem inneren Reisehandbuch des 21. Jahrhunderts gegriffen hast. Es wird dir helfen, viele alte Vorstellungen und Glaubenssätze über den Haufen zu werfen. Es darf dein neuer Begleiter auf deinem Lebensweg und bei deinem Prozess zu Reife und Ganzwerdung werden. Es wird Licht in noch dunkle Ecken deines inneren und äußeren Universums bringen, wo viele versteckte Geheimnisse nur darauf warten, entdeckt zu werden. Die mystische Reise führt dich durch angewandte Psychologie, schamanische Erfahrungswelten, neueste wissenschaftliche Erkenntnisse, schöpferische Prozesse des Bewusstseins und spirituelle Philosophien unseres Planeten. Das Buch ist aus meiner 15-jährigen Praxis als mystischer Unternehmens-Coach, Therapeut und Seminarleiter entstanden. Es beruht auf den Notizen, die ich vor, während und nach meinen Referaten, Workshops und Retreats sowie nach Gruppenheilungen und Einzelsitzungen mit all den Tausenden von wunderbaren Menschen gemacht habe, die zu mir kamen und die vielfach nach Wunderheilung klingende Rückmeldungen gaben oder ihre Erfolge als Videointerview mit mir teilten.

Ich habe mich also hingesetzt und gefragt, was denn hinter den Kulissen aller therapeutischen Prozesse und menschlicher Transformation dafür verantwortlich ist, dass Menschen auf dem Lebensweg Leid, Krankheit und Blockaden hinter sich gelassen haben.

Ich habe gelernt, dass die Mittel, die uns als Menschheit helfen können, kollektiv verbreitete Krankheiten und kulturelle Schranken zu überwinden und in Glück und Fülle zu leben, sehr einfache, sich in verschiedensten Lehren und Traditionen wiederholende Elemente sind. Wenn wir dafür offen sind, kommen sie zu uns als Information und Werkzeuge, die jedermann kinderleicht, ohne Vorkenntnisse und Glaubenszugehörigkeit, erlernen kann. Die einzige Voraussetzung, damit sie funktionieren, sind ein offenes Herz und der Wille zur Veränderung. Alles, was ich in diesem Buch weitergebe, habe ich selbst an mir erfahren und seit Jahren mit vielen Menschen erprobt, und ich versuche es selbst täglich zu leben! Es hat mein eigenes Leben grundlegend umgekrempelt und erleuchtet, nachdem ich selbst mehrfach in die verschiedensten Fallen der Oberflächlichkeit, der depressiven Ohnmacht und dann des »spirituell ewig Suchenden« getappt bin.

Hervorgerufen durch mehrere Bewusstseinssprünge seit dem Jahr 2000, durfte ich immer öfter das *Gefäß* oder *Netzwerk* hinter aller Existenz sehen. Es war früher ein von den Alten Weisen langgehütetes Geheimnis, das heute von jedermann bewusst angewendet werden darf und einen bisher noch unbekannten Nutzen für die Menschheit hat: die *Lattice**, das kosmische Internet des 21. Jahrhunderts.

Ich habe dieses Wissen – oft in versteckter Form – erfolgreich in Unternehmen, in akademischen Ausbildungsprogrammen (Pädagogik, Psychologie) sowie in spirituellen und schamanischen Trainings weltweit angewendet. Im *Handbuch zur Kreativen Transformation*, das 2003 für die Kurse an der Autonomen Universität Chapingo in Mexiko erschienen ist, habe ich meine energetischen Tricks, die Heilarbeit und die Mayarituale noch nicht erwähnt. Immer mehr Menschen, die meine Arbeit kennenlernten, haben mich danach gefragt, wann ich denn endlich ein Buch darüber schreiben würde. Ich habe lange auf den richtigen Zeitpunkt gewartet, um diese einerseits pulsierende und vitale, andererseits unbekannte und für den Verstand meist unfassbare *Welt voller Geheimnisse* in Worte zu fassen und darüber zu schreiben. Meine Herausforderung war es, ein Buch zu schaffen, das den Zugang zu *unverzerrtem* spirituellen Wissen öffnet – und das nicht nur für eine »spirituelle Elite« – und dem Leser genügend Spielraum lässt, damit er seine eigenen praktischen Erfahrungen machen und neue Mythen bilden kann.

Überraschenderweise hat meine Erfahrung gezeigt, dass die meisten Menschen (nach möglichen kurzen Annäherungsschwierigkeiten) in einer Weise darauf reagieren, als ob sie das alles schon gewusst hätten. Sie steuern dann in den Gruppen Kurserfahrungen bei, die den Anwesenden schon oft den Verstand buchstäblich weggeblasen und sie zu wehmütigen Tränen gerührt haben. Ich bin fest davon überzeugt, dass wir alle große Meister sind, jedoch unser Potential noch unterdrücken (lassen). Spiritualität hat deswegen heute nur dann einen Sinn, wenn sie geerdet und pragmatisch daherkommt; vielleicht wenn man gar nicht von ihr spricht, sondern sie stillschweigend lebt, zu Hause, mit dem Partner und im Unternehmen, wo viele Menschen einen Großteil ihres Lebens verbringen. Was zählt, ist nicht das weiße Gewand und der Meistertitel, sondern unsere Wirklichkeit, die wir leben, und die Wirkungen, die wir auf andere haben. Die *Resultate* spiegeln unseren Umgang mit der Lattice und mit dem Unbewussten und Unbekannten wider, und zwar auf persönlicher wie auf planetarischer Ebene.

---

* *lattice* (englisch): wörtlich Gitter, Verbund, Kristallgitter

Nach zwanzig Jahren Forschung und Praxis ist nun dieses Buch mit bisher unveröffentlichten Informationen, Geschichten und vielen Übungen entstanden, weil ich festgestellt habe, dass ich es in meinen Seminaren und Workshops kaum schaffe, darüber einen zusammenhängenden Überblick zu vermitteln. Jedesmal kann ich dort nur ein paar wenige Kern-Ideen sowie einzelne Übungen weitergeben. Wer nicht die Möglichkeit hat, einen mehrwöchigen Kurs oder mehrere meiner Vorträge und Basis-Workshops zu besuchen, dem soll dieses Buch ein weitgefasster Überblick mit tiefergehenden Anleitungen für diese moderne *Kosmovision* fern von religiösen Dogmen sein. Es geht um drei ganz grundlegende Aspekte des Lebens:

- die *Lattice* als das empfangende und gebärende Mutternetz, das alles fraktal* und multidimensional durchwebt;
- unser *Herz* als Tor der Tore, das uns den Zugang dorthin gewährt;
- und der *Drache* als unser väterliches Schutztier auf dem Weg sowie als göttliches Erbe und Schöpfercode, der alles Leben überhaupt erst ermöglicht und erzeugt.

Viele Menschen verspüren heute den Wunsch, wieder einfachstes, uraltes, praktisches Wissen wie dieses zu *erinnern* und unmittelbar *schöpferisch anzuwenden*, anstatt sich an immer neue *Techniken und Methoden* zu klammern. Dieses Buch enthält *Anleitungen* und für den Anwender reproduzierbare *Werkzeuge*, mit denen jeder sein Bewusstsein öffnen und einen harmonischeren Umgang mit seiner Existenz erlangen kann.

In all den Jahren habe ich versucht, meine praktische Erfahrung durch *wissenschaftliche Evidenzen* und Inspirationstechniken der *Künste* zu ergänzen, um meine Erfahrungen mit dem Unbekannten, mit dem Mehrdimensionalen, mit den Lehrern und Geschwistern aus höheren Ebenen besser erklären zu können. Ich hoffe, so dem Leser den Einstieg in neue Welten zu vereinfachen, die seine Existenz um vieles bereichern und erleichtern werden. Dieses Buch ist also kein wissenschaftliches Buch, auch wenn ich immer wieder einmal wissenschaftliche Forschungsergebnisse erwähne, sondern eher der Versuch eines sprachlichen Abbildes der »kosmischen Bücher«, wie die Mayaschamanen sagen, eine *kosmische Surfreise* hinein in deine eigenen Universen, deine Gefühle und deine Träume, die wiederum unsere Existenz kollektiv erschaffen. Ich werde die Erwartungen an eine wissenschaftliche Beweisführung

---

* Eine Erklärung finden Sie weiter hinten.

einer akademischen Leserschaft nicht erfüllen können. Das Ziel dieses Buches ist, eine Lebenshilfe oder eine mentale Neuorientierung in Zeiten persönlicher und globaler Sinnkrisen zu bieten. Ich möchte damit den Leser anspornen, sich selbst seine eigene Meinung über die Existenz zu bilden und dafür seine Wahrnehmung und sein Bewusstsein weiter zu schulen.

Zusammenfassung des Buches

Im Prolog erzähle ich, wie ich die »zivilisierte Welt« der Schweiz hinter mir ließ und einem Traum nach Mexiko folgte; wie ich als nervöser, neurotischer und depressiver Ökonom schließlich zum Maya-Medizinmann initiiert wurde. Dann erkläre ich, warum ein *Latticebewusstsein* dein Leben nach universellem Gesetz verändern wird – hin zu mehr Fülle und Glück. Im Folgenden beginnen wir eine spannende Forschungsreise in die Welt der Quanten, Hologramme und Hyperkommunikation. Anhand atemberaubender wissenschaftlicher Forschungsresultate werden wir die alltägliche Wahrnehmung der Weisen und Schamanen unseres Planeten nachempfinden und verstehen, warum Wissenschaftler, wenn sie nicht mehr weiterwissen, von Geist und Gott zu sprechen beginnen. Wir feiern diese Hochzeit von Wissenschaft und Spiritualität mit einer Achterbahnfahrt durch unsere Mikro- und Makrowelten, wo du sehen wirst, wie alles mit allem andauernd kommuniziert. Dort beißt sich der ewig spiralförmig drehende Drache in den Schwanz und zeigt uns den Weg zum Einheitsbewusstsein: Er wird dir sein Geheimnis über die Aktivierung unserer schlafenden Gencodes offenbaren. Beim Ausdehnen deiner *Drachensphäre* als kosmischer Lebens-Künstler, wirst du gewahr: Deine Pilgerfahrt ist Teil einer kollektiven Reise der Menschheit, vom *Opfertum* hin zur eigenen *Meisterschaft.*

Dann wirst du die Lattice in allen ihren Manifestationen in Raum und Zeit wahrnehmen, wie sie alles verbindet von den kleinsten Lichtteilchen in dir bis hin zu den Filamenten der Astrophysiker, die unsere und andere Galaxien mütterlich umarmen. Erinnerungen an vom Verstand verdrängtes Wissen werden wach, du findest zurück zu dir selbst; dann ist die Göttin zu dir zurückgekehrt, dann bist du komplett. Und du weißt wieder: Vergangenheit und Zukunft gibt es gar nicht, alles passiert immer Jetzt!

Das Tor ist dein Herz. Während der Verstand teilt, eint das Herz. Es weist uns den Weg, wie wir uns wie selbstverständlich höheren Dimensionen öffnen können. Wir werden verstehen, an welchem Schwellenpunkt wir als Menschheit heute feststecken und wohin die Evolution des *Gruppenbewusstseins* uns führen kann, was wir dafür tun können und welche Intelligenzen wir entwikkeln müssen, um gemeinsam dorthin zu gelangen. Zum Schluss werden wir das Herz als unsere integrierte, perfekte *Maschine für Zeit- und Raumreisen* nutzen lernen, mit der wir an alle *Knoten- und Herzpunkte der Raum-Zeit-Lattice* reisen können.

Am Ende des neunten Kapitels landen wir sanft und sehen, wie wir die Lattice auf unserem Lebensweg als *Spiegel der Wahrheit* und als *Schöpfer unserer Wirklichkeit* tagtäglich anwenden und das Gelernte für Gesundheit, Beziehungen und Berufung umsetzen können.

An dieser Stelle möchte ich ganz besonders den unmittelbaren und praktischen Lehren von Don Lauro de la Cruz in Chiapas, Mexiko danken, der mir als wichtigster Meister in meinem Leben – ohne viele Worte – solange den Spiegel vorhielt, bis ich endlich selbst mein wahres zu Hause fand. Er hat es mir ermöglicht, meine alte Linie des Wissens bei den Maya zu erinnern und so wieder aufzunehmen. Erst damit waren mein Herz und meine Antennen für andere Lehren offen. Ich möchte mich auch bei all den anderen Meistern und Meisterinnen bedanken, die ihr Wissen mit mir teilten und in mir vergessene Facetten von wirklichem Leben voller Liebe und Göttlichkeit aufblitzen ließen. Manche sind beinahe »unerkannt« durch mein Leben gezogen, denn sie trugen keinen sichtbaren »Meister-Stempel« auf der Stirn. In diesem Sinne spreche ich auch all meinen Schülern, Patienten und treuen Anhängern tiefen Dank aus für all ihr Vertrauen, ihre Fragen, Probleme, Kritiken und ihr freudiges Lob, was mir alles half, meinem Lauf der Evolution zu folgen und immer mehr mit mir selbst in Übereinstimmung zu sein. Was mich immer am meisten genährt und angetrieben hat, auch in schweren Zeiten wie ein Krieger voranzuschreiten, ist der Wandel, den ich in euch sehe, die Veränderung in euren Gesichtern, das Strahlen und die guten Neuigkeiten, die ihr mir aus euren Leben erzählt. Herzlichen, herzlichen Dank für eure Teilnahme: Wir werden immer mehr, die den Weg des Herzen gehen und den Planeten bewusst gemeinsam neu gestalten!

Der Unterschied zwischen vielen Methoden auf dem »Markt« und der *Maya-Lattice*, wie ich sie vermittelt bekam, liegt darin, dass sie keine der neuen Techniken ist, die man an einem Tag erlernt, so wie sie uns manche New-Age-Bewegung oder alternative Therapieform gerne verkauft. Hinter den »Techniken« können jedoch Türen für dich aufgehen und dich an Orte führen, die du nie für möglich gehalten hast. Die Lattice kann jedem neue Formen der Wahrnehmung des Lebens und der Umwelt zeigen und damit den Weg zu einer neuen Weltsicht und einer Lebensphilosophie öffnen. Der Aspekt der Heilung oder Ganzwerdung auf körperlicher, emotionaler, mentaler und spiritueller Ebene ist dabei nur eine notwendige Folgeerscheinung. Das Wiedererkennen der Lattice kommt dem Verstehen eines höheren Lebenssinnes gleich; sie ist wie die Luft, die du immer geatmet hast, doch wenn du es bewusst tust (und tiefer atmest), verändert sich dein Leben. Die Lattice war immer da, in dir und um dich herum, nur hat es dir keiner gesagt. Dieses Bewusstwerden wird einerseits dein Wissen und deine Fähigkeiten zum Blühen bringen und dir andererseits neue Horizonte öffnen – zu immer mehr Übereinstimmung, Verwirklichung und Multidimensionalität in deinem Leben. Leser haben mir bestätigt, dass schon allein beim Lesen dieses Buches die Lattice-Energie und ihre kodierte Information sich unbewusst auf den Leser überträgt und bei ihm die verschiedensten positiven Wirkungen auslöst.

Seitdem ich den Begriff »Lattice« das erste Mal hörte, hat er mich nicht mehr losgelassen. Heute weiß ich, dass mich die Lattice, genau wie ein Archetyp oder ein Gott, geführt und gelehrt hat, so dass sich mein Leben und meine Arbeit mit den Menschen stark verbessert haben. Ich verwende im Folgenden den Begriff »Lattice« so, wie ich ihn bei eingeweihten Hütern des uralten Mayawissens gehört, und so, wie ich gelernt habe, ihn anzuwenden. Ich werde der Einfachheit halber »Lattice« sagen und meine damit die »kosmische Lattice« oder »Maya-Lattice« in all ihrer unmittelbaren Anwendbarkeit. Die Wissenschaft kennt den Begriff »Lattice« vor allem in der Geometrie und Physik, während er meines Wissens in den alternativen Behandlungstechniken und in der Philosophie kaum verwendet wird.

Ich lade dich ein auf eine abenteuerliche Surftour (oder fast schon Sauftour, falls dich die hohen Frequenzen etwas beschwipsen) in die fraktalen Welten unseres Kosmos, um dich mit Wissen und Werkzeugen für diese Zeit des Wandels zu wappnen. Du wirst durch die Reflexionen beim Lesen dieses Buches einen uralten Mythos selbst *wiederbeleben*: Eintauchend in deinen Herzstrudel wirst du den schlafenden Drachen erwecken und ihn mit dem kosmischen Webmuster der Lattice befruchtend vereinen. Die Lattice steht vor einer galaktischen Geburt, sagen die Maya: die einer neuen Menschheit auf der Erde, in der wir wieder zu freien Mitschöpfern unserer Welt und unseres Planeten werden.

Pascal K'in Greub, Malinalco, Mexiko, Juli 2011

Prolog

Meine Initiation durch die Mayameister

Das Leben ist ein kosmisches Theater, und wir sind die Hauptdarsteller, auf die wir gewartet haben.
Pascal K'in Greub

In diesem Kapitel werde ich einem tibetischen Sprichwort folgen, das besagt, dass man seine »Linie« und Geschichte vorweisen soll, um die Echtheit der Lehre und ihrer Übermittlung zu bezeugen.[2] Ich möchte dir aufzeigen, lieber Leser, wie die Lattice zur *Quintessenz aller Suche* für mich wurde, und dir eine Vorstellung vermitteln, aus welchem Umfeld ich komme und wie ich in die Mysterien der Maya eingeweiht wurde. Ich erzähle dir meine Geschichte der Selbstheilung, um dich anzuregen, auch auf deine feine innere Seelenstimme zu hören und deinen eigenen Weg zu finden. Nie ist es zu spät, die Koffer zu packen, und jeder Tag ist zu viel, an dem du dein Leben vergeudest bei einer Arbeit, bei der »dein Herz nicht schlägt«.

Wenn ich heute auf mein Leben zurückschaue, bin ich sehr dankbar, dass ich den Mut entwickelt habe, Altes hinter mir zu lassen – und das manchmal so radikal, dass es in meinem Umfeld oft Staunen und Missmut ausgelöst hat. Allmählich habe ich gelernt, dass ein Krieger immer weiß, wann ein Wendepunkt gekommen ist, wann er die »Zelte abbrechen« und einen neuen Weg einschlagen soll. Er weiß, wann *Aktionszeit*, wann *Wartezeit* oder Zeit der Vorbereitung für eine Veränderung und wann *Erntezeit* ist. Genau dieses Wechselspiel von *Geben und Nehmen und die Wendepunkte dazwischen* war sehr schwierig für mich zu akzeptieren. Ich wollte immer alles auf einmal, nach meinem Rhythmus, ohne die zyklischen Zeitspiralen des Universums und die Interaktion mit meiner Umwelt zu respektieren.

Schule ist, den Code zu knacken

Meine frühe Sensibilisierung für Kreativität verdanke ich meinen Eltern und ihrer großen Liebe zur Kunst und der Pflege humanistischer Werte. Schon von klein auf war ich ein aktiver und kreativer Mensch, und es entsprach meinem Charakter, die Dinge selbst in die Hände zu nehmen. Ich baute unendliche Holzeisenbahnwelten, »unterirdische Tunnel« aus riesigen Umzugskisten bei abgeschaltetem Licht im Keller, spielte Indianerhäuptling (!), beobachtete Kaulquappen und lief durch die Wälder auf der Suche nach erkletterbaren Bäumen und »magischen Rückszugsplätzen« im Wald, »wo keiner hinkam«.

Ein großes Geschenk für mich war, als mein Vater meinem Bruder und mir eine Baumhütte mit zwei mal zwei Metern Bodenfläche zimmern ließ, etwa drei Meter über dem Boden, im eigenen Garten zwischen drei mächtigen Tannen. Ich liebte es, im Sommer dort zu schlafen, ich liebte es, mich als »Indianer« zu fühlen. Meine Phantasiequelle dazu waren die Bücher von Karl May, in denen er die Abenteuer vom Indianerhäuptling Winnetou und Old Shatterhand, seinem weißen Freund, erzählt. Später baute ich Modelle von Burgen und legte ein A bis Z aller archäologischen Stätten der Schweiz in etwa fünfzehn überquellenden Ordnern an. In der Umgebung von Basel kannte ich alle mittelalterlichen Burgen und Ruinen, keltischen Kultplätze, Menhire, prähistorischen Höhlen, gallorömischen und römischen Ruinen. Mein kindlicher Traum war, später einmal eine Buchreihe mit Kartenwerk herauszugeben, wozu es dann aber nie kam. Ich begann schon als Zehnjähriger all diese Denkmäler mit Bus und Zug zu besuchen und zu fotografieren. Später, in der Pubertät, legte ich mir eine Kakteenzucht zu und war Heim-DJ mit zwei Plattenspielern und einem Mixgerät.

Ich gab mich immer als kleiner Rebell, der alle Dinge selbst entdecken wollte, oder ich drehte sie auf meine Weise um, bis ich sie »mir zu eigen« gemacht hatte; Geduld war nie meine Stärke. In der Schulzeit wurde meine Kreativität gebremst: Im Zeichen-, Musik- und Turnunterricht (also in den Fächern, die irgendwie mit Kunst und Ausdruck zu tun hatten!) kam ich überhaupt nicht zurecht. Meine Leistungen waren auch sehr mittelmäßig in diesen Fächern, während ich in allen anderen meist Klassenbester war.

Ich pflege heute zu sagen, dass mein Anpassungsmechanismus ans Schulsystem war, mit Bestleistung zu glänzen (andere begabte Kinder glänzen mit mentaler Verweigerung). So ließ man mich in Ruhe, ich wurde gelobt und konnte mich, nach Erledigung der Hausaufgaben, meinen Herzens-Hobbies widmen, den Burgen, den Kelten, den Kakteen, den Modellen…

Ich konnte kaum je stillsitzen, war ein nervöses, kränkliches Kind. Schon im Geometrieunterricht dachte ich immer: »Warum geht das denn nicht weiter, bitte; ist doch alles klar und einfach«, während die anderen schwitzten und an ihren Bleistiften kauten.

Die ganze Schulzeit war für mich wie ein Erinnern von etwas, das ich schon wusste – ganz allmählich wurde mir das klar. Ich hatte immer diese Aha-Momente und das Gefühl: »Ah, ja stimmt, so geht das.« Habe ich etwas verstanden, dann war mir wieder langweilig wie einem Kind, dem sein altes Spielzeug verleidet ist. Mir gefiel es nie, die Dinge so wiederzugeben, wie ich sie gelernt oder gelesen hatte, doch genau das wurde verlangt. Nur keine Kreativität und eigene Erfindungen, bitte! – Doch fand ich auf meine Weise eine kreative Seite in allen Fächern, von denen die einen für die meisten der wahre Graus waren – wie Mathematik, Physik und Chemie – und die anderen meist ein schnödes Auswendiglernen bedeuteten – wie Geografie, Biologie und Geschichte. Schon damals versuchte ich, »hinter die Dinge zu blicken«, den *Code zu knacken*, wie ich es nannte. Das befriedigte mich und ließ eine bestimmte kreative Freude im Umgang mit den Dingen um mich erwachen. Als Schüler war ich überzeugt davon, dass, wer den Mechanismus hinter dem »Stoff« in jedem Fach durchblickte, es einfach hatte in den Prüfungen.

Ich liebte das Botanik-Bestimmungsbuch von August Binz (1870 - 1963, Schweiz), das ein Standardwerk der schweizer Gymnasien war. Dort konnte ich selber herausfinden, welche Pflanze ich vor mir hatte; meist war ich als erster fertig und verlangte nach einer nächsten Pflanze, während anderen oft die Prüfungszeit nicht einmal reichte, um sich durch das stets weiterführende Bestimmungssystem hindurchzuarbeiten. Ich hatte dieses Bild vor mir: Jedes Fach in der Schule war wie eine bestimmte Frequenz im Radio. Man musste sich einfach auf die richtige Frequenz einstellen, und alles lief wie am Schnürchen.

Besonders stolz war ich in meiner Schulzeit auf zwei Bestnoten, die ich jedoch nicht in mathematischen oder naturwissenschaftlichen Fächern erlangte: bester Deutsch-Aufsatz zu einer Bildbeschreibung von Marc Chagall und erster Platz in einem Orientierungslauf. Besonders der Orientierungslauf schenkte mir Freude und Sicherheit, beneideten mich doch alle »Starken«, die immer die besten im Sport waren und nicht glauben konnten, dass »das Sport-Weichei Pascal« als erster im Ziel einlief. Mir kam natürlich meine Praxis im Kartenlesen zugute, die ich mir auf meinen Burgenwanderungen im Wald erworben hatte. Ich werde nie den Moment vergessen, als ich den Mut besaß, eine Abkürzung zu gehen, die ich auf meiner Karte als dünn-gestrichelte Linie sah, während die ganze Gruppe, die Klassenstärksten voran, einen breiten Waldweg weiterjagte. Ich fand alle Orientierungspunkte einen nach dem anderen ganz alleine und sah niemanden mehr auf der ganzen Route. Nach ein paar Stunden so allein im Wald, war ich ziemlich sicher, dass mich alle überrundet hatten, und sah mich schon als Letzten über die Ziellinie laufen. Wie groß war meine Überraschung, als ich dort als Erster eintraf!

Frisch zugelassen zur Universität, stand ich wie so viele junge Studenten vor der Qual der Wahl. Es gehörte in meiner Familie einfach zum guten Ton zu studieren, es war ein »Muss«. Ich hinterfragte diesen Weg auch nicht, ich war ja gut in der Schule, und wer liebt nicht elterliches Lob? – Auf meiner Liste von möglichen Studien war Ur- und Frühgeschichte, Archäologie, Biologie, Geologie, Architektur, Psychologie, Soziologie… Da dies aber alles »brotlose« Berufe wären, riet mir mein Vater, mich eher bei Wirtschafts- oder Rechtswissenschaften umzuschauen. Ich entschied mich für ein Wirtschaftsstudium und gebe zu, dass ich bis in die höheren Semester nie wirklich wusste, um was es da eigentlich geht. Ich sah die Wirtschaft wie ein theoretisches Konstrukt, zu dem ich nie den Zugang als eine be-greifbare, praktische Wirklichkeit fand. So fiel ich meiner einseitig logisch-mathematisch ausgebildeten Intelligenz zum Opfer und zählte wieder zu den besten Studenten – indem ich einfach auswendiglernte, dabei mein »kluges Köpfchen« und ausgeprägtes photographisches Gedächtnis einsetzte.

Allmählich begann meine Seele nach neuer Nahrung zu lechzen, und die fand ich im Theater. Im Uni-Sportheft war auf der letzten Seite ein Eintrag des Jugendtheaters Basel abgedruckt. Obwohl Theater in der Familie als etwas Unseriöses, gar Verbotenes betrachtet wurde, wagte ich es, dort anzurufen und meine Daten zu hinterlassen. Etwa ein Jahr später, ich war schon fast fertig mit meinem Studium und wohnte in einer Wohngemeinschaft ganz in der Nähe der Universität, schellte das Telefon, und man lud mich zu einem Vorsprechen für ein »Suchtprophylaxestück« ein. Ich wurde sofort genommen, und vor mir lag ein Vertrag, den ich unterschreiben sollte. Hoppla!

Aus dem Blickwinkel meines heutigen Wissens über die *Lattice* möchte ich erwähnen, dass ich schon damals darin trainiert wurde, mich in die jeweiligen Hologramm-Anteile des universellen Gitternetzes einzufühlen: in neue Informationssphären in der Schule, wie die einzelnen naturwissenschaftlichen Fächer oder das Binz-Bestimmungsbuch für Pflanzen, in all die Wirtschaftstheorien an der Uni sowie auch in das Kartenlesen beim Orientierungslauf oder in die Welt des Theaterspiels, wo die Bühne ein Labor der Wirklichkeit darstellt. Die Lattice, weiß ich heute, ist ein Netzwerk, das alles, was im Universum enthalten ist, miteinander verbindet und umfasst: Materie wie Information in Form von Lichtsprache und Gedankenstrukturen. In diesem Kapitel werde ich dir weiter aufzeigen, wie sich die Lattice mir seit damals immer mehr erschlossen hat und sich mir dadurch immer neue, umfassendere Wirklichkeiten offenbarten.

Meine *Via Negativa* auf der Theaterbühne

Obwohl ich also nie zuvor Theater gespielt hatte, sprach man mir Talent zu und wählte mich für die Rolle des *Flip* aus; das war ein junger, kiffender Reggaefreak, der in Gefahr war, auf eine noch schiefere Bahn zu kommen. Ich spürte, dass mich da eine neue Welt erwartete, etwas wie Freiheit pulste hinter der Entscheidung, von nun an Theater zu spielen. Nebenbei war das Projekt, da von der Regierung von Basel-Stadt finanziert, auch noch sehr gut bezahlt; ich konnte also problemlos davon leben und sogar etwas auf die Seite tun. – Ich sagte dem Jugendtheater Basel also zu, unterschrieb und ahnte noch nicht, dass sich damit ein Weg in neue Welten der Selbstkenntnis und der Entdeckung meines Körpers, meiner Emotionen, meiner Psyche und später des Umgangs mit Energie vor mir öffnete. Augusto Boal persönlich (1931 - 2009, Brasilien) kam von Rio de Janeiro nach Basel und begleitete unsere Proben eine Zeitlang; er brachte uns alle Formen seines *Forum-Theaters* bei.*

Die Rolle des *Flip* wurde für mich zu einer Selbsttherapie, da ich selber emotional sehr labil war und unter depressiven und neurotischen Störungen litt, auch wenn mir das damals noch nicht bewusst war. Diese neue Welt nahm mich ein und veränderte mich positiv, obwohl nicht alles im Theater nur »hip, hip, hurra« war und ich mich an die Disziplin, das körperlich harte und emotional belastende Training gewöhnen musste. Ich stellte fest, dass ich durch die Proben sicherer und gefestigter wurde, denn ich war lange ein schüchterner, ängstlicher, wirrer junger Mann gewesen.

Nach diesem Theaterstück, das wir in sechzig verschiedenen Schulhäusern und Theatern zeigten, bekam ich – als junger, vielversprechender Ökonom – ein Angebot auf eine lukrative Stelle bei der Crédit Suisse, die den Neid so mancher meiner Studienkollegen weckte. Ich stand am Anfang einer glänzen-

* Das *Forum-Theater* steht im Mittelpunkt des *Theaters der Unterdrückten* von Augusto Boal, wobei das Theater als Modell der Verbesserung zwischenmenschlicher und sozialer Zustände verwendet wird und Zuschauer auf die Bühne eingeladen werden, um die Szene nach ihrer Wahl neu zu erschaffen.

den Karriere in der Wirtschaft! – Doch hatte ich gleichzeitig begonnen, mich auf das Vorsprechen an den Schauspielschulen vorzubereiten. Claudia Federspiel, eine bekannte schweizer Schauspielerin, nahm mich unter ihre Fittiche und studierte mit mir Monologe ein.

Ich konnte das Theater nicht mehr lassen, tief in mir drin zog es mich auf die »Bretter, die die Welt bedeuten«. Was tun?

Als ich in Freiburg im Breisgau als Schauspielstudent angenommen wurde, entschied ich: »Ich will professioneller Schauspieler werden«.

Ich ließ zur Enttäuschung meiner Eltern die Wirtschaft links liegen und zog nach Deutschland. Nun begann ein neuer Lebensabschnitt, der mich aber auch in meine dunklen Urtiefen führte. Bald wusste ich nicht mehr, wie ich mit meiner Unsicherheit und den tiefen Ängsten, die im Schauspielunterricht zutage traten, umgehen sollte – als ich die Kinesiologin und Heilpraktikerin Tina Braedt-Lautmann kennenlernte. Sie wurde für mich zu meiner »ersten Meisterin«, die mich in viele Geheimnisse der Arbeit mit Menschen einführte, in den Umgang mit Emotionen, Gedanken, inneren Bildwelten, Energiestrahlen, Archetypen und Lichtwesen. Nach der üblichen Therapiestunde blieb ich immer noch etwas länger bei ihr, und sie gab mir Kopien mit, die ich dann zu Hause studierte. Erstmals hörte ich von einem *kosmischen Gitternetz*, das alles mit allem verbindet. Sie half mir, alte Alpträume aus der Kindheit sowie meine frischen Künstlervisionen über den Zusammenhalt von Mensch, Raum und Zeit neu zu ordnen.

Nach vier Jahren Schauspielschule hatte ich mich schließlich sehr verändert; ich fühlte mich erstmals erfüllt, war freier, stärker und glücklicher: ein »ganzer Mensch«. Im Theater hatte ich ein Ventil gefunden, die von kleinauf beobachteten Ungereimtheiten, Ungerechtigkeiten und Lügen der Gesellschaft auszudrücken und zu kommunizieren. Mir wurde wieder überdurchschnittliches Talent zugeschrieben, und die rumänischen Regissseure von Weltrang, die unsere Schuldirektion einlud, wählten mich mehrmals für eine Hauptrolle aus. Die erste war *Milordino* in *Die Riesen vom Berge* von Luigi Pirandello, dann der *Gerichtsrat Walter* im *Zerbrochenen Krug* von Heinrich von Kleist; später ein Napoleonischer Geheim-Agent in *Marat/Sade* von Peter Weiss und viele mehr. So konnte ich schon neben der Ausbildung professionelle Bühnenerfahrung sammeln und fand danach auch direkt eine Anstellung an einem deutschen Theater (als eine der wenigen meiner Schulklasse). Doch spürte ich auch in der Theaterschule, dass die Lehrer mir nicht die ganze Wahrheit sagten; es gab dort so etwas wie »tote Felder« oder *blinde Punkte*, die tabu waren und die man nicht ansprach. So konnte mir keiner helfen, als ich in tiefe Depressionen und Angstzustände verfiel, als ich mich wochenlang auf die Rolle des *Milordino* vorbereitete, der, wie der Regisseur Ducu Darie vom Bulandra Theater Bukarest sagte, »pure Paranoia verkörpert«. Natürlich konfrontierte mich das mit meiner eigenen inneren, versteckten schweizer Paranoia, und ich lief häufiger zu meiner Therapeutin Tina. So war es auch eher die Ausnahme, dass mir jemand weiterhelfen konnte, wenn ich über den Austausch im *Energienetz zwischen Publikum und Schauspieler* mehr wissen wollte oder nach den magischen, ja *schamanischen Aspekten in der Schauspielkunst* fragte, wie sie Jerzy Grotowski (1933 - 1999) in den siebziger Jahren in Polen erforschte.

Ich liebte Grotowskis Plädoyer »Für ein Armes Theater«, weil es mir als das einzig wirkliche Theater erschien, ohne das Elitegehabe der deutschen Theaterszene. Sein *nackter Schauspieler* sollte sein Ego auf dem *Via Negativa* (Negativweg) in einem täglichen Körper- und Energietraining ablegen. Er wird wie der Schamane als eine Art »Übermensch« gesehen, der das Publikum auf eine Reise in andere Welten entführt und vielleicht eine Katharsis in ihm auszulösen vermag. Es war eine Rückbesinnung des Theaters auf seine Wurzeln, in der nach Grotowski »der Schauspieler zumindest in seiner Rolle *Schöpfer, Modell und Schöpfung in einem*« ist und sich *paratheatralischen Selbsterfahrungspraktika* unterziehen soll (die ich heute mit meiner schamanischen Arbeit des Kosmischen Theaters vergleiche).[3] Ich spürte schon damals, dass mich das herkömmliche Theater, in dem ich dann einige Jahre diente, bald langweilen würde. Hautnahe Einstiege in die Ursprünge des Theaters fand ich in der unvergesslichen Zusammenarbeit mit Yoshi Oida (*1933 in Japan, Schauspieler und Regisseur bei Peter Brook, Paris) und dann Jahre später erst im schamanischen Energietraining von Don Lauro und den Mayazeremonien in Mexiko. Ebenfalls in Mexiko beeindruckte mich die Bekanntschaft mit Nicolas Nuñez, dessen international wenig bekannter Ansatz des »antropokosmischen Theaters« genau meiner Suche nach Authentizität entsprach. Er bindet jahrtausendealte Rituale, partizipatives Theater sowie *Heiliges Theater,* wie es Peter Brook in seinem gleichnamigen Buch nennt, in seine Aufführungen mit ein.

Ich wollte nicht mehr leben

Doch noch wusste ich nichts von Mexiko. Nach sieben Jahren Ausbildung und Karriere auf deutschen Bühnen bin ich Mitte der neunziger Jahre wieder in mein Heimatland Schweiz zurückgekehrt, um als freier Künstler und Kulturschaffender zu wirken. Eine unruhige Zeit begann; ich fragte mich, in welche Richtung mein Leben nun ginge. Ich gründete in Basel das »Quantentheater«, wo ich Erfahrungen als Regisseur, Produzent und Performer sammelte, und versuchte, die Mitglieder der Gruppe in eine innere Energiearbeit einzuweihen. Schon in Deutschland hatte ich begonnen, mich als Therapeut in Kinesiologie auszubilden und besuchte so manche Kurse in Meditation, Focusing, Schamanismus, doch blieb es bei der *Theorie im Kopf* und einer eher »halbherzigen Praxis«, wie ich später zu sagen pflegte. Da war etwas in mir, das hinauswollte, aber ich wusste nicht, *wie* darauf antworten: Ich konnte dem Schrei meiner Seele nach Freiheit, nach Veränderung nicht entsprechen.

Es gab dann immer diese kurzen Momente, in denen meine Seele aufjauchzte; ich werde sie nie vergessen. Einer davon war ein kurzer Workshop über kreative Inspiration mit Alex Grey, als er in der Schweiz war. Ich liebte in seinem Bildband *Sacred Mirrors: Die visionäre Kunst des Alex Grey* vor allem das Bild »Theosis«, welches das Energiesystem eines meditierenden Menschen inmitten des kosmischen Gitters darstellt, von ihm poetisch als »Stoff des Raumes und der Zeit« beschrieben. Schon damals in der Schweiz hatte ich erste Visionen mit diesem Bewusstseinsgitter, das alles zusammenhält und hervorbringt – die Lattice! Hier ein kurzer Auszug aus der Bildbeschreibung:

Ich sah in einer Vision die Theosis. Das vereinigte menschliche und göttliche Bewusstsein webt den ***Stoff des Raumes und der Zeit****, in den das Selbst und seine Umgebung eingebettet sind. … Ich starrte in eine unendlich sich forsetzende Tiefe perspektivischer Gittermuster, die von meinem Gehirn/Geist ausstrahlten und zum Horizont hinführten. … Ich sah sowohl mein eigenes geistiges Wahrnehmungsgitter als auch den universellen Geist, der die Quelle und der Webstuhl zugleich war…*[4]

Als ich Alex Grey ansprach, um ihn persönlich um Rat zu bitten, schwitzte ich und war unsicher. Ich bewunderte sein Vertrauen in seine spirituelle Vision als Künstler. Es machte mir aber auch zugleich Angst. – Er sagte mir nur etwas wie: »Glaube an deine Träume und setze sie um, verlasse sie nie und gib nicht auf!«

Ich war unruhig und innerlich zerrissen wie Goethes Faust und wollte endlich *erkennen, was die Welt im Innersten zusammenhält.* Etwas in mir erahnte schon die Antwort darauf, doch war ich mir noch nicht der Bandbreite meiner Entdeckung für mein Leben bewusst.

Es gab Momente – wie auf zwei Ägypten-Reisen mit meinen Eltern nach Kairo und Luxor –, in denen ich immer wieder spürte, dass ich »anders« war; auf jeden Fall konnte ich in meinem Umfeld mit niemandem über das sprechen, was mir passierte. In den Gräbern im Tal der Könige bei Luxor hörte ich Stimmen, und ich hatte das Gefühl, dass die Gemälde sich bewegten. Danach, wieder in der Schweiz, flimmerte Tag und Nacht etwa zwei Wochen lang ununterbrochen ein Film aus ägyptischen Hieroglyphen vor meinen Augen, bis ich Angst bekam und dachte, ich sei verrückt geworden. Später erinnerte mich der grüne herunterfließende Zahlen-Code im Film *The Matrix* (1999, von den Wachowski-Brüdern) an jenes Erlebnis. Heute weiß ich, dass es die Lattice war, die mich mit meiner ägyptischen Vergangenheit rückverband und eine Art »Datendownload« in mein Energiesystem ermöglichte.

Ich habe in den neunziger Jahren in Europa zig Bücher verschlungen und versucht, selbst Rituale auszuführen, um »mein Leben besser in den Griff zu bekommen« und die »Grenzen der Wahrnehmung zu sprengen«, »die Fesseln der Vergangenheit zu durchbrechen«. Doch war mein *Verstand* meist mein größter Feind, denn er war auf Unwissenheit und Angst gegenüber dem Unbekannten aufgebaut. Als kopfiger Schweizer wollte ich alles vergleichen und verstehen und *dachte* eher über »Spiritualität« und »Energie« nach, als dass ich sie wahrnahm oder sie durch mich hindurchfließen ließ. Nichtsdestotrotz gab ich mich, so um 1996, mit meinem Bücherwissen als ziemlich spirituellen Menschen aus, bot auch Einzelsitzungen und Kurse an. Doch ich glaube, ich bin mit meinem pseudoerleuchteten Sermon auch vielen auf den Wecker gegangen. Die Maya nennen das »zwei Herzen haben«, ein »erleuchtetes« und ein »dunkles«, anstatt *ein* integriertes. Es fanden sich hingegen, nach dem Gesetz der Anziehungskraft, schon damals einige mit mir zusammen, denen meine Mentalspiritualität entsprach.

Auf der Theaterbühne war ich gut, doch als *Schauspieler des Lebens* kam ich klar an meine Grenzen, und das machte mich unruhig. Ich merkte, dass mir der Lehrer fehlte, dass mir ein offenes Herz fehlte, um tiefe, innere Erfahrungen zu machen, die mich zu einer wahren Erleuchtung führen sollten. Immer mehr traf ich in meinem Leben auf Sensible, Lehrer, Heiler, Medien, die mir ganz klar spiegelten, dass noch viel mehr möglich ist in diesem Leben und es noch viel mehr gibt »in mir drinnen«. Sie ließen mich jedoch auch meine Blockaden und Ängste spüren. Ich merkte, dass in meinem Herzen etwas verschlossen und taubstumm blieb, wie gelähmt. In meiner Einsamkeit, wenn mich keiner sah, weinte und tobte ich. Ich wurde wütend und depressiv, je mehr ich merkte, wie gefühllos mein Herz war. Denn daran hatte auch der Schauspielunterricht nur wenig ändern können. Alles Bisherige schien mir immer mehr wie eine Riesen-Farce, allem voran mein blinder Glaube an die spirituellen und therapeutischen Kurse und Bücher.

Ich sah die Tür des Herzens vor mir; ich wusste, dass ich dahinter wirklich *fühlen* durfte, und das als Mann! – Aber ich wusste nicht, *wie* ich diese Türe öffnen konnte. Ich schlief nächtelang im Wald, auf meinem Lieblingsberg, dem Odilienberg *(Mont St. Odile)* in der Nähe von Straßburg mit seiner undatierbaren kilometerlangen Keltenmauer und setzte mich Blitz und Donner aus. Einmal schlug der Blitz etwa fünfzehn Meter von mir entfernt ein. Es passierte mir nichts, ich hatte nicht einmal Angst; ich war bereit, die Konsequenzen zu tragen; ich war bereit zu sterben.

Ich merkte auch, dass ich, wie so viele Menschen, regelrecht Zuflucht gesucht hatte in spirituellen Betätigungen, in erweiterten Wirklichkeiten, in einer abgehobenen Welt, in intellektuellem Bücherwissen – neu mit spirituellen Etiketten. Um meine fehlende Integrität zu vertuschen, schwang ich weiter meine Tiraden über spirituelles Wissen, denn ich war ja schlau und intelligent!

Immer mehr getraute ich mich, in den Spiegel zu schauen, und was ich dort erspähte, war der eigentliche *Schlüssel* zu meinem Glück; obwohl es mir überhaupt nicht gefiel, denn dort sah es rabenschwarz aus. Was ich da sah, war der pure Horror. Ich merkte, wieviel ich all die Jahre an Unzufriedenheit, Angst, Wut, Unsicherheit verdrängt hatte. Wenn ich weiterkommen wollte im Leben, musste ich dort aufräumen, Klarheit und Licht hineinbringen in die alte Gerümpelkammer im *inneren Keller*. Und was da alles zum Vorschein kam!

Plötzlich sah ich all die Momente, wo ich mich aufgab und kniff, meine stechende Einsamkeit, meine inneren Saboteure, meine Selbstzerstörungswut, meine tiefen Krisen, die ich durch Alkohol zu überwinden suchte, meine Phasen der Depression und meine Neurosen, die mich manchmal für meine Mitmenschen unausstehlich machten. Ich sah mich einerseits als talentierte, kreative Person, die als Schauspieler sehr viel Positives auslösen konnte im Publikum – andererseits als Regisseur, Therapeut und Seminarleiter, der durch Nervosität und Ehrgeiz das Aufgebaute mitunter wieder selbst zerstört hatte. Ich geriet in einen dunklen Strudel und wusste nicht mehr, wie ich dort herauskommen sollte.

Wieder packten mich die alten Selbstmordgedanken; ich wollte mich an den Rand der Existenz bringen, den *Tod* kennenlernen. Schon vor meinem Abitur begann das exzessive Party- und Diskothekenleben für mich eine enorme Anziehung auszuüben, ich suchte dort meine versteckte Unzufriedenheit auszubalancieren; ja, ich war ausgehsüchtig, ich trank, ich rauchte und ich fühlte mich einsam, wenn ich nicht in Begleitung einer Freundin oder einer Gruppe von Freunden war. All das wurde mir nun allmählich bewusst, und während es in mir als erkannte Wahrheit aufstieg, fühlte ich mich noch elendiger.

Es war doch absurd! – Eigentlich hatte ich immer alles geschafft, was ich wollte. Ich war gut in der Schule, ich hatte als junger Ökonom gearbeitet, ich wurde ein erfolgreicher Schauspieler, der mit Regisseuren arbeiten konnte, von denen andere nur träumten, etwa mit Nicola Weisse in der Schweiz. Ich schaffte es, mir eine Karriere als freischaffender Künstler aufzubauen, und hatte immer Arbeit, fand sogar Gelder, um eigene Produktionen zu finanzieren. Und, ich war »anders«, ich verband eine mystische, schamanische Vision mit dem Theater, ich gab nebenbei Therapiesitzungen.

Ich versuchte, Ordnung in meine Gedanken zu bringen und in meine Existenzkrise; ich wollte erkennen, *wie* alles weitergehen sollte. In meinen dunkelsten Momenten hatte ich immer diese Stimmen in mir, die sagten: »Gib dich nicht auf! Du bist nicht allein! Steh auf!« Sie ließen mich schließlich sehen, dass mein Lebensweg mit seinen abrupten Kurswechseln, seinen »drei Karrieren« (Ökonomie, Theater, Therapie) doch irgendwie Sinn machte. Ich erinnerte mich des kosmischen Gitternetzes, wo nichts getrennt ist voneinander, und entwickelte die Vision, alles unter einen Hut (oder besser »Haar-Netz«, hahaha) zu bringen: Ich wollte den Menschen zeigen, wie sie, erstens, als *Schauspieler des Lebens* alles erreichen können, was sie wollen, zweitens, wie unendlich die Möglichkeiten des Geistes sind, wenn sie *ihre Fesseln sprengen und ihre Wahrnehmung erweitern,* und drittens, wie sie sich damit als *selbständige Unternehmer* selbst entwickeln können. Ich dachte dies einerseits mittels szenischer Ausdrucksformen, andererseits in Selbstfindungsworkshops und Einzelsitzungen zu erreichen.

Ich wusste, wohin ich wollte im Leben, aber ich fühlte, dass ich mir dabei selbst im Wege stand. Dort, wo ich hinwollte, konnte ich nicht hingelangen, so wie es im Moment in mir aussah. Ich hatte es zwar geschafft, mich aus den Dogmen meiner gutbürgerlichen Erziehung zu befreien, wagte es aber lange nicht, über die körperliche und psychische Gewalt, die in der Schule wie in meinem Elternhaus herrschte und unter der ich sehr litt, zu reden. Ich schämte mich dafür und dachte lange, es sei »normal«.

Ich begann zu entdecken, dass meine Partyexzesse und mein Künstlertum mit langen Haaren und Hippiekleidung aus einer Rebellion heraus kamen, dass ich mich deswegen auch im sozialen Umfeld gerne als »Chaot« und als künstlerischer »Außenseiter« aufführte, was mir nicht nur Freunde einbrachte. Mein Lebensweg hatte mir bis dahin geholfen, Neues zu entdecken und zu erschaffen sowie emotionale und spirituelle Wunden zu heilen – doch wollte ich nicht stehenbleiben, wo ich war. Ich spürte, wie ich meine Fassadenteile nicht mehr festhalten konnte, wie sie von selber langsam von mir abbröckelten. Ich fühlte mich nackt und verwundbar.

Das machte mir Angst, und ich verschloss mich wieder, suchte wieder *Zuflucht* in der Einsamkeit des Waldes. Mir wurde klar, dass ich ein *schlechter Rebell* war, dass ich die ganze Zeit genauso angepasst war wie die Menschen, die in den Theaterstücken kritisiert wurden, die Schwindler, Heuchler, die Mediokren, die wissen, dass sie im sinkenden Dampfer hocken, aber so tun, als ob nichts geschehen wäre, und weiterhin sagen: »Ja, es ist schon gut... mir geht es gut!« – Da steckte ich nun tief in meiner Sackgasse: Nach außen hin schien alles gut, aber in meinem Inneren kochte es; ich wusste nicht mehr weiter. Ich war am Ende. Ich wollte nicht mehr leben.

Drei Mal derselbe Traum von Mexiko

Und dann, 1997, 1998 und 1999, kam dieser gleiche Traum drei Mal, immer in der Nacht vor meinem Geburtstag am 27. August. Ich wusste ihn nicht zu deuten, aber er beschäftigte mich zutiefst, vor allem, weil er im Abstand von einem Jahr wieder ganz genau so wie beim ersten Mal abspulte, wie ein Video! – Ich saß bei einer Familie am Tisch, reiches Abendbrot, mir gegenüber sah ich durch die Fenster unten im Tal die Lichter einer Stadt. Ich deutete, dass dieser Traum in einem »Städtchen in Südamerika« stattfand. Das wichtigste jedoch war dieses Gefühl von tiefer bedingungsloser Liebe, die ich als Gast bei dieser Familie empfinden durfte, ein Gefühl von Geborgenheit und Angenommensein »so wie ich bin« – eine Atmosphäre, die ich in meinem Elternhause zutiefst vermisst habe. Später deutete ich dieses Traumbild als »spirituelle Familie«, als spirituelles Netzwerk von Gleichgesinnten.

Wenn ich gewusst hätte, welche Wunder und magischen Geschenke des Lebens mich noch erwarteten! Naja, man kann sich ja oft schwerlich ausmalen, wie wunderbar das Licht am Ende des Tunnels sein wird; wir haben einfach noch nicht die Neuronenverbindungen dafür. Wir sind, jeder gemäß seiner Kultur, so gewohnt, unseren immer gleichen Wahrnehmungsfilm abzuspulen und damit dieselbe Wirklichkeit Tag für Tag aufrechtzuerhalten, dass in tiefster Vergessenheit bleibt, *wie es denn auch anders sein könnte*! Ist es dir nicht auch schon so ergangen, lieber Leser? – Du schaust freudig zurück auf dein Leben und denkst in etwa: »Wow, kaum zu glauben, wie ich damals ruderte, wie schwer es doch ging, wie negativ ich drauf war...«

Also kurz und bündig: Obwohl mich die Pyramiden und die Geschichte von Mexiko nie besonders angezogen hatten, begann ich plötzlich vom »magischen Mexiko« *(México mágico)* zu reden, bis es meinen Freunden zu bunt wurde und sie, einem weitverbreiteten europäischen Klischee entsprechend, meinten, ich solle mir doch einen Sombrero kaufen, nach Mexiko gehen und mich dort mit Tequila vollaufen lassen. Doch all ihren sarkastischen Sprüchen zum Trotz, begann die Idee mit der Mexiko-Reise zu reifen. Wie die Synchronizität so arbeitet, gab mir Tina Braedt-Lautmann in jener Zeit ihr Exemplar des *Maya-Orakel* von Ariel Spilsbury[5] in die Hände, das ich mir sofort selbst kaufte und zu einem meiner Lieblingsbücher wurde. Gänsehaut und wohlige Schauer liefen meinen Rücken hinunter, wenn ich die wunderschönen Orakelkarten der Mayazeichen konsultierte und die poetischen Texte dazu las. Ich spürte eine Art Fernweh, das ich aber nicht zu deuten wusste. Das Werk hat mich natürlich unbewusst auf meine Mission vorbereitet und angefangen, mich mit meinem Geist oder Spirit *(espíritu)* wieder zu verbinden, was ja genau die Funktion dieser Maya-Archetypen ist. Die Maya nennen das, »die Rückkehr zu den Sternen antreten«. Doch das Erbe der Maya war noch etwas sehr Fernes und Fremdes für mich, und mein besorgter Verstand überschattete die Abenteuerlust mit Warnungen vor »unausstehlicher Dschungelhitze«, Malariakrankheit und den allseits bekannten Gefahren in »tropischen« Ländern, wie Raub und Totschlag. – Endlich im Dezember 1999 buchte ich aufgeregt eine Last Minute-Reise nach Cancun, Mexiko. Ich spielte damals in Zürich eine Komödie am Hechtplatztheater, und die Regisseurin Nicola Weisse gab uns zehn Tage »probefrei« zum Weihnachtsurlaub.

Vom ersten Schritt an war alles, was mir in Mexiko passierte, von einer nie gekannten und unbeschreiblichen Magie begleitet. Ich spürte schon damals, dass in diesem riesigen Land eine ganz andere Energieschwingung hinter allem vibrierte. Es faszinierte mich. Schon am zweiten Tag in Playa del Carmen wurde ich zu meiner erste Mayazeremonie in einem Cenote eingeladen.* Ein paar Tage danach verfiel ich in einen mysteriösen grippeähnlichen Zustand, mit Gliederschmerzen und Schwindelgefühlen. Am wunderschönen weißen Karibikstrand neben der Mayapyramide von Tulum lag ich schal in der Hängematte und beobachtete die fahl vorbeifliegenden Pelikane. Ich fragte mich, was denn nun mit meinem hohen Energiepegel passiert und ob ich so weit geflogen sei, um mich wie ein ausgelaugter Waschlappen zu fühlen. Heute nenne ich dieses Symptom »Energiegrippe« oder *metabolische Anpassung.* Es sind Ausdrucksformen der energetischen Veränderung im Körper, die manche Menschen unter Einfluss hoher Frequenzen erfahren, meistens neben Kopfschmerzen, Ohrensausen oder Übelkeit. Das Gute an dieser Energiegrippe

---

* Cenotes sind die für die Maya wichtigen runden Süßwasserseen im Kalkstein der Halbinsel von Yukatan.

war, dass sie meine mentalen »Abwehrkräfte« heruntersetzte, was es mir ermöglichte, den feinen Anweisungen auf meiner Reise Folge zu leisten und die Spreu vom Weizen zu trennen. – In der Tat wurde ich wie von einer *unsichtbaren Hand* auf jedem Schritt meiner weiteren Reise nach Palenque und hinauf in die »Anhöhen von Chiapas« *(los Altos de Chiapas)* geführt: Wie ich in San Cristobal de Las Casas von einer Person zur nächsten geschickt wurde und so schließlich am 31. Dezember 1999 den *Mayapriester* Don Lauro kennenlernte, ist eine Geschichte für sich. Don Lauro begrüßte mich schließlich wie einen verlorenen Sohn; er schien gewusst zu haben, dass ich kommen würde. Ich spürte die große Distanz unserer Kulturen, zwischen meiner angelernten Art, alles zu vergleichen und zu beurteilen, und seiner Herzensnähe, die mich zu Tränen rührte. Nachdem er mich am Rücken behandelt hatte, verschwanden die Grippe-Symptome. – Wieder bei vollen Kräften, traute ich meinen Augen kaum, was ich alles beobachten durfte. Ich sah vor mir einen *Don Matus*, wie ihn Carlos Castaneda in seinen Büchern beschrieben hatte.[6] Ich wusste bis dahin nur nicht, dass so etwas *wirklich* noch existierte.

Don Lauro, wie ich später lernte, heilt nicht mit *Jikuri* (Peyote-Kaktus) oder anderen heiligen Pflanzen, wie es der *Yaki* Don Matus tat, sondern arbeitet ganz einfach mit sehr hochfrequenten Energien, womit Masken und Blokkaden von selbst abfallen und sich die Person, der Lebensweg oder die Beziehung zu etwas oder jemandem transformieren. Er »spricht« andauernd mit seinen Helfern und Verbündeten, die ihm bei der Arbeit in Blitzesschnelle zur Seite stehen. Allen voran sind es die *Sternenwesen* aus anderen Dimensionen und Sternsystemen, die er oft mit einer Träne in den Augen auch »größere Brüder« nennt: *hermanos mayores.* Am Anfang war ich hin- und hergerissen zwischen Bewunderung und Ablehnung: Mein Ego spielte verrückt: Einmal brüstete es sich, ich wäre ein Auserwählter, dass ich so etwas erleben durfte, ein andermal lehnte es alles kategorisch als Scharlatanerie ab und beteuerte, ich wäre in eine gefährliche Sekte geraten, wo alle und alles nur darauf ausgerichtet war, um arme Opfer wie mich »hinters Licht« zu führen und Macht über sie auszuüben. Allmählich wurde mir klar, dass für Don Lauro diese Kommunikation mit »anderen Welten« völlig normal und alltäglich und alles andere als eine Show für Touristen wie mich war. Hinter all seinen Aktionen stand eine klare Absicht: der Dienst an der Menschheit und am Planeten Erde. Es war also umgekehrt als mein Ego mir vorgegaukelt hat: Als ich meine beschränkte Realität loszulassen begann, begriff ich, dass ich nicht »hinters« sondern viel eher »vors Licht« geführt wurde, und allmählich kam ich wieder zu meiner inneren Kraft.

Ich werde in diesem Buch nun all die Sternenwesen, aufgestiegenen Meister sowie die Ahnenhüter (Schutzgeister) der Erde, die als Führer und Beschützer der Mayakultur Erfahrung gesammelt haben, zusammen mit hier inkarnierten Meistern wie Don Lauro als »Mayameister« bezeichnen, denn ein Schamane kann nicht getrennt von seinen Helfern und Lichtwesen verstanden werden. Während meiner späteren Ausbildung bei Don Lauro gingen Diesseits und Jenseits Hand in Hand; oft war es schwierig auszumachen – vor allem wenn man an wortlose Kommunikation denkt –, ob jetzt eine Information von der Person oder einer gegenwärtigen Wesenheit gekommen ist. Die Wirklichkeit, in der diese Zusammenarbeit mit den Mayameistern stattfindet, ist viel umfassender, als die dem Verstand wohlbekannte der drei Dimensionen, dem Ort von Körper und Materie. Als Mitglied des Ältestenrates der »Anhöhen von Chiapas« reicht Don Lauros Verantwortungsbereich von lokalen und nationalen Verpflichtungen hin zu planetarischen und galaktischen Abkommen. Ein *sacerdote maya* (Mayapriester) unterscheidet sich von einem *curandero* (Heiler) oder einem *brujo* (Hexer) durch die *Reichweite* seines »kosmischen Schamanismus«, wie ich es nenne. Mit anderen Worten, er hilft nicht nur einzelnen Menschen, ihr inneres Gleichgewicht zu finden, sondern auch dabei, soziale, kollektive und kosmische Aspekte zum Wohl der Menschheit zu harmonisieren.

Ich hatte ihn am 31. Dezember 1999 also gerade erst kennengelernt, und am Abend schon war ich zum Sylvesteressen im kleinen Kreise eingeladen. Es fand im Haus von Saide statt, an einem Berghang hoch über San Cristobal de Las Casas, im Barrio Los Alcanfores. Neben Don Lauro waren dort Eduardo, Saide, Joel und andere neue Freunde, an deren Namen ich mich heute nicht mehr erinnere. Ich saß so am Tisch, dass ich durch die Fenster mir gegenüber die Lichter des Städtchens sehen konnte. Als wir so die letzten Minuten des alten Millenniums abwarteten und ich vor mich hinsann, in welch außerordentliche Umstände mich das Leben gebracht hatte, stieß ich plötzlich einen Schrei aus und sagte in fehlerhaftem Spanisch: »Das war mein Traum, genau das hier ist mein Traum, den ich dreimal in der Nacht vor meinem Geburtstag hatte! Ich sah diese Lichter unten im Tal, und fühlte mich so… geborgen, wie in einer neuen Familie…«

Mein Herz und meine Seele wussten natürlich in diesem Moment, dass mein Leben hier weitergehen würde. Nur mein Verstand haderte noch etwas mit seinem Schicksal.

Ich musste schon am 1. Januar 2000 zurück nach Zürich fliegen und die Komödien-Premiere bestehen. Ich hatte Arbeit als Schauspieler und Regisseur wie noch nie, genau das, worauf ich als selbständiger Künstler so lange hingearbeitet hatte.

Sollte ich nun meinen Theatertraum aufgeben? Würde ich in einem so fremden Land überleben können?

Im Mai 2000 sagte ich gleich drei Theater-Projekte ab, mit der Begründung: »Ich wandere nach Mexiko aus«. – Uff, ich hatte es geschafft!

Meine Lehre bei Don Lauro hat begonnen

In Mexiko suchte und fand ich Glück, Erfüllung und neuen Erfolg – das ist die Natur des Menschseins, es ist unser Motor zum Weitermachen im Leben. Doch ich glaube, ich hätte nie mein Auto, meinen ganzen Hausrat und meine Schallplatten verkauft und mich im August 2000, ein paar Tage vor meinem 33. Geburtstag, am Flughafen meiner Geburtsstadt Zürich in den Check-In gestellt, wenn ich vorher gewusst hätte, wie schwer der Anfang sein würde, der mich in Mexiko erwartete. Das Rückflugticket wurde übrigens nie eingelöst; europäischen Boden betrat ich erst wieder in Irland im Jahre 2007. Ich hatte sieben Jahre Transformation, Transmutation und Er-Innerung vor mir: eine Einweihungsreise in den tiefen Dschungel des jahrtausendealten Wissens der Maya und eine Reise hinein in die *Schatztruhen* meines Seelen-Wissens.

Heute bin ich dankbar dafür, dass ich meinen äußeren Erfolg, mein falsches Lachen und meinen oberflächlichen Ehrgeiz opferte für etwas viel Größeres, das ich damals nur erahnen konnte: für meine Freiheit, treu zu mir zu sein, und jene tiefe Mission und Lebensaufgabe zu leben und zu festigen, die von Kind auf in mir pulsierte, über die ich jedoch mit nur wenigen reden konnte.

Eines wollte ich mir jedoch am Flughafen Zürich-Kloten noch nicht eingestehen: Mein *Seelenvogel* saß damals beharrlich in seinem Käfig fest, auch wenn das Türchen nur angelehnt war, und er schwor: »Ich komm hier nicht raus.« Ich hatte mich so lange daran gewöhnt, dass es zu meinem Normalzustand geworden war; denn ich kannte ja nichts anderes. Damit begann der schmerzliche Teil meines Weges in Mexiko erst so richtig. Meine Freiheit und Rückverbindung mit meinem ureigenen Potential konnte ich nur erlangen, indem ich tief in den Spiegel schaute, um mich den Käfigmonstern zu stellen. Wenn ich in Europa unter Depressionen, geistiger Verwirrung und Sinnlosigkeit litt, war das noch nichts verglichen mit dem, was mich in Mexiko erwartete. Hier sind die Spiegel viel stärker. Ich lernte:

Je höher die Vibration, desto stärker und schärfer die Spiegel.

Ich möchte an dieser Stelle kurz auf die Schwierigkeiten eingehen, die mich in einer von der deutschen Schweiz so grundverschiedenen Kultur erwarteten, wie die Sprachprobleme, meine tiefe Einsamkeit am neuen Ort sowie eine grundlegend andere Wertung von Verlässlichkeit und Genauigkeit. Wie oft wartete ich auf Teilnehmer meiner Kurse, die bis zu einer Stunde zu spät oder gar nie kamen! Wie oft brach ich dann in erstickte Wutanfälle aus, weil meine inneren Grenzen überschritten wurden! Gerade, als ich mir in San Cristobal de Las Casas ein eigenes Zentrum einzurichten begann, in einem wunderschönen Haus mit Blick über die ganze Stadt, wurde in meiner Abwesenheit eingebrochen und alle Wertsachen und elektrischen Apparate samt CD-Sammlung entwendet. Bald darauf, etwa nach eineinhalb Jahren in Mexiko, war dann auch das Ersparte aufgebraucht. Doch wollte ich mich nicht mit diesen äußeren Schwierigkeiten aufhalten, sondern an den Ursprung meiner negativen und zerstörerischen Manifestationen herankommen.

Dafür musste ich in mein *inneres Horrorkabinett* reisen, wie es die Maya nennen. Es war nicht einfach, mich dort meinem Schmerzkörper zu stellen, ihn zuerst anzunehmen, so wie er war, um ihn dann loszulassen. Ich bin immer wieder ausgebüchst, so wie das viele Menschen tun. »Naja, ist ja schon gut.« Schließlich lernte ich, dass ich allein die Verantwortung für mein Verhalten in der Vergangenheit trage und dass diese Vergangenheit bestimmt, was mir heute passiert, wie es mir heute geht. Und dass ich heute durch mein *neues Verhalten* meine Zukunft erschaffe.

Das Auswandern nach Mexiko, um bei Don Lauro in die Lehre zu gehen, war für mich eine Kopfsprung-Entscheidung von einem pseudoerleuchteten, mediokren, kulturangepassten Leben eines Mitteleuropäers ins bodenlose Nichts der Schamanen, in eine Energiearbeit, die alles von dir fordert; in eine einsame Welt der *unmittelbaren Erfahrung*, die nur jeder selbst durchleben kann. »Lass los, was du zu wissen meinst«, sagte ein paar Jahre später oft Ron aus Australien, der sein voriges Leben als Unternehmer aufgab, um auch in diese galaktischen Schamanischen Schulen einzutreten. Ich durchlief einen Prozess von mehreren Jahren, während dem ich meine Energiekörper radikal transformieren konnte.

Ich kam immer weiter, ging allein »zur Schule« in den Tempeln von Palenque, wo ich direkt von Mayaältesten höherer Dimensionen unterwiesen wurde, und begann, mich meiner Mayavergangenheit zu erinnern. Don Lauro zeigte mir die *Lattice-Energie*, jene Plasmawelt der Schöpfung um uns herum; ich lernte, dass es darin ein »anderes Palenque« gibt oder »Pyramiden hinter den Pyramiden«, womit er die Paralleluniversen in anderen Dimensionen meinte.

Plötzlich waren die *Parallelwelten,* über die ich immer gelesen und doziert hatte, Realität geworden. Ich bekam sogar Einblick in frühere Zeiten, begann zu sehen, wie die Menschen damals lebten und wie ich selbst ein *Mayapriester* war. Leider reisen die meisten Touristen so weit, um dann durch diese heiligen Tempel mit Photoapparat am Bauch zu laufen, als wären sie zur Einweihung der neuen Hightech-Tankstelle an der Schnellstraße eingeladen. Mir wurde auch bewusst, wie festgefahren doch die Paradigmen der Wissenschaftler sind. Wieviel mehr würden zum Beispiel die Archäologen erfahren, wenn sie ihrer erweiterten Sinneswahrnehmung vertrauten.

Und dann, im Jahre 2002, als ich in einem Hof *(patio)* des »Palacio« in den Tempeln von Palenque saß, passierte die wohl wichtigste Initiation, die ich von den »Herren der Zeit« erhielt: Sie überreichten mir einen *bastón de mando* (Kraftstab) und instruierten mich, wie ich damit in die multidimensionale *Lattice* eingreifen könne, ein Netz aus Zeit und Raum. Die Geheimnisse für die Heilung des menschlichen Geistes, die sie mir offenbarten, und die Anwendung, wie sie sich mir in den Jahren danach zu erschließen begann, ist der Stoff dieses Buches.

Immer wieder jedoch lief ich neu gegen die Wand meines Verstandes und meiner Ängste an. In einer cigens inszenierten Zeremonie mit Don Lauro hatte ich eine Nahtoderfahrung, die mein Leben weiter veränderte. Ich begann, Leben und Tod anders wahrzunehmen; ich behielt den Zustand von innerem Licht immer leichter bei und lernte, wie ich täglich an meiner Übereinstimmung von Gedanken, Gefühlen und Handlungen arbeiten konnte; viele persönliche Quantensprünge und Aha-Erlebnisse in der eigenen Arbeit mit den Menschen folgten. Mein wichtigster Schlüssel blieb seit jener Zeit die Arbeit mit äußerst *hohen Frequenzen* und die *Konstanz,* die man darin erreichen sollte. Dazu ist es notwendig, Altes, was dir nicht mehr entspricht und dich »herunterzieht«, loszulassen, neu zu beginnen und den Anweisungen deiner Seele zu vertrauen.

Wie kann ich denn meiner Seele vertrauen? Kann ich lernen, ihr zu folgen?
– Auf jeden Fall. Die Tür zur Seele ist das »Herz«.

Ein Lebensweg aus freien Entscheidungen, die ganz allein im Herzen gefällt werden, ist schon der Weg der Seele. Nur so wird die Seele frei, der Vogel im Käfig darf endlich das Türchen, das immer offen war, aufstupsen und fliegen, in Freiheit! – So durfte ich feststellen, dass meine Seele mich seit jeher immer wieder sanft auf den *Weg des Herzens* zurückgebracht hat, durch bewegende Erlebnisse, Lektionen des Lebens und durch Menschen, die mir ihr *Herz zeigten.*

Schließlich kam ich zu Don Lauro, der als *Mayapriester* und tibetanischer Bön-Mönch alle Dogmen über Bord geworfen und selbst viele Risiken auf sich genommen hat, um seinen eigenen Weg des Herzens zu gehen. Ich glaube, es ist der einzige Weg, auf dem du selbst der *Meister* oder die *Meisterin* bleiben darfst (anstatt anderen die Macht zu übergeben).

Ich habe gelernt, dass ein Leben aus dem Herzen heraus nicht Schwächlichkeit oder Gefühlsduselei bedeutet, wie das so mancher logische Kopf des alten Paradigmas abtun könnte, sondern durchaus ein Weg des Kriegers ist. »Liebe ist manchmal knallhart«, sagte mir einmal die Schamanin und Ärztin Lupita und meinte damit, dass die *Liebe* so groß und so stark ist, dass hart daran abprallen kann, was nicht Liebe ist. Schnell wird dann aus dem Kopf gerechtfertigt, und der Abgeprallte sucht einen Schuldigen. Im Namen der Liebe wird viel Unfug getrieben, manche üben damit Machtspielchen aus, weil angeblich »der andere nicht lieb ist«, oder »ihn nicht liebt«, andere verwechseln sie mit Sex. Die immer verfügbare Liebe einer reifen Person ist vergleichbar mit der Liebe der Mutter zum Kind, dem sie aber nicht alles durchgehen lässt, sondern ihm mit Festigkeit und Entschlossenheit seine jeweiligen Grenzen aufzeigt. Damit bereitet sie es besser auf das Leben vor als mit einer *Laissez-Faire-Erziehung,* wo entschlossene Erziehungsmaßnahmen unterbleiben. Lässt die Mutter das Zwängeln und die möglichen Erpressungs-Spielchen des Kindes zu, hat sie bald ihr Terrain verloren.

Genauso verlierst du das Terrain vor deinem eigenen Ego, leistest du all seinem *Affenzirkus* folge. Erst wenn wir als Erwachsene uns selbst lieben und mit einem offenen, kräftigen Herzen dastehen, durchschauen wir unsere Ego-Eskapaden, die so oft darauf aus sind, Anerkennung und Liebe zu erheischen, welche wir als Kinder von unseren Eltern nicht bekommen haben. Und wie wenige von uns sind doch in einem Elternhaus großgeworden, wo jenes Ideal der *bedingungslosen Liebe* herrschte, von der *ich* immer träumte?

Um die Abhängigkeit von diesen Egos zu durchbrechen, empfiehlt ein Lichtkrieger der Maya als ersten Schritt, »die Energie vom Kopf ins Herz zu bringen«. So nehmen wir den kleinlichen, *niedrigfrequenten Gedanken,* die das Ego schürt, und damit den Emotionen von Angst oder Wut die Energie und sammeln sie im Herzen. Wer sich im Herzen zentriert, fühlt sich weder schlecht oder ungerecht behandelt noch den anderen überlegen und in der Position, sie zu unterdrücken. Wer sich im Herzen zentriert, der *ist* ganz einfach.

Ich gedenke oft eines Ausspruchs der Lakotas, der lautet: »Okahey! Heute ist ein guter Tag zum Sterben!« – Gemeint ist unsere innerste bewusste Entscheidung, wirklich Schluss machen zu wollen mit der Vergangenheit und dem Lamentieren. Damit entscheiden wir, ob wir *heute* frei und glücklich sind. Das ist der Grund, warum manchmal jahrelange Psychologenbesuche nicht viel ändern in einem Leben, während ein kurzer Moment der Erleuchtung und Herz-Entschlossenheit ein Leben für immer umkrempeln kann. – Ich verstehe dich, lieber Leser, falls es dir nicht einfach vorkommt, den Druck deiner Eltern und der Gesellschaft zu durchbrechen, aus der du stammst. »Du kannst doch nicht...«, »Du musst doch...«, lastet wie ein Bleigewicht auf unseren Schultern. Clarissa Pinkola Estés hat in ihrem Bestseller *Die Wolfsfrau* treffende Worte dazu gefunden. Dabei klingt unsere wilde, verrückte und unlogische Seite, unsere weibliche Energie an:

Deine Familie meint, du seist eine Außerirdische. Du hast Flügel, und sie haben Schuppen. ... Deine Familie bewegt sich sehr langsam durch die Zeit, du bewegst dich mit der Schnelligkeit des Windes... Du weißt, weil du weißt. Sie wollen Beweise und eine Doktorarbeit von dreihundert Seiten. ... Du fielst kopfüber in eine Familie, die nicht für dich bestimmt war. ... Obwohl es nicht deine Absicht ist, die Mitglieder deiner Familie zu ärgern, sie ärgern sich so oder so. Wenn du auftauchst, spielen alles und alle verrückt. ... Sie wollen, dass du heute genauso bist wie gestern...« [7]

Ich selbst habe jahrelang für mein »Anderssein« bezahlt, mit tiefer Pein und einer Art Ohnmacht als Halbtoter, weil ich meine persönliche Macht abgegeben habe. Ich übernahm all die Schuld, die man auf mich lud, wenn ich die Dinge anders tat und damit andere »vor den Kopf stieß«; ich nahm sie als *bare Münze*. Ja, ich habe eine Schuld zu begleichen, sagte mein *Schuldbewusstsein:* Du musst ein Leben lang abbezahlen. Erst als ich mich von dieser Schuld befreite, begann die Fülle in meinem Leben zu fließen, und als Teil davon auch das Geld, was ja eine Manifestation des *Selbstwertes* ist. Wenn ich 100% an das glaube, was mein Herz mir sagt, kann ich meinen inneren Reichtum ausleben, neuen Wert schaffen und ihn mit anderen teilen, ihn in äußeren Reichtum verwandeln. Da war ich wieder bei meinem Ökonomiestudium angelangt, der Kreis hatte sich geschlossen: Jede Ökonomie, sei es eine private, die eines Unternehmens oder einer ganzen Nation, kann nur dann optimal fließen, wenn sie sich von ihrer *Schuld* befreit hat!

Mein Leben hatte eine 180-Grad-Kehrtwendung gemacht. Nach ein paar Jahren war mein Körper kräftiger, ich wog zehn Kilo mehr, ich fühlte mich gesund und sicher; ich hatte seit meiner Ankunft in Mexiko nie mehr zum Arzt gehen müssen. Ich spürte, wie mein Herz sich geöffnet hatte, ich überwand meine Beziehungsprobleme mit den Menschen. Als ich 2007 meinen alten Freund, den Maler Gilbert Lattner in Basel wiedersah, sagte er mir, ich sähe jünger aus als sieben Jahre zuvor, als er mich mit meinen drei Koffern an den Bahnhof Richtung Flughafen Zürich begleitete. Damals war ich verspannt und innerlich zerrissen, ein gestresster Mensch. Ich bin heute dem lauten Ruf meiner Seele und meinen geistigen Führern dankbar, denn irgendwie vernahm ich sie schon seit langem, ihre Zeichen und Eingebungen, auch wenn ich noch so verschlossen war. Sie wiederholten mir ständig: »Das ist noch nicht das Ende der Wahrheit, Geduld mein Lieber, dich erwartet noch viel mehr…«

Initiation zum Medizinmann

Nach ein paar Jahren war der schmerzhafteste Teil meiner Ausbildung zu einem »modernen Medizinmann« vorbei. Ich habe viele Hunderte von »Energieklassen« durchlaufen, *clases de energía*, wie sie Don Lauro nannte, meist harte Trainings, in denen ich lernte, mit meinem Organismus und meiner Energie umzugehen. Ich habe die mehreren Hundert Körperpositionen, Techniken und Anleitungen dazu alle feinsäuberlich notiert. Vielleicht kommt es eines Tages dazu, diese Übungen in *Biosynthergie*©, wie ich sie mittlerweile nenne, mit mehr Menschen zu teilen.* – Ich konnte beobachten, wie so vieles anders wurde in meinem Leben. Die Dinge begannen zu fließen, ich fing an, Kurse an Instituten und Universitäten in ganz Mexiko zu geben; ich wurde sanft auf meinen Weg geführt.

»Du kannst jetzt anderen Menschen helfen, weil du dir selbst zu helfen wusstest«, sagte mir einmal Don Lauro, der übrigens nie ein Mann des Wortes war, dessen Lehre meist *wortlos und telepathisch* ablief. Ich vergesse nie, als er mich während einer Sommerwend-Zeremonie in die Mitte bat, mindestens hundert Menschen bildeten den Kreis um mich. Als ich in den Kreis trat, flüsterte ich ihm fragend zu, was ich nun tun sollte, denn er hatte mir keine Anweisungen gegeben.

Ich erinnerte mich, wie er mir bei einer ähnlichen Übung einmal gesagt hatte: »Vertraue, die Information kommt zu dir, was du tun sollst.« Etwas in mir sagte: Breite die Arme aus und drehe dich im Kreis. Ich begann, mich wie ein Derwisch zu drehen, ich spürte, dass ich das Richtige tat. So lernte ich, auf die feinen Signale der Telepathie zu achten und ihnen zu vertrauen. Ich drehte mich etwa eineinhalb Stunden. Die Anwesenden sagten hinterher, dass mein Gesicht dabei alle denkbaren Farbtöne angenommen habe, von gelb, grün, rot, bis hin zu bleich-weiß. Ich diente dabei der ganzen Zeremonie als kosmischer

* Biosynthergie© sind die von Pascal K'in gesammelten heiligen Körperpositionen und dynamischen Meditationen, die aus dem tibetischen und dem Maya-Kulturkreis stammen. Mehr Information und Video auf der Webseite: www.es-ist-herz-zeit.com und in *YouTube*.

Kanal: Die Energie ging durch mich hindurch zu allen Teilnehmern, dann wieder zurück zu mir und auf der Erde dorthin, wo Don Lauro sie hinrichtete. Diese und ähnliche Initiationen und Ausbildungen haben meine transpersonalen Arbeiten bis heute geprägt.

Wenn Menschen wieder im urtümlichen Sinne einer Zeremonie zusammenkommen, darf es nicht mehr nur um das Befreien des persönlichen Egos oder der Gruppenergie gehen, wie in einem Workshop, sondern darum, diese für ein weiterreichendes Spektrum zu bewegen; etwa für den Dienst an Kranken in den Spitälern, für das energetische Reinigen von Wasseradern oder für ein Land, in dem Krieg herrscht oder Umweltkatastrophen stattfinden.

Was ist nun die wichtigste Ressource des Schamanen für diese Art von weitreichender Kommunikation und Heilung? – Genau, die *Lattice*, die alles miteinander verbindet! In diesem Buch lernst du die Grundlagen dazu, *wie* das funktioniert.

Don Lauro vertraute mir mehrere Male die über hundert Teilnehmer während der Sommer- oder Winterwendzeremonien an. Er sagte mir jedoch nie, was ich tun sollte, sondern überließ es mir. Eine längere Zeit befasste ich mich damit, meinen *Heyoka* auszubilden; nach dem Konzept der Lakotas ist es der *heilige Clown* oder *Trickster*, der alles verkehrt macht. Wenn alle fasten, füllt er sich vor allen Anwesenden schmatzend den Bauch. Wenn alle sich bemühen, die heiligen Bewegungen in einer Zeremonie richtig und würdig auszuführen, führt er sich auf wie ein ungelehriger Trampel oder erregt gar das Gegenteil von dem, was das Ritual erreichen soll. Auch die Maya von Chamula in Chiapas kennen ihren *ilol* (das heißt »Seher«), der alles verkehrt macht. Das geht auf uralte heilige Gestalten zurück, enthalten auch im Archetyp des *Narren*, der den König durch gewagte Entgegensetzung besser berät als heuchlerische Untergebene mit ihren tiefen Bücklingen. Der Heyoka stellt also allem, was er wahrnimmt, seinen Gegenpol gegenüber. Damit löst er den Ernst der menschlichen Betätigungen und die kollektive Verkrampfung, es allen »recht« machen zu müssen, auf. Er hebt dabei unsere auf Polarität beruhende Wahrnehmung auf eine neue Ebene. Ich habe selbst erlebt, dass es gar nicht so einfach ist, wütend zu sein, wenn alle lachen, oder zu lachen, wenn alle wüten und toben. Damit sich mein Ego da nicht mit persönlicher Wut, Angst oder verstecktem Hohn einmischte, musste ich als Zeremonienmeister über dem Geschehen stehen. Wir werden später sehen, dass es eine der wichtigen Eigenschaften der Lattice ist, uns *über die Polaritäten des täglichen Dramas zu erheben* und uns dem ersehnten Einheitsbewusstsein anzunähern.

Don Lauro leitet eine Sommerwendzeremonie, Chiapas, 2002.

Nach meinen unterschiedlichsten Einlagen in den Haupt-Zeremonien des Jahres, kam dann die große Überraschung: meine Einweihung zum Hüter des *Kosmischen Theaters,* wie die Mayameister meine freie und kreative Form eines universellen und kosmischen Schamanismus zu nennen begannen. In einer Initiation in den Bergen von Chiapas wurde mir dabei von Don Lauro symbolisch der Kopf abgeschnitten. Enthauptung steht in Träumen und Ritualen für Abschied von alten Wertvorstellungen im Leben, um »zur Besinnung« zu kommen. Manchmal tut es gut, ein wenig »den Kopf zu verlieren«, wenn dieser uns im Leben hemmt und bremst oder wir den Überblick über das Ganze verloren haben. Die symbolische Enthauptung in Lichtkrieger-Zeremonien schenkt ein bewussteres Dasein mit neuen Gedanken und ehrenhaftem Handeln. Das war meine abschließende Initiation zum »modernen Medizinmann«.

Mein Amt als Hüter des *Kosmischen Theaters* war eine schöne Bestätigung für meine jahrelange Suche nach den Wurzeln des Theaters. Neben dem »Menschentheater« beinhaltet es das Theater der Atome und Galaxien, die »Theaterstücke« aus den *kosmischen Büchern,* wie die Maya sagen – da fühlte ich mich pudelwohl! Das Kosmische Theater ist einerseits *therapeutisch* durch die schamanische Heilarbeit, andererseits *didaktisch* durch die Erfahrbarmachung metaphysischer Inhalte. Ich werde in Kapitel 3 *Kosmisches Theater und partizipatives Universum* näher darauf eingehen.

Endlich konnte ich meine eigene Meisterschaft ausleben und durch sie zum Wohle anderer handeln. Ich nahm nun die Welt immer mehr als Gitterwerk wahr und trat in einen konstanteren Kontakt mit den Sternenbrüdern und Lichtmeistern, welche mir auch direkt »Schulstunden« gaben, wo auch immer ich war. Ich hatte mehr und mehr den Mut, selbst all die gelernten transformierenden Rituale und Zeremonien mit Hilfe der Meister aus anderen Dimensionen in meinen Gruppen durchzuführen. Meine Verantwortung wurde immer größer, zu meinen Kursen und Beratungen kamen nun auch andere Meister, Heiler, Coaches und Personen in verantwortungsvollen Positionen in der Gesellschaft. Ich merkte, dass ich als Medizinmann Initiationen, die ich selbst erfahren hatte, weitergeben konnte, was den Menschen half, ihr Bewusstsein so weit zu öffnen, dass positive Dinge in ihrem Leben passieren konnten.

Ich lebe meine Lebensaufgabe

In den Jahren von 2000 bis 2003 fehlte meiner Arbeit noch die durchgehende *didaktische Struktur*; sie war mehr ein Verbinden von Elementen aus meiner vorherigen Theaterarbeit in Europa mit dem alten Schamanenwissen in Mexiko. Es war jedoch die kreativ produktivste Zeit meines Lebens, mit über zwanzig verwirklichten sozio-kulturellen Projekten in Chiapas, zwischen Feldarbeit und verschiedensten Theaterformen. Sie brachten mir den Titel des *Nationalen Koordinators für Mexiko* von *Culture in the Neighbourhood (Culture en Quartier)* von der UNESCO ein. Von 2003 bis 2006 folgte dann eine eher wissenschaftliche Integrationsarbeit. So entstand in nächtelangen Gesprächen meist in Mexiko-Stadt, wo ich mittlerweile wohnte, durch praktische Forschungsarbeit und dem Austausch mit Experten und Wissenschaftlern die neue Methode der *Kreativen Transformation*™. Anfangs nannten wir sie *Arte Sanador® (Healing Art®)*, da sie die zur schöpferischen Fähigkeit und Kunstfertigkeit notwendigen *multiplen Intelligenzen* mit einem Training in Selbst-Heilung, Selbst-Bewusstsein und Lebensprojekt verbindet. Es war die Lattice, die auf magische Weise ihr kosmisches Raum-Zeit-Netz webte und uns zusammenführte. Dafür musste einfach jeder von uns im *richtigen Moment am richtigen Ort sein* und *das Richtige tun* – die *Synchronizität* der Maya.

Ich durfte die Methode in mehr als fünfzehn Ländern in Europa, Asien und Lateinamerika vorstellen und wurde anfangs deswegen eher als Pionier einer integralen Kreativität bekannt. Auf meinen Reisen sah ich, wie wenig mit Bewusstseinserweiterung und spiritueller Intelligenz als Teil eines Kreativitätstrainings gearbeitet wird und wie weitverbreitet die Dominanz mentaler Ansätze zum Erlangen eines angeblich *kreativen Denkens* ist. Spricht da einer von kreativer Inspiration durch »Kommunikation mit anderen Ebenen oder Wesenheiten«, wird man selbst auf *Internationalen Konferenzen für Kreativität und Innovation (!)* immer noch als Spinner betrachtet.

Bestärkt durch meine internationale Seminar- und Konferenztätigkeit, begann ich langsam, meine Mission neu zu definieren: Brücken zu bauen zwischen den Kulturen und Welten, indem die alten Paradigmen niedergerissen werden und man sich über die disziplinären Grenzen hinweg zuhören lernt. Viele wissenschaftliche und unternehmerische Bereiche brauchen heute eine menschenzentriertere und spirituelle Annäherung, um die anstehenden Herausforderungen zu bewältigen. In diesem Sinne ist die neue Tendenz einer *gelebten und geerdeten* Spiritualität, die sich durch Einfachheit, persönliche Effizienz sowie subjektive Freiheit auszeichnet, für das Durchbrechen überholter institutionalisierter Kulturmuster sehr förderlich.

Einerseits können die »schweren und ernsten« Disziplinen des Lebens (Wissenschaft, Politik, Finanzen, Ökonomie) von mehr *Seele und Geist* profitieren, während andererseits »unfassbare und subtile« Aspekte des Lebens (Emotionen, Meditation, das Unbekannte, höhere Intelligenzen) *Erdung, Klarheit und Pragmatik* brauchen. Spiritualität ist nicht etwas Abgehobenes »dort oben«, sondern ein Teil von uns, den viele verloren haben. Ohne ihn können wir nicht leben, oder wir kommen zumindest in der persönlichen Entwicklung und als Menschheit nicht weiter.

Für Andrew Cohen (*1955, USA, spiritueller Lehrer) gehorcht diese *Evolutionäre Spiritualität* einem Impuls, der nicht gebremst werden kann und irgendwo in der Zeit einfach geschieht.[8] Spiritualität kann man nicht denken, sondern nur fühlen, und dazu muss man das Herz öffnen, dann wird sie *bewusst.* Wie ich als Seminarleiter am *World Spirit Forum in Arosa,* Schweiz, 2009, eindrücklich erleben durfte, hat zwar kollektives Denken die Kraft, den Weg für spirituelle Öffnung zu bereiten, doch sollte die Energie vom Kopf ins Herz gebracht werden, damit sie sich mit allen Anwesenden verbindet und es weitergehen kann.

Spiritualität ist wie die Luft, die du *dankbar* atmest, das *Blitzen* in den Augen eines Babys, das dich für Sekunden *beglückt,* oder die Sonne, die im See *funkelt* und dich mit dem *Einssein* mit allem verbindet. Sie ist eine Intelligenz und deshalb Teil der Lattice, des *kosmischen Gehirns,* das alles umfasst und vernetzt. – Ich weise in meinen Kursen immer wieder daraufhin, dass die Zeit der Gurus und weißgewandeten esoterischen Führer vorbei ist; heute tragen wir *alle selbst* die Verantwortung für unsere ganzheitliche Entwicklung, wovon Spiritualität ein notwendiger Teil ist – oder eine notwendige Konsequenz der Evolution. Jedermann und jedefrau ist heute *ein Meister, eine Meisterin,* die ihren eigenen Weg gehen darf und kann, ohne Guru, ohne Dogma und ohne Institution. Jedermann und jedefrau trägt so zur Wohlfahrt unserer Familien, Unternehmen und unseres Planeten bei.

In Mexiko habe ich also endlich gelernt, aus meinem Seelenweg zu schöpfen und von niemanden mehr abhängig zu sein, weder von den Eltern, noch vom Arbeitsamt, wie ich das zu meinen schweizer Zeiten als arbeitsloser

Schauspieler zu tun pflegte. Mexiko wurde für mich zur fruchtbarsten Erde, um Dinge auszuprobieren, die mir in Europa irgendwie verwehrt blieben. 2004 habe ich es geschafft, die Chiapas-Uraufführung meiner eigenen Performance *Der Tote Schweizer (El Suizo Muerto)* in einem der besten Theater von Mexiko-Stadt, dem Teatro Helenico, zu präsentieren. 2006 habe ich mir meinen alten Schauspielertraum erfüllt und das *Tagebuch eines Verrückten* von Nikolai Gogol auf Spanisch gespielt, den Kulturpreis »Kunst an allen Enden« (*Artes por Todas Partes*) von Mexiko-Stadt gewonnen und wurde zu Festivals eingeladen. Auch habe ich mich bei Spielfilmen erfolgreich beworben und es zur Rolle eines üblen Cowboys an der Seite von Hollywoodstar Dwight Yoakam in der Westernkomödie *Bandidas* gebracht, während Salma Hayek und Penelope Cruz unsere Widersacher verkörperten.

Seit 2006 begann ich vermehrt, in Unternehmen, in der Politik und für das Erziehungswesen zu arbeiten, meistens mit meiner Methode der Kreativen Transformation™. Ich durfte hochkarätige Konferenzen für über tausend Psychologen geben, obwohl ich selber keiner war. Mein Lebensweg hat mich im folgenden immer öfter mit Lehrern, Heilern, Schamanen und Weisen in vielen Teilen von Mexiko und auf anderen Kontinenten zusammengebracht, bei denen ich zuschauen und lernen durfte. Ich erlebte Initiationen in Afrika, Peru, Guatemala, Irland, Argentinien. Als ich mich 2008 entschloss, Mexiko-Stadt zu verlassen und auf einen magischen Berg zu ziehen, den man in etwa drei Stunden Autofahrt und mit einem kurzen Fußmarsch von 500 Metern vom Dorf aus erreichen kann, gab ich das herkömmliche Theater auf. Die Stadt war nun zu weit entfernt, um regelmäßig zu Castings zu gehen und die notwendige Präsenz als Schauspieler zu gewährleisten.

Das Theater sollte nun voll und ganz durch meine schamanischen Retreats des *Kosmischen Theaters* ersetzt werden, was mir eine transpersonalere und strukturlose Arbeit mit den Menschen erlaubte. Es fiel mir nicht leicht, doch ließ ich damit auch meine *zweite Karriere* als Schauspieler hinter mir.

Ein neuer Lebensabschnitt begann; ich schuf eine neue Website mit dem Namen: *Es ist Herz-Zeit.* Wegen der Reisen war ich wochenlang von meinem geliebten Berg, wo sich Fuchs und Hase »Gute Nacht« sagen, getrennt. Dank der sogenannten *Schweinegrippe-Pandemie* 2009 und des Verbots von Versammlungen größerer Gruppen in Mexiko wurden für etwa drei Monaten alle meine Kurse abgesagt. Zweifellos war dies eine wichtige Zeit für mich, während der ich tiefer in den Kontakt mit der Natur eintauchen konnte. Ich lernte wie nie zuvor, mit den Steinen, Pflanzen, Tieren, mit den Elementarwesen und den Hütern des Berges zu kommunizieren. Erst dadurch wurde ich wirklich eins mit diesem magischen Ort, der mir so manche seiner Geheimnisse anvertraute. In diesem in Vergessenheit geratenen, jahrtausendealten Heiligtum entsteht ein gemeinnütziges Heilzentrum mit nachhaltiger Landwirtschaft, zu dessen Mitaufbau Sponsoren aus aller Welt eingeladen sind.

Auf meinen Reisen nahmen ab 2010 zeitweise bis zu 500 Menschen an einer Gruppenmeditation des *Unsichtbaren Heilers* teil und erzählten danach öffentlich von ihren erlebten Heilungen und Verbesserungen.[9] Ich wurde als Heiler immer bekannter, auch wenn ich mich selber nicht gerne so nenne. Um die von mir angewandten Techniken für jedermann zugänglich zu machen, entwickelte ich das Ausbildungsprogramm *Der Unsichtbare Heiler.* Es ist mit der Vision verbunden, dass *jeder einen inneren Heiler* in sich trägt und ihn zum Wohl der Mitmenschen, Freunde, in der Familie und am Arbeitsplatz entwickeln und anwenden kann, wo er dann, ohne große Show und Namenstafel, *unsichtbar helfend* wirkt.

Meine Vision, meine drei Karrieren, *Wirtschaft, Künste und Energiearbeit* zu vereinen, hatte sich verwirklicht, nun auf einer Ebene, die ich zehn Jahre zuvor nie zu träumen gewagt hätte. Je mehr ich in meiner persönlichen Fülle zentriert war und je mehr ich meine Kontrolle über das *Wie* einfach abgab, mich hingab, desto mehr kam die Fülle von außen zu mir, in Form von Freunden, Arbeitsangeboten, Projekten, Geld. Ich glaube, *Fülle* ist die grundlegendste Charaktereigenschaft des Universums und des Lebens überhaupt, ganz so, wie andauernd neue Planeten entstehen und die Natur sich ständig neu erschafft, sich eine Blume öffnet, ein Kind geboren wird. Im Universum ist alles enthalten, alles ist eins, alles ist Fülle. Wenn ich im Fluss bin mit diesem universellen Pulsschlag, fließt die Fülle durch mich hindurch. Ein Leben in Reichtum und Überfluss ist nichts anderes als die natürliche Antwort darauf, sich selbst treu zu sein und aktiv den Lebensweg seiner Seele zu beschreiten. – Tu einfach das, was dir Spaß macht, was dein Herz begehrt! Denn nur auf einem *Lebenspfad, der dich erfüllt,* bist du in deiner Kraft und kannst *dein wahres Potential* entfalten.

Ich beobachte mit Zufriedenheit, wie heute immer mehr Menschen den *Weckruf* spüren, etwas für ihre Glückseligkeit und unser aller Zusammenleben auf der Erde zu tun. Immer mehr junge Menschen ziehen eine weniger gut bezahlte Stelle einer gut bezahlten vor, wenn sie ihren Vorstellungen von sozialer und ethischer Gerechtigkeit mehr entspricht und sie dort mehr Spaß haben. Ich selbst bezeichne mich heute als glücklichen Menschen, denn ich lebe meine Mission und liebe jeden Tag, der wieder neue Herausforderungen und Geschenke bringt; ich sehe unseren Planeten als das Paradies auf Erden, wo wir uns entschieden haben, eine Zeitlang zu leben. Ich versuche, mich nicht mehr zu sorgen, denn ich weiß, es gibt immer genug für alle; Gott oder das Universum ist ein großzügiger Lieferant von allem, was wir uns wünschen.

Zusammenfassung

Der Umgang mit der Lattice, wie ich ihn in diesem Buch beschreibe, wird dich in deiner Entwicklung vorwärtskatapultieren, den Weg musst du jedoch »auf deinen eigenen Füßen« zurücklegen. Manchmal ist es notwendig, Dinge im Außen loszulassen, Freunde, Materielles, Oberflächlichkeiten, Lügen, um zu einer neuen Ebene im Leben zu gelangen, welche sich dir öffnen wird wie eine spiralförmig aufsteigende, atmende Lotusblüte. Dieses Loslassen, Warten und Neu-Erschaffen findest du im täglichen, immerwährenden Atmen der kosmischen Lattice, ihrem Ein- und Ausatmen, genährt vom galaktischen Herzen, *Hunab Ku*, mit dem wir alle verbunden sind.

Es hat mich viele Jahre der Nachforschung und Erfahrungen gekostet, die komplexe Information über die Lattice, die mir die Mayameister beim Überreichen meines *Kraftstabes* in Palenque zeigten, in die Praxis umzusetzen. Um sie besser in Worte zu fassen, werde ich mich ab dem nächsten Kapitel ein paar interessanter Konzepte und Experimente aus Physik, Biologie, Astronomie, Psychologie und den Künsten sowie aus alten spirituellen und schamanischen Lehren bedienen. Ich begleite dich Schritt für Schritt auf deiner *Schatzsuche* ins Unbekannte; auf dass dir die Mayameister in Essenz und Präsenz beschützend zur Seite stehen!

Zuerst akzeptieren wir die Existenz einer uns *unbekannten* Welt und Dimension, innerhalb und außerhalb von uns, was wir anhand des *Blackbox-Effektes* der modernen Technologie beleuchten werden. Wir öffnen das Tor der Tore, unser Herz, und erfahren, wie das kosmische Gitternetz uns heimlich leitet, an »Fäden« führt und nährt, als wären wir kosmische Marionetten in einem Lernprozess. Unser Ziel auf dem *Lebensweg der Lattice* ist, wieder mit der universellen *Fülle* zu fließen und *glücklich zu sein.* Das erreichen wir schnell und einfach, quasi als »Naturgesetz«, wenn wir locker werden – so dass uns die Lattice von alleine in ein persönliches *Gleichgewicht* bringen und unsere *Frequenz erhöhen* kann. Dieses Kapitel ist eine Einführung in die Lattice, die dir eine Grundidee vermitteln wird, wie ein *Lattice-Bewusstsein* dein Leben verändern kann.

1

Lattice als Lebensweg

Es gibt ein *Gefäß*, das mich für die Arbeit mit dem Unsichtbaren, dem Unerklärlichen und Mehrdimensionalen ein Leben lang begleitet hat, ohne dass ich mir dessen von Beginn an bewusst war. Dieses Gefäß war mir Hochseil und Fangnetz zugleich, und ich stürzte so lange ein paar Etagen tiefer, bis ich mich im unbekannten Universum sicherer fühlte und wie ein Artist auf dem nächsten Seil zu balancieren lernte. Dieses Bild entspricht dem Archetyp des Allesverbindenden, dem *Netzwerk*, das von manchen Mayameistern *Lattice* genannt wird und in unserer modernen, globalen Gesellschaft ziemlich präsent ist. Wenige Menschen meistern den Seiltanz der modernen Zeit mit Bravour, so manche stürzen immer wieder in die verschiedenen Fallnetze ab, wo sie wie an Spinnfäden kleben zu bleiben scheinen. Eine Manifestation der Lattice hat sich uns in dieser Lebzeit besonders eingeprägt: das *Internet* mit seinen sozialen Netzwerken wie *Facebook*. Die globale Kommunikation im Internet hat von uns, meist unbewusst, ein *vernetztes, abstraktes und übergreifendes Denken* gefordert. Es ist eine grundlegende Fähigkeit des Gehirns des modernen Menschen im globalen Informationszeitalter geworden; und es bildet eine gute Grundlage, um bald, wie ein Schamane, das eigene vernetzte Denken in Raum und Zeit auszubreiten und damit Teile des ungelebten Gehirnpotentials zu aktivieren.

Nicht nur das Internet, sondern auch das menschliche Gehirn mit seinem Neuronengitter sind nämlich Abbilder der Lattice, die alle lernen können, wieder vermehrt mit ihr, dem Mutternetz, in Verbindung zu treten. Die Gedanken befinden sind nicht einfach nur im Gehirn drin, sagen uns Gehirnforscher wie Jacobo Grinberg (*1946, Mexiko), sondern entstehen in der Interaktion mit der Lattice. Unser Gehirn ist wie ein hochkomplexes Antennensystem, das mit dem Universum kommuniziert und die Gedanken quasi, wie in einem kosmischen Internet, »aus dem Universum fischt«. Für unseren alles zerteilenden Verstand ist die Botschaft der Mayameister, dass wir eigentlich eins sind mit der Lattice, nicht einfach zu erfassen: Ich bin sie, sie ist ich.

Ich denke sie, sie denkt mich. Dann kann ich alle Hochseile der Lattice begehen, dann beginnt mein Lebensweg durch ihr kosmisches Netz.

Der Weg der Lattice kennt keine Grenzen! – Schon als Kind durfte ich den Schweizer Hochseil-Artisten Freddy Nock im Zirkus bewundern. Er sicherte sich 1998 den Eintrag im Guinness-Buch der Rekorde mit einem Lauf auf dem Tragseil der St. Moritzer Signalbahn über eine Distanz von 734 Meter ohne jede Sicherung.

Blackbox-Effekt und Ego-Käfig

Um dieses »Denken mit der Lattice« – ohne Fangnetz – zu veranschaulichen, nehmen wir das moderne abstrakte Denken zu Hilfe. Es ist wie der *Blackbox-Effekt** vieler elektronischer Geräte heutzutage: Wir haben überhaupt keine Ahnung, wie sie funktionieren. Stelle dir in der nächsten Abbildung links vor der Maschine einen einkommenden »Input« vor, etwa Elektrizität und unsere Bedienung des Apparates, dann den Apparat selbst, die »Blackbox«; was rechts, auf der anderen Seite herauskommt, ist der Output, das Resultat, etwa Sound, Bilder oder ein guter Espresso. Wir drücken einen Knopf am Plasmabildschirm (Input) und erwarten, dass der Bildschirm die Mayapyramiden in leuchtenden Farben einer *High-Definition-Qualität* wiedergibt (Output).

* Blackbox: ein geschlossenes System, dessen inneren Aufbau man nicht kennt

Solange er funktioniert, stören wir uns nicht daran, dass wir nicht wissen, *wie* er funktioniert.

»Wir müssen da einfach durch«, sagt der Input zur Wundermaschine, und hofft auf einen guten Ausgang; denn was zählt, ist das *Resultat.* Zwischen dem Input und dem Output haben wir es also mit etwas Unerklärlichem, Unbekanntem zu tun und nehmen das als selbstverständlich hin. Wie das menschliche Gehirn mit seinen neuronalen Schaltkreisen, sind auch die elektronischen Schaltkreise und Microchips in einem Computer Abbilder des kosmischen Gitternetzes, welche das schöpferische Genie des Menschen der Lattice nachgebaut hat. Noch so geschulte Psychologen oder Gehirnforscher wissen nicht, was *wirklich* in der menschlichen Psyche vor sich geht, damit wir wahrnehmen, glücklich sind oder wahnsinnig werden. Blackbox-Charakter hat auch die Funktion des Herzens oder der DNA, auf die wir später näher eingehen werden. Auffallenderweise sind alle diese mysteriösen »Maschinen« mit Blackbox-Effekt undurchschaubare elektrische und neuronale Schaltkreise oder eine Art »Gehirn«, die Information verarbeiten und irgendwie auf die Inputs reagieren; sie sind alle Abbilder der Lattice.

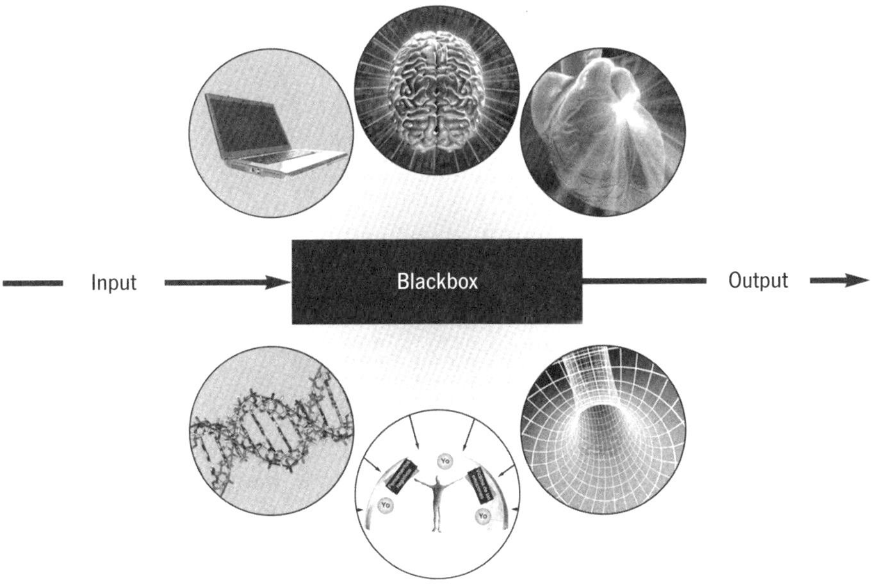

Schema des »Blackbox-Effektes«. Links tritt ein Input ein, rechts kommt der Output heraus. Was in der Blackbox geschieht, ist unverständlich und nicht durchschaubar. Beispiele für unbekannte innere Prozesse sind: ein Computer, das menschliche Gehirn, das Herz, die DNA, der Mensch als Kommunikationsfeld und die Mutter aller Netze und Schaltkreise, die Lattice.

Ich lade den Leser ein, sich auf ein *Blackbox-Spiel* mit der Lattice einzulassen (als kosmischer »Wunder-Apparat«), und sich nicht an dessen Charakter des Unbekannten zu stören. Auch wenn du nicht alles von Anfang an verstehen wirst (Blackbox), ist es sehr gut möglich, dass sich deine Wahrnehmung, ja, Dinge in deinem Leben ändern werden (Output). In einem Bewusstseinsprozess wird dir durch das Buch hindurch gewahr werden, wie du auf die Resultate – deine Gesundheit oder Vorhaben in deinem Lebens – einwirken kannst, nämlich, indem du deine Gedanken und Gefühle veränderst (Input), die deine innere Bereitschaft ausmachen, wie du die Lattice (Blackbox) wirken lässt. Du kannst dir dann vorstellen, dass diese »Produktionsschleife« mit der Lattice unendlich so weitergeht: Input-Output-Input-Output-Input... Lassen wir uns also überraschen!

Je mehr wir so die Lattice spielend erforschen, desto besser lernen wir sie kennen, die *Blackbox* wird zu einer *Whitebox*, in der wir bewusstere Beobachter und Teilnehmer sind, weil wir mehr Kenntnisse über die »internen Vorgänge« haben. Die sogenannte *Übermittlungs- oder Netzwerkfunktion* einer Black- oder Whitebox, das heißt die Beziehung zwischen Input und Output, wird beim Menschen bestimmt durch seine Fähigkeit der *Kommunikation* mit sich selbst, mit anderen Menschen und mit seiner Umwelt. Denn wenn der Mensch seine Wahrnehmung der Umwelt ändert (Output), sendet er andere energetische Impulse aus (Input), was wiederum die Wahrnehmung beeinflusst (Output), und die Spirale beginnt, im guten Fall, sich nach oben hin zu drehen.

Schon als Schauspieler entdeckte ich in der nonverbalen Kommunikation mit dem Publikum ein (Blackbox-)Geheimnis: Was ich hineingebe in das Energiefeld zwischen uns, kommt irgendwie zu mir zurück, bis eine ewige Schleife von *Austausch* entsteht. Prickelnde, lebendige, mehrschichtige Schauspielkunst entsteht aus dem Austausch der Energie vom Schauspieler hin zum Publikum und vom Publikum zurück zum Schauspieler. Ich habe festgestellt, dass wenige Bühnenkünstler sich des Umgangs mit diesem subtilen Energie-Kreislauf bewusst sind. Oft versteckt sich der Schauspieler in einer Art unsichtbaren »Käseglocke«; begrenzende Gedanken, mentale Muster, sein Ego verhindern jeglichen tieferen Austausch zwischen ihm und dem Publikum. Man könnte sagen, die verbindende Latticefunktion wird unterbrochen – eine Kommunikation mit dem Außen findet nicht statt. Der Schauspieler bleibt in einer Art *Ego-Käfig* gefangen, genährt von Protagonismus, Narzissmus, Sorgen und Unsicherheit. Im Kapitel 4, *Zeittrance und Mehrdimensionalität*, werden wir von der anerzogenen Zeittrance reden, die uns oft entweder im Leid der Vergangenheit wühlen oder in den Sorgen um die Zukunft grübeln lässt.

Man kann dieses Bild auf jeden Beruf übertragen, wo jemand mit oder vor anderen reden muss, und es wirkt in vielen Lebenssituationen, wenn du zum Beispiel versuchst, jemanden von einer Idee zu begeistern. Wer seinen Käfig nicht erkennt, jedoch spürt, dass er seine Fähigkeit zur Kommunikation nicht entfalten kann, dass irgendwie nichts rüberkommt im Außen, nimmt also

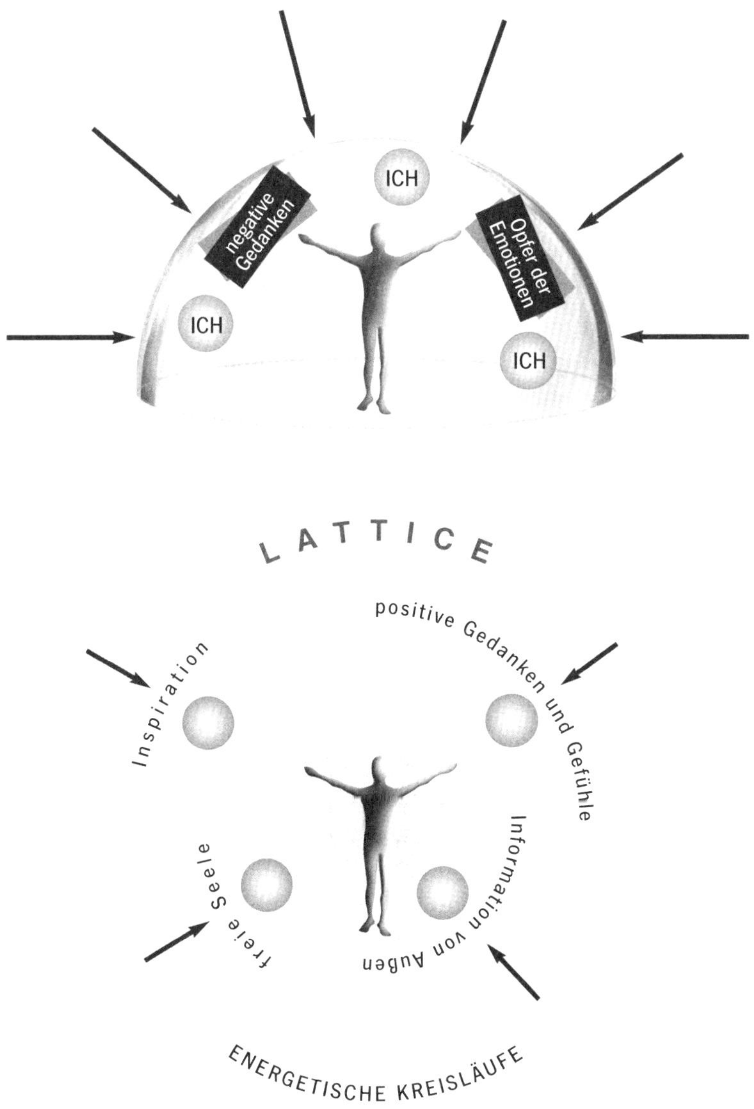

Der »Ego-Käfig« verhindert den Zugang von Inspiration und heilender Energie der Lattice (oben), während Öffnung und Einsein mit dem allverbindenden Netz Inspiration, Kreativität, Katharsis, Heilung und alle Ebenen von Kommunikation zulässt (unten).

unterbewusst sich selbst als eine Art Blackbox wahr. – Nehmen wir jedoch die Käseglocke über uns ab, kehren wir in die Gegenwart zurück und werden *präsent.* Gedankenformen, Energie, Inspiration, Heilungsprozesse und der Austausch mit anderen Menschen beginnen frei zu fließen, in einem Kreislauf von stetigem Geben und Nehmen, Input und Output…

»Kreativer Umgang mit dem, was *ist*«, war damals mein Schlüssel, während ich lernte, das Publikum dort *abzuholen,* wo es jeden Abend war, anstatt ihm meine Geschichte aufzuzwingen; ich lernte, auch mich selbst so zu geben, wie ich bin, ohne mich zu verstecken oder zu verkrampfen, also einem freien Austausch über die Lattice zu folgen. Wenn ich *Torquato Tasso,* im gleichnamigen Drama von J.W.v. Goethe, darstelle, wie er sein Talent in das Korsett seiner Zeit, der höfischen Gesellschaft zwängt (also in eine Art beschränktes Quantenfeld oder informatives Latticefeld) –muss paradoxerweise meine Seele als Schauspieler frei sein.

Ich brauche die feinen Regungen meiner Seele und ihre »Tagesformen« nicht zu verstecken, im Gegenteil, ich verwende sie *für* die Rolle: Mein Feld wird eins mit dem Feld meiner momentanen Rolle. Im Gegensatz zum stereotypen oder manieristischen, egomanen Wiederholen des erlernten Textes und der Bewegungsabläufe, in das viele Schauspieler fallen, versuchte ich jeden Abend, an dem ich auf der Bühne stand, meine Geschichte neu zu erfinden. Jeder Mensch ist in dieser Hinsicht ein Schauspieler des Lebens: Er bringt Tag für Tag seine »Geschichte«, seine individuelle und jetzige Wirklichkeit in jede Situation mit hinein. Doch er wird erst zum sozial fähigen Mitbürger, wenn er sich flexibel auf sie einstellen und seine von ihm verlangten Rollen gut spielen kann: als Familienvater, als Verkehrsteilnehmerin, im Verwaltungsrat und so weiter. Jede Rolle ist ein beschränktes Quantenfeld wie das Leben von *Torquato Tasso.*

Es ist dieser Umgang mit der Gegenwart, mit der *Präsenz-Energie,* sowie jener subtile *transformative und kathartische Prozess* (zwischen Input und Output), der das Leben in allen lebendigen Systemen ausmacht. Die *Präsenz* eines Mensches entscheidet, ob er *Charisma* hat, die Hingabe an den Blackbox-Prozess entscheidet, ob er *im Fluss* ist. Viele Menschen scheuen das Wort »Charisma«, weil sie denken, dass es ein Charakterzug ist, den manche haben und andere eben nicht. In Wirklichkeit hat Charisma eine Person, die authentisch, überzeugend und *präsent* ist. Wenn wir die »Käseglocke« langsam abnehmen, können wir von der Mutter aller Schaltkreise und Netze lernen, der Lattice: denn sie *fließt* ohne Unterbrechung durch alles hindurch und rückt uns immer *charismatisch* zurück ins Jetzt, denn sie *ist.*

Diese Entwicklung macht den Kern jeder effizienten Kommunikation wie jeder guten Zusammenarbeit in einer Organisation aus. Wenn ich in jedem Moment darauf vertrauen darf, was *ist,* weil ich weiß, ich besitze die inneren Mittel, mich auf jede Situation einzustellen, also mit dem Leben zu *fließen,* wird mein Selbstmanagement oder mein persönlicher Resilienzprozess* erfolgreich sein. Durch unsere individuelle Erfahrung wird die Lattice von einer Blackbox immer mehr zur bewussten Whitebox, die verlorene Fähigkeiten zum Denken im Gehirn und Fühlen im Herzen wird wieder »installiert«. Wenn wir lernen, uns »bei uns selbst abzuholen«, so wie wir gerade sind, ohne Käseglocke, kommen wir zurück in die Gegenwart. Wir werden immer das Richtige tun und über alle notwendigen Ressourcen verfügen, um weiterzukommen. Diese Haltung von *Charisma und Fluss* erzählt demnach unsere fortschreitende Geschichte der Ganzwerdung auf der Bühne des Lebens, der Erinnerung ans Einssein mit der Umwelt. Ein Verständnis der *Lattice als Lebensanschauung* hat einen großen Vorteil: Wer es wagt, die unbekannte innere und äußere Welt des allumfassenden kosmischen Gitternetzes immer mehr wahrzunehmen, dem öffnet sich eine neue *Kosmovision* des Lebens, und dies frei von Dogmen einer Religion.

Ein Buch über das Unbekannte

Schon als Kind stürzte ich mich in unbekannte Welten und wollte immer *mehr* wissen als das, was man mir als gegeben hinstellte. Ich versuchte, alles in Zusammenhänge zu bringen, denn ich hatte das Gefühl: Alles hat doch miteinander zu tun! Es entspricht meinem persönlichen Sternenarchetyp *Cimi*, Brücken zu bauen – zwischen den Kulturen, Welten und Ansichten. *Cimi* steht für den »Vermittler zwischen den Welten«, für Transformation und Tod – wobei Tod das Überwinden von bestehenden Mustern bedeutet. Die Lattice als *allumfassendes* Netzwerk ist ein *Vermittler,* ein *Vereiniger* und damit *Transformator,* denn sie verarbeitet und bringt zusammen, was *scheinbar getrennt* war: »das Bekannte und das Unbekannte«, »den Input und den Output«,

* Der Begriff *Resilienz* wird heute in der Psychologie oft verwendet und kommt ursprünglich aus der Mechanik. Er beschreibt die Kraft eines Menschen, Widrigkeiten zu überwinden und sich nach einem »Tief«, zum Beispiel nach einem Verlust oder Unfall, wieder aufzurichten, mit der dynamischen Fähigkeit einer Feder, die wieder in ihren Anfangszustand zurückkehrt. Da die Feder oder Spirale, wie wir noch sehen werden, die Grundbausteine der Lattice sowie des ganzen Universums bildet, haben die Menschen als Webteil davon die instinktive Fähigkeit zur Resilienz in sich.

»das Oben und das Unten«, »das Innen und das Außen«, rechts und links, männlich und weiblich; sie verbindet die trockene Wissenschaft mit der intuitiven schamanischen Kosmovision, die »zivilisierte Welt« von Europa und den USA mit magischen Ländern wie Mexiko, wo jahrtausendealtes Kulturerbe auf zeitlose Art noch immer gelebt wird. – Wer sich von der Lattice führen lässt, entlarvt früher oder später alle *Trennung* als Täuschung, als Illusion, als *Maya** unseres Verstandes (in Indien bedeutet *Maya* »Täuschung«, »Illusion«).

Der Verstand brandmarkt in erster Linie das Unbekannte als »inexistent«, denn er ist gewohnt, zu vergleichen und zu prüfen, was denn *richtig und falsch* sei, ganz so wie ein Computer anhand der vorhandenen Daten. Hinzu kommt das Tier in uns, das alles Fremde als Gefahr einstuft und ihm gegenüber feindselig eingestellt ist. So kommt die Trennung zustande. Jedoch werden gerade Wissenschaftler sich immer mehr der rationalen Grenzen bewusst, in denen wir uns bewegen. Es gibt immer mehr Forschungsbereiche, wo die Messungen der Logik des Verstandes »nicht mehr gehorchen«, wo gar widersprüchliche Resultate auftauchen. Die Wissenschaft weiß in vielen Bereichen, einfach gesagt, nicht mehr weiter. Genau da beginnt die Aufgabe des modernen aufgeklärten Menschen, sich in unbekannte Gefilde zu wagen, wo weder *be-griffen,* also physisch berührt, noch *erklärt* werden kann, wo jede Erfahrung immer subjektiv geprägt ist.**

Diese beiden Welten werden in der toltekischen Tradition durch die zwei Begriffe *Tonal* und *Nagual* unterschieden: Alles, was wir erklären, interpretieren und darstellen können ist die *tonale Welt* (was in etwa der männlichen, rechten Körperhälfte und der linken Gehirnhälfte entspricht). Alles andere, was unbekannt ist und nicht einmal benannt werden kann, ist die *naguale Welt* (was in etwa der weiblichen, linken Körperhälfte und der rechten Gehirnhemisphäre entspricht).

Wie schaffe ich es, die erlernte Trennung zwischen mir und allem was ist, zu überwinden, und mich dem Unbekannten, dem scheinbar Feindlichen, dem alldurchdringenden Geist zu öffnen: dem Nagual?

* Damit der Leser die Bedeutungen von Maya (Kultur und Volk) und *Maya* (hinduistisches Konzept der Illusion und kosmischen Täuschung) leichter auseinanderhalten kann, haben wir Letzteres immer kursiv gesetzt. [Anm. des Verlages]

** Resultate aus den neuen Wissenschaften wie Quantenphysik, Neurokardiologie und Zellbiologie bescheren uns immer öfter überraschendste Aha-Erlebnisse zu Themen, die noch vor einer Generation als unansprechbar oder unerklärbar galten. Die Wissenschaften reißen zur Zeit uralte Paradigmen nieder und können auf dem Weg der inneren Ganzwerdung zu unseren Verbündeten werden, denn sie erweitern mit ihren Fundstücken unseren Horizont und unser Bewusstsein.

Für die Maya ist das *Herz* das wichtigste Tor zum Verbinden von Getrenntem wie auch zum Überwinden von Grenzen; es ist das Tor zur Lattice, es ist mein Zentrum in der Lattice. »Der Verstand trennt, das Herz vereint«, sagen die Maya. – Diese »Welt des Herzens« jedoch kann nur mit Gefühlen »erobert werden«, nicht mit dem Verstand. Der Verstand ordnet den Mitmenschen ein und urteilt über ihn, während das Herz Toleranz, Mitgefühl und Barmherzigkeit üben kann. Nur über die Blackbox des Herzens können wir unsere alten kollektiven Traumata heilen und wieder zu spirituellen, vollständigen Menschen werden. Dann werden wir in der Lage sein, immer mehr von unserem schlummernden geistigen wie auch sozialen Potential als Gesellschaft zu leben.

Die folgende Meditation ist meine Basismeditation für unsere Ära der »Herz-Zeit«, wie ich sie am Anfang jeder Gruppenheilung und oft während der Workshops und Retreats des Kosmischen Theaters anleite. Was wir lernen, ist, ganz einfach, unsere Aufmerksamkeit vermehrt auf die Herzgegend zu richten. Wenn ich in diesem Buch von Herzfeld oder Herzgegend spreche, meine ich das Herzchakra sowie das biologische Herz. Während das biologische Herz kohärente Signale an Zellen und alle Körpersysteme aussendet, damit diese bestmöglichst funktionieren, ist der Energiewirbel des Herzens (Herzchakra) der Mittelpunkt unseres feinstofflichen Energiesystems, welches den Energieaustausch mit dem Universum kontrolliert, und wiederum das biologische Herz im Erreichen hoher Kohärenz* unterstützt.

Meditation

Übung 1: Die Aufmerksamkeit auf mein Herz richten

Setze dich in Stille hin, schließe die Augen und lasse beim Ausatmen die Muskelanspannungen los... Komme bei dir an. Jetzt. Jetzt. Nein: Jetzt!
Konzentriere dich nun auf deine Herzgegend:
All deine Aufmerksamkeit ist auf dein Herz gerichtet.
All deine Aufmerksamkeit ist auf dein Herz gerichtet.
All deine Aufmerksamkeit ist auf dein Herz gerichtet.
Bleibe dort mit deinem Fokus für mindestens drei Minuten. →

* Kohärenz ist der Zusammenhang und Zusammenhalt aller Teile in innerer Übereinstimmung; das heißt: Alles passt zusammen.

Vielleicht spürst du ein Kribbeln, ein wohliges Gefühl in deinem Herzfeld.
Breite dieses Gefühl in deinem Körper aus, bis es ihn ausfüllt.
Breite es dann weiter aus, über deinen Körper hinaus.
Stelle dir vor, wie dein Herz sich über unsichtbare Fäden mit anderen Herzen verbindet, mit allem, was du normalerweise als getrennt von dir erfährst. Lade auch deine Probleme, deine Feinde, deine Schwierigkeiten im Leben in dieses sich ins Unendliche ausbreitende Feld ein und beobachte, wie von selbst ein Transformationsprozess eintritt.
Ta pisilic junax cotantic, »wir sind ein einzig Herz«, auf Tzeltal, einer Mayasprache.
Bleibe mit deinem Fokus auf das unendliche Herzfeld gerichtet – für mindestens drei Minuten.
Komm dann langsam wieder zu dir zurück, öffne die Augen und werde dir deiner dreidimensionalen äußeren Realität bewusst.

Lernen, aus dem Herzbewusstsein zu leben	Es ist Herz-Zeit!
Ruhiger Ort zum Meditieren	Ruhig
Sitzend	10 - 15 Minuten

Versuche einmal, einen Tag lang immer wieder deinen Fokus zurück ins Herz zu bringen, und schaue, wie es dir dabei geht. Mache es dir zum Lebensprinzip, aus dem Herzen zu leben:

Ich sehe, höre, fühle, denke, ich atme mit dem Herzen, und ich handle aus dem Herzen heraus.

Beobachte, wie sich deine Wahrnehmung der Umwelt verändert, wenn du immer mehr Menschen, Dinge und Unbekanntes in deinen Herzraum mit einschließt, anstatt das Herz vor ihnen zu verschließen. Beginne, mit deinen Freunden über das Herz zu reden, fern von romantischen Klischees und männlicher Gefühlsangst. – In meinem nächsten Buch über das kreative Denken mit der Lattice werden wir sehen, dass vom Umgang mit unserem *Herzgehirn* abhängt, wie brilliant wir das »Kopfgehirn« sowie das emotionale und instinktive »Bauchgehirn« nutzen können. Hier ein Textauszug über das *Herzgehirn.*

Gibt es ein Herzgehirn?
»Umdenken« ist angesagt, denn neueste Forschungen der Neurokardiologie sprechen dem Herzen heute die Funktion einer Art von »Gehirn« zu, das selbst eine hochkomplexes Nervensystem mit 40.000 Neuronen enthält! Das *Herz-Gehirn* kann offenbar völlig eigenständig »denken«, unabhängig vom Gehirn und dem restlichen Nervensystem. Gibt das nicht Mut, endlich jenen inneren und äußeren Stimmen zu folgen, die immer wieder gesagt haben, wir sollten *dem Herzen folgen?*

Das Herz wird heute als ein hochsensibles Organ angesehen, das sowohl Information empfängt und aussendet wie auch erinnert und reproduziert. Das Herz kommuniziert mit dem Gehirn weitaus häufiger als umgekehrt (und bisher angenommen) und beeinflusst unsere Wahrnehmung, Emotionen und unser geistiges Potential. Das *elektromagnetische Feld des Herzens* ist das stärkste überhaupt im menschlichen Körper und schwingt 5000mal stärker als das Magnetfeld des Gehirns! Wir können uns vorstellen, wie das Herz Informationswellen aussendet, die sich nicht nur auf die Körperfunktionen auswirken, sondern mit anderen Menschen und unserem ganzen Umfeld interagieren. Mit anderen Worten: Wir beeinflussen mit unserem Herzen unsere Gehirn- und Körperfunktionen wie auch andere Menschen und sie uns.[10]

Wenn wir mehr aus diesem wichtigsten Kommunikationszentrum, dem Herzen, leben, und uns seinem *Blackbox-Effekt des Unbekannten* hingeben, entwickeln wir unser *Herz-Bewusstsein.* Auf diesem Weg ist es ratsam, über eine gesunde Portion Selbstkritik zu verfügen, um Echtes von Unechtem oder Erlebnisse in anderen Wirklichkeiten von Fantasie zu unterscheiden. Gerade im esoterischen Bereich gibt es genug unkritische Menschen, die meinen, spirituelles Leben sei Denken-Abschalten. Wie viele Menschen plappern irgendwelche Lehren nach, ohne sie selbst zu fühlen oder zu leben, oder nehmen für bare Münze, was ein sogenannter Erleuchteter »gechannelt« hat! Das letzte und fünfte *Versprechen* von Miguel Ruiz (*1952, Mexiko, Autor) ist deshalb mit Recht die *Kritik.*[11] Das heißt mit anderen Worten: Sei kritisch gegenüber dir selbst und allem, was andere sagen und für »richtig« befinden. Friss nicht alles, was man dir vorwirft, aber öffne dich allem Unbekannten und Neuen, wenn du kannst, wieder und wieder. In diesem Sinne lade ich dich ein, das (selbst)kritische und logische Denken sehr wohl zu trainieren, ihm aber nicht die Alleinmacht zu überlassen, sondern es als Sprungbrett in die 90 % der nicht-logischen Kommunikation mit dem Unfassbaren, Unerklärlichen,

Unbeweisbaren zu benutzen. Damit folge ich der Lehre meiner Mayameister, die der Meinung sind, dass wir einen Großteil des unbenutzten Gehirnpotentials aktivieren können, wenn wir mehr Dinge *respektieren und integrieren.* Dies fordert von uns Menschen vermehrte Offenheit und Toleranz, vor allem im Umgang mit anderen Menschen und ihren Ansichten. Wer den *Weg des Herzens* geht, macht keine Fehler, er taucht ein ins Unbekannte und kehrt gestärkt zurück, makellos wie ein Mayakrieger.

Kommunizieren mit Mayameistern

An dieser Stelle wage ich mich an eine Definition für das *Bewusstsein,* ein weiteres Blackbox-Rätsel, über das schon auf vielen internationalen Konferenzen stundenlang debattiert wurde.

Das ***Bewusstsein*** *ist mein geistiges Vermögen, die Umwelt wahrzunehmen und mit ihr in Kontakt zu treten.*

Die sogenannten *Bewusstseinsinhalte* sind Daten, derer ich mir bewusst geworden bin, und dann kann ich frei entscheiden, wie ich mit ihnen umgehe. Beispiele solcher Inhalte sind: mein Körper, meine Emotionen, meine Wünsche, meine Gedanken, meine Beziehungen zu den Mitmenschen und so weiter. Während der Entwicklung des Kindes kommen immer neue hinzu, was wir *Erweiterung des Bewusstseins* nennen. Ein Jugendlicher kann sich zum Beispiel von einem stark ichbezogenen Bewusstsein hin zu einer sozialen Tätigkeit öffnen. Die Maya sagen *in lak'ech,* »ich bin ein anderes du«, und meinen damit, dass wir uns, der Evolution folgend, auf natürliche Weise, vom Ich zum Du zum Wir und dann hin zu einem *planetarischen, solaren, galaktischen* und *kosmischen Bewusstsein* entwickeln (siehe Kapitel 8, *Erstes menschliches Gruppenbewusstsein*). Wir können uns vorstellen, dass die Lattice das menschliche Bewusstsein öffnet, denn sie beinhaltet alle Bewusstseinsformen, die uns noch fremd sind. Je mehr wir die Käseglocke abnehmen, desto weiter wird unser Kommunikationsfeld – bis unser Zugang zu anderen Wirklichkeiten und höheren Dimensionen natürlich und alltäglich sein wird. Mit höheren Dimensionen meine ich einen Raum, in dem es mehr als drei Dimensionen gibt. Da streikt der Verstand, aber das gibt es.

In Mexiko wurde es immer alltäglicher für mich, mich in anderen Wirklichkeiten und höheren Dimensionen aufzuhalten und dort mit aufgestiegenen Mayameistern, Lichtwesen und anderen Sternenbrüdern in Meditationen, Träumen und am hellichten Tag zu kommunizieren. Sie zeigten mir viele Dinge, die meinen verknorzten Geist heilten und ihn erweiterten. Über alle diese Wesen in anderen Dimensionen, die genau so real sind wie unsere Existenz hier in der dreidimensionalen Welt, habe ich früher immer gelesen und dann doziert. Zugleich zweifelte ich stark an ihrer Existenz und ein Teil von mir dachte, das ist vielleicht alles ein Witz. Doch in Mexiko, in unmittelbarer Nähe von Schamanen und indigenen Heilern, für die diese Kommunikation etwa so ist »wie sich mit dem Nachbarn unterhalten«, *sprang der neuronale Funken über,* und sie wurde zu einem Teil meiner neuen Wirklichkeit.

Plötzlich waren sie da, die Mayameister; von einem hörte ich die Stimme, den anderen sah ich als Schatten vorbeihuschen, wiederum andere sah ich im inneren Auge. Manchmal war die Wahrnehmung glasklar, manchmal »fühlte« ich sie oder »wusste einfach, sie waren da«. Ich habe gelernt, dass sie der Situation entsprechend auftauchen: Manche sind Teil des Plasmas eines Ortes (Wächter, Elementarwesen) oder des Menschen dir gegenüber in einem gewissen Moment (Meister früherer Zeiten), andere wiederum sind immer bei uns und begleiten uns auf Schritt und Tritt (Schutzengel, Geistführer). Man kann sie auch rufen oder sie kommen je nach »Dringlichkeit« der Situation von selbst, als wüssten sie alles und würden alles beobachten. Aber wie sollten sie auch nicht, wenn uns ja die Lattice bis ins Unendliche mit ihnen verbindet?

Keiner der Helfer aus dem Jenseits oder der lebenden Meister, Lehrer und Schamanen, die mich instruiert und geheilt haben, ist wichtiger als der andere; deswegen erwähne ich die wenigsten in diesem Buch mit Namen. Das Wissen, was uns in diesem Leben zukommt, an das wir uns bewusst *erinnern,* fließt uns dem *kosmischen Gesetz der Resonanz* folgend aus der Lattice zu, wenn wir bereit und offen dafür sind; von welchem Guru oder von welcher Wesenheit ist nicht so wichtig. Wenn ich von Erinnern spreche, geht das je nach Sichtweise so vor sich, dass wir entweder die Information über unsere Gene entschlüsseln oder sie direkt aus der Quelle beziehen, also aus dem Informationspool im Hyperfeld herunterladen; es ist etwas, das schon immer da war und das wir nur durch die Begrenztheit unseres Verstandes »nicht wussten«. Die Mayaschamanen haben ein unsagbares Wissen, das manchmal schwer *verständlich* ist, weil sie alle Dinge zu verbinden scheinen und nicht linear denken. Es ist manchmal, als höre man einer fremden Sprache zu. Ich habe herausgefunden, dass ich besser verstehe, wenn ich, anstatt mit dem Verstand alles interpretieren zu wollen, mit dem Herzen horche. Aufgrund meiner Sprachschwierigkeiten habe ich vor allem am Anfang in Mexiko gelernt, die Wahrnehmungsfilter meiner Antennen so einzustellen, als würde ich ein Gedicht vernehmen. Es ist mir völlig klar, dass es das logische Denken eines jeden Lesers ziemlich aufwühlen kann, wenn ich behaupte, dass wir alle wie

Schamanen aus dem Universum Wissen und Information beziehen können, als wären wir Besucher einer *kosmischen Bibliothek.*

Ich war nicht schlecht erstaunt, als Don Lauro schon im ersten Jahr ankündigte: »Heute machen wir eine keltische Zeremonie!« Ich werde sie nie vergessen, mit so vielen Details über die keltischen Krieger, über Merlin und die Druiden. Es ging darum, die Natur-Elemente, die sich von der destruktivsten Seite zeigten, zu überwinden. Fast wie in der *virtuellen Welt der Computerspiele,* nur dass wir physisch bestimmte Körper- und Armpositionen einnahmen, als würden wir ein Pferd reiten, und wir schwitzten dabei – ein *reales* Erlebnis in einem anderen Raum und einer anderen Zeit. In ähnlichen »Energieklassen« erlernte ich Bewegungen, Information und Techniken aus anderen alten Kulturen wie die der Olmeken, Azteken, Inka, Lakota und Maori oder aus Tibet, Japan, Indien, Australien oder Afrika. Wenn du dein Herz öffnest und den skeptischen Verstand zum Schweigen bringst, wirst du sehen, dass auch du das mit etwas Übung erreichen kannst! Dieses Buch bildet dich Kapitel für Kapitel zum kosmischen Surf-Experten aus, charismatisch und voll im Fluss; du wirst das Wissen so in deinen Geist integrieren, dass es dir bald völlig unlogisch erscheinen wird, dass nicht alle Menschen so denken.

Dieser *schamanische Synkretismus,* der verschiedenste Traditionen und Weltanschauungen des Planeten zusammenbringt, erstaunte mich, als ich Don Lauro kennenlernte; ich hatte lange danach gesucht. Er ließ mich die Kosmovision der galaktischen Maya erst recht verstehen. Um die Schulen der hohen *Mayapriester* von lokalen Traditionen in Mexiko abzugrenzen, fasse ich sie als *kosmischen Schamanismus* zusammen, weil er geografische Räume und kulturelle Prägungen transzendiert und vereint. In diesen Schulen sitzen die Mayameister Seite an Seite mit anderen aufgestiegenen Meistern aus Ägypten, Tibet, China, Europa und Peru sowie Atlantis und Lemurien. Sie führen uns zur Vision eines *einzigen kosmischen Herzens,* wo es keine Trennung durch Religionen, Rassen, Nationen, Geschlechter oder soziale Schichten gibt. Wie schon oben erwähnt, verstehe ich unter Mayameistern weise Sternenwesen, die entweder aus anderen Dimensionen für Momente »zu uns herüberkommen« oder hier auf Erden in Menschengestalt inkarniert haben. Wenn du dich von der Energie der galaktischen Maya angezogen fühlst, ist es gut möglich, dass auch du ein alter Mayameister bist. Die Mayameister werden oft von feinstofflichen Wesen aus anderen Dimensionen angekündigt oder begleitet, wie *Helfer, Hüter, Wächter* und *Engel.** Wenn sie sich dir präsentieren, hängt das

* In den Tempeln von Ek Balam, ganz in der Nähe von Chichen Itza, können die einzigartigen Statuen von Maya-Engeln bewundert werden.

meist mit deinem bisherigen Seelenweg zusammen; sie sind somit Anteile deiner größeren Existenz, was Brian Weiss »viele Leben, viele Meister« nannte.[12] Deswegen hat jeder ganz andere »Kanäle offen«, wie ich in den Workshops immer sehe, gemäss seiner Erfahrung eben. Immer mehr Kinder und auch Erwachsene erinnern heute frühere »Leben«, wo sie große Lern- oder Entwicklungsschritte gemacht und Initiationen erfahren haben, etwa im Alten Ägypten, in Peru oder eben bei den Maya. In meinen Einzel- oder Gruppen-Rückführungen spreche ich lieber von heilenden Erfahrungen mit anderen »Existenzen« als von früheren »Leben«, weil man sie parallel erleben kann – wenn man akzeptiert, dass die Zeit, so wie wir sie kennen, nur in unseren drei Dimensionen existiert. Je nach deiner *Sternenheimat*, wie die Maya sagen, ist es auch möglich, dass verschiedenste Sternenbrüder oder andere galaktische Wesen dich direkt besuchen. Sie alle überwinden die Grenzen zwischen den Dimensionen, Kulturen und Kontinenten, verbinden so alle Ideologien, alle Existenz- und Gesellschaftsformen und kommunizieren zwischen ihnen eine Botschaft der Vereinigung, des inneren Friedens und der Liebe. Wenn ich mich in diesem Buch auf die Lehren und Erfahrungen mit diesseitigen und jenseitigen Lehrern beziehe, werde ich symbolisch »Mayameister« sagen, denn für mich ist die Information als Ganzes wichtig.

Ich höre schon deine Frage mit einem trockenen Schlucken, nach diesem Einblick in eine etwas sehr kosmische Blackbox:

Ja, und wie kommuniziere ich denn mit diesen Mayameistern im Jenseits? – Klar, wiederum über die Lattice!

Wie wir sehen werden, ist die Lattice genau dieses kosmische *multidimensionale Internet*, mit dem wir bis zum »hintersten Knotenpunkt des Gitternetzes« im Universum kommunizieren können. Die Lattice ist wie ein Telefonnetz, über das du mit einer höheren Intelligenzform oder einem Lichtwesen »sprechen« kannst. Es gilt einfach, diese Funktion wieder zu erinnern und bewusst nutzen zu können. – Wir brauchen also gar keinen mehr, der channelt, wenn wir akzeptieren, dass wir eins sind mit allem. Die Zeit der Channeling-Sessions, wo da vorne einer sitzt und alle mit offenem Mund zuhören, als hätte der die All-Macht, ist bald vorbei. Dieses Buch soll dir, lieber Leser, deine Macht zurückgeben, denn du kannst selbst jede Information direkt aus jedem beliebigen Punkt der Lattice beziehen. Es wird eine Öffnung im Bewusstsein hervorrufen, wobei die Lattice langsam zu deinem täglichen Begleiter werden wird. Sie wird dir immer neue Aspekte und Blickwinkel eröffnen, ein Leben lang!

Latticebewusstsein ist Fülle

Am Anfang ist für viele die Lattice etwas Geheimnisvolles, das sie nicht fassen können, ein Rätsel. Es geht mir, dir, allen so: Je mehr wir von ihr wahrnehmen, sie zur Whitebox wird und wir in höhere Dimensionen hineinsurfen – desto mehr werden wir uns bewusst, was für göttliche Wesen in Menschengestalt wir eigentlich sind. Dabei erhaschen wir aber immer einen noch klitzekleineren Bruchteil von allem, weil uns ein immerer größerer Rest unbewusst bleibt: *Ich weiß, dass ich nicht weiß.*[13]

Das Bewusstwerden der Lattice kommt einem Prozess des Frei- und Ganzwerdens der Person gleich, einem Loslassen von überflüssigem Ballast und alten Fesseln. Je mehr mein Bewusstsein eins wird mit der Lattice, desto effektiver werden die niedrigfrequenten Blockaden aufgelöst oder die fehlende Information automatisch heruntergeladen, damit mein Körper *gesund* wird oder ein neuer *inspirierender* Gedanke kommt. Die Lattice hilft in erster Linie, mich mit meinem natürlichen Selbstheilungspotential rückzuverbinden, mit meinem optimalen Gehirnpotential und meiner Schöpferkraft als spirituellem Wesen. Sie fügt nichts hinzu, sie befreit nur und lässt meine innere Blume als Teil des kosmischen Blumenbeetes erblühen. Die Lattice kann ein offeneres, kreatives *Mind-Set* (Gedankenmuster) erreichen sowie gereinigte *Energiekörper,* frei von emotionalem und gedanklichem Ballast, den wir so über die Jahre anzusammeln pflegen. Sie induziert, als Teil des natürlichen Flusses der Dinge, diejenigen Transformationsprozesse, die für eine Verbesserung jedweder Resultate notwendig sind: der Gesundheit des Körpers, eines klaren Denkvermögens oder der aktuellen Phase eines Lebensprojektes. Als kosmisches Supergehirn *weiß* die Lattice immer, welche Information wo und wann gebraucht wird.* – Unser einziges Problem ist demnach, dass wir von der Lattice *getrennt* leben.

*Leben wir in einem **Latticebewusstsein**, sehen wir den großen Zusammenhang wie aus der Adlerperspektive und schließen keinen Teil des Ganzen aus.*

Auf natürliche Weise interessieren wir uns für den *emotionalen, mentalen und spirituellen Ursprung* eines körperlichen Leidens oder einer kreativen Blokkade im Leben. Der Schamane betrachtet gar beim Heilen nicht nur die

* Der nach außen gerichteten Anwendung des Schöpferpotentials der Lattice, dem Denken, Fühlen und Handeln durch die drei vereinten Gehirne, widmet sich das zweite Buch der Lattice-Trilogie. Von der inneren Anwendung des Schöpferpotentials der Lattice, der »Heilung«, handelt das dritte Lattice-Buch.

Person und ihre Energiefelder, sondern all ihre »Lebensbereiche« und die *sozialen Umstände*, die ins Lot gebracht werden müssen. Früher wusste er im Dorf über sie alle Bescheid und brachte sie auch zur Sprache, wenn man ihn aufsuchte. Wir können sie mit der Lattice alle erreichen und als *Gesamtbild einer Person* ausbalancieren, denn Heilen ist mehr als ein bloßes Beseitigen eines Symptoms. In diesem Sinne zeige ich in diesem Buch, wie der Leser in das Geheimnis der Lattice eintauchen kann, um zu einem reifen, gesunden und vollständigen Menschen zu werden; ich zeige erst in einem späteren, wie ich die Lattice in der Heilung mit den Patienten anwende. Integrieren wir anhand der nächsten Meditation die Lattice als *Lebensweg*. Mit ein bisschen Übung darin wirst du innerhalb von Sekunden – stehend in der Metro oder als Teil deiner morgendlichen Übungen – die Lattice um dich herum wahrnehmen und ihre schützende, heilende, transformierende Kraft wahrnehmen.

Meditation

Übung 2:
Lattice-Meditation

Fahren wir fort mit einer ganz einfachen Meditation. Wenn du später mehr Erfahrung mit der Lattice gesammelt hast, ist es immer interessant, zu ihr zurückzukehren. Sie kann dir in Situationen helfen, wo du keine Aufmerksamkeit erregen willst, dich ohne jegliche Bewegung in die Lattice »einzuklinken«. Setze dich bequem in einer beliebigen Meditationsstellung auf einen Stuhl oder ein Kissen. Atme ein paar mal tief aus, während du Muskelanspannung und Gedanken loslässt.

Stelle dir nach einer Weile vor, dass du mitten in einem Gitternetz sitzt, das sich bis ins Unendliche erstreckt, die Lattice. Falls es dir schwerfällt, dir das vorzustellen, kannst du dir auch ein Bild beschaffen, dass ein Gitternetz darstellt (so wie oft Moleküle schematisiert werden) und es vor der Meditation anschauen.
Stelle dir viele Hunderte von Knotenpunkten vor und zwischen ihnen Verbindungslinien, die bis ins Unendliche reichen. Gebrauche deine Vorstellungskraft!

→

Konzentriere dich nun auf das Feld um deinen Körper herum, bis du seine starke Energie zu spüren beginnst. Verweile einige Minuten so. Du wirst vielleicht Hitze oder Kälte wahrnehmen, keine Sorge, das sind Reaktionen deines Körpers auf die hochfrequente Energie. Konzentriere dich dann auf das Feld in deinem Körper und stelle dir vor, wie die Lattice beginnt, ihn zu durchdringen. Alle Grenzen sind dabei, sich aufzulösen. Stelle dir vor, wie die Lattice alles auf einer nie gekannten hohen Frequenz vibrieren lässt. Lass es zu. Vertraue einfach, dass sie von selbst weiß, was sie zu transformieren, heilen oder zu stärken hat.
Als nächsten Schritt kannst du die Lattice bewusst einladen, auch deine sozialen Bande, Beziehungen, beruflichen Projekte zu befreien und zu potentialisieren.

Nach einer Weile kehrst du zurück und öffnest die Augen. – Erwarte nicht zu viel. Beobachte ohne Druck, welche Gefühle oder Energien sich in dir bewegt haben, ob sich gar verhärtete Gedanken oder ein körperliches Unwohlsein aufgelöst haben.

Integration der Lattice als Lebensweg	Basismeditation, um Gehirn und Herz für die Lattice zu öffnen
Einen ruhigen Ort zum Meditieren	Ruhig
Sitzend	5 Minuten

Wenn du dich für die Lattice als Lebensweg entscheidest und sie Teil deines täglich bewussten Feldes wird, rücken auf natürliche Weise folgende **Lebensbereiche** ins Zentrum deiner Aufmerksamkeit, manchmal als völlig neu erlebte *Bewusstseinsinhalte.* Sie alle sind Teil deiner »Vernetzung« mit deinem nächsten Umfeld:

- Gesundheit von Körper, Emotionen, Gedanken, Spiritualität
- Seele
- spezielle persönliche Gaben und Talente, Lebensaufgabe
- harmonische Beziehungen in der Partnerschaft, Familie, mit den Kindern
- das soziale Umfeld, Betätigungen in Vereinen, Clubs, Sport usw.
- ein erfüllender Beruf und ein produktives berufliches Umfeld, Teamwork
- gesunde Finanzen und finanzielle Unabhängigkeit
- Wissen und Erfahrungen aus anderen Existenzen

- spezielle Verbindungen zur Umwelt, Natur, zu den Elementen
- spezielle Verbindungen zu anderen Dimensionen, Meistern.

Es ist, als hättest auch du einen magischen Zauberstab bekommen, der dein Wissen und deine praktische Erfahrung wie nie zuvor zum Blühen bringen und dir auf persönlicher Ebene Türen zu mehr Tiefgang, Übereinstimmung und Verwirklichung in deinem Leben öffnen wird. Nutzen und Frucht davon sind positive Ausstrahlung, mehr Klarheit und Entschlossenheit sowie innerer Frieden und Glückseligkeit. Die Lattice umfasst die *Fülle* des Universums und hilft, sie in die oben genannten Lebensbereiche zu bringen. Wenn du das nächste mal die *Lattice-Meditation* ausführst, stelle dir vor, wie die Lattice sie durchwebt und bitte die Lattice um Befreiung oder Aktivierung ausgewählter Bereiche.

Es ist interessant: Ich habe mich lange mit Fülle *(abundancia)* befasst und gesehen, dass jeder Mensch diese Forderung nach Fülle auf vergleichbare Weise ans Leben stellt, entweder erfolgreich oder frustriert, was wiederum das Resultat beeinflusst. Der Weg zur *Er-füllung* dieser Forderungen ist im Menschen angelegt und fließt wie von selbst, wenn man es nur zulässt; ist er durch negative Glaubensmuster blockiert, entfesseln wir ihn durch die Lattice. Er hat mit *Selbstverwirklichung* und *schöpferischer Tätigkeit* zu tun, einem inneren Trieb, der uns *glücklich* macht, wenn wir erfolgreich geworden sind, wie es die Psychologie des Glücks beschreibt. Wir können ihn schon beim Kleinkind beobachten, wenn es unermüdlich eine Lego-Burg baut und sie uns dann stolz zeigt: »Schau, was ich gemacht habe!« Wir sind von Kind auf kreativ und schöpferisch veranlagt und dazu da, Spuren zu hinterlassen! [14]

Fülle und Glück

Fülle ist ein Urprinzip des Lebens. Fülle ist überall, in der Natur, im Kosmos. Wer nicht in Hülle und Fülle lebt, macht den Fehler, dass er sie nicht durch sich hindurchfließen lässt; er blockiert irgendwo diesen kosmischen Fluss. Ceci Flores aus Guadalajara, die jahrelang als erfolgreiche »Dame der Fingernägel« durch Mexiko reiste und Workshops über ihre Kunst des Fingernagelschmuckes gab, sagte mir einmal: »Wenn du nicht in Fülle lebst, ist dies der Grund, dass du abgeschnitten bist von Gott.« Oder vom Universum, von der Lattice.

Macht dich glücklich, was du gerade tust? Wachst du jeden morgen glücklich auf in deinem Bett? –Kein noch so hohes Ziel nützt dir, wenn es dich nicht glücklich macht. Du würdest auf Kosten deiner Seele leben.

Glücklichsein ist das höchste Ziel der Menschheit auf diesem Planeten. Wenn du dich selbst verwirklichst, wirst du immer glücklicher; dann »hast du Glück«, denn die Fülle fließt durch dich hindurch.

Manche Menschen scheinen die *Hülle und Fülle* mit einer Art Vorhängeschloss verkettet zu haben, doch wir können dieses Schloss aufschließen.

Was ist jener zentrale Schlüssel der Lattice?

Das Gleichgewicht.

Gleichgewicht ist Bewegung

Die Lattice selbst repräsentiert ein universelles, perfektes Gleichgewicht. Als kosmischer »Schaumteppich«, wie die Quantenphysiker sagen, ist sie in andauernder blubbernder Bewegung begriffen und balanciert sich fortwährend neu aus. Sie steuert das Prinzip des Gleichgewichts aller Existenz. Es ist diese Art von *Selbststeuerung*, die es dem Leben ermöglicht zu existieren. Denken wir an den berühmten *Schmetterlingseffekt,* der besagt, dass kleinste Abweichungen in einem dynamischen System verstärkt werden und es vollständig und unvorhersagbar verändern können. Der Windhauch des Flügelschlages eines Schmetterlings an einem Ende der Welt, könnte demnach theoretisch einen Tornado am anderen Ende der Welt auslösen. Die Tatsache, dass unter den heutigen permanenten Störungen der Biosphäre nicht schon der ganze Planet ins Schlingern geraten ist, zeigt mir, dass eine unsichtbare Steuerung existiert, die alles ausgleicht und ständig ausbalanciert. – Gleichgewicht ist die zentrale Voraussetzung, damit Fülle strömt im Universum. Tritt hingegen ein Ungleichgewicht ein, stagniert der Fluss und damit das Lebensprinzip der Fülle in einem Organismus oder System. Weil die Lattice uns von selbst *in den Fluss, ins Lot und Gleichgewicht* bringt, ist sie der schnellste Weg zu einem *Leben in Fülle.* Doch scheuen wir die *Bewegung* und lassen deshalb unsere Fülle lieber zugekettet.

Wieviele Male bist du, lieber Leser, aus dem Gleichgewicht geraten, emotional oder finanziell, und heute bist du wieder »oben«, besser denn je? – Oder vielleicht bist du heute nicht »oben«, sonder eher »unten«, aber du weißt, wenn du die Wirkung des Gleichgewichts zulässt, wird alles wieder gut. Wieviele Male warst du in einem »Tief«, nichts hat mehr funktioniert, Job oder Partner waren verloren, eine Krankheit hat dich hingestreckt? – Doch durch deine natürliche Fähigkeit zur *Resilienz* hast du es geschafft, dich wieder aufzurichten wie eine Feder, die, arg zusammengepresst, sich wieder erholt und ihre Spannkraft entfaltet.

***Gleichgewicht** ist ein Punkt in dauernder Bewegung um sein Zentrum herum.*

Es ist das »Auf« und »Ab« einer Feder oder das »Hin« und »Her« eines Pendels. Gleichgewicht ist Bewegung, da es sich selbst immer neu suchen muss, wie der zitternde farbige Kreisel eines Kindes. Wenn er sich nicht mehr dreht und sich nicht mehr bewegt, fällt er um – aus, vorbei. Vielleicht, weil diese Bewegung oft so fein und kaum wahrnehmbar ist, sehen viele Menschen das Gleichgewicht als einen Fixpunkt. »Du hast ihn oder eben nicht.« Und wenn sie ihn vermeintlich gefunden haben, dann klammern sie sich fest an ihm.

Gleichgewicht ist Bewegung

Erinnere dich an das Bild eines wirbelnden Kreisels, mit dem du oder deine Eltern noch gespielt haben, bis er für immer tief in einer Spielkiste verschwand. Viele von uns meinen unbewusst, Gleichgewicht ist etwas, was man einmal findet und dann hält, so wie eine fixe Position, die man gemietet hat.

»Ich hab's gefunden. Ich bin jetzt okay so.« Und basta. – Das ist aber irreführend und macht uns blind für eines der wichtigsten Prinzipien des Lebens, das besagt, dass alles in stetiger Bewegung ist und dabei das Gleichgewicht sucht. Wie ein Pendel, das zwischen zwei Polen, zwei Gegensätzen hin- und herschlägt und langsam zur Ruhe kommt. Wie ein von den Illusionen des Lebens, von der *Maya* Besoffener, der das Schlüsselloch nicht findet. Mit anderen Worten: das Gleichgewicht ist ein *fortwährender Prozess.* Prost!

Wenn wir dieses vielleicht wichtigste existenzielle Prinzip des *dynamischen Gleichgewichtes im Universum* annehmen, starre Strukturen loslassen und uns ihm anvertrauen, bekommt unser Leben eine neue Dimension: Der Kreisel wird zur aufsteigenden Bewusstseinsspirale, und wir finden uns in einem immer *höheren Gleichgewicht* wieder. Je höher wir in Frequenzen und Dimensionen steigen, desto schneller dreht sich die Spirale und desto spürbarer und effektiver ist die Selbstregulierung. Wir sind immer mehr eins mit der Lattice, und das Universum versorgt uns *regelrecht* mit seiner Fülle, was Heilung und Wohlergehen bedeutet. Genauso wie man nie ein ultimatives Gleichgewicht haben kann, sondern nur ein *höheres Gleichgewicht*, kann auch niemand ein Höchstmaß an Fülle oder Glück erreichen. Wir können aber sehr wohl jeden Tag etwas *glücklicher* sein und in *mehr Fülle* leben.

Aufgepasst: Je schneller ich mich drehe, desto unverzeihlicher sind jedoch auch negative Gedanken und fehlende innere Übereinstimmung. Sie können den Kreisel schnell »aus der Bahn werfen«! Deswegen sagt man, dass es hohe Meister nicht einfacher haben, wie so viele meinen, nein, die Prüfungen gehen immer weiter und erscheinen oft in den Momenten, wo man am wenigsten vorbereitet ist, im Leben, im Traum, in anderen Dimensionen. Wenn sie dich nicht »aus der Bahn geworfen haben«, kannst du weiter aufsteigen in deiner Spirale. Versuche einmal, dich wie ein *Derwisch* zu drehen: Je schneller du dich drehst, desto wichtiger ist es, dass du dich voll der Mittelachse (Erde–Himmel) anvertraust, deine eigene Kontrolle loslässt. Fällst du aus der Konzentration oder machst unkoordinierte Schritte, wird dich der Energiewirbel unweigerlich zu Boden reißen.

Fangen wir mit der alltäglichen Dimension des Lebens an: Sagen wir, dass jeder von uns mehr oder minder sein *momentanes Gleichgewicht* gefunden hat (in manchen der oben aufgelisteten Lebensbereiche). Nun wird man aber täglich mit aufwühlenden Informationen, biochemischer Belastung, emotionellen Auslösern (die Firma ging pleite, es kommt die dritte Tochter an) bombardiert. All dies kann einen Menschen ganz schön aus dem Gleichgewicht bringen. Wenn wir uns nun, nach *dichotomer*, das heißt zweiteilender Manier daran festkrallen, wie es *nicht sein soll* oder wie es, bitte schön, *sein soll*, verschlimmert sich die Lage meist. Bei einem einseitigen *Erwartungsdruck* wird der Kreisel für Momente blockiert und kommt dabei ganz schön ins Schlingern.

Wenn wir aber wissen, das das Gleichgewicht in dauernder Bewegung ist und sich einfach neu finden muss, dann kämpfen wir nicht gegen ein *momentanes Ungleichgewicht*, sondern *akzeptieren* es. Vielleicht wurde ja etwas aus meinen Tiefenzonen in Bewegung gesetzt, was mein Ungleichgewicht provoziert hat, und ich kann das Finden eines neuen Gleichgewichts als persönlichen *Lernprozess* annehmen. Wir können nämlich Polaritäten ganz einfach überwinden, indem wir sie ausbalancieren. Alles, was ist, ist weder *gut* noch *schlecht*, es *ist*. Was dich stresst ist, dass du es nicht sein lässt, dass du polarisierst und im Kopf tausend Geschichten spinnst, die dich aus der Gegenwart, aus deinem Herzen bringen. Gleichgewicht setzt Präsenz und gleichzeitig Bewegung voraus, was die oben erwähnte Haltung von *Charisma* und *Fluss* ergibt.

Ich liebe folgendes Sprichwort:
Alles ist perfekt, ob es dir gefällt oder nicht.

Durch diesen Transformationsprozess kommen wir auf eine *höhere Ebene*. Nichts im Universum ist je wie es einmal war; alles ist in stetigem Wandel begriffen, in Evolution.

In einem Moment des Ungleichgewichtes kann ich zwei gute Dinge tun:

1. **Nichts tun**: Ich lasse zu, dass das Pendel von alleine wieder zurückschlägt.
   (Ich reagiere nicht, wenn jemand mich wütend anfährt und beschuldigt. Zurückschlagen würde das Pendel nur unnötig ausschlagen lassen.)
2. **Aktiv eingreifen**: Ich bin im Fluss der Dinge und unternehme etwas, damit das Pendel schneller ins Zentrum kommt.
   (Wenn mein Auto gestohlen wurde, tue ich alles nötige, damit die Versicherung mir meinen Anteil auszahlt. Weinen und Toben und passiv nicht akzeptieren, dass mein Auto weg ist, würde den natürlichen Fluss der Dinge verunmöglichen. Wenn ich währenddessen aktiv eine Garage miete, wo mein neues Auto sicherer aufgehoben sein wird, hilft dies dem natürlichen Fluss der Dinge. Ich schaue in die Zukunft und versuche, aus dem Vorfall zu lernen. So wird das Finden des Gleichgewichts zu einem aktiven Bewusstseinsprozess.)

Eine interessante Frage ist nun, wo wir denn in uns dieses *Gleichgewichtszentrum*, den Nullpunkt des Pendels, lokalisieren können. Die Antwort ist heute ein offenes Geheimnis: Unser Gleichgewichtszentrum liegt im *Herzen*. Die Maya sind Meister des Gleichgewichts und haben in der Lehre des *K-Punktes* viel Wissen darüber verschlüsselt. Wie auch die alten Lamas im Tibet oder Hermes Trismegistos im Kybalion sprechen sie von der uralten Philosophie des *Wie oben so unten, wie innen so außen, wie links so rechts*. Sie erinnert uns daran, immer die versteckten Gegensätze zu entdecken und sie als Polaritäten im Herzen auszubalancieren. Aus dem K-Punkt, der das Herz darstellt, strahlt ein Vektor nach oben und ein Vektor nach unten; sie beide gilt es im Leben zu integrieren.

Hier sei ein bekannter Irrtum vieler Anhänger und Nachfolger spiritueller und esoterischer Schulen erwähnt. Er hat mit dem *Wie oben so unten* zu tun: Es geht nicht darum, nur ins Licht zu kommen oder Zugang zu immer höheren Dimensionen zu bekommen, also ausschließlich »nach oben« zu streben, denn dann käme man ja ins Ungleichgewicht. Wenn ich höher hinaus will, muss ich gleichzeitig immer auch das Unten ausloten. Wenn ich ins Licht will, bin ich eingeladen, auch meine dunklen Kammern auszuleuchten, meine unaufgeräumte Gerümpelkammer, meine Schattenseiten. Und das ist manchmal gar nicht so einfach. Um im Gleichgewicht zwischen Oben und Unten zu bleiben, darf ich mich also nicht einseitig ausdehnen.

Weißgewandete Höhenflüge in andere Dimensionen mit versteckten, unaufgearbeiteten Egos werden nicht lange dauern. Wie Ikarus wird die Mutter Erde den Vogel zur Rechenschaft ziehen, denn er war für seinen Ausflug noch nicht bereit und wird wegen *Egoinflation* unweigerlich abstürzen (wie unsere Wirtschaft). Genau deswegen ist *geerdete* Spiritualität so wichtig, eine, die in harmonischem Bezug zum irdischen Leben steht.

Reflektion

Übung 3: Das Gleichgewichtsprinzip

Setze dich bequem auf einen Stuhl oder ein Kissen. Vielleicht lässt du dazu eine entspannende oder klassische Musik im Hintergrund erklingen. Atme ein paar Mal tief aus, während du Muskelanspannung und Gedanken loslässt. Wenn du innere Ruhe erlangt hast, beginne über das Gleichgewicht zu reflektieren. Gehe es nicht verstandesmäßig an, sei vielmehr neugierig, was an Bildern, Weisheiten und neuen Gedanken darüber in dir auftaucht.

Ich akzeptiere, dass alles in Bewegung ist und ich zudem einen subtilen Gleichgewichtssinn besitze. Ich erkenne die Momente von Ungleichgewicht in meinem Leben als Teil meines Lernprozesses an. Ich erkenne hinter den Dingen einen größeren Sinn und höre auf, mit dem kosmischen Weben zu hadern.

Kein Lehrer und kein Buch kann dir beibringen, was Gleichgewicht ist, nur du selbst kannst diesen Begriff mit Leben füllen. Es bedarf dazu eines subjektiven Lernprozesses durch Versuch und Irrtum. Nimm diese Reflektion als Ausgangspunkt, um im Leben immer mal wieder eine Pause einzulegen und dir deine Haltung gegenüber dem Prinzip des Gleichgewichts im Universum bewusstzumachen. Das kann von persönlichen Themen gehen bis hin zu Bereichen, die uns alle angehen, den ganzen Planeten, das Universum.

Wie sieht dein inneres Gleichgewicht aus, deine Beziehung zu Körper, Emotionen, Geist und Seele? Herrscht dort ein Ungleichgewicht?

Wo herrscht in deinem Leben vielleicht ganz konkret ein Ungleichgewicht, in der Beziehung zu Dingen, Personen, Situationen?

Sind deine Lebensprojekte der Fülle in Balance?

Investierst du gleiche Anteile an Energie und Zeit in dein Privatleben (was Pflege und Kultur von Körper, Seele und Geist beinhaltet), dein Partner- oder Singleleben, dein Sozialleben sowie dein berufliches Leben, wo du gleichzeitig Geld »verdienst«? – Vernachlässigst du auch nur eines, dich selber, deinen

Lebenspartner, deine Freundschaften oder deine Berufung und die notwendige Weiterbildung und spirituelle Reifung, der Kreisel käme unweigerlich ins Schwanken.
Aus einer höheren Dimension betrachtet, beschreibt die Suche nach Gleichgewicht eine andauernde (spiralförmige) Bewegung, während der du immer näher an deinen Herz- und Gleichgewichtspunkt herankommst. Du kannst deine Erfahrungen auch gerne zeichnen, singen oder tanzen.

Das Prinzip des Gleichgewichts erforschen	Abstrakte Begriffe mit subjektiven Inhalten füllen
Ein ruhiger Ort, vielleicht in der Natur	Ruhig
Sitzend	10 Minuten

Wir werden in diesem Buch sehen, wie uns die Anwendung der Lattice helfen wird, im Leben rasch mehr Gleichgewicht zu erreichen. Besonders die vortrefflichen Maya-Übungen beschleunigen den subjektiven Lernprozess und *glätten die Pendelbewegungen*, das heißt, der Unterschied zwischen den Extrempunkten des Ausschlages wird jedesmal weniger heftig, ich komme von einem »Tief« im Leben schneller wieder zu einem »Hoch«. Wenn ich darüber hinaus hinterfrage, was die versteckte Lektion für mich war, so lerne ich dazu, und bei einer ähnlichen Situation wird sich nicht das gleiche Drama wiederholen.

Ist nun mein Leben im Gleichgewicht, wird die Fülle des Universums ungehindert durch mich hindurch fließen; ich verwirkliche mich selbst, indem ich Dinge erschaffe, produziere, hervorbringe, die mir Spaß machen, und die »Glückseligkeit« wird bei mir einkehren. Es gibt Menschen, die immer die anderen beobachten und dann neidisch behaupten: »Der ist immer *glücklich*, es scheint fast, er habe immer *Glück*. Ja, so ein Hans-im-Glück wäre ich auch gerne!« Die vergessen, dass Glückhaben eine Lebenshaltung ist, die man sich antrainieren kann. Ich bin der Schmied meines Glückes: »Ich habe Glück, ich bin ein Glückspilz!«

Lattice = Gleichgewicht = Fülle und Glück

Diese *Formel für Fülle* im Leben hat bei mir selbst wie auch bei Tausenden von Menschen funktioniert. Wer sie anzuwenden weiß, dem bringt sie strahlende Gesundheit, persönliche Kraft und Erfolg. Hast du dich in der letzten Zeit einmal gefragt, was eigentlich *deine* Definition von Erfolg ist, nicht diejenige der anderen? Beinhaltet sie Gleichgewicht oder beutet sie einen Teil auf Kosten des anderen aus?

Denken wir die Formel doch einmal am Beispiel des *Umweltbewusstseins* durch: Die kosmische Lattice hält das Gleichgewicht in der Natur aufrecht. »Ohne sie wäre unser Planet schon lange aus dem Gleichgewicht geraten«, sagen die Ältesten der Maya. Dieses Gleichgewicht garantiert uns (noch?) die lebensnotwendige Fülle an Wasser und Lebensmitteln sowie an Sauerstoff. Auf kollektiver Ebene findet ein Umdenken statt, nach dem jeder aus einem natürlichen *Umweltbewusstsein* heraus etwas dazu beitragen möchte, nicht noch mehr Ungleichgewicht zu schaffen und dadurch den natürlichen Fluss der Fülle gänzlich abzutöten. Das Umweltbewusstsein speist das *morphische Lernfeld* der Lattice, die damit wiederum die Menschen beeinflusst und auf die Erde einwirkt.*

Genauso funktioniert es auch in uns selbst: Um in Fülle und Glück zu leben, bedarf es eines inneren Gleichgewichtes – Körper, Emotionen, Geist und Seele inbegriffen. Auch alle Lebensbereiche, in die ich Energie, Zeit und Geld investiere, sollten ausbalanciert sein, weil einer den anderen braucht und ihn fördert: mein *Privatleben* samt integraler Gesundheit, mein *Partner- oder Singleleben*, mein *soziales Umfeld*, mein *Berufsleben*, wo ich meist das liebe Geld verdiene. Wenn all diese Lebensprojekte im Gleichgewicht sind, dann lebe ich die Fülle der Lattice, die sich selbst unendlich reproduzieren wird. Dann bin ich glücklich, gesund, stark, motiviert, ausgeglichen und in meiner Mitte, dem Herzen, und meine bewusste und unbewusste Kommunikation mit der Umwelt und der Lattice dehnt sich immer weiter aus.

Lebe ich mehr aus einem *Lattice-Bewusstsein* heraus, impliziert das ein *höheres Gleichgewicht,* einen *Fluss kosmischer Fülle* und ein *glücklicheres Leben.* Damit die Lattice ihre optimale Wirkung in mir tun kann und ich ein immer durchlässigerer und bewussterer Teil von ihr werde, muss ich mich innerhalb des kosmischen Gitternetzes befreien, neu orten und ausrichten, was die Maya das *Kalibrieren* in der Lattice nennen.** Größtenteils tut sie dies von

---

* Die Definition vom *morphischen Informationsfeld* als Lernprozess in der Lattice findet sich auf der Seite 89.

** Diese Technik zeigten mir die Mayameister im Hof im »Palacio« des Mayatempels von Palenque, wo ich damals den Machtstab erhielt. Es geht darum, sich als multidimensionales Wesen in Bezug auf den Kosmos zuerst zu *kalibrieren* (oder zu »eichen« oder »einzunorden«), bevor man in sich selbst sein Gleichgewicht finden kann. Sonst wäre es so, sagten sie, als ob sich jemand zwar zentriert, aber dabei »neben seinen Schuhen steht«. Da kann er sich lange im Herzen sammeln, doch fehlt ihm die Verbindung zum Herzen des Kosmos.

selbst, je mehr ich mich mit dem Universum rückverbinde, denn sie *weiß*, was ich brauche, und vervollkommnet mich. Beim Lattice-Surfing lernen wir genau dieses Kalibrieren; in der letzten Übung *(Herztor-Surfen)* werden wir noch einmal darauf zurückkommen.

Der direkte Erfahrungsweg

Dieses Buch deckt einen modernen Mythos auf, dessen Held seine Queste nicht hoch zu Ross, sondern auf dem Surfbrett durchs Universum bestreitet: Willkommen, du Lattice-Surfer! – Die Lattice ist wie ein kosmischer Großcomputer, durch den wir in immer fernere Räume und Zeiten surfen können. Je mehr wir ihn benutzen, desto größer ist auch unsere Verantwortung, weil wir immer mehr Einblick *hinter den Vorhang* unserer gewohnten Realität bekommen. Alles Wissen, das wir uns aneignen, trägt auch eine Verantwortung mit sich!

Wenn du eine Kampfsportart erlernst, steigt deine Verantwortung, und es wird von dir erwartet, dass du weise mit deinen Kräften umgehst. Manche Lehrer verbieten dem Schüler gar, sich außerhalb des *Dojo* in Streitereien zu begeben, bis er die Ausbildung abgeschlossen hat. Wer die Lattice bereist, bewegt auch automatisch mehr Energie – mit seinen Gedanken, Gefühlen und Taten. Es wird von ihm ein immer bewussterer Umgang mit dem Leben erwartet, ein Gleichgewicht, eine Übereinstimmung und Makellosigkeit im täglichen Leben.

Wer mit seinem ganzen Leben in das tiefe, kosmische Wissen der »Lattice-Blackbox«, in ihren Puls von Geben und Nehmen eintauchen möchte, dem lege ich ans Herz, Demut und Respekt zu üben. Die Lattice ist keine weitere Technik des New Age oder ein Esoterikkurs vom Typ *Fastfood.* Ja, du kannst sehr schnell unglaubliche Resultate erzielen, doch lade ich dich sogleich ein, die Auseinandersetzung mit ihr tief und intim zu gestalten: Sie ist *Slowfood.* Sie ist ein uralter Lebensweg, der dein Leben grundlegend verändern kann. Wenn du dich ihm öffnest und dich auf ihn einlässt, wird alles zu wackeln beginnen, was nicht in Harmonie und Übereinstimmung schwingt. So gesehen, *gibt* die Lattice nicht nur, sondern sie *fordert* dich auch. Für mich ist sie zu einer süßen Herausforderung des Lebens geworden, die Dinge ins Rollen bringt und mich manchmal auch ganz schön erschüttert.

Manchmal will ich nicht alles sehen, was die Meisterin mir in ihrem Spiegel zeigt, doch wenn meine störrische und widerstrebende Phase wieder vorbei ist, bin ich ihr stets dankbar für das, was sie für mich tat und tut! – Also bitte, das eine schließt das andere nicht aus: Der Weg der Lattice bringt sehr schnelle Resultate auf einfache Weise hervor, ist aber deshalb keine kosmische »Schnellbleiche«, sondern hat nach dem ersten Schritt einfach noch viele weitere Schritte zum Erkunden parat. Dazu brauchst du etwas Willen, Disziplin und manchmal Begleitung von jemandem, der schon mehr Schritte gemacht hat als du.

So wie dieses Leben mich für mein Erwachen zu den Mayameistern brachte, hat dich dieses Buch gefunden und bietet dir seinen Dienst als Begleiter auf dem Nachhauseweg an. Es lädt dich im Folgenden auf eine spannende innere und äußere Abenteuerreise ein – durch deine Zellen, Intelligenzen und Energiefelder und durch dunkle und lichte Aspekte deiner Selbst. Dort beginnt die Lattice-Wahrnehmung, dir den Weg zu einer neuen Weltsicht und einer neuen Lebensphilosophie zu öffnen. Im Gleichgewicht der Lattice wirst du zum *Wu Wei* des chinesischen Taoismus gelangen, dem *Nicht-Eingreifen* oder dem *Handeln ohne zu Handeln.*[15] Die Mayameister drücken das etwa so aus:

Der Krieger der Lattice muss nichts mehr tun, denn alles fließt durch ihn und kommt und geht.
Der Krieger der Lattice enthält sich dem gegen die Natur gerichteten Handeln.
Der Krieger der Lattice muss nichts mehr tun, und doch bleibt nichts ungetan.

Die früher erwähnten Möglichkeiten des »Nichts-Tun« oder »Aktiv-Eingreifen«, um das Pendel bei Ungleichgewicht wieder dem Gleichgewichtspunkt zu nähern, sind beide *Wu Wei*, wenn wir nur beim aktiven Eingreifen nichts forcieren, nicht gegen die Natur handeln. Wir surfen einfach die Welle virtuos weiter.

Die mir übermittelte Lehre über die Lattice ist nicht einfach verstandesmäßig zu erfassen. Deshalb efordert sie Anwendung und Übung. Jeder erlebt und erlernt sie auf seine Weise (und *entlernt* Dinge, die ihn bremsen, um dann *neu zu lernen*). Das ist, was ich den *direkten Erfahrungsweg* nenne, denn die Zeit ist vorbei, als wir überlieferte Lehren eins zu eins übernahmen, wo einer uns etwas vorkaut und verkündet, was einem vor ihm nützlich war oder ihn gar erleuchtet hat.

Wir dürfen wieder unsere eigene Erfahrung machen, hinfallen wie ein Baby, wieder aufstehen, bis das persönliche Glück sich von alleine einstellt. Übernimm meine Lehre nur so lange, bis du sie durchschaut, verdaut und in deine eigene Kosmovision umgewandelt hast. Du kannst gerne in diesem

Buch blättern und mal hier, mal dort schmökern; bitte versuche jedoch auch, das Buch einmal von Anfang bis zum Schluss zu lesen, denn es enthält viele praktische Teile, die aufeinander aufbauen. In ihnen möchte ich dir die besten und wirkungsvollsten Übungen der Maya weitergeben, so dass die Latticeanwendung ein Teil deines Lebens werden kann. Lebendiges Wissen erlangst du nur durch Üben, und dazu brauchst du etwas Geduld. Wenn du durch das Buch rast, mal hier, mal dort eine Übung machst, mag es sein, dass deine Seele die Lust an den Übungen verliert, weil sie dabei keine Wow-Erfahrungen macht. Mit zuviel Hektik oder »Quick-Soup«-Einstellung tust du dir beim Entdecken der Lattice keinen Gefallen.

Deshalb empfehle ich dir, das Buch Schritt für Schritt durchzukämmen und mit der nächsten Übung erst weiterzumachen, wenn du die vorherigen beherrschst und positive Erfahrungen gemacht hast. Wenn du Autofahren lernst, fährst du ja auch nicht aus Ungeduld am dritten Tag ruckelnd über einen Schweizer Alpenpass, um das atemberaubende Panorama zu genießen. Du weißt, dass du, je nach Übungsrhythmus, sehr wohl dort ankommen kannst, wenn du als Fahranfänger ein wenig Zeit investierst. Genießt du dieses Buch auf diese Weise und übst Geduld mit dir selbst, wird deine Seele auf jeder Seite aufjauchzen, denn es wird wie ein *tiefes Erinnern* für sie sein. Etwas in dir wird des öfteren sagen: »Das hab ich doch schon gewusst! Genau – so ist das mit der Lattice!«

Zusammenfassung

In einer kurzen Vorschau haben wir grundlegende Aspekte der Lattice kennengelernt:

Sie ist wie eine *Blackbox*, die innerhalb und außerhalb von uns visualisierbar ist. Wir können sie zur *Whitebox* machen, indem wir sie immer besser kennenlernen, was einer Wahrnehmungs- und Bewusstseinserweiterung gleichkommt. Die unendliche Schleife von Input und Output, die wir mit den verschiedenen Lattice-Teilen wie Gehirn, Herz, parallelen Universen unterhalten, ist unsere innere und äußere Kommunikation, aufgrund derer wir schöpferisch tätig werden.

Eine Schwierigkeit für unser logisches Verständnis des Universums ist die Tatsache, dass wir eigentlich eins sind mit der Lattice. Sie ist Fülle und Schöpfung zugleich, die durch uns hindurchgeht, uns denkt, uns fühlen lässt und durch uns handelt, je mehr wir es zulassen und in unserer persönlichen *Meisterschaft* sind. Der Gleichgewichtspunkt ist hier die zentrale »Blackbox«, das eigene *Herz.* Sind meine Lebensprojekte dort in einem dynamischen Gleichgewicht verankert, spiegle ich im Kleinen die unsichtbare göttliche Steuerung des Universums wider, und meine Fülle, mein Reichtum, mein Glück werden sich in meinem Leben manifestieren.

Die Lattice lädt uns zum Hochseil-Spaziergang in eine erweiterte Wirklichkeit ein, die bald zu unserem *wirklichen Leben* wird. Sie ist ein multidimensionaler Lebensweg ohne Dogmen und ohne religiöse oder methodologische Anbindung, auf dem persönliche Reife, spirituelle Entwicklung und Gesundheit natürliche Nebenerscheinungen sind.

In den nachfolgenden drei Kapiteln werden wir uns durch Beispiele aus verschiedensten Theorien und Anwendungen der Wissenschaften und der Kunst-Akademien ein Fundament errichten, von dem aus wir dann als kosmische Raum-Surfer besser abheben können. Wir werden bei atemberaubenden wissenschaftlichen Experimenten zugegen sein und Erkenntnisse aus der spannenden Welt der Quanten, Neuronen, Gene, der Fraktale und ihrer Multidimensionalität, sowie (im 6. Kapitel) aus der Astrophysik sammeln. Wir werden viele Zusammenhänge mit der Maya-Lattice der Schamanen finden und erkennen, dass unsere Erinnerungen an ein übergeordnetes Ganzes, an ein Netzwerk wie die Lattice, heute nicht mehr nur esoterisches Gewäsch sind, sondern auf eindrückliche Parallelen aus den verschiedensten Wissenschaften stoßen. Diese können uns neue Blickwinkel auf die Existenz eröffnen und dabei unser vernetztes, interdisziplinäres Denken trainieren. Die Resultate aus Labors und Denkküchen werden es unserem Verstand erleichtern, das Unbekannte, noch Unfassbare zu akzeptieren und in die Palette unserer Wahrnehmungsmöglichkeiten aufzunehmen. Sie sind manchmal so weltbildsprengend, dass sie die wildeste Phantasie übertreffen. Wir fragen uns dann, warum wir nicht schon längst davon gehört haben.

Im nächsten Kapitel sind wir bei verschiedensten Wissenschaften zu Besuch, um zu verstehen, was Meister und Schamanen meinen, wenn sie von »quantisch«, der »zyklischen Zeit-Lattice« oder dem »Überwinden der polaren Wahrnehmung« sprechen.

2

Lattice, wo die Wissenschaften sich mit Schamanen treffen

Die Wissenschaft ist dabei, einen riesigen Quantensprung im Verständnis der Welt zu machen und alte Paradigmen hinter sich zu lassen, auch wenn sich noch viele Mainstream-Forscher an alte, überholte Wahrheiten klammern, als wäre unsere Erde immer noch eine Scheibe oder zumindest der Mittelpunkt der Welt. So tut es gut, sich von wissenschaftlichen Experimenten in Erstaunen versetzen zu lassen. Sie entlasten das Vernunftdenken und sagen uns, dass wir weder alleine dastehen noch ganz so verrückt sind, wie manche das vielleicht denken. In diesem Kapitel beginnen wir, die beschränkenden Denkmuster zu entlarven, die wir von unseren Eltern, aus dem Schulbuch oder von kirchlichen Institutionen übernommen haben. Sie prägten unsere innere, heimliche Überzeugung, ein Opfer der Gegebenheiten zu sein – unserer Gene, unseres Schicksals, unserer Kultur, unserer Sünden. Doch wir werden sehen: Es ist genau anders herum: Wir sind frei! – Durch unsere Gedanken und Gefühle sind wir die kosmischen Erschaffer unserer Gene, unseres Schicksals und unserer Kultur.

Johann Wolfgang von Goethe (1749 - 1832) hat schon vor 200 Jahren das wissenschaftliche Festhalten an alten Dogmen beschrieben:

Es wird in den Wissenschaften dasjenige als Eigentum angesehen, was man auf den Akademien überliefert erhalten und gelernt hat. Kommt nun einer, der etwas Neues bringt, das mit unserem Credo, das wir seit Jahren nachbeten und wiederum anderen überliefern, in Widerspruch steht und es gar zu stürzen droht, so regt man alle Leidenschaften gegen ihn auf und sucht ihn auf alle Weise zu unterdrücken. Man sträubt sich dagegen, wie man nur kann; man tut, als höre man nicht; man spricht darüber mit Geringschätzung, als wäre es nicht der Mühe wert, es nur anzusehen und zu untersuchen; und so kann eine neue Wahrheit lange warten, bis sie sich Bahn macht.[16]

Noch in der Schule wurde uns nach Newtonscher Manier eingebleut, dass das Universum aus *Materie* besteht und als eine riesige Maschine aufzufassen sei, dessen Teile ihre Aufgabe einfach bestmöglichst verrichten.

Hologramme, Hyperkommunikation und fliegende Teppiche

Isaac Newton (1642 - 1727, England) hat mit seiner *mechanischen Physik* die Sichtweise der Wissenschaft für Jahrhunderte beeinflusst. Auch unsere Schulmedizin hat sich an dieser Newtonschen Weltsicht orientiert und sieht den menschlichen Körper als einen Apparat, worin jedes Organ, bitte schön, einfach zu funktionieren hat. Mediziner sind heute großartige Spezialisten, die schwierigste Operationen meisterhaft durchführen können. Doch bleiben die meisten bei der erlernten Ansicht, dass der Geist, die Körperenergie des Patienten und deren Kommunikation mit der Umwelt als unwissenschaftlich außen vor bleiben sollen. Wir werden in diesem Buch sehen, wie die modernen Erkenntnisse der Fraktalgeometrie, Physik, Zellbiologie und Psychologie das uralte Wissen der Indigenen über den transformativen, ja heilenden Gebrauch des kosmischen Gitternetzes bestätigen. – Um die Lattice besser zu verstehen, hilft es, die Eigenschaften des Universums nach moderner wissenschaftlicher Sichtweise zu studieren. Die vier Grundbegriffe der *Quantenphysik*, die ich nun kurz vorstelle, unterscheiden sich grundsätzlich von der *mechanischen Physik* von Isaac Newton. Diese Neue Physik sieht nämlich das Universum als *Energie*, in dem alles miteinander als *Wellen* kommuniziert.

Wenn dein Verstand im Folgenden gefordert wird, ist das normal, lass ihn sich ruhig über die Quantenwelten ein wenig »den Kopf zerbrechen«. Denn dann erlaubst du uralten, in deinem Körperfeld gespeicherten Erinnerungen wach zu werden, und bald wird es dir vorkommen, als wäre das Quantenbewusstsein das Natürlichste der Welt. Vielleicht hilft es dir, die Augen zu schließen und die aufgehenden Wirklichkeiten mehr zu *fühlen* als zu *denken*, bis sie wie selbstverständlich in dein neues Denken übergehen.

Erforschen wir also die folgenden vier spannenden Quanteneigenschaften:

1. Ein Feld aus Wellen
2. Quantenverschränkung
3. Holographisches Universum
4. Wurmlöcher und Zeitreisen

1. Ein Feld aus Wellen: unendliche Erscheinungsmöglichkeiten

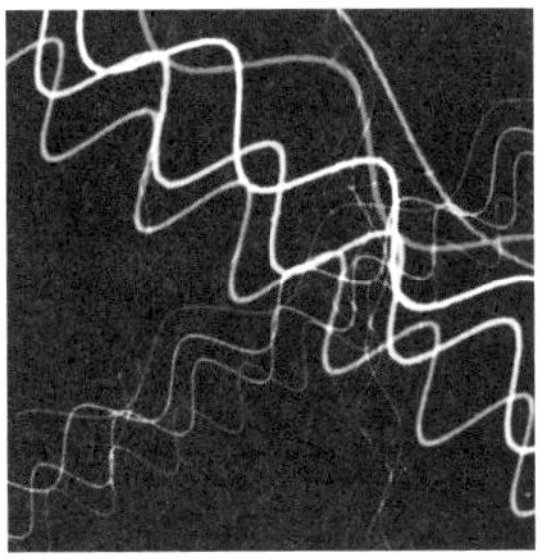

Alle Materie, du und ich inbegriffen, besteht aus Atomen, die *Lichtwellen* abstrahlen und absorbieren und so miteinander in Kontakt sind. Alle diese Wellen zusammen bilden das Feld, über das alle Organismen – Pflanzen, Tiere und Menschen – miteinander kommunizieren. In der Quantenrealität sind alle Erscheinungen das Resultat *interagierender Wellen*, ähnlich den Überschneidungsmustern, die entstehen, wenn man zwei Steinchen ins Wasser wirft und die *Bewegung der Wellen* beobachtet. Jeder Körper, so wie wir ihn sehen, ist nur *eine* Wahrnehmungmöglichkeit seines *unendlichen Erscheinungspotentials* in Wellenformen. Eigentlich sollten wir ihn unendlich vielmal »multipliziert« sehen! (Foto: Photonenwellen)[17]

Nun kommt hinzu, dass auch unsere inneren Überzeugungen messbare Wellen aussenden, die das Feld beeinflussen und damit auch den Körper und unsere »erscheinende« Wirklichkeit. Die Wellen unserer persönlichen und kulturellen »Glaubensmuster«, ob zum Beispiel das Leben Qual oder Glückseligkeit sei, schaffen also unsere Realität mit. Geist ist Materie, und Materie ist Geist. – Alle Gedanken und Gefühle *materialisieren* die Möglichkeiten aus dem Quantenfeld in die stoffliche Welt hinein und erschaffen dein Leben und deine Fülle und »ziehen« Menschen und Dinge in dein Leben hinein. Umgekehrt kann Materie in ihre Wellenform der unendlichen Möglichkeiten des Feldes zurückkehren und so verschwinden. Dieses Quantenwissen erklärt, wie ein Heiler eine physische Erscheinung, wie zum Beispiel einen Tumor oder andere Krankheitssymptome *entmaterialisiert* und ins Quantenfeld zurückgibt.

Das Verhalten der kleinsten Materiebausteine wie Elektronen und Photonen hilft uns, diese Phänomene zu verstehen: Es ist nämlich völlig anders, als wir noch in der Schule in der mechanischen Physik gelernt haben! Diese Teilchen können in Quantenexperimenten regelrecht verschwinden und somit durch *Nichtlokalität* den Beobachter zum Narren halten oder an mehren Orten zur gleichen Zeit erscheinen, was *Ubiquität* genannt wird. Nicht nur Harry Potter sondern auch in Quantenwelten initiierte Meister verblüffen uns durch genau diese Phänomene der Nichtlokalität und Ubiquität, das heißt, sie können sich unsichtbar machen oder werden gleichzeitig in einer anderen Stadt gesichtet, während sie vor dir eine Meditation leiten. – Die erste Quanteneigenschaft der Lattice besagt demnach, dass diese ein **Feld von Wellen mit unendlichem Erscheinungspotential** zusammenhält.

2. Quantenverschränkung: Was einmal physisch zusammengehörte, bleibt energetisch miteinander verbunden.

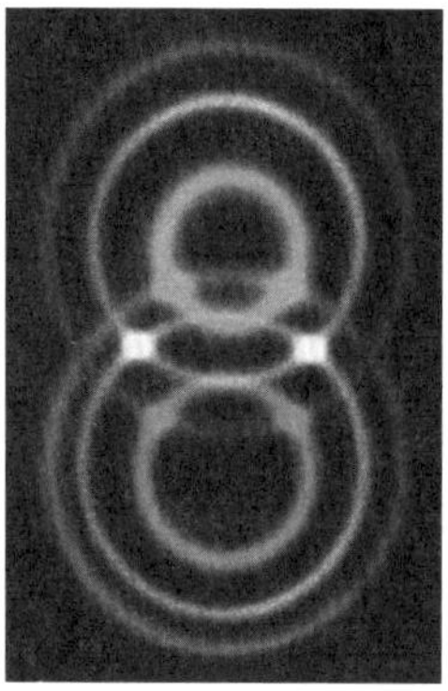

In meinem Geburtsland Schweiz, in Genf, machte 1998, Nicolas Gisin (*1952) ein weltberühmtes Photonen-Experiment. Er spaltete ein Photon, ein sogenanntes Lichtteilchen und Grundbaustein unseres Universums und erhielt so zwei identische Photonen. Er schoss sie in entgegengesetzte Röhren je etwa 11 Kilometer weit, so dass sie nun 22 km voneinander entfernt waren. Was man dann auch mit dem einen Partikel machte (zum Beispiel es drehen), das andere reagierte genauso, ja, es konnte sogar geschehen, dass es die Reaktion noch vor dem ersten Teilchen zeigte. Der Mechanismus, dass Teilchen, die einmal zusammengehörten, irgendwie in Verbindung bleiben und aufeinander reagieren, nennt man *Quanten-Verschränkung* (Foto: verschränkte Photonen).[18]

Die Frage, *warum* eine Veränderung an einem beliebigen Teilchen in einem Versuchslabor bei Quantenpartikeln an allen Enden der Welt zur gleichen Zeit messbar ist, könnnte folgendermaßen beantwortet werden: Sie waren alle vor langer, langer Zeit einmal zusammen! Die sogenannte *Urknall-Singularität* besagt, dass vor dem Urknall das ganze Universum in einem kleinen Punkt megaheiß zusammengepresst war. Daraus entstand die ***Lattice* – ein Netz von Materie, Raum und Zeit.** Wir alle, du und ich, alles im Universum ist durch die Lattice miteinander in Kontakt und reagiert aufeinander! – Die Quantenverschränkung macht es nun einfacher, die Kosmovision eines *holographischen Universums* zu verstehen.

3. Holographisches Universum: Alles ist immer und überall.

Das Universum ist ein Hologramm und verhält sich *holographisch*, was besagt, dass in jedem kleinsten Teil des Ganzen immer die vollständige Information des Ganzen vorhanden ist. Wir alle und alle Erscheinungen auf diesem Planeten sind Teile des Ganzen und »wissen« gleichzeitig über alle anderen Teile im Universum Bescheid! Keiner kann sich da abspalten und sagen: »Also ich gehöre nicht dazu!«

Das gibt der Natur ihre ungeheure Macht, durch Veränderung an einem Ort große Veränderung auf dem ganzen Planeten hervorrufen zu können, da jede neue Information immer im ganzen Hologramm vorhanden ist. – Wie es unsere Vorfahren und alle Kulturen wussten, sind wir wirklich alle miteinander verbunden. Alles ist immer und überall.

Jede Zelle, jeder Mensch, jedes Dorf ist somit auch ein *Spiegel* des Universums, *spiegelt* das göttliche Prinzip. Doch auch das Universum ist uns ein Spiegel und *spiegelt* all unsere Gedanken, Gefühle und Taten zurück, als ein von uns selbsterwählter Ausschnitt aus dem Ganzen, womit wir andauernd unsere begrenzte Wirklichkeit erschaffen. Wir tun dann beschämt so, als gäbe es das Hologramm gar nicht. (Siehe Farbtafel Nr. 3, S. 322)

Der Spiegel *Etznab* der Maya ist für mich deshalb zum wichtigsten Lebensprinzip geworden, da er mir unaufhörlich zeigt, was ich aus dem großen göttlichen Hologramm in mir noch unterdrücke oder noch nicht lebe.* So kann ich schwelende Wut in mir unterdrücken, anstatt sie zu befreien; oder ich unterdrücke Gaben in mir, anstatt sie zu leben und mit anderen zu teilen.

Wir sehen diese Dinge tagtäglich außerhalb von uns im Hologramm, in Menschen und in den Situationen mit ihnen, werden entweder furchtbar wütend darüber, himmeln sie an oder üben lebensverneinende Gleichgültigkeit und vergessen, dass alles eine Projektion von innen ist. Wenn wir lernen, dass alles, was uns umgibt, ein Spiegel ist, werden wir in allen Situationen Möglichkeiten zum Reifen und Ganzwerden sehen. Wir hören auf, andauernd andere Menschen auf Abstand zu halten, uns von ihnen abzutrennen, indem wir sie entweder aburteilen oder sie auf den hohen Sockel stellen. *Jeder ist so »schlecht« oder so »gut«, wie das, was er in sich selbst zulässt.* Das ist unser Weg der Evolution hin zu einem übergeordneten Bewusstsein als ein lebendiges System genannt Menschheit (Gruppenbewusstsein), aus dem heraus wir unsere Welt neu erschaffen können.

Neben der Regel, dass **jede Information an allen Orten im Hologramm des Universums** und der alles verbindenden Lattice zeitgleich abrufbar ist, gibt es noch eine andere Sichtweise, um zu verstehen, wie Information ohne Zeitverlust im Universum von hier nach dort gelangen kann. Es scheint nämlich Verbindungen zu geben, die »außerhalb von Zeit und Raum« zwei von einander entfernte Orte im Universum miteinander verknüpfen.

* Die geniale Maya-Rune Etznab zeigt vier ineinander verschmolzene Spiegel und kann darüberhinaus als Pyramide aus der Adlerperspektive gesehen werden.

4. Wurmlöcher und Zeitreisen: Im Hyperraum sind die Gesetze von Raum und Zeit aufgehoben.

Wenn Elementarteilchen scheinbar unüberwindbare Barrieren im Raum, wie ein zu dünner Hohlleiter in einem Labor, einfach überwinden, als wenn nichts wäre, obwohl sie am anderen Ende eigentlich nie hätten ankommen dürfen, dann wird das als *Tunneleffekt* bezeichnet.[19] Es ist wie wenn du in einem, ich in einem angrenzenden Zimmer sitze, und einer von uns das »Unmögliche« schafft, nämlich die Wand zu durchqueren. Es ist wie ein »Filmriss«: Eben warst du noch *hier*, im nächsten Moment bist du aber schon *da* und weißt nicht, wie du dorthin gelangt bist. Solche Tunnel oder kleinere Verbindungen zwischen zwei Orten im Universum bezeichnen die Wissenschaftler als *Wurmlöcher*. Sie bestehen meist nur für kurze Momente und verschwinden dann wieder in einem andauernden pulsenden Entstehen und Vergehen. Die Physiker beschreiben das Quantenfeld, welches durch die Lattice zusammengehalten wird, gerne als einen »blubbernden Quantenteppich«.

In verschiedenen Experimenten wurde beobachtet, wie ein Teilchen, das gezwungen ist, eine Barriere zu überwinden, auf der anderen Seite ankommt, indem es einfach *in einen höherdimensionalen Bereich ausweicht*[20] – wo es sich in mehrfacher Lichtgeschwindigkeit fortbewegen kann! Mit anderen Worten: Es gelten also nicht die gleichen Raum- und Zeitbedingungen wie in unserer dreidimensionalen Welt.

Auf makrokosmischer Ebene gibt es solche Verbindungstunnel auch zwischen unterschiedlichen Bereichen im Weltall. Sie werden von den Astrophysikern *Einstein-Rosen-Brücken* genannt und verbinden dort *Weiße* mit *Schwarzen Löchern*, was auch »**außerhalb von Zeit und Raum**« geschehen soll. Dank des Tunneleffekts reisen Licht, Materie und Schamanen nicht nur an ferne Orte, sondern unternehmen Zeitreisen in die Vergangenheit oder Zukunft. (Foto: Schwarzes Loch saugt Materie ein und bläst sie im Weißen Loch wieder aus.)

Der Zweck der Einleitung in diese vier Konzepte der Quantenwelt ist, dich mit einer Wahrheit zu verbinden, die über das hinausgeht, was sie uns in der Schule weisgemacht haben. Wir werden deshalb weiter den neuen Wissenschaftlern zuhören, was unserem Verstand helfen wird, Neues zu akzeptieren und Altes über Bord zu werfen. Wenn ich dir auf die gleiche poetische und rätselhafte Weise jetzt schon ausmalen würde, wie mir die Schamanen und Meister die Funktionsweise der Lattice erklärt haben oder wie ich sie selbst wahrgenommen habe, würdest du vielleicht emotional gestresst oder ungläubig das Buch zuklappen. Ich lade dich also ein, Herz, Verstand und Vorstellungskraft zu öffnen, auf dass sich dir diese universellen Gesetze langsam in Meditationen und Visionen auf dem Erfahrungsweg erschließen.

Günter Nimtz gelang es 1996 in einem Experiment, eine 4,7-fache Lichtgeschwindigkeit in einem Wurmloch zu messen, indem er einer Mikrowelle *Mozarts 40. Sinfonie* aufprägte und sie durch einen Tunnel sandte. Und was der Clou war: Im verstärkten Restsignal, das am anderen Ende herauskam, war unter Rauschen noch einwandfrei Mozarts Sinfonie zu hören![21] Das beweist uns, dass Information ohne Probleme durch ein Wurmloch gelangen kann. Neueste Ergebnisse zum gleichen Experiment haben noch ergeben, dass der Zeitgewinn im Durchqueren des Tunnels falsch interpretiert worden war und im Wurmloch vermutlich *gar keine Zeit vergangen* ist!

Diese neu endeckte Form der Kommunikation über den Hyperraum kann man folglich auch als ***Hyperkommunikation*** *bezeichnen*, schreiben Grazyna Fosar und Franz Bludorf in ihrem empfehlenswerten Buch *Vernetzte Intelligenz.* Und weiter: *Die Hyperkommunikation ist damit eine erste wissenschaftlich nachweisbare Schnittstelle, über die die unterschiedlichen Intelligenzformen des Universums untereinander vernetzt sind.*[22] Die Hyperkommunikation ist eine Erklärung dafür, wie Schamanen ohne Zeitverlust mit dem ganzen Universum kommunizieren oder durch die Lattice reisen.

In einem anderen Experiment wurde eine DNA-Probe in einem Raum aufbewahrt und ihr Spender in einem anderen Raum emotionalen Reizen ausgesetzt. Zur gleichen Zeit, als die Versuchsperson Gefühlsregungen zeigte, konnte an der DNA eine Veränderung der elektrischen Wellen gemessen werden. Noch überraschender war, als bei der Wiederholung des Experimentes mit achtzig Kilometern Abstand zwischen DNA und Spender wiederum *keine Zeit* zwischen Reiz und Reaktion verging. Man ist heute der Ansicht, dass jede DNA (Desoxyribonukleinsäure) in den Lebewesen eine *Antennenstation* darstellt, über die sie andauernd mit der Umwelt hyperkommuniziert. Die DNA produziert nicht nur Eiweiß in der Zelle und trägt unsere Gencodes, wie wir in der Schule gelernt haben, sondern öffnet für Bruchteile von Sekunden Mini-Wurmlöcher, um als *Kommunikationskanal* zu dienen![23] Über unsere DNA kommunizieren wir also fortwährend mit dem Universum und dies sogar außerhalb unserer dreidimensionalen Gesetze von Zeit und Raum. Diese Erkenntnis hilft uns, zu ahnen, dass bei der Heilung und dem Erschaffen unserer Wirklichkeit die Ebene der Gene eine wichtige Rolle spielt.

Die Wissenschaft ist also daran, die Funktion des Netzwerks des Bewusstseins und des Lebens im Universum zu erforschen.[24] Und dieses Netzwerk ist eben genau die Lattice, die mir die Mayameister vor zehn Jahren zeigten! – Es scheint, die Wissenschaft wagt sich endlich in mehrdimensionale Gefilde, um das Leben durchleuchten zu können. Ihre Entdeckungen haben mir geholfen, als Heiler und schamanischer Coach, Worte für Dinge zu finden, die ich zuvor als »heilige Weisheiten« respektierte, für mich behielt und meist mit niemandem teilte.

Als ich Ende der 90er Jahre mein eigenes Theaterprojekt, das *Quantentheater*, in der Schweiz gründete und die Schauspieler in Energiearbeit trainierte, um eine erfahrbare, transformative Quanteninteraktion mit dem Publikum zu erforschen, erntete ich oft nur ein mildes Lächeln. Heute können sich schon mehr Menschen ein Leben im *Latticebewusstsein* vorstellen, auch wenn an vielen Orten noch die »Abspaltung vom Geist« vorherrscht und die »Rückkehr ins Paradies« weiter durch unbewusste Angst, Scham und Groll über die vor langer Zeit verlorene Quanten-Freiheit verstellt wird.

So brauchen die vorgestellten Quanteneigenschaften der Lattice noch etwas Zeit (!), bis sie der »gesunde Menschenverstand« akzeptiert. Für mich geht die eine in die andere über: Die Quantenpartikel bewegen sich in Wellen und kommunizieren miteinander (1. Feld aus Wellen). Sie reagieren auf eine Veränderung alle gleichzeitig, da sie vor dem Urknall einmal eins waren (2. Quantenverflechtung). In jedem Teil des Universums spiegelt sich das ganze Universum wider (3. Holographisches Universum). Es existieren Verbindungen im Universum außerhalb von Raum und Zeit, die als quantischer Kommunikationskanal dienen (4. Wurmlöcher und Zeitreisen).

Gemäß dieser vier Eigenschaften beschreiben wir die Lattice zusammenfassend als…

1. ein *blubberndes Schaumbad* oder einen *Schaumteppich*, wie es tatsächlich manche Quantenphysiker ausdrücken, in dauernder Kommunikation mit sich selbst. (Bitte das nächste Schaumbad besonders genießen, indem du dich mit der Lattice verbindest!)
2. eine aus dem göttlichen Urknall entstandene *göttliche Matrix*;[25]
3. ein multidimensional schimmerndes, allwissendes *Hologramm* und
4. eine in sich unendlich vernetzte *Hyperintelligenz in Hyperkommunikation*, deren bekanntestes Abbild unser Neuronennetz im Gehirn ist.

Lassen wir noch zwei berühmte Wissenschaftler aus Europa und Mexiko zu Wort kommen. Max Planck (1858 - 1947), der Begründer der Quantenphysik, beschreibt hier den »Geist als *Matrix* aller Materie« wie folgt:

Als ein Mensch, der sein ganzes Leben der am klarsten denkenden Wissenschaft gewidmet hat, der Erforschung der Materie, kann ich Ihnen über das Ergebnis meiner Forschung zu den Atomen so viel mitteilen: ***Es gibt keine Materie an sich.*** *Jede Materie entsteht und existiert nur vermöge einer Kraft, welche die Teilchen eines Atoms in Schwingung versetzt und dieses äußerst fragile Sonnensystem des Atoms zusammenhält. Wir müssen hinter dieser Kraft die Existenz eines bewussten und intelligenten Geistes annehmen.* ***Dieser Geist ist die Matrix aller Materie.***[26]

Max Planck erwähnt hier eine wichtige Eigenschaft der Lattice, nämlich die einer Matrix oder eines kosmischen Gitternetzes, welche als »Geist« die Materie durchdringt. Wenn wir uns nun fragen, wie denn unser Gehirn mit diesem »Geist« kommuniziert, bietet uns der 1994 verschwundene Neurophysiologe Dr. Jacobo Grinberg Zylberbaum, der Professor der psychologischen Fakultät der Autonomen Universität von Mexiko (UNAM) war, ein geniales Modell für das *Wechselspiel von Gehirn und Lattice.* Dank Dr. Raúl Cortés (dem Neurospezialisten unseres Forschungsteams von 2004) durfte ich dieses Modell auf spannende und praktische Weise erfahren, denn sein Tutor, den er überaus bewunderte, war Dr. Grinberg. Der springende Punkt in dieser Theorie ist, dass wir – um überhaupt subjektiv wahrzunehmen – *Veränderungen in der Lattice hervorrufen,* die wir dann als unsere Wirklichkeit interpretieren. Nach Grinberg brauchen wir ein Bewusstsein von hoher *Synthergie,* um uns hochfrequenten Dimensionen und unbekannten Phänomenen zu öffnen, sie wahrzunehmen oder gar, wie die Schamanen, sie bewusst zu erwirken: Je höher unsere *Energiefrequenz* und die *Informationsdichte,* die wir verarbeiten können, sowie die *Kohärenz* mit der Umwelt, desto höher ist die Synthergie.

Hier seine Definition der Lattice in »Pachita, die Schamanen von Mexiko«:
Das Konzept der Lattice befasst sich damit, dass die fundamentale Struktur des Raumes ein hyperkomplexes Netzwerk oder eine energetische Matrix von absoluter Kohärenz und totaler Symmetrie ist. Dieses ***Netzwerk wird Lattice genannt*** *und man nimmt an, dass sie in ihrem Gundzustand* ***den Raum selbst auf allumfassende Weise enthält und alles Bekannte durchdringt.***[27]

Die Lattice *durchdringt* nach seiner Theorie unsere tiefste Existenz, von den kleinsten Einheiten wie Zellen, Atomen und Quantenpartikeln bis hinauf zu den Welten der Galaxien und Sternsystemen. Aus der Lattice beziehen wir Information, in der Lattice »deponieren« wir unsere Information, was wie in einem unendlichen Kreislauf (oder Teufelskreis) unsere beschränkte

Wahrnehmung hervorruft und unsere Umwelt manifestiert. Die Lattice ist nicht das Energiefeld, sondern das Gitternetz, das es zusammenhält. Die Maya sagen deswegen, sie sei die stärkste Kraft des Universums. Sie verbindet die universelle Quelle allen Seins mit den verschiedensten Formen der Manifestation, etwa Planeten, Lebensformen oder Zivilisationen, welche alle *Knotenpunkte* dieses multidimensionalen Netzes sind und, wie das Internet, große Datenmengen beinhalten.

Stelle dir ein Straßennetz vor, feinverästelt wie ein menschliches Nervensystem, das bis in den entferntesten Winkel eines Kontinentes reicht und alles miteinander verbindet. Die Knotenpunkte, die dich interessieren, sind Tankstellen, Imbissbuden am Weg, Rastplätze, Seen, deine Bank – wo sich deine Anlagen Hoffnungen auf bessere Zeiten machen –, dein Elternhaus, deine Universität und so weiter. Sie sind die *Inhalte*, die *Daten* in deinem kosmischen Netzwerk. – Das Geheimnis im Umgang mit der Lattice liegt darin, zu begreifen, dass sie nicht die Energie selbst ist, nicht die Inhalte oder Knotenpunkte, aber über sie doch alles erreicht werden kann, und das in *Nullzeit*! Dies gibt ihr gewaltige Macht; ja, sie kann als die *göttliche, schöpferische Kraft* oder als *Hypergehirn* des Universums gesehen werden. Das verlangt von uns Menschen ein sehr bewusstes und sensibles Umgehen mit ihr, können doch leicht große Energiemengen und Inhalte verschiedenster Art jederzeit »angezapft« werden.

Hypergehirn, Quantentricks und Nullzeitreisen – das ist schon etwas viel für den Verstand. Um das Unbegreifliche darzustellen, hat sich der Mensch seit jeher der Imagination und Zaubergeschichten bedient: Welch treffenderes Abbild gibt es, um diesen hinter allem liegenden, alles mit allem verwebenden, oszillierenden kosmischen Blubberteppich in den Griff zu bekommen, als eine kleinste Replik, einen *fliegenden Teppich* aus »Tausend und eine Nacht«? – Der fliegende Teppich, mit dem der Held samt Braut in Nullzeit von einem Palast zum anderen gelangen kann, ist wie so mancher symbolische Inhalt von Legenden und Sagen ein kreativer Ausdruck des Menschen, das Unbekannte darzustellen. (Siehe Gemälde eines magischen Teppichs im Bildteil, Abbildung Nr. 2.)

Sie setzten sich beide darauf, und kaum hatte der Prinz den Wunsch ausgesprochen, nach seinem Zimmer im Chan versetzt zu werden, so befanden sich beide dort, und zwar ohne im mindesten aus ihrer Lage gekommen zu sein.[28]

Lasst uns wie Kinder spielen und uns vorstellen, dass jeder von uns in seinem »James Bond-Arsenal« einen fliegenden Teppich hat, mit dem er – in Nullzeit – überall hin gelangen kann! Wer weniger auf »Tausend und eine Nacht« steht und eher sportlich oder strandmäßig drauf ist, schnalle sich bitte in seiner Fantasie ein farbenfrohes Surfbrett unter die Füße – und los geht das kosmische Wellenreiten! Willkommen beim Lattice-Surfing!

Der Psychologe und Befürworter bewusstseinsverändernder Drogen Timothy Leary (1920 - 1996, USA) beschreibt im *Surfer-Magazin* (1978) das Universum als unendliches Wellenmeer:

Alles besteht aus Wellen. Auf der Ebene der Elektronen und Neutronen ... ist alles Teil einer Wellen-Theorie. Historische Wellen – kulturelle Wellen, sequentielle, zyklische, sich bewegende und ewig verändernde Formen...[29]

Weben wir unser *Surfergleichnis* weiter, um leichter durch die Latticewellen des Universums gleiten zu können! Deine Surfreise ist eine moderne Fassung der Heldenabenteuer aus dem Altertum oder dem Mittelalter.[30] Durch das Buch hindurch werde ich dich vor immer neue Herausforderungen stellen und Universen mit höherem Schwierigkeitsgrad präsentieren, die man nur ohne die alte Schullogik besurfen kann. Das Erforschen der Lattice mit den Mayameistern an deiner Seite ist wie ein kosmisches Videospiel!

Spiel dich vorwärts in diesem intergalaktischen, holographisch zu besurfenden Internet. Es ermöglicht uns, an alle Punkte des Universums in Zeit und Raum zu gelangen oder in uns selbst alle Information des unbewussten Feldes abzurufen und im Gegenzug unsere »Seiten« allen zur Verfügung zu stellen. Auch wenn vieles davon unbewusst bleibt, irgendwie »weiß« das Unbewusste Dinge, die der Verstand (oder das Ego) eben nicht weiß. Wir leben in einer Zeit, in der man immer weniger Dinge *verbergen* kann; sie »fliegen von selbst auf« wie die hohlen Bankkredite der Banken; der Spiegel um uns wirkt immer radikaler, die Transparenz nimmt zu.

Wir Menschen, die Pflanzen, die Tiere, auch Elementar- und andere Lichtwesen scheinen die ganze Zeit, vielleicht unbewusst, über *Wellen*, die *Verflechtung*, das *Hologramm* und den *Tunneleffekt* miteinander zu kommunizieren. Die *Schamanen, Mystiker, Sensitiven und Heiler* aller Kulturen sind seit jeher in Kontakt mit all diesen Reichen, respektieren und ehren sie. Die *Lattice* war und ist ihr *Geheimnetz*, und noch heute wird bei vielen das Geheimnis gehütet, *wie* sie damit reisen, miteinander kommunizieren und heilen.

Je nach Kultur und Schule haben sie ihr verschiedene Namen gegeben und sie auf unterschiedliche Weise beschrieben. Wir können Begriffe wie *Feld, Nullpunktfeld, Quantum-Hologramm, Welt-All, Universum* abgrenzen, weil diese sich mehr auf den Inhalt, die Daten und die Energie beziehen. Begriffe wie *Matrix, kosmisches Gitternetz, kosmisches Gewebe, Energie-Gitternetz, Global-Gitternetz* hingegen drücken nur *eine* Eigenschaft der Lattice aus, nämlich dass sie dem Universum als Gefäß und Struktur dienen und als

»Geist« die Materie durchdringen. Der Begriff *Lattice* hingegen wächst über alles hinaus; Lattice ist zugleich Gott/Göttin, das kosmische Bewusstsein und das holographische Gehirn.

Wenn meine Mayameister von *Lattice-Energie* sprachen, meinten sie damit eine sich stets wandelnde Plasmawelt aller möglichen Frequenzen, einmal zähflüssig tiefschwingend, fast wie Materie, dann wieder in höchsten Frequenzen wie das Licht der Quelle. Plasma ist der fünfte Aggregatzustand nach Festkörpern, Flüssigkristall, Flüssigkeit und Gas und kann im Bereich zwischen flüssig und gasförmig vorgestellt werden.* Die Lattice ist nichts und deshalb so viel; sie kann alles oder gar nichts sein.

Neben der Raum-Lattice gibt es auch eine Zeit-Lattice. Versuchen wir im Folgenden auszuleuchten, wie diese uns in komplexen Netzen gefangen und im *dialektischen Lernprozess der Geschichte* auf Trab hält, um uns auf eine neue Ebene zu katapultieren.

Komplexe Systeme, Dramatik und morphischer Lernprozess

In der heutigen Welt der Krisen in Wirtschaft, Finanzen und Politik sowie der Bedrohung der freien Meinung, der Gesundheit und der sozialen Netze, lernen wir immer mehr, dass Oberfläche und Schein oft trügen und man die Phänomene nicht mehr voneinander losgelöst betrachten kann, was uns zu integralem, vernetztem Denken und disziplinübergreifender Zusammenarbeit führt. Man spricht von *komplexen Systemen,* wo alles miteinander interagiert. Die Gründe für die aktuelle Finanzkrise können nicht mehr einfach an den Tätigkeiten der Geldmärkte untersucht werden. Sie haben eine lange Vorgeschichte, die mit Immobilienmärkten, Wirtschaftssteuerung, politischen Machtspielen und Börsenspekulation im Internet zu tun hat. Für viele Einzelpersonen in verantwortungsvollen Berufen ist es heute unmöglich, »alles zu wissen«. Ihr Tätigkeitsfeld ist so komplex geworden, dass sie Spezialisten und Berater zur Seite haben müssen; das kann sich auf Unternehmensdirektoren in ihrem Marktsektor genauso beziehen wie auf Biologen in ihrem Forschungsprojekt über die sich verändernden Meeresströmungen oder auf Soziologen, die das Versagen der Gesundheitspolitik untersuchen sollen. Von

* Im 6. Kapitel *Surfen im Kosmischen Internet* gehen wir mehr auf die Plasmaeigenschaft der Lattice im Universum ein.

ihnen wird die Fähigkeit eines optimal vernetzten und abstrakten Denkens, einer Art »Einklinken in ein komplexes Netzwerk« auf ähnliche Weise verlangt, wie vom Schamanen, der mit seinen Verbündeten und Helfern an seiner Seite versucht, einen kranken Menschen, eine dekadente Gemeinschaft oder einen »gekippten« See ins Gleichgewicht zu bringen. Die Lattice mit ihrem Netzwerk und den Knotenpunkten, die die Daten und Inhalte darstellen, ist die Mutter aller komplexer Systeme. Da ja die Daten und Inhalte als *Knotenpunkte des Netzes* miteinander zusammenhängen, bedeutet das auch, dass sie erst über die *Netz-Verbindungen* die Möglichkeit zur Interaktion bekommen und damit ihre Schöpferkraft entfalten können. Bleiben wir bei der Feststellung, dass sich die Lattice in Form von *komplexen Systemen* an allen Enden der Gesellschaft bemerkbar macht. Es ist eine Herausforderung für die menschliche Intelligenz, sich in solchen Systemen zurechtzufinden.

Wie der menschliche Organismus, kann auch ein soziales Gefüge krank werden, ausufern, wuchern wie ein Krebsgeschwür und unkontrollierbar werden; so, wie wir heute die Welt erleben. Da unsere Gehirn-Lattice alles gerne mit Bekanntem vergleicht, sehen wir die bekannte Realität zumeist als die einzig mögliche an. Die Lattice als Hologramm hat aber immer viel mehr parat als unsere Tendenz zum *Status quo* uns glauben lässt. Keine Angst also, marode Systeme werden in der Evolution entweder geheilt oder überwunden, um zu einer höheren Ordnung zu gelangen. Die dahinterliegende Intelligenz dazu ist... die Lattice – und wir können sie erlernen!

Als ich Ende des Jahres 2011 ein paar befreundete Geldanleger in der Schweiz anrief, um ihre Meinung über die Entwicklung des Geld- und Börsenmarktes zu erfahren, sagten alle das gleiche: Die Politik habe sich in den letzten Monaten so stark in die Bankgeschäfte eingemischt, dass alles völlig undurchschaubar geworden sei. Es könne sich alles von einem Tag auf den anderen ändern, es sei schwierig zu verstehen, wie wer was beeinflusst. Keiner konnte mir also einen Rat geben. Ratlosigkeit, Frust und Machtlosigkeit gehen um die Welt, und die haben natürlich ihre Vorgeschichte und wurden geschickt inszeniert. Denn wer als Bürger seine Macht abgegeben hat und gleichzeitig in der Illusion gehalten wird, er würde sie noch (demokratisch) ausüben, bleibt gleichgültig an der Oberfläche der Dinge hängen. Er wird nie die für die Machtelite gefährliche Transformationskraft der Lattice kennenlernen wollen. Hier ein Zitat von einem früheren Präsidenten der Vereinigten Staaten, Thomas Jefferson (1743 - 1826) zur Vorgeschichte unserer aktuellen komplexen Weltfinanzsituation:

Ich glaube, Bankinstitutionen sind für unsere Freiheiten gefährlicher als stehende Armeen. Wenn das amerikanische Volk es den Privatbanken jemals erlaubt, die Ausgabe ihres Geldes zu kontrollieren, zuerst durch Inflation, dann durch Deflation, dann werden die Banken und Konzerne, die heranwachsen, den Menschen ihren ganzen Besitz wegnehmen, bis ihre Kinder obdachlos aufwachen auf dem Kontinent, den ihre Vorväter erobert haben. Die Macht der Geldausgabe sollte den Banken entzogen und dem Volk zurückgegeben werden, dem diese Macht eigentlich zusteht (1802).[31]

Soziale, finanzielle und politische Systeme sind Abbilder der Lattice und waren seit jeher ein Machtmittel. »Beziehungen sind alles«, sagt der Volksmund, und meint damit meist ein ausgeglichenes Kommunikations-Netz von Freunden und Bezugspersonen, was einem beruflich nützlich sein kann. Ein herausragender Fachmann für die Kontrolle solcher Beziehungs-Gitternetze war auf seine Art Joseph Fouché (1763 - 1820, Frankreich), ein Musterbeispiel für einen skrupellosen, wetterwendigen Politiker, der dem Motto: »Der Zweck heiligt die Mittel«, voll und ganz entsprach. Er verfügte schlichtweg mit seinem bis in die hintersten Winkel reichenden Polizeiapparat und Geheimdienst in Frankreich über mehr Informationen als alle seine Widersacher und wechselte so in tiefer Hingabe seine Meister: von Ludwig XIV., über dessen Henker Robespierre bis zu Napoleon.[32]

Machtgierige Drahtzieher in unserer globalen Wirklichkeit sowie in Hollywood-Filmen haben schon immer davon geträumt, die Kraft der Gitternetze für ihre Zwecke zu nutzen und sie als Fangnetz der Kontrolle zu missbrauchen wie eine gefräßige Spinne in ihrem Spinnennetz. So hatte und hat die Macht, wer *Transportwege, Medien und Arzneimittel* oder heute das *Internet* beherrscht und kontrolliert. Meist machen jedoch diese dunklen Helden die Rechnung ohne den Wirt, genannt Lattice: Selbst das Heraufbeschwören dunkler Mächte durch Sekten, Kriege oder politische Unterdrückung, die dann in den tiefen kollektiven Ängsten der Bevölkerung Resonanz finden und damit die gespeicherte Information von neuem bestätigen, ist nur eine Momentaufnahme in einem Prozess, den die Lattice letztlich immer gewinnt, wie uns die Geschichte zeigt. Die dunklen Helden haben vergessen, dass die Lattice vom Ursprung selbst, von der göttlichen Quelle gespeist wird, die die Evolution und die ihr innewohnende Bewusstseinsentwicklung steuert.

Es ist dieses verborgene Wissen von Hilfe und Heil aus jener göttlichen Quelle, das sich im typischen Hollywood-Drama widerspiegelt, wo hilfebringende Helden wie *Rambo* die *modernen Götter* der alten Legenden sind. Auch wenn die bösen Kräfte den Helden noch so abartig in die Mangel nehmen, kommt das Drehbuch immer zu einem Wendepunkt, nach dem unser Held sich dann langsam zum Sieger aufschwingt.

Während des ganzen Dramas identifizieren wir uns mit ihm und möchten sein wie er. Denn er ist ein göttlicher Held oder ein Gottmensch, der nur für die Dauer der Geschichte »zu uns heruntersteigt« und irgendwie die ganze Zeit *über dem Ganzen* steht. Tief in uns drinnen wissen wir *von Anfang an*, dass er gewinnen und sich wieder über die Polarität von Gut und Böse aufschwingen und dahin zurückkehren wird, von wo er gekommen ist. Der Wert der Katharsis liegt darin, dass wir zuerst mitleiden, aber dann aufatmen, ja, uns heimlich als Sieger fühlen, wenn der Film zu Ende ist. Dramatikforscher haben versucht zu erklären, warum wir als »polar denkende« Menschen Dramen so sehr lieben: nämlich, weil diese Geschichten jenen kathartischen (reinigenden), ich würde sagen heilenden Einfluss auf uns haben.

Das Grundschema ist dabei immer dasselbe: Held A sitzt friedlich mit Drink auf einer Insel, schwarzes Motorboot nähert sich mit Widersacher B, Leben wird zur Hölle, Verfolgungsjagden, Kämpfe finden statt. Wenn schon alles verloren scheint, kommt der Wendepunkt C, und der Held gewinnt langsam die Oberhand, bis die Geschichte zum Ende kommt. Uff, geschafft!

Diese Dialektik macht einen großen Teil unserer dreidimensionalen Wahrnehmung aus: Sie entspricht der Theorie der These A, Antithese B und Synthese C. Zu jeder Behauptung und jedem Zustand (These A) kommt im Leben bald schon ein Widersacher oder eine gegensätzliche Idee hinzu (Antithese B), die uns die *Hölle heiß machen* will: Sie zeigt uns, dass neben Licht auch Schatten existiert, eine verdrängte Unterwelt; wie der *Heyoka* oder heilige Clown, der oft schelmisch das Gegenteil von dem aufzeigt, was als Antwort erwartet wird. Die Synthese, die im Film durch den Wendepunkt, einer Art Quantensprung, hervorgebracht wird, bringt etwas total Neues und hat zum Resultat einen Lernprozess, den es ohne das Aufeinandertreffen des Helden und des Widersachers nicht gäbe. Vielleicht verliert der Held seine Freundin für immer, mit der er den coolen Drink auf der Insel teilte, findet dann aber im Chaos der Gefühle zu sich und zu einer anderen Frau, mit der er am Schluss glücklich lebt.

So bringt uns jede gute Geschichte zu einer neuen Ebene D, einer *vierten Dimension*, einem Moment der Erleuchtung, der Rückkehr zum Göttlichen. Wir sagen dann auch zu recht nach dem Film oder dem guten Theaterstück: »Du, ich hab‘ völlig die Zeit vergessen.« Das »Gute« (A) und das »Böse« (B) haben es erst möglich gemacht, dass wir uns geöffnet haben, wir haben mitgekämpft und eine Lösung gefunden (C); ohne es zu merken sind wir auf eine neue Ebene gelangt (D, vierte Dimension, die Zeit, in der wir dann nicht mehr gefangen sind). Das mag den Erfolg der Filmindustrie erklären und warum wir immer wieder ins Kino gehen. Im Leben und in konzentrierter Weise in einer Therapiesitzung passieren genau die gleichen dialektischen Prozesse. – So ist die heutige Zeit des Chaos, der Auswegslosigkeit durch Komplexität, der wirtschaftlichen Rezession, des Zerfalls der Werte und der versteckten Machtspiele von einer höheren Warte aus gesehen nur eine Phase in einem kosmischen Drama, mit seinem Wendepunkt um 2012, der uns auf eine neue Ebene bringen wird. Die Lattice zieht, bildlich gesprochen, die Fäden in diesem Spiel, sie ist die Regisseurin im *kosmischen Theater.* Lassen wir also den »Bösen« nur stur an seiner Unwissenheit festhalten, dass er es sei, der die Fäden in der Hand hat, dann ist er wenigstens beschäftigt und spielt seine Rolle gut (B)!

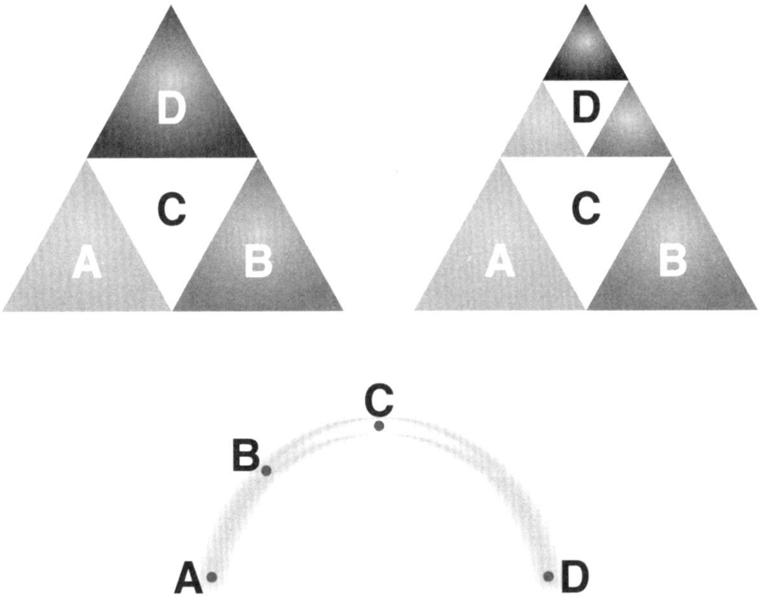

Fraktale Dialektik der Polarität (oben), Dramaturgiebogen (unten). Held A trifft auf Widersacher B, im Turning Point C öffnet sich eine neue Lösung, meist wird der Böse vom Guten überwunden. Neue Handlungs-Ebene D wird erreicht, worin wieder fraktal eine neue Dialektik beginnt (in sich aufgeteiltes Dreieck D, oben rechts).

Je mehr wir uns mit der Kraft der Lattice befassen, desto mehr werden wir selbst zu ihrem *Götterboten* (wie der Held Rambo) und nehmen unser Geschick selber in die Hand und desto weniger empfinden wir die Notwendigkeit, ins Kino zu gehen, um einen neuen Rambo zu sehen. Die Lattice ist hier »das göttliche Prinzip, das Richtige zu tun und beschützt zu sein«, das uns immer zur Seite steht. Auf unserer dreidimensionalen Ebene spaltet es sich in ein *polares Erleben* auf: Die Entscheidung zwischen Gut und Böse, Hell und Dunkel, Richtig und Falsch – unsere täglichen Dramen des Entscheidens. Sie gilt es zu überwinden und uns damit auf eine höhere Dimension zu bringen. Dann sind wir bereit für das Leben selbst, das *kosmische Theater:* Wir durchblicken die *Maya, die Illusion* der polaren Wirklichkeit und werden wieder zu den Protagonisten und göttlichen Helden unseres eigenen Films. Wir leben unsere inneren Dramen selbst aus und brauchen dann im Leben keinen *Ersatz* mehr für sie; weder in Form von persönlichen Widersachern als Lebens- oder Businesspartner, in Form von heuchlerischen Herrschern, denen wir blind vertrauen (»die Bösen« B), noch in Form von sektiererischen Heilsbotschaften, Gurus oder Idolen wie Popstars (»die Guten« A). Wir brauchen auch keine *Wendepunkte* (C) mehr *von außen zu induzieren*, etwa durch tägliches Streiten mit unserem Partner, Fernsehdramen-Glotzen oder vorprogrammierte wöchentliche Therapeutenbesuche, sondern wir schaffen uns die Wendepunkte dauernd in uns selbst und katapultieren uns in täglichen Lernprozessen auf neue Ebenen im Leben (D).

Auch auf planetarischer Ebene zieht die Lattice die Fäden, balanciert und transzendiert (C) die Kämpfe und Kriege der Menschen sowie ihre maroden, hochkomplexen sozialen und wirtschaftlichen Systeme (A-B). Sie ist jene unsichtbare Intelligenz, die dieses »verrückt« erscheinende Weltendrama doch im Gleichgewicht hält, trotz heftiger »Flügelschläge vieler Schmetterlinge« an allen Enden der Welt, die manchmal sehr heftig »schmettern« – wie etwa die unterirdischen Nukleartests, deren von Politikern proklamierte »Harmlosigkeit« heute immer weniger Menschen als bare Münze nehmen.

Die Lattice ist auch für die ansteigenden Frequenzen und die Öffnung im Bewusstsein der Menschheit verantwortlich, die durch den beschriebenen Lernprozess im menschlichen Drama entsteht (D). Da immer mehr Menschen auf dem Planeten ihr Bewusstsein ändern, gar von der Lattice wissen und sie anwenden, tragen sie alle dazu bei, dass das *morphische Feld* um den Umgang mit der Lattice wächst.

*Ein **morphisches Feld** ist ein Feld mit gespeicherten Lernmustern, das wir alle abrufen und zugleich speisen und somit ein Aspekt der Lattice selbst.*

Es verhilft einem komplexen System zu seiner typischen *adaptiven* Fähigkeit, sich an die Umwelt anzupassen und sich selbst zu regulieren. Je größer das morphische Feld, desto schneller springt der *Wissensfunke* auf andere Menschen über, die wie selbstverständlich die Lattice spüren und anwenden werden.

Bekannt wurde die Geschichte vom *Hundertsten Affen* von Autor Ken Keyes (1921 - 1995, USA): Auf einer japanischen Insel erhielten Affen von den Wissenschaftlern die erste Kartoffel ihres Lebens. Ihnen schmeckten die rohen Süßkartoffeln, doch fanden sie die Erde und den Sand, der daran klebte, unangenehm. Jahre, nachdem ein junger Affe im Spiel (!) entdeckt hatte, die Kartoffeln mit Wasser zu säubern, und schnell viele Affen begannen, die neue Technik zu übernehmen, gab es immer noch alte Affen, die den »Fortschritt« der jungen »eingebildeten Affen« nicht akzeptierten und lieber weiter auf Sandkörner bissen. Doch als der *hunderste Affe* begann, seine Kartoffel zu waschen (auch wenn die Zahl 100 nur symbolisch ist), sprang das Wissen wie magisch auf die ganze Affenpopulation über. Seit jenem Tage wuschen alle Affen auf der Insel ihre Kartoffeln! Nach der Spieltheorie wurde hier die *kritische Masse* erreicht, ein Schwellenwert, der ausschlaggebend dafür ist, dass sich eine neue Strategie in einer Gruppe *selbsttragend* durchsetzt, ohne dass dabei mehr als diese Schwellenzahl an Teilnehmern von ihr überzeugt werden muss. Doch dann geschah noch etwas viel Überraschenderes: Eines schönen Tages begannen plötzlich auch Affen der Nachbarinseln die Kartoffeln zu waschen, bevor sie sie aßen. Der Lerninhalt des morphischen Feldes wurde so stark, dass er auch auf andere Affenpopulationen übersprang!

Diese Geschichte macht Mut, wenn wir bedenken, wie über Felder in der Lattice Wissen übertragen und so ein ideologischer Durchbruch erzeugt werden kann. Als Hologramm war das Wissen über das Waschen der Kartoffeln überall sofort abrufbar, seit der erste Affe diese Technik erfunden hatte, doch dauerte es dann bis zur »Aktivierung« dieses Potentials in allen Populationen. So geht es heute mit dem *Aufstieg* der Menschen: Die Schöpfer-Codes unseres göttlichen Erbes, wie wir noch sehen werden, sind in uns, nun geht es uns alle an, sie auch zu aktivieren (und die Angst loszulassen, »sich zum Affen zu machen«, wie die Alten auf der Insel).[33]

Was an dieser Geschichte meine Aufmerksamkeit besonders erregt hat, ist die Tatsache, dass zuerst die junge Generation das Neue ausprobiert und die Älteren es von ihr lernen; also genau anders herum als das weitverbreitete alte Paradigma vom *Adultismus*, welches besagt, dass die Kinder gefälligst »das Maul halten«, den Erwachsenen gehorchen und von ihnen lernen sollten. Dieser Besserwisserei der Erwachsenen, die so manch verletzliche kleine Kinderseele für lange Zeit verkrüppelt hat (wie ich es in meiner Therapiepraxis oft erfahre), stellt der aus dem Libanon stammende Schriftsteller Khalil Gibran (1883 - 1931) in seinem Werk *Der Prophet* (1923) folgendes Gedicht gegenüber:

Von den Kindern

Deine Kinder sind nicht deine Kinder.
Sie sind die Söhne und Töchter der Sehnsucht des Lebens nach sich selbst.
Sie kommen durch dich, aber nicht von dir,
und obwohl sie mit dir sind, gehören sie dir doch nicht.
Du kannst ihnen deine Liebe geben, aber nicht deine Gedanken,
denn sie haben ihre eigenen Gedanken.
Du kannst ihrem Körper ein Heim geben, aber nicht ihrer Seele,
denn ihre Seele wohnt im Haus von morgen,
das du nicht besuchen kannst, nicht einmal in deinen Träumen.
Du kannst dich bemühen, ihnen gleich zu sein,
aber versuche nicht, sie dir ähnlich zu machen.
Denn das Leben läuft nicht rückwärts, noch verweilt es im Gestern.
Du bist der Bogen, von dem deine Kinder als lebende Pfeile ausgeschickt werden!
Der Schütze sieht das Ziel auf dem Pfad der Unendlichkeit,
und Er spannt dich mit Seiner Macht, damit Seine Pfeile schnell und weit fliegen.
Lass deinen Bogen von der Hand des Schützen auf Freude gerichtet sein,
denn so wie Er den Pfeil liebt, der fliegt,
so liebt Er auch den Bogen, der fest ist.[34]

Ich liebe dieses Gedicht, und es macht mir Hoffnung, dass immer neue Generationen heranwachsen, deren »Seele im Haus von morgen wohnt«. Doch auch uns, den Lesern dieses Buches, kommt eine wichtige Rolle zu: Wir sind der »Bogen«, der »die Kinder als lebende Pfeile ausschickt«. Um uns zu spannen, braucht Gott einen »festen« Bogen!

Die Evolution rollt stillschweigend voran, und es ist für viele von uns eine wahre Wonne, sich vorzustellen, wie das Leben sein wird, wenn immer mehr Kinder und Erwachsene das kosmische Gitternetz bewusst weben und walten und die maroden Schattengitterwerke von heute transzendiert werden. – Mir kommt es so vor, als würde von den ungreifbaren und unbekannten Raum- und Zeitqualitäten der Lattice immer mehr in unsere für alle wahrnehmbaren drei Dimensionen »durchsickern«; wie eine höhere Intelligenz oder Gottes Hand, die selbststeuernd die Evolution vorantreibt.

Ich kann es kaum glauben, wenn ich sehe, wie stark in den letzten paar Jahren die Sensiblität und Bereitschaft der Personen in meinen Kursen zugenommen hat, sich auf innere Prozesse, mediale Wahrnehmung und schamanisch-kosmische Surf-Reisen (durch die Lattice) einzulassen; und das auch bei Anfängergruppen, mit Menschen, die sagen, nie zuvor überhaupt an »so etwas« teilgenommen zu haben. Meine Erfahrung war, dass alle Prozesse viel schneller ablaufen als früher (wir erarbeiten uns heute etwa fünfmal mehr als vor zehn Jahren). Die Übungen mit der Lattice sind in den letzten drei Jahren enorm viel stärker geworden, meistens können sie alle in der Gruppe irgendwie »sehen« oder spüren. Viele Menschen beschreiben sie immer öfter als »zähflüssig«, »plasmaartig« und sogar »schwer« oder »greifbar«. Damit beschreiben sie die Lattice in ihren unteren Dimensionen, wo sie ganz nahe daran ist, sich zu materialisieren.

Wissen ist Macht

Folgendes Zitat vom legendären phönizischen Priester und Schriftsteller Sanchuniathon aus dem 12./13. Jh. v. Chr. zeigt, dass die Pinocchio-Taktik der Elite des europäischen Abendlandes eine lange Tradition hat:

Seit unserer frühesten Jugend sind wir daran gewöhnt, verfälschte Berichte zu hören, und unser Geist ist seit Jahrhunderten so sehr von Vorurteilen durchtränkt, dass er diese phantastischen Lügen wie einen Schatz hütet – so dass uns schließlich die Wahrheit unglaubwürdig und die Fälschung wahr erscheint. [35]

Der englische Philosoph Francis Bacon (1561 - 1626) hatte wohl recht mit seinem aufklärerischen Ausspruch »Wissen selbst ist Macht«.[36] Er formulierte seine Einladung, durch wissenschaftliche Methoden einen »höheren Stand des Daseins« zu erreichen, weiter so:

Wissen und Macht des Menschen fallen zusammen, weil Unkenntnis der Ursache die Wirkung verfehlen lässt.

Naja, deswegen haben gewisse Eliten diese Macht des Wissens für sich gepachtet. Es ist bequem für sie, dass wir in unserer »Unkenntnis« die »Ursache« nicht erkennen, weswegen wir dann oft wenig »Wirkung« im Leben, in den Finanzen, im Miteinander erzielen. Mir scheint, dass wir lange Zeit ziemlich dumm gehalten wurden.

Denken wir doch nur wieder einmal daran, dass einst in unseren Köpfen auf Todesstrafe die Erde eine *Scheibe* zu sein hatte und der *Mittelpunkt des bekannten Universums.* Galileo Galilei konnte seine Haut nur retten, indem er ein langes *Schuldbekenntnis* verfasste, an das er selbst nicht glaubte (!), und seiner »Ketzerei« abschwur, nach der die Erde sich um die Sonne drehe. Es gibt so viele bahnbrechende neue Experimente, die unser Leben umkrempeln könnten, von denen wir aber meistens nichts wissen. Viele revolutionäre

Arbeiten und Studien sind in Schubladen verschwunden, abgelehnt worden, oder es wurde einfach ohne Begründung der Hahn für Forschungsgelder zugedreht. Einerseits ist der Fortschritt rasant, andererseits gibt es aber eine Lobby, die noch wie zu Zeiten der Inquisition kontrolliert, was gesagt werden darf. Wissen ist heiße Ware und interessant für die Machthaber dieser Welt. So ist mancher Wissenschaftler eingeladen worden, für Militärzwecke mitzuarbeiten oder für immer zu schweigen: Wissen ist Macht. Erinnere dich an die unzähligen Hollywood-Dramen, wo der machtgierige Schurke neue Technologien in seine Hände bekommen will, damit nicht andere ihre Macht ausüben…

Darüberhinaus erstaunt mich, dass so manche Experimente, die uns heute verblüffen, oft dreißig und mehr Jahre zurückliegen. Ich habe mich schon lange gefragt, warum man uns nicht in der Schule ein Grundwissen in Quantenphysik beigebracht hatte, wenn doch Max Planck den Nobelpreis für seine *Quantentheorie* schon 1919 erhielt. Nein, in den Schulen wird dies noch immer hartnäckig verschwiegen! Stattdessen durfte ich um 1985 im Gymnasium immer noch die Geschwindigkeit von fallenden Körpern nach der alten mechanischen Physik berechnen (und dies bis zum »Umfallen«, denn alles ist ein Spiegel, hahaha).

In Büchern und Filmen sickert nun aber seit ein paar Jahren für jedermann verständliches, aufbereitetes Wissen aus verschiedenen wissenschaftlichen Disziplinen wie Quantenphysik, Neurowissenschaft, Medizin, Mathematik, Biologie und Philosophie zu uns, die unsere Existenz zu erklären suchen. Vor zwanzig Jahren noch hatte man schwer Zugang zu diesen Daten der Wissenschaftler, heute bilden sie einen boomenden Markt. Es zieht immer mehr Menschen an, hinter die Dinge zu blicken, und bei der Hochzeit von Wissenschaft und Spiritualität mitzufeiern. So hatte in Mexiko der Film *What the Bleep Do We Know?!* einen unerwarteten Erfolg und blieb monatelang in den Kinos.[37] Dieser Streifen ist ein Dokumentarfilm, wo Wissenschaftler aus ihrer Sicht erzählen, wie wir so ticken, quantenmechanisch, neurophysiologisch, theologisch, spirituell. Sehr erfrischend macht den Streifen die taubstumme Hauptdarstellerin, die uns auf ihrer Lebenssuche durch den Film führt und sich ähnliche Fragen stellt wie die Wissenschaftler. Obwohl er mit einer gewaltigen Menge interessanter Fakten aufwartet, wird es nie langweilig.

Dazu tragen auch animierte Abschnitte bei, die uns auf plastische Art zum Beispiel das berühmte *Doppelschlitz-Experiment* näherbringen: Sendet man Elektronen durch einen vertikalen Schlitz, zeichnet sich an der Projektionsfläche wie erwartet eine vertikale Linie ab. Nicht aber so, wenn man sie durch zwei Schlitze schickt. Was passierte im Experiment? – Das Elektron verschwand plötzlich, und an der Wand wurden Wellenmuster sichtbar. Das Elektron scheint sich vom Materienbaustein, als das wir es kennen, in eine Welle von Möglichkeiten verwandelt zu haben, die mit sich selbst Interferenzmuster bildet. Irgendwie »wusste« das Teilchen von den zwei Öffnungen, verwandelte sich in eine Welle und war deshalb nicht mehr auffindbar. Fazit: Das Elektron begann als Teilchen (Materie) und verwandelte sich in eine Welle (Energie). Die Wissenschaft nennt das *Welle-Teilchen-Dualität.* Wow! Dies gibt uns eine weitere Perspektive, um zu verstehen, wie ein Heiler und Meister »entmaterialisert« und dann etwas materialisiert.

Doch die Quantenwelt ist noch viel mysteriöser. Als die Forscher ein Messgerät aufstellten, um zu beobachten, ob das Elektron durch einen oder zwei Schlitze durchflitzte oder sich dabei gar verdoppelte, passierte das Unheimliche: Das Elektron verhielt sich wieder wie Materie und zeichnete frech zwei Linien auf die Projektionswand, also keine Wellenmuster mehr. Wie wusste das Elektron überhaupt von den zwei Schlitzen? Wie merkte es, dass die Forscher beobachten wollten, durch welchen Schlitz es flitzte? Und warum änderte es nach Belieben sein Verhalten? Die Wissenschaftler ziehen folgenden Schluss: Ihr Bewusstsein hat das Teilchen beeinflusst. *Der Beobachter eines Quantenexperimentes beeinflusst seinen Ausgang,* heißt es im Film. Einer der vorgestellten Experten ist der Quantenphysiker Dr. Fred Alan Wolf (* 1934, USA), der mir auf einem Pressecocktail in Prag, wo wir beide an der gleichen Veranstaltung einen Workshop hielten, bestätigte:

*Der **Beobachter** verändert das Verhalten von allem, was er beobachtet.*

Es ist demnach gut vorstellbar, wie wir durch unser Denken die Resultate eines jeglichen Vorganges, genau wie in einem Quantenexperiment, beinflussen können. Wenn also unsere Gedanken als Teil des Hologramms gleichzeitig *überall* vorhanden sind, welche riesige Schöpferkraft haben sie! Ja, als *Beobachter* haben wir im Leben eine Riesenfreiheit aber auch eine Verantwortung, die Welt um uns herum zu *erschaffen.* Denn auch wenn wir uns unserer heimlichen Absicht oder Überzeugung hinter unseren oberflächlichen Gedanken nicht bewusst sind, so gelangt sie in die *kosmische Suppe* und mischt dort mit, wie eine Mayameisterin es ausdrückte. Das ist der tiefere Sinn, wenn wir sagen: »Pass auf, worum du bittest, es könnte dir gewährt werden!« – Wie viel bitten wir doch unbewusst oder verfluchen gar, senden Gedanken und Gefühle von Zweifel, Angst, Neid und Hass aus?

Die Warte des Beobachters kann im Menschen im *dritten Auge* lokalisiert werden und bezeichnet das Vermögen, »hinter die Dinge zu blicken«, »den Überblick zu haben«. Das dritte Auge entspricht dem sechsten Chakra. Seine

Öffnung wird in vielen Traditionen als Stufe der Einweihung angesehen, wo der Mensch, genau wie ein Adler, beginnt, alles zu überblicken und zu koordinieren. Im Raja-Yoga in Indien kommt es der Fähigkeit der *Introspektion,* des In-sich-Hineinschauens gleich, der ersten von acht Kräften des spirituellen Menschen. Von dort habe ich vor langer Zeit folgenden Satz mitgenommen:

Der wirkliche Held ist der Schauspieler des Lebens, der sich während seines Spiels selbst auf der Bühne beobachtet.

Im modernen Theater des Lebens sollte heute jedermann diesen Grad von Bewusstsein erreichen; er ist Teil einer modernen *integralen, spirituellen und kreativen Führerschaft.**

Um auf die Ebene des Beobachters zu gelangen, »in den Beobachter zu gehen«, habe ich die folgende Übung entwickelt. Du wirst durch sie deine *geteilte Aufmerksamkeit* trainieren können und eine anfangs paradox erscheinende gespaltene Wahrnehmung erlangen, denn du bist du selbst und gleichzeitig dein Beobachter.

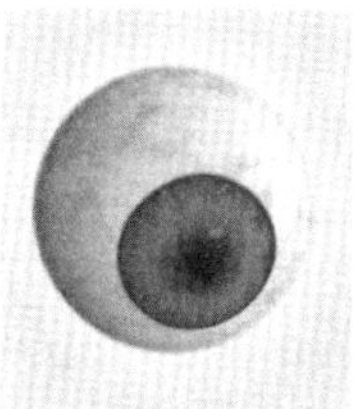

Biosynthergie©

Übung 4: Ich bin mein Beobachter

Ich führe diese Übung am liebsten stehend aus, du kannst dazu aber auch auf einem Stuhl sitzen. Sammle dich einen Moment lang in deinem Herzen, wie wir es in der ersten Übung getan haben, und lasse die Augen zu. Mit einer Ausatmung durch die Nase wirf einen Teil von dir, »eine Instanz« aus deinem Herzen, hinaus hoch über dich, so dass sie über dir »zu stehen kommt«. Du kannst dir diese Instanz als eine Art »Über-Ich« vorstellen oder als Lampe einer Straßenlaterne, die dich von oben beobachtet.
Hebe nun eine Hand und schenke ihr all deine Aufmerksamkeit. Bewege sie ganz leicht, Millimeter um Millimeter, während du dir vorstellst, dass dieses Etwas über dir, der Beobachter, die Bewegungen registriert. Beobachte deine Hand und ihre Veränderungen im Raum, als ob du dieses Wunder noch nie näher betrachtet hättest. Du nimmst Dinge wahr, die du noch nie zuvor gesehen hast, kleine Grübchen, Bewegungsmöglichkeiten in Millimetergröße.

→

* Mehr Information darüber habe ich übersichtlich in meiner Methode des LifeTreeSystems© zusammengestellt.

– Du bist neugierig und gleichzeitig fasziniert von dieser Art, dich wahrzunehmen und, vom Beobachter aus, zu steuern. Ich komme mir bei dieser Übung oft wie ein Außerirdischer vor, der einen Erdenbewohner das erste Mal betrachtet. Interessant!
Du bist also gleichzeitig **in dir** und auch **außerhalb von dir**, von wo aus du dich lenkst, deinen Körper, deine Gedanken und Gefühle sowie Aktionen. Spiele ein wenig so weiter, bleibe aber immer bei sehr kleinen, ruhigen Bewegungen.
Mit ein bisschen Übung kannst du innerhalb von Sekunden in diese erweiterte Wahrnehmung deiner Existenz gelangen, an jedem Ort, zu Hause, in der U-Bahn, bei der Arbeit.

Lernen, sich beim Tun zu beobachten	Basisübung für ein schöpferisches Leben
Ruhiger Moment und Ort	Ruhig
Stehend (oder sitzend)	10 - 15 Minuten

Ich versuche den inneren Prozess dieser *geteilten Aufmerksamkeit* wie folgt zusammenzufassen:

1. Es ist, als ob **eine Instanz von dir dich beobachtet**, von oben oder von außen her. Du kommst dir deswegen als »von dir getrennt« vor, wie wenn du das gar nicht wärst (!), der sich da in seinem Körper bewegt. Du beobachtest dich und empfängst jede Regung, jeden Impuls: Gedanken, Gefühle, eine Sinneswahrnehmung, ein Zucken, einen Bewegungsimpuls…
2. Gleichzeitig bist du **präsent in deinem Körper**, nimmst ihn wahr und registrierst seine Empfindungen und Impulse. Das fordert von dir eine hohe Aufmerksamkeit und Präsenz, wobei dir das Zentrieren in deinem Herzen hilft.

Diese *Eigenwahrnehmung* sollte zu einem natürlichen Zustand werden, es ist die Haltung einer persönlichen Lebensführung, ein sich Verantworten für Gedanken, Worte und Taten. Sie ist der Hochsitz des schöpferischen Menschen, der von hier aus (6. Chakra) eine Ebene höher steigt, um seine persönliche Meisterschaft zu erreichen (7. Chakra). Er wird sich selbst immer mehr als »hier und überall« wahrnehmen. Er beginnt, die Quanteneigenschaften der Wellen, der Verflechtung, Ubiquität, Nichtlokalität und des Hologramms am eigenen Körper zu erleben.

Wer aufwacht und *beobachtet*, kommt in eine neue Machtposition und ist ein *Leader* seines Umfeldes. Je weiter du deinen Beobachter sendest, desto tieferen Einblick bekommst du in die kosmischen Bücher, wo alles Wissen aller Zeiten »geschrieben steht«. Doch davor haben andere Menschen wiederum Angst, deshalb ignorieren, verzerren oder verbieten sie neues, lebendiges und erweitertes Wissen von vornherein. Wissen ist Macht.

Zusammenfassung

Wir haben in diesem Kapitel Quanteneigenschaften wie Wellenform, Verflechtung, Ubiquität (Allgegenwärtigkeit), Nichtlokalität, Hologramm und Tunneleffekt kennengelernt und gesehen, dass wir in unserer Wahrnehmung der Welt auf einer polaren Ebene funktionieren und deswegen ständig Dramen und Konflikte inszenieren (oder sie im Kino angucken), während uns die Lattice aus diesem Gefängnis entlassen und erheben kann. Erheben wir uns zum Beobachter, kommen wir in die Macht des *Leaders*, des Wissenden und Schöpfers. Deswegen ist Wissen Macht und Massenverblödung inszenierte Ohnmacht.

Versuchen wir, die Funktion der Lattice wie folgt zusammenzufassen:

- Die Lattice **umfasst alles und beinhaltet alles**, in dir und außerhalb von dir.
- Die Lattice ist ein **Kommunikationsnetz**, über das du Information auf allen Ebenen, Dimensionen, Räumen und Zeiten einholen und mitteilen kannst.
- Die Lattice ist ein kosmisches **Großhirn**, das dir als Datenverarbeiter oder Assistent immer zur Seite steht und alles für dich erledigt (Daten gewinnen, berechnen, senden).
- Die Lattice ist ein **schöpferischer Spiegel,** und du bist nach ihrem Abbilde geschaffen.

Im nächsten Kapitel werde ich das *Kosmische Theater* näher vorstellen, eine Schnittstelle der Neuen Wissenschaften, der kreativ-schöpferischen Gabe des Menschen und der Spiritualität – eine jahrtausendealte Akademie der leitenden Schamanenpriester des Planeten. Wir werden uns als aktive Teilnehmer des Universums erkennen, was uns aus der kollektiv gespeicherten Opferhaltung befreit. Wenn wir es dann wagen, hinter den »Schleier der Göttin« zu blicken, entdecken sowohl Wissenschaftler als auch »spirituell Suchende«, was der Intellekt allein nicht verstehen kann…

3
Kosmisches Theater und partizipatives Universum

Das *Kosmische Theater* ist für mich heute die Auseinandersetzung mit allem Sichtbaren und Unsichtbaren, das uns umgibt. Seine Schauspieler und Regisseure sind wir alle, seine Bühne ist die *Lattice,* das mehrdimensionale Netz, das alles zusammenhält. Wir können so bewusst jedes »Theaterstück« nach Belieben in den verschiedensten Skalen des Universums spielen, auf der Ebene der *Atome*, der Ebene der *zwischenmenschlichen Beziehung* bis hinauf zur Ebene *höherer Intelligenzformen und kosmischer Dimensionen.* Wir werden diese drei Ebenen im nächsten Kapitel als Mikro-, Meso- und Makrowelten näher kennenlernen.

Viele Menschen verbinden mit dem Begriff *Theater* vor allem die Komödien, Tragödien und Melodramen im zwischenmenschlichen Bereich, jedoch sind die beiden anderen Ebenen ebenso präsent, auch wenn sie unsichtbar bleiben. Sie sind es schließlich, die den Erfolg eines guten Theaterstückes ausmachen: Wenn uns etwas berührt, uns das Bewusstsein für eine neue Sichtweise öffnet, dann geschieht sehr viel auf molekularer und chemischer Ebene in uns, und jedes Mal, ob man will oder nicht, beobachten uns auch Wesenheiten oder Meister aus anderen Dimensionen. Sie interagieren in diesem *Kosmischen Theater* mitten unter uns, ob wir sie wahrnehmen oder nicht – es ist der Tummelplatz der Schamanen!

Weil Begriffe kulturgeprägt sind und so schön polarisieren, rede ich heute wenig von »Theater«. Es dauert seine Zeit, bis wir den Begriff Theater von den Altlasten des Schultheaters und Elitevorstellungen der Großstadtbühnen befreien. – »Machen wir doch nicht so ein Theater!« und verlassen die Theaterbühnen, um selbstverantwortliche Schauspieler eines immer umfassenderen Lebenskonzeptes zu sein. Das *Kosmische Theater* wird so zu deiner täglichen Plattform, auf der du bewusst neue Formen des Bewusstseins und deine Macht als schöpferisches Wesen erproben kannst. Du surfst einfach unschuldig durch die Lattice und lässt dich, neugierig wie ein Kind, überraschen, zu was du denn alles noch fähig bist! So gesehen, ist ein Heilungsprozess in einem Organ ein Theaterstück des Kosmischen Theaters, oder das Kommunizieren mit Mayameistern ist ebenfalls eine Facette davon. Der Unterschied beginnt, wenn du dir dessen bewusst bist und kreativ eingreifen kannst. Dann bist du ein Schamane.

Pascal K'in erzählt seine eigene Geschichte in der Performance »Der Tote Schweizer« (El Suizo Muerto). Er betrachtet bestürzt die Teufelsmaske, die er sich gerade abgenommen hat. Teatro Helenico, Mexiko-Stadt.

Gefangen in deinen Rollen hinter der Vierten Wand

Ich habe früher in meinen Theaterexperimenten lange über den *Beobachter*, als den wir das Publikum sehen können, nachgedacht und versucht herauszufinden, was passieren würde, wenn die Zuschauer den Ausgang des Stückes beeinflussen könnten. Ich empfand die alte Trennung zwischen Schauspielern und Zuschauern als eine Sackgasse und wandte mich dem *partizipativen Theater* zu, wo das Publikum auf irgendeine Weise die Geschichte mitbestimmen konnte. Ich experimentierte mit dem *Forum-Theater*, einer Form des *Theaters der Unterdrückten* von Augusto Boal, bei dem ich die Technik noch persönlich erlernen durfte. In Mexiko ließ ich das herkömmliche Theater zugunsten der Erforschung der Mayazeremonien und Rituale hinter mir, bis ich zu meiner Überraschung von den Mayameistern ins *Kosmische Theater* eingeweiht wurde. Heute interessiert mich unsere »tägliche Quantenbühne«, das Leben in der Lattice, mehr, als auf einer Theaterbühne zu stehen, sei es als Schauspieler oder Regisseur.

Wenn ich mit Menschen in Workshops zusammenarbeiten darf, ist es für mich wichtig, dass wir zusammen lernen – sei es als Familie, Team in einem Unternehmen oder als Gesellschaft – und das Resultat mitbestimmen und mitgestalten. Quantenexperimente haben gezeigt, dass allein schon die *Erwartung eines Resultates* im Labor die Beobachtung dieses Resultats hervorrufen kann. Wenn wir allein durch unsere Erwartungshaltung etwas ins Leben rufen können, wie groß ist dann unsere Schöpferkraft über unseren Körper und die Umwelt? Unsere begrenzenden, negativen Glaubensmuster oder heilende, liebevolle und triumphierende entscheiden, ob das Resultat »positiv« oder »negativ« ausfallen wird.

Das Theater sehe ich demnach als ein Quantenexperiment. Ich kann im Rollenspiel ausprobieren, was mit mir passiert, wenn ich mich klein, unnütz, zu dick, krank und als erfolgloser Versager fühle – oder wenn ich Gefühle von Liebe, Frieden, Dankbarkeit, Wertschätzung und Großzügigkeit hege.

Ähnlich wie wir gerne unsere altbekannten Pfade im Leben aufsuchen – oder der Lattice-Surfer seine »Lieblingsstrände« –, hat auch das Gehirn die Gewohnheit, immer die gleichen alten *Nervenpfade* zu benutzen. Was wenig gebraucht wird, stirbt ab, die Möglichkeit verschwindet aus unserem Bewusstsein – wir werden zu *Nein-Sagern* in vielen Bereichen. Im Theater können wir jederzeit spielend lernen, abgestorbene Verbindungswege wiederzuverbinden und wiederzubeleben; so bekommen wir neue *Wahlmöglichkeiten*, den Weg der Lattice weiterzuverfolgen. Mit offenem Herzen und aus dem neuen Bewusstsein des Beobachters tun wir dann plötzlich Dinge, die wir vorher nicht für möglich gehalten hätten. Es spielt keine Rolle, ob wir dabei in einer Zeremonie ins *Quantentheater unserer körpereigenen Atome* reisen, um zu heilen (Mikrokosmos), in Rollenspielen *harmonischere Kommunikation* in der Familie oder am Arbeitsplatz erproben (Mesokosmos) oder lernen, uns in *höheren Dimensionen und Intelligenzformen* zurechtzufinden (Makrokosmos). Das Ziel im *Kosmischen Theater* ist immer, dass die Beteiligten ihre Seele heilen und ihrem Traum nach Freiheit und Fülle im Leben einen Schritt näherkommen. Die konventionellen Formen solcher Treffen nennt man heute noch Seminare, Workshops oder interaktive Vorträge, während die *Zeremonien des Kosmischen Theaters* eher eine moderne Form des jahrtausendealten Schamanismus sind, weil man sich in ihnen gegenseitig nährt und erhebt, den anderen als einzigartiges Wesen und Meister behandelt. Ich sage gerne scherzhaft: »Willkommen! Ihr befindet euch an einer kosmischen Tankstelle« oder »in einer Surfklasse durch die Lattice.«

Wenn ich Trainings für Pädagogen und Lehrer an Universitäten und Schulen gebe, vertrete ich immer die Meinung, dass die *vierte Wand* im Schulzimmer oder im Hörsal, die den Lehrer von den Studenten trennt, aufzuheben sei, ganz so wie im partizipativen Theater, um einen *subjektiven, individuellen Lernprozess* des Schülers zu erreichen. Der Begriff der »vierten Wand« wurde im naturalistischen Theater mit seiner Guckkastenbühne gegen Ende des 19. Jahrhunderts beliebt. Er bezeichnet die *imaginäre Wand* an der Vorderseite der Bühne, zwischen Schauspielern und Zuschauern.

Als Menschheit leben wir heute eine ähnlich paradoxe Situation wie sie der Aufklärer Denis Diderot (1713 - 1784, Frankreich) in seinem »Paradox über den Schauspieler« beschrieben hat. Darauf fußt jene unsichtbare Vereinbarung mit dem Publikum, die heute noch jeder Schauspielschüler an den Akademien lernt, dass der Schauspieler seine Persönlichkeit vergisst und für die Dauer des Theaterstückes eine Rolle annimmt. Die vierte Wand hilft ihm dabei, diese andere Traumrealität aufzubauen. Das Paradoxe daran aus der Sicht des Zuschauers ist, dass er zwar weiß, dass da die stadtbekannte Schauspielerin auf der Bühne steht – es jedoch bei ihrem künstlerisch versierten Spiel vergisst und sich auf die Ebene der Figuren des Dramas begibt. Fällt der Vorhang zu, atmet man dann tief durch und wird sich erst bewusst, dass man in einer anderen Realität war. Man hat, wie beim Mitfiebern mit Rambo, die »Zeit vergessen«. Wenn jedoch ein Schauspieler »aus der Rolle fällt« und seinen Text nicht mehr weiß (der Alptraum eines jeden Schauspielers) oder wie im *postdramatischen und partizipativen Theater* plötzlich als *Performer*, als sich beobachtender Mensch, mit dem Publikum spricht oder in den Zuschauerraum tritt, dann löst sich die vierte Wand auf.

Dieses Paradox kann uns als Analogie zum *Kosmischen Theater* dienen: Wir vergessen oft, dass wir in unserem Leben hier auf der Erde eine *Rolle* spielen, die durch die Kultur geprägt ist, in der wir geboren wurden, und den Lebensweg, den wir bis anhin gewählt haben. Im wirklichen Leben fällt bei den meisten der Vorhang nie, sie spielen und spielen weiter, was sie einmal geprobt haben; und keiner weiß je, wer der Schauspieler dahinter ist, der wirkliche Mensch. Die meisten Menschen spielen so ihr Leben lang, versteckt hinter der imaginären Schranke der »vierten Wand«, welche nichts anderes ist als die »Käseglocke« der dreidimensionalen Wahrnehmung. Sie erhoffen sich Akzeptanz und Beifall von den Zuschauern, die meist die Machtpersonen ihrer Kultur sind (Eltern, Chef, weltliche und kirchliche Führer). Oder sie üben als Lehrer und schlechte Chefs Rache an der Situation und toben einsam und abgeschnitten in ihrer »Glas-Glocke«, ohne jedoch ihre Mitmenschen, Zöglinge, Mitarbeiter oder Kunden je zu erreichen.

Wagen wir es, die »vierte Wand« zu durchbrechen, dann sehen wir unsere Rolle im Leben von außen und können sie ändern, wenn wir den Mut haben, wir selbst zu sein und unserer Seele zu folgen. Wir erkennen dann, dass wir eigentlich immer kosmische Schauspieler mit einer großen Freiheit waren, aber uns an eine Rolle geklammert haben. Die Tibeter nennen es *Samsara,* wenn wir immer wieder zurückkehren in verschiedenen Leben und unbewusst eine weitere Rolle spielen. Bis wir uns eines Tages entscheiden aufzuwachen, die »vierte Wand« durchbrechen, uns als Beobachter über die gewohnten drei Dimensionen erheben und uns erinnern, wer wir eigentlich sind: Sternenwesen, göttliche Wesen. Dann brauchen wir den Applaus des Publikums nicht mehr, um unser Ego zu nähren; unser Publikum ist dann das Universum oder Gott.

Wenn der Theater-Schauspieler sein Ego loslässt, dann beginnt er auch mit den anderen Akteuren *zusammenzuspielen*; er hilft dem anderen, damit dieser hervortreten kann, wenn es die Geschichte erfordert. Ein bewusster Mensch lebt heutzutage seinen Seelenweg als Schauspieler des Lebens (ohne »vierte Wand«) und wählt frei, welche Rollen er in welchem Moment vielleicht spielen will, indem er den Regeln am Arbeitsplatz gehorcht oder seine Rechnungen dankbar bezahlt. Das ist genau unser *modernes Paradox,* das immer mehr Menschen annehmen und leben: Sie handeln aus einem höheren Bewusstsein heraus, leben ihren »Spirit« (Geistseele) und aktivieren die unbekannten Teile ihrer DNA, weil sie entdecken, dass »das *wirkliche Leben* in einer höheren Dimension stattfindet«. Doch wissen sie auch, dass sie weiterhin in einer dreidimensionalen Gesellschaft auf dem Planeten Erde wohnen und werken (unsere Theaterbühne), wo wir gewisse Dinge einfach auf die Reihe kriegen sollten, um wiederum in friedlicher Übereinstimmung mit dem Lichtpotential unserer Geistseelen zu leben.

Im *Kosmischen Theater* brauchen wir also keine applaudierenden Zuschauer und Fernseh-Kameras für Narzissten mehr, denn die sind ja auf einer höheren Ebene sowieso da: Es sind Sternenbrüder mit einem so göttlichen Humor; ich sehe sie oft, und sie lachen sich immer kaputt, wenn ich die Dinge zu ernst nehme, und freuen sich, wenn ich bereit bin, über mich selbst zu lachen! Vielleicht haben sie ja in ihrem Raumschiff eine spezialisierte High-Tech-Filmcrew dabei. Die Mayameister verunsicherten mich ziemlich, als sie einmal sagten, dass alles »gefilmt« wird, was in einer Zeremonie oder im Leben geschieht. Wie meinten sie das? – Ganz einfach so: Das Universum ist ein Hologramm, welches alles speichert!

Das *Kosmische Theater* postuliert die *Transparenz* des Unbekannten, was vom Beteiligten verlangt, über seine eigenen Schatten zu springen und die alten Theatermasken loszulassen. Er muss akzeptieren, dass auf höheren menschlichen Gruppenbewusstseinsebenen das Internet für alle offen ist, da wird *upgeloadet* und *downgeloadet*, gesendet und aufgezeichnet. Das *Kosmische Theater* ist eine neue (und gleichzeitig uralte) Kunstform, die auf Theater-, Vortragsbühnen und in Gemeindesälen stattfindet sowie an den alten Kultplätzen und in heiligen Zeremonienkreisen. Ich sehe es auch als Umsetzung der Mayaprophezeiungen, die uns dabei unterstützt, die rechte Gehirnhälfte mehr zu trainieren und abstrakt-kreativ zu denken. Schon 1999 faszinierte mich folgendes Zitat vom deutschen Philosophie-Professor Wilhelm Schmid (*1953), aus seinem Buch *Inszenierung der Existenz: Theater und Lebenskunst:*

*Die Inszenierung der Existenz im Theater ist nicht nur rezeptiv, sondern auch interaktiv zu erlernen, wenn einem breiten Publikum Gelegenheit geboten wird, etwa in Kursen das Rollenspiel, die Kunst der Bewegung, der Gestik und Mimik sich anzueignen. So wird über die »Aufführungen« hinaus Leben ins Theater geholt und die Formung des Lebens ermöglicht, und das Theater kann wieder zur »**therapeutischen Anstalt**« werden, als Ort der **Selbstpflege und Selbstsorge**, der Bildung seiner selbst im Sinne von Lebenskunst.*[38]

Wer als *Künstler des Lebens* einerseits das Leben genießt und mitgestaltet, andererseits aber auch eine Mitverantwortung für seine Welt übernimmt, erkennt, dass wir bei jeder Aktion auf diesem Planeten alle zusammen *gleichzeitig Schauspieler, Zuschauer und Theater-Regisseure* sind. Als Schauspieler sind wir das Quantenteilchen im Experiment, als Zuschauer der teilnehmende und beeinflussende Experimentleiter und als Theater-Regisseure verfügen wir über einen hohen Grad an Lattice-Intelligenz.

Ich glaube, folgender Spruch bringt es auf den Punkt:

Ein Mayameister ist ein Meister der Illusion und ein Joker der Wirklichkeit.

Willkommen im *Kosmischen Theater!*

In Indien bedeutet *Maya* »Illusion«, also ist ein »Mayameister« ein Meister der Illusion, unserer Wirklichkeit der drei Dimensionen (3D). Er durchschaut alles, spielt mit der Illusion und transzendiert sie zur gleichen Zeit. Dies entspricht dem erwähnten Theaterspiel mit der »vierten Wand«, dem virtuosen Spiel deiner aktuellen Rolle. Du tust so, als existiere nur deine Rolle, weißt aber sehr wohl, dass es deine Entscheidung ist, *welche* Geschichte du den Zuschauern oder dem Universum vorspielst. Damit wirst du zum »Joker der Wirklichkeit«, zum Künstler-Clown im *Kosmischen Theater*, zum Surfer der

Lattice, der durch immer höhere Dimensionen kurvt und das mitgestaltet, was sein Herz begehrt und was der Menschheit beziehungsweise dem großen Ganzen nützt.

Ich habe das physikalische Pendant zum *partizipativen Theater* und seiner komplexen kreativen Entwicklungsmöglichkeit für alle Beteiligten beim Quantenphysiker John Wheeler (1911 - 2008, USA) gefunden. Der Arbeitskollege von Albert Einstein räumt mit der alten passiven Schulmeinung und Opferhaltung auf, dass wir ein bedeutungsloses Stück Staub im Universum wären. Anstatt vom *Beobachter* zu sprechen, nennt er die Forscher in einem Quantenexperiment *Teilnehmer:*

Wir sind Teil eines Universums, welches sich in Arbeit befindet. In dieser unfertigen Schöpfung sind wir winzige Stückchen eines Universums, das sich selbst betrachtet und sich selbst erschafft… Wir sind **Teilnehmer**, *die nicht nur das Nahe und Gegenwärtige ins Dasein bringen, sondern auch das Ferne und Vergangene.*[39]

Für Wheeler sind wir Teil eines *Partizipativen Universums* und haben die Macht, Teilchen zu verändern und Wirklichkeit zu schaffen. Wir sind also mehr als nur *einflussreiche Beobachter*, wir sind *aktiv Beteiligte, aktive Teilnehmer* im Universum (und Teil*geber*, auch wenn es dieses Wort in der deutschen Sprache nicht gibt). Wir senden und empfangen andauernd und haben die Macht, damit unsere Welt mitzuerschaffen.

Also hatten die galaktischen Maya-Ältesten von Palenque recht, als sie mir sagten, dass im Kosmos ein wichtiges Geheimnis für die Menschen verborgen sei. Ich erkannte darin meine persönliche Mission und nenne sie manchmal »das Gitternetz auf Erden verankern«, was andere Worte sind für *den Himmel auf Erden holen*. Für unseren Alltag geht es ganz einfach darum, die Lattice immer mehr zu *leben*, das heißt, sie zu denken, zu sehen, zu fühlen – mit ihr zu spielen, wie die Maya sagen. Wir sind wirklich jene Beteiligten und Mitschöpfer einer neuen Welt, und das ist eine große Macht und damit eine große Verantwortung mit jedem Schritt, den wir tun.

Lasst uns also unseren Allerwertesten erheben und durch die folgende Übung unsere Körperenergie etwas höher schwingen, um als kosmische Teilnehmer in Aktion zu treten und unser Körpervehikel in Fahrt zu bringen.

Biosynthergie©

Übung 5: Neukodieren des Körpers

Folgende Übung führst du am besten stehend aus. Für alte Maya unter euch kann ein Copal-Räucherstäbchen alte Erinnerungen wecken. Du kannst aber auch andere Essenzen oder Räucherwaren verwenden, die dir spontan passen. Konzentriere dich einen Moment lang mit geschlossenen Augen und verbinde dich mit deinem Herzzentrum und der Lattice, wie du es in den vorangegangenen Übungen gelernt hast. Du kannst dich, je nach freiem Willen, auch mit Gott, dem Universum oder einem Meister verbinden, ganz einfach indem du an ihn denkst. Atme dabei ein paar Mal tief durch und lasse dir Zeit dabei.

Nach einem Moment der Muße und Stille lade ich dich ein, die Handflächen aneinander zu reiben, bis du damit viel Wärme erzeugst. Ich bitte dich, diesen Schritt täglich so lange zu üben, bis du zwischen den Handflächen wirklich Hitze erzeugst. Du kannst dir vorstellen, dass die Energie dabei vom Kosmos in deinen Scheitelpunkt einfließt (7. Chakra, höchster Punkt auf deinem Kopf), dein Herz aktiviert (4. Chakra) und über die ausgestreckten Finger hinausfließt (Handchakra). Wohin du die Handflächen richtest, dort sendest du Energie hin. Energetisiere so (mit offenen oder geschlossenen Augen) den Raum um dich herum, oben und unten. Dieselbe Energie wird dich nun gleichzeitig schützen und sensibilisieren. Deine innere Haltung ist offen, »ja-sagend« und neugierig auf das, was passiert.

Wenn du wahrnimmst, dass dein Körper und dein Umfeld in höherer Energie schwingen als zu Anfang, kommt der nächste Schritt. Die Hände sollten jetzt warm sein und Energie aussenden, vielleicht spürst du auch ein Prickeln in den Fingern.

Klopfe oder tätschle nun mit den Handflächen von unten nach oben die ganze Körperoberfläche liebevoll ab. Beginne mit den Beinen, dem Genitalienbereich, dem Bauch, dann weiter hinauf bis zum Kopf. Es sollte sich anfühlen wie ein Energetisieren; stelle dir dabei vor, dass dein Körper neu kodiert wird. Es ist, als ob du allen Zellen mit Freude sagtest: »Guckt mal, so könnte es auch sein. Vibriert doch höher als euer Umfeld, wie die Lattice.« Inaktive Information beginnt zu fließen und sich zu aktivieren. Je höher die Schwingung, die du eingangs erreichst, desto stärker wird am Schluss die Aktivierung der Zellen sein.

Nach dem Beenden der Übung wirst du dich angenehm erfrischt und energetisiert fühlen.

Altes im Körperfeld neu programmieren	Höhere Frequenzen erzeugen und mit dem Körper verbinden
Ein Ort, an dem du dich wohlfühlst	Lebendig
Stehend (oder sitzend)	3 Minuten

Stell dir vor, alle Kinder würden in der Schule lernen, dass sie jeden Körper eigentlich unendlich viel mal »multipliziert« sehen sollten, dass ein Quantenteilchen plötzlich verschwinden oder sich vervielfachen kann. Das würde doch ungeheim Spaß machen! Oder dass es »Wurmlöcher« im Universum gibt, durch die du mit allen Wesen im Kosmos kommunizieren kannst. Wow! Was sagt da dein inneres Kind? Mitspielen, mitmachen, aber klar! – Würden unsere Kinder das und viel mehr seit der Grundschule hören, würde das ihr Neuronennetz erweitern und ihre Wahrnehmung völlig verändern. Viele von ihnen bringen ja außerordentliche Fähigkeiten mit oder reden wie selbstverständlich mit sogenannten »Gespenstern«, während die Erwachsenen dann oft sagen: »Kinderkram! Du bist verrückt! Das gibt es nicht! Geh da weg!« – Es wäre eine Revolution! Nur ist die nicht von allen Macht- und Kontrollinstanzen erwünscht.

Doch werden wir immer mehr. Wir sehen Dinge bestätigt, die wir tief drin *schon immer wussten,* und atmen auf, denn wir werden nun nicht mehr als Spinner bezeichnet. Die sogenannten »paranormalen« Phänomene finden Erklärungen und erlauben es so unserem Verstand, das *Unbekannte* zu akzeptieren. Die modernen Forscher tun dies schon längst, denn sie haben gelernt, mit mehreren *Unbekannten* in ihren Gleichungen und Theorien umzugehen und immer öfter einfach zu *staunen* wie ein Kind. Dank der überraschenden Fortschritte der Wissenschaften wird salonfähig, was die Weisen und Schamanen seit Jahrtausenden wissen und immer noch anwenden.

Wenn du dein Herz berührst und dich der Quantenwelt, der Lattice und der Weisheit der Schamanen öffnest, hast du einen großen Schritt für die Menschheit getan. Versuche einmal, folgende Fragen (und noch viele existentielle mehr) entweder mit den neu erworbenenen Grundsätzen der Quantenwelt oder als spielendes Kind und Künstler in einem schamanisch-surrealen Traum zu beantworten. Bei beiden Ansätzen schlägst du deinem Verstand ein Schnippchen und forderst ihn heraus, anders zu denken: abstrakt, vernetzt, kreativ und spirituell. Und ich sage dir schon jetzt: Hier gibt es weder *Richtig* noch *Falsch*. Mehrere Antworten sind möglich. Und wie die Mayameister immer wieder durchblicken ließen: »Brauchst du eine Antwort, stelle einfach die richtige Frage. Wenn du eine Frage stellst, ist die Antwort dazu schon gegeben. Alle Antworten sind schon im Universum enthalten.« Die Fragen, die du dir im Leben stellst, werden zum Drehbuch deines *Kosmischen Theaters*:

Wie ist es möglich, dass in unseren schamanischen Zeremonien des öfteren die Erde zu rütteln beginnt, als möchte sie allen Anwesenden zeigen, dass sie »auch da ist«?

Wie ist es möglich, dass ich mit Freunden in den Mayapyramiden zusehen darf, wie die Maya um 800 n. Chr. gelebt haben und sie uns in diese Parallelzeit blicken lassen, als wären wir selbst, als Menschen, schon eine Zeitmaschine?

Wie ist es möglich, dass Schüler und Freunde behaupteten, sie hätten mich in Deutschland an einer Straßenkreuzung gesehen oder im Norden von Mexiko, während ich aber auf meinem Berg bei Mexiko-Stadt weilte?

Wie ist es möglich, frage ich mich, dass von ein paar Hundert Menschen in einem Saal so manche berichten, sie würden geheilt oder fühlten sich besser, ja,

Pascal K'in in »seinem« Hof (patio) im Mayatempel von Palenque während einer Zeremonie unter Freunden. Die Orbs (sichtbaren Lichtkörper) geben eine Vorstellung von der Kommunikation mit den Mayameistern und den Bewohnern von einst.

ich hätte sie während der Heilmeditation berührt, während ich vorne brav auf meinem Stühlchen saß?

Wie ist es möglich, dass so viele Menschen in meinen Therapien von Erlebnissen in anderen Dimensionen, auf anderen Planeten, mit den verschiedensten Arten von Lichtwesen, Außerirdischen und Meistern berichten und dabei in so eindeutige Details gehen, dass kein Zweifel an der Echtheit ihres Erlebens besteht?

Wie ist es möglich, dass ich bei bestimmten Reisen ins Netz für die Anwesenden für Momente unsichtbar werde oder Teile von mir sich auflösen?

Wie ist es möglich, dass mein zehnjähriger Freund Willie allen akkurat und akribisch antwortet, als wäre er ein gebildeter Professor; dass er mit Verstorbenen, alten Azteken und »komischen außerirdischen Wesen« spricht, und diese ihm genau sagen, mit wem er sich wie einlassen sollte und mit wem nicht, dessen Eltern aber überhaupt nichts mit »diesen Dingen« am Hut haben?

Oder kennst den Guru-Witz?

Sitzt ein Guru vor seinen Anhängern, die ihn schweigend anhimmeln. Es scheint Fragerunde zu sein. Einer seiner Schüler formuliert angestrengt eine existentielle Frage; der Guru hört ihm lässig zu, bis er seine Frage beendet hat. »Mmmm«, sagt der Guru, »sehr interessante Frage, mmm…« Dabei nickt er bedeutungsvoll mit dem Kopf, richtet sich an jemanden im Publikum und sagt: »Nächste Frage, bitte!« – Auch dieser Anhänger stellt seine Frage und gibt sich alle Mühe, diese möglichst klar zu formulieren. Der Guru hört diesmal aufmerksam, ja liebevoll zu, bis der Schüler seine Frage beendet hat. »Ahh, ja, ja, ja…« entströmt es dem Guru, und wieder suchen seine Blicke im Publikum: »Nächste Frage, bitte!«… (Fortsetzung folgt).

Aber weißt du nun, was der Witz ist? – Die Schüler fragen weiter. Und fragen weiter. Ein Leben lang. Ich habe das bei Don Lauro und anderen Meistern beobachtet. Wie oft werden Fragen gestellt, nur, damit der Fragende sich reden hört oder damit der Meister einen an die Hand nimmt.

Arme Meister, warum quälen wir sie so? Don Lauro antwortete auf meine Fragerei oft mit: »Ja!« – Und wenn ich die Frage andersrum stellte, dann sagte er auch: »Ja!« Als ob er mir immer recht geben möchte, wie ein Spiegel. Ein Spiegel gibt dir immer recht. Oder als wäre es eine Aufforderung, selbst den Mut zur Antwort zu haben. Die Welt der Quanten und des Lebens an sich eröffnen uns viel mehr Möglichkeiten, als man uns weisgemacht hat, und geben uns damit den freien Willen zurück. Gib dir selbst wieder die Macht, deine eigene Meinung zu bilden. In der neuen Welt, in der Lattice, straft dich keiner oder gibt dir eine Schulnote, diese Zeit ist vorbei. Lasst uns scharf und logisch denken, wo es angebracht ist, in manchen Wissenschaften, bei den Finanzen, in deinem Wochenplaner. Lasst uns aber auch fühlen, träumen, fliegen und neues Wissen aus anderen Dimensionen erlangen, auch wenn uns dabei keiner auf die Schulter klopft. Das ist der Weg des *Mayakriegers*, der weiß, nur *er* kann seine eigene Wahrheit finden.

Warum wird so viel Aufhebens um spirituelle, mehrdimensionale Tatsachen gemacht, die schon längst durch Theorien, wie über die Lattice, das Hologramm, das Quantenverhalten, die Wurmlöcher, die Hyperkommunikation und das morphische Feld, erklärt werden können? Und dabei muss ja nicht immer gleich ein Akademiker herangezogen werden, auch du und ich dürfen uns in neue Gefilde bewegen. – Und was, wenn das Wissen aus medial erfahrenem subjektivem Erleben stammt? So haben die *Mayapriester* seit Jahrtausenden die blühende Mayakultur beraten und im Hintergrund geführt, wie ich in Zeitreisen eindrücklich erleben durfte.

Warum akzeptieren wir nicht einfach, dass es eine *logische, verstandesmäßig geprägte Sichtweise* auf die Dinge gibt, die mehr der linken Gehirnhälfte und männlichen Energie entspricht, aber auch eine *intuitive, mediale, kreative Art,* die Welt zu verstehen, die mehr von der rechten Gehirnhälfte und weiblichen Energie gesteuert wird?

Wir können erst unser volles Gehirnpotential leben, wenn wir anfangen, beide Sichtweisen zusammenzuführen: Zur »wissenschaftlichen«, die mit kritischem Geist Beweise sucht und detailgetreu alles untersuchen will, heißen wir nun die »spirituell-kreative« willkommen, die als kosmische Künstlerin zerstörerisch und wiedergebärend in die Wirklichkeit eingreift. Wenn wir weiterhin das spirituelle und schöpferische Wissen hintanstellen, dann passiert das gleiche wie bei den Drogen: Keiner weiß, ob sie gepanscht sind oder nicht; denn keiner hat auf dem Schwarzmarkt das Maß dazu. Ich stelle fest, dass viele Menschen Angst haben, in die Hände von Scharlatanen oder oberflächlichen Hexern *(brujos)* zu fallen. Oft passiert es ihnen dann eben doch, was langfristig zu noch mehr Misstrauen schürenden Geschichten führt.

In der Tat genügt heute vielen Wissenschaftlern und Otto Normalverbrauchern das gängige Realitätsmodell nicht mehr als Antwort auf Sinnfragen. Nur wenn sie es wagen, die Komfortzone in ihrem alten Denkmodell der Realität zu verlassen, wird sich ihnen die immense Freiheit der Lattice erschließen. Der einzige Ausweg, das alte Paradigma des »Ich-darf-doch-nicht« zu durchbrechen, ist, selbst mehr darüber zu lernen. So schult jeder sein eigenes Kriterium, bis er voll seinen inneren Meister lebt.

Wo Verbote und Zensuren ausgesprochen, Angst geschürt und Schuldgefühl provoziert werden, dort herrscht Abspaltung von der menschlichen Freiheit,

Trennung von dem, was *ist,* vom *Wort der Wahrheit,* wie die Kirche sagt. Das bringt uns wieder zu uns selbst zurück, denn jeder kann nur sich selbst befreien von unsichtbaren Doktrinen und kollektiven begrenzenden Gedankenmustern. Es bedarf persönlicher Reife und Weisheit, um aufzuwachen, wirklich hinzuschauen und die Fesseln der alten Modelle zu durchbrechen, den Mut zu haben, ins *Unbekannte einzutauchen,* und neue Formen von Wahrnehmung zu leben – gemäß *deiner Wahrheit.* Die Maya sagen: »Es gibt nur eine Wahrheit, und das ist deine!«

Hinter den Schleier der Göttin sehen

Um das unterdrückte Weibliche, Unbekannte willkommen zu heißen, um die stillschweigend voranrollende Evolution zu verstehen, die sich zur Zeit nicht nur durch Licht, sondern auch durch viel Dunkel ausdrückt, dürfen wir endlich in den Spiegel schauen und die *Göttin* begrüßen. Nach 3000 Jahren einseitiger Anbetung des bärtigen Vatergottes ist es gut möglich, dass du dort nur neblige Schleier siehst.

Edward C. Whitmont (1912 - 1998, Psychologe, USA) beschreibt die aktuellen chaotisch-destruktiven wie auch die spirituell-schöpferischen Prozesse, welche die Menschheit durchläuft, archetypisch als *Rückkehr der Göttin.* Ihm zufolge sind wir am Ende einer *patriarchalen Phase* angelangt, während der es notwendig war, alles Unbekannte, Unberechenbare, Chaotische und Kreative zu unterdrücken, um unsere Individualität innerhalb einer Struktur von Macht und Gehorsam gegenüber einem König oder der Kirche zu entwickeln. All das steigt nun, aus dem großen »Pool« des Unbewussten an die Oberfläche, und das manchmal mit Zerstörung und großen Veränderungen. Denn die weibliche Energie vereint, wie das die Göttin Kali in Indien personifiziert, nicht nur den Teil der gütigen Muttergöttin und Ursprung des Seins, sondern auch den zerstörerischen, gewalttätigen und mörderischen Teil in uns. Weder die Wissenschaft noch die aktuellen Gesellschafts-, Wirtschafts- und Kulturformen sowie ihre (nicht) gelebte Spiritualität können ihre patriarchalische Prägung überwinden, wenn sie nicht die weiblichen Energien und die rechte Gehirnhälfte integrieren – um in die neue Ära der Integration der Polaritäten, des Yin und Yang zu gelangen.

Das folgende Gedicht, überliefert vom römischen Schriftsteller Apuleius (123 - 170 n. Chr.) in seinen *Metamorphosen* ist der Großen Göttin gewidmet und lässt uralte Erinnerungen an diese *magische Phase* der Menschheit aufsteigen, in der wir wie ein Kleinkind die Welt als Einheit wahrnahmen und die dem rationalen Denken vorangeht:

…Ich bin da, die Mutter der Natur, Herrin aller Elemente, Keimzelle der Geschlechter – Geisterfürstin, Totenkönigin, Himmelsherrin – Inbegriff der Götter und Göttinnen. Des Firmamentes Lichtkuppel, des Meeres Heilbrise, der Hölle Jammerstille gehorchen meinem Wink; ein Wesen bin ich, doch in vielen Gestalten, wechselnden Bräuchen, unter mancherlei Namen betet mich der ganze Erdkreis an.[40]

(Siehe Abbildung Nr. 8 der ägyptischen Göttin Nut im Bildteil.)

Die Maya-Lattice ist genau diese Urgöttin, die Schöpfer-Göttin, die das Universum erschaffen hat und weiter erschafft. Die vier Quanteneigenschaften *Wellen, Verflechtung, Hologramm* und *Hyperkommunikation* machen sie regelrecht zum (anfangs des 1. Kapitels beschriebenen) *»Gefäß« im ewigen dynamischen Gleichgewicht* und zum stetig überquellenden *Kelch der Fülle.* Die Lattice ist in dauerndem wellenförmigen Fluss begriffen, worin alles aufeinander reagiert und voneinander »weiß«, wie eine Art Superintelligenz, die alles durchdringt. Sie ist die Antwort auf Fausts quälende Frage, *»was die Welt im Innersten zusammenhält«.*

Wir kennen sie auch als *Heiligen Gral* der Eingeweihten des Mittelalters:

Der Gral ist ein wundersames Gefäß, eine Quelle lebensspendenden, lebenserhaltenden Wassers, ein Füllhorn der Nahrung, eine Schale, an der Brust Helenas geformt. … Er ist ein unversiegbarer Quell der Nahrung, der Freude und des Vergnügens wie auch der Ekstasen der Venus. Als Gefäß ist er die Schüssel, aus der Christus beim letzten Abendmahl trank. … In der mittelalterlichen Poesie waren Gefäß, Gral und Uterus wie auch der Stein synonyme Bilder für Maria, die Mutter Gottes.[41]

Fausts Frage nach dem, *was die Welt im Innersten zusammenhält,* ist auch die *Parzival-Frage*: »Was fehlt dir?« oder: »Wie kann ich dir dienen?« In verschiedenen Sagen musste sie ganz einfach gestellt werden, »damit die Wasser wieder fließen und das Öde Land erlöst ist«, jedoch erfolgte nie eine Antwort darauf.[42]

Am Hofe des Königs Artus richtete der Zauberer Merlin die Tafelrunde ein. Artus sammelte an ihr seine Ritter um sich. … Sie gelobten, auf die Queste zu ziehen und ihn [den Gral] zu suchen. Jeder schlug einen anderen Weg ein und ging durch Prüfungen und Einweihungen. … Ihre Unfähigkeit, den Gral zu erreichen, beruhte weniger auf äußeren Umständen als vielmehr auf ihrer

Unvollkommenheit. Nach einem ersten Misserfolg wanderte Parzival fünf Jahre durch das Öde Land.

Die Visionäre des Mittelalters wussten schon damals, dass das weibliche, empfangende Prinzip, die Göttin, in das menschliche Bewusstsein integriert werden muss, um den Schritt in das nächste Zeitalter zu schaffen. So war denn in der Artussage die Anwort auf das, was Frauen von den Männern wollen: »Souveränität«. Nochmals Edward C. Whitmont: *Der Kult der höfischen Liebe stellt im Umfeld des westlichen Patriarchats einen ersten Hinweis auf eine höhere Einschätzung des Weiblichen dar. Die höfische Liebe war freilich ein Mittel, die Männer zu erziehen und umzuwandeln, aus »einem Rüpel einen Gentleman zu machen« … Die höfische Minne stellte sich nicht gegen die körperliche Liebe. Sie war wie das indische Tantra eine Schule der Erotik.*[43] Schon seit damals ist also der Held als ruppiger Haudegen »damenlos« geworden; nichtsdestotrotz halten sich noch heute die letzten Exemplare davon, gestützt durch Finanzimperien, Drogenkartelle oder illegale Dunkelzonen der Gesellschaften.

Stelle dir nun das Universum um dich herum wie Zwiebelschalen vor, die dir den Blick ins Unendliche versperren: Ich nenne sie »Schleier der Göttin«. Um mehr zu verstehen und die propagierten Lügen zu durchschauen, sei es als Wissenschaftler oder Schamane, und so eine eigene und höhere Wahrheit zu schaffen, dürfen wir den Schleier der Lattice beiseiteschieben (und dann noch einen und noch einen). Verlassen wir nun endgültig Goethes muffige Studierstube und treten hinaus auf den Zeremonienplatz! Die Lattice und ihre Funktionsweise zu verstehen ist ein erster Schritt – sie anzuwenden, um als Mensch *glücklicher* und als Menschheit in Harmonie mit dem Planeten zu leben, ist ein anderer. Wissen nützt nichts, wenn wir es nicht leben und ausüben.

Wenn wir die Welt der Maya-Lattice erkunden möchten, kommen wir an einem bestimmten Punkt mit dem Verstand nicht mehr weiter. Er entspricht unserer männlichen Hälfte, der linken Gehirnhälfte. Der Verstand teilt ein in: ich »hier« und die Lattice »dort«, Subjekt und Objekt. Erst durch ein *Latticebewusstsein* können wir wieder lernen, dass alles miteinander verbunden ist. Nähern wir uns doch der Wahrheit einen Schritt, indem wir unsere weibliche Seite leben und unsere rechte Gehirnhälfte mehr gebrauchen, um von innen her zu verstehen, was uns bisher im Außen verwehrt geblieben ist oder wohin nur waghalsige Wissenschaftler blicken: hinter den Schleier der Göttin. Vergessen wir nicht, dass die unterdrückte weibliche Energie der Göttin zwei Gesichter hat: das nährende, süße, empfangende – und das zerstörerische, reinigende und chaotische. Keine Angst, wir haben es mit beiden nur solange zu tun, bis wir sie akzeptiert und ins Gleichgewicht gebracht haben.

Um die Göttin zu befreien und in unser Leben einzuladen, rufen wir ihren himmlischen Begleiter, den kosmischen Drachen, in Mexiko *Gefiederte Schlange* genannt, den großen *Quetzalcoatl* und verwandeln uns in ihn. Er wird uns lehren, wie in einem sexuellen Akt kosmischer Liebe die Lattice durchdrungen werden darf – um dann zu fühlen, wie sie uns selbst durchdringt. Noch in diesem Kapitel teile ich mit dir eine der für mich wichtigsten Arbeiten der Maya, das *Ritual des Quetzalcoatl,* um unsere Frequenz weiter anzuheben und damit unser Wissen sowie die noch schlummernden Fähigkeiten in uns zu entwickeln. Du wirst höhere Dimensionen nie gekannter Glückseligkeit entdecken, neue Ausdrucksmöglichkeiten deiner spirituellen Intelligenz sowie Verbindungen zu anderen Intelligenzformen, welche alle nicht mehr gedacht werden können. Es ist wichtig, die Sprechweise der Göttin, eine *Sprache jenseits der Dialektik* unserer drei Dimensionen, zuzulassen. Ich habe bei den Maya drei Zugangspforten zu dieser weiblichen Ausdrucksform immer wieder angetroffen, ich nenne sie auch *Lichtsprache.* Diese Pforten können von jedem modernen Menschen durchschritten werden:

- Der gesunde, *heilende Wahnsinn* (der dich aus deinem alltäglichen Gefängnis befreit!),
- das *Gefühl aus dem Herzen* und
- der *schöpferische Ausdruck* deiner Seele.

Bereiten wir uns also auf das Ritual des Quetzalcoatl vor, welches dir die Arbeit der kosmischen Maya näherbringen und deinen inneren Schamanen erwecken wird.

Lassen wir den Drachen Quetzalcoatl, der alle diese drei Sprachen spricht, den Schleier der Lattice lüften, lassen wir ihn den Schleier der Göttin lüften… bis der Drache wieder eins wird mit der Lattice, der galaktische Vater mit der Mutter…

Quetzalcoatl für die Azteken und Olmeken, *Kukulkan* für die Maya, war einer der wichtigsten Götter und galt den Priestern als ihr höchster Einweihungsgrad. Quetzalcoatl, was in Nahuatl *gefiederte Schlange* bedeutet, kommt der Bewusstseinsstufe der *eigenen Meisterschaft* gleich, was deiner Krönung des Scheitelpunktes (7. Chakra) entspricht, und ist eine Form des Drachen-Archetyps. Er steigt, ähnlich der Kundalini-Schlange im indischen Tantra, aus deinen Untiefen auf, befreit und aktiviert dein Potential und erleuchtet dich. Du bist in deiner *Meisterschaft,* wenn du aus deinem Herzen lebst, aus deinem Sein und deiner Essenz, und deine einzigartigen Gaben und Talente auf deinem Lebensweg mit anderen teilst. (Siehe Abbildung Nr. 9 eines Kopfes der Schlange Quetzalcoatl aus Tenochtitlan, heute Mexiko-Stadt, im Bildteil.)

Der dunkle Gegenpart zu Quetzalcoatl war bei den Azteken und Mexikas der Gott Tezcatlipoca, der »rauchende Spiegel«. Quetzalcoatl wurde auch der weiße Texcatlipoca genannt (neben dem »schwarzen« Texcatlipoca), denn sie bildeten eine Dualität und wurden als die Schöpfer des Universums angesehen.[44] Wenn ich in diesem Buche von Quetzalcoatl rede, meine ich auch seine dunkle, polare Gegenseite, die wir akzeptieren und in uns integrieren sollten, um zur Erleuchtung zu gelangen, vor allem das verschlossene Herz, die Vergangenheit, den Krieg, die Kälte und den Tod.

Tiefergehende Information vom inneren Aufstieg über die eigenen Chakren und das tägliche Umsetzen ihres Wissens würde den Rahmen dieses Buches sprengen. Ich habe Theorie und Praxis dazu in der Methode des *LifeTreeSystem*© integriert und baue alle meine Seminare darauf auf. Ich habe den Begriff *Chakra* adoptiert, obwohl die Mayameister die Chakren einfach »Energiepunkte« nennen. Sie bilden unsere innere Weisheit und sind Ausdruck unseres ureigenen Selbstheilungspotentials oder inspirierenden Schöpfers, der für alles eine Lösung findet.

Chakren oder Energiepunkte des feinstofflichen Energiesystems des Körpers

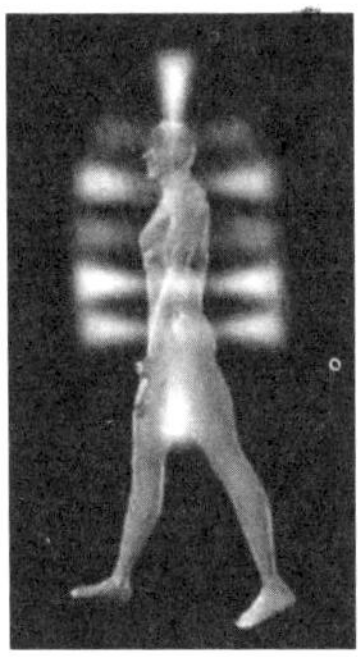

Das *erste Chakra* befindet sich zwischen Anus und Genitalien, es ist das Basischakra und verbindet uns mit der Mutter Erde. Im *zweiten Chakra*, im Sakralchakra, etwas unterhalb des Bauchnabels zu lokalisieren, können wir unsere Emotionen und Sexualität befreien, damit der Drache die Polarität des Männlichen und Weiblichen überwindet und in uns aufzusteigen beginnt. Das *dritte Chakra*, der Solarplexus, ist der Sitz unserer persönlichen Macht und der Sitz unseres Egos, wenn wir nicht daran gearbeitet haben. Dementsprechend entfalten wir die Liebe im *vierten Chakra*, im Herzchakra, und unseren schöpferischen Ausdruck im *fünften Chakra*, dem Halschakra. Vom *sechsten Chakra*, dem dritten Auge aus, durch- und überblicken wir als Beobachter unser Schicksal und unsere Schöpfung und erreichen in unserem Scheitelpunkt, dem *siebten Chakra*, unsere Meisterschaft, wie Jesus oder Buddha. – Es sind auch weitere Chakren bekannt, wie die *Hand- und Fußchakren*, das *Thymuschakra* sowie *Chakren unter und über uns*. Diese Darstellung stimmt vielleicht nicht mit denen überein, die du kennst, da die in den Chakren kodierte Information sich gemäß der Evolution langsam ändert.

Für dieses Ritual ist es völlig ausreichend, deine Verbindung zur Mutter Erde zu kennen, also deine **Wurzeln** (Energiewirbel des 1. Chakras, zwischen Genitalien und Anus) und dein **Herz** zu öffnen (4. Chakra, deine Sonne und dein wichtigster Gleichgewichtspunkt). Vom Herzen aus gelangst du dann allmählich zur Bewusstseinsebene des **Beobachters und Schöpfers** auf der Höhe des dritten Auges (6. Chakra), von dort steigst du weiter auf zu deiner **Meisterschaft und Krönung** (7. Chakra). Du kannst nun gleichsam »über dich hinauswachsen« und wirst eins mit der Quelle, der Schöpfung, mit der **Lattice** (8. Chakra, über deinem Kopf).

In diesem uralten heiligen Ritual wirst du selbst zur Gottheit Quetzalcoatl und nimmst die Form der gefiederten Schlange an. Diese Art von Ritualen war früher nur den Eingeweihten vorbehalten. Doch sind die Zeiten heute anders; alle Erdlinge haben, ob bewusst oder nicht, ein »Upgrade« erhalten und können bei offenem Herzen nach kurzer Zeit an Zeremonien teilnehmen, bei denen wir noch vor zehn Jahren viel länger brauchten, um Zutritt zu bekommen. Ich glaube, durch die vorangegangen Übungen und die Information in diesem Buch bis hierhin bist du genügend vorbereitet für diese Krönung der Rituale!

Ritual

Übung 6: Ritual des Quetzalcoatl

Ich empfehle dir, vor dem Ritual eine Meditation oder eine Energetisierungsübung zu machen, wie zum Beispiel die »Neukodierung des Körpers«, die du schon kennst. Es wird dir helfen, dich für die archetypische Energie des Drachen und die höheren Energien der Mayameister vorzubereiten. Gut geeignet dazu ist auch nach Belieben Tanz, Yoga oder eine dynamische Meditationsübung (z. B. von Osho oder Biosynthergie©).

Setze dich dann in Stille hin, schließe die Augen und konzentriere dich auf dein Herz: All deine Aufmerksamkeit ist auf dein Herz gerichtet...
Tue das während mindestens fünf Minuten.

1. Empfangen von Quetzalcoatl: Sammle dich weiter in deinem Herzen, in tiefem Respekt vor dir, vor der Menschheit, vor dem Universum. Stelle dir vor,

dass du dich ausweitest bis in den unendlichen Raum hinein. Damit bist du bereit, Quetzalcoatl zu empfangen.
Richte nun deine Aufmerksamkeit auf die Zone unter dir, in der Erde unter deinem Basischakra. Stelle dir vor, dass in dieser Zone ein Drachenbaby zu wachsen beginnt. Es fängt an, sich zu winden und zu schlängeln, bis es in deinem Unterleib zu einem stattlichen Drachen heranwächst. Nimm dir alle Zeit der Welt, bis Quetzalcoatl schon bald deinen ganzen Körper von innen ausfüllt, ja weit über ihn hinauswächst. Du wirst zur gefiederten Schlange, zu Quetzalcoatl (oder Kukulkan).
Du darfst nun gerne mit deiner Imagination mithelfen. Stelle dir vor, dass sich vor dir auf einem Maya-Altar heilige Utensilien befinden, um deine Transformation zu unterstützen. Hefte Schuppen an den langen, sich windenden Schwanz; auf seiner Oberseite bis hin zum Rücken wachsen bei manchen spitze, aufgestellte Rückenflossen. Nun fährst du deine Krallen aus, scharf wie Messer, an Händen und Füßen. Am oberen Teil des Körpers kannst du Federn befestigen, wunderschön schillernde Federn. So wie es sich entwickelt, ist es gut. Jeder sieht entsprechend seiner Kultur den Drachen etwas anders.
Falls du Angst vor diesem Urtier bekommen solltest, ist das völlig normal. Atme ruhig weiter, es ist deine eigene innere Kraft und Macht, an die du nicht gewohnt bist; lass die Angst los.
Entfalte dann deine riesigen Flügel (das kannst du entweder nur in deiner Imagination tun, oder du kannst dabei deine Arme, deinen ganzen Oberkörper bewegen). Stelle dir deinen kräftigen Kopf vor, die weisen Augen, und aus deinem

Darstellung des Gottes Quetzalcoatl, der »gefiederten Schlange« aus Mexiko. Spüre einen kurzen Moment die Energie, die von diesem Bild ausgeht!

Mund, wer weiß, speist du vielleicht Feuer aus deinen tiefsten Eingeweiden... Du beginnst, dich sehr stark und beschützt zu fühlen. Eine nie gekannte Kraft und gleichzeitig eine Weisheit, ein tiefes, uraltes Wissen, erfüllt dich. Du spürst, dass etwas in dir sich verändert, heilt, transformiert. Lass los, halte nichts fest mit deinen Gedanken, lass das Ritual fließen. Sitze da in Stille, vibriere und genieße deinen inneren Tanz. Bleibe ein wenig dabei. Du bist nun auf der Bewusstseinsebene von Quetzalcoatl angelangt.

2. Initiation: Die folgende Einweihung dient dazu, das Wissen des Quetzalcoatl in dein Energiesystem zu integrieren. Du richtest nun deine Aufmerksamkeit wieder auf die Zone unter dir, wo der Quetzalcoatl entsprungen ist. Während der folgenden inneren Reise beobachtest du, wie der stattliche Drache aus der Erde unter dir erscheint und dann in dir langsam schlangenförmig aufsteigt.
Du bist dir dabei bewusst, dass er die Information aller vier Elemente – Erde, Wasser, Feuer und Luft – und somit allen Lebens auf der Erde in sich trägt. Lasse ihn nun in der *Erde* unter dir sachte mäandrieren und hemmende, beschwerende Teile von dir befreien. Dann schwimmt er durch deine dunklen *Wasser* und wühlt deine Emotionen auf.
Wenn er dann wieder Fuß fasst auf der Erde, beginnst du, gleichzeitig mit ihm, dich langsam aufzurichten. Du gewinnst langsam an Kraft, bis du fest aufstampfst mit deinen Tatzen. Du wächst und wächst und kommst so ins Element *Feuer* hinein. Du sammelst deine ganze Kraft im Brustbereich, wo du einen goldenen Feuerball visualisierst, der dein Herz und das Herz des Drachen vereint, sie verschmelzen lässt. Verweile hier einen Moment, heile dein Herz, lass los, lass los...
Du fährst deine Krallen aus und, falls du ein feuerspeiender Drache bist, speie Feuer, meilenweit! Schließlich beginnst du, mit deinen Flügeln zu schlagen, und bereitest dich auf das größte Abenteuer deines Lebens vor: auf den Drachenflug.
Du erinnerst dich an eine uralte, heilige Art, wie die Maya die Zirbeldrüse seit Jahrtausenden aktivierten, um den **Sinneskanal des dritten Auges** zu öffnen. – Wenn du so dastehst mit weit geöffneten Armen, bevor sich Quetzalcoatl zum Fluge erhebt, konzentriere dich einen Moment auf dein drittes Auge. Stelle dir nun vor, du fliegst in dein drittes Auge hinein, im »Zentrum deines Schädels« drehst du ein paar *Salti Mortali* in Lichtgeschwindigkeit, dann fliegst du wieder durch das dritte Auge hinaus und hebst ab zum weisen Fluge im Element *Luft*. Der Moment der Aktivierung der Zirbeldrüse in deinem Kopf kann

eine Wahrnehmung auslösen, als »breite sich alles aus in dir, grenzenlos«. Bleib dann eine Zeitlang in diesem inneren Höhenflug und genieße ihn. Du erlangst den großen Überblick – über dein Leben, deine Projekte, die Menschen, die Existenz. Liebe dein Drachensein. Liebe dich und die Welt!

Du bist der Beobachter, der Adler, du bist der Avatar.
Du bist der Schöpfer und der Weltenbringer.
Du überantwortest dich dir selbst.

Während dieses Fluges kannst du, indem du ganz einfach beobachtest, ohne einzugreifen, deine Gesundheit, deine Beziehungen und andere Projekte ins reine bringen.
Schaue einfach zu, wie sich dein Blickwinkel, deine Einstellung, dein Gefühl dazu verändern.
Schaue einfach zu, wie die Dinge, die Projekte, deine Erfolge sich verändern.
Schaue einfach zu...
Atme tief weiter, wenn sich der Kopf einmischt oder etwas dich hemmt.

Bereite dich nun auf deine Krönung vor, deine Meisterschaft, die eigentliche **Initiation des Quetzalcoatl**. Von diesem Moment an wird dein Leben anders sein, ein tiefes Urvertrauen wird dich lenken, und du wirst wissen, warum du hier bist und was du zu tun hast.
Lass Quetzalcoatl wieder in dein drittes Auge hineinfliegen, schlage deine *Salti Mortali* im Kopf, empfinde, wie dort alles aufgeht; dann lass ihn vollständig in dir aufsteigen, senkrecht nach oben, wie ein Feuerwerk aus deinem Scheitel auftauchen! Wenn du hinausfliegst aus deinem Kronenchakra, erlebst du Freiheit pur, dein Kopf ist leer, du bist eins mit dem Universum. Genieße deinen Flug!

Du bist Quetzalcoatl, Träger des göttlichen Samens.
Du bist der Meister über Erde, Wasser, Feuer und Luft.
Du bist Jesus, Buddha, Krishna, Mohammed.

Du weist den Weg für die neue Menschheit.
Erleuchtest deinen neuen Luftraum im Schoß der Göttin.
Bis du eins bist mit ihr, der Großen Weberin und Walterin.

Vielleicht bekommst du eine Vision vom Universum, dem unendlichen Raum, oder du siehst das mehrdimensionale Gitternetz, das alles im Universum verbindet.

Nun bist du über deinen Körper hinausgewachsen und eins mit der Quelle, der Schöpfung, mit der galaktischen Mutter, der Lattice, geworden (das 8. Chakra über dir hat sich aktiviert).

3. Ende der Zeremonie: Langsam landest du dann wieder in dir selbst. Spüre stehend den Kontakt deiner Füße mit dem Boden unter dir. Lege in deiner Vorstellung das Kostüm des Quetzalcoatl in Dankbarkeit ab, die Schuppen, die Krallen, die Rückenplatten; lege sie zurück auf den Altar vor dir und bitte ihn dann, sich aufzulösen. Öffne die Augen, lass dir Zeit, um dich wieder an die äußere Wirklichkeit zu gewöhnen und beobachte, ob sich etwas geändert hat in deiner Wahrnehmung. Tätschle mehrmals deinen Körper ab, von oben nach unten, um überschüssige Energie abfließen zu lassen.
Wer mag, macht eine Zeichnung oder schreibt ein Gedicht, denn Kunst verleiht der Seele Ausdruck.

Initiation in die göttliche Energie des Drachenerbes für dein evolutives Erwachen	Heiliges Mayaritual
Mentale Vorbereitung empfehlenswert, ruhiger Ort ohne Störung	Anfangs ruhig bei Meditationshaltung, danach innerlich wie äußerlich wild
Sitzend, dann stehend	30 Minuten

Das Ritual des Quetzalcoatl hat noch viele Facetten und Wirkungsbereiche, die ich nur in direktem Kontakt mit den Menschen in einem Workshop oder einer Zeremonie weitergeben kann. Ich überlasse es dem Leser, selber weiterzuforschen und sich von der Weisheit des Drachen führen zu lassen. Selbstverständlich kann der in heiliger Sexualität geübte Leser dieses Ritual dazu verwenden, seine sexuelle Energie zu steigern und aufsteigen zu lassen als Quetzalcoatl oder Kundalini-Schlange. Bei der in diesem Buche behandelten Arbeit mit dem Drachen ist die sexuelle Transformation eine nützliche Nebenwirkung, ohne dass wir näher auf die so wichtigen heiligen Praktiken eingehen.

Wir werden im weiteren Verlauf des Buches die *Schatztruhe des Drachen* immer weiter öffnen, so dass es empfehlenswert ist, von Zeit zu Zeit mit neuem Wissensstand zu diesem zentralen Ritual des Buches zurückzukehren. Bitte vergiss nicht, lieber Leser: Ein heiliges Ritual ist keine Hausaufgabe der Sekundarschule, die man halt mal macht und dann abhakt. Du brauchst dazu ein aufnahmefähiges Herz, es darf Spaß machen und wenn's mal nicht klappt, dann probier's halt am nächsten Tag noch einmal. Alle vorgeschlagenen Übungen werden dich wie von selbst instruieren; jedes Mal, wenn du sie ausführst, wird dein Erleben anders sein, denn in der Lattice bist du in jedem Moment ein anderer (nur dein Spirit, die Geistseele, ändert sich nicht)!

Du hast nun die Kraft des Drachen in dir erweckt und bist bereit, ihm gegenüberzustehen, herzlichen Glückwunsch! Ab dieser Stelle im Buch kannst du – metaphorisch in der Gestalt des kosmischen Surfers – den Drachen einladen, damit er dich als Helden/Heldin auf deiner weiteren Schatzsuche begleitet. Er macht dich unschlagbar, zu Wasser und zu Lande, im Feuer und in der Luft. Während du nun deinen fliegenden Lattice-Teppich weiterwebst oder mit deinem glitzernden Surfbrett durch die Wellen des Quantenschaumes reitest, wird sich alle Information langsam verdichten und gegenseitig potentialisieren. Alles wird dir immer lebensnaher und anwendungsreifer erscheinen. In Gedankenspielen, Meditationen und Ritualen wirst du die Lattice immer weiter erforschen und bereisen.

Ein Tip noch, zum Thema *Glaubenssätze:* Bitte verschließe dich nicht unbewusst für neue Möglichkeiten im *holographischen Supergehirn* des Kosmos mit dem typischen heimlichen Gedanken:

Ich muss es aber gesehen haben, damit ich es glaube.

Dieser Satz drückt sehr gut unser altes Paradigma aus, welches besagt, dass wir ohne Beweise nichts glauben. Doch sind es nicht einschränkende Gedankenmodelle, auf denen diese Beweise aufgebaut sein sollten? Mit ihnen bleiben wir ewig im Hamsterrad gefangen! – Um der Newtonschen Denkweise zu entrinnen, dass das Universum eine Maschine sei, worin alles logisch erklärt werden könne, drehen wir den Spieß unseres Credo doch einfach um und sagen:

Ich glaube, um zu sehen. (Anstatt: *Ich sehe, um zu glauben.*)

Nur durch praktische Erfahrungschritte wächst unser Neuronennetz im Gehirn, und »vorher unmögliche« Dinge werden plötzlich wahr-nehmbar und somit wahr! Wir dürfen von *Neinsagern* wieder zu *Jasagern* werden und uns neurologisch gesehen eine Welt von neuen Möglichkeiten *antrainieren.* – Betreibe es doch wie ein Spiel: Öffne dein Herz, sei ein wenig demütig und sage dir: »Es gibt mehr, als was ich bisher von anderen als meine Wahrheit übernommen habe«, und schau einfach mal, was passiert. Wenn du »ja« sagst zu mehr Möglichkeiten, dass das Universum aus Licht besteht, worin alles miteinander transparent kommuniziert, dann sagst du auch »ja« zum Leben, zum Miteinander, zu deiner Gesundheit und deiner Fülle in allen Lebensbereichen. Doch dazu brauchen wir den Mut, die Vorherrschaft des Verstandes mit seinen alten begrenzenden Glaubensmustern loszulassen. Nur so kann sich uns die unlogische Welt des Herzens, der Gefühle und der Weisheit der Seele eröffnen, von wo aus die kosmische Blume erst aufgeht. – Du hast nun deinen beschützenden und machtvollen Drachen zur Seite, um weitere Schleier im Geheimnis des *Kosmischen Theaters* zu lüften.

Jenseits aller Wissenschaft: Johannes vom Kreuz

Kein Mystiker kann besser die Grenzen des logischen Denkens aufzeichnen als der Heilige Johannes vom Kreuz (San Juan de la Cruz, 1542 - 1591, Spanien), wenn er auf seine Weise in den »kosmischen Büchern« der Maya blättert. Mein Lieblingsgedicht von ihm »Verse über eine Ekstase in tiefer Meditation« (*Coplas hechas sobre un éxtasis de harta contemplación)* ist eine wunderschöne Beschreibung eines Erleuchtungszustandes im *Kosmischen Theater.* Der 1726 Heiliggesprochene stand selbst mehreren Klöstern als Prior vor und wurde als Reformer von der Inquisition ins Ordensgefängnis gesteckt. Er verbarg seine Fähigkeit zur charismatischen Seelenführung. Man sagte ihm nach, dass ein Mitbruder das Ausdringen von Licht aus dem Beichtstuhl beobachtete. Als er danach gefragt wurde, antwortete er nur: »Schweig, du Narr, sprich nicht davon.« Sein Thema ist das Überwinden des Egos durch *mystische Erfahrung,* wobei die Seele frei und der Mensch leer wird, er nennt das an einem anderen Ort die »Nacht von Sinn und Geist«. Damit kommt der Mensch zu erhabenen Gefühlen *(un sentir sublime)* der Göttlichkeit. Er gelangt dorthin, indem er auf alles menschenmögliche Erkennen verzichtet (!). Er nennt das in diesem Gedicht: *...beschenkt von einem Verstehen, nicht zu verstehen, das Jenseits aller Wissenschaft (...dotado de un entender no entendiendo, toda sciencia trascendiendo).* Das hat ihm das Licht eröffnet, welches dann zwangsläufig zu scheinen beginnt, so wie ich es bei Schamanen und Weisen gesehen habe und wie die Leute es scheinbar bei mir selbst beobachten konnten.[45]

Porträt vom Heiligen Johannes vom Kreuz, Granada, Barfüßige Karmeliter, anonym.

Es folgt meine eigene freie Übersetzung:

Verse über eine Ekstase in tiefer Meditation

Ich trat ein, wo ich nichts mehr wusste,
und blieb stehen, ohne zu wissen,
vom Jenseits aller Wissenschaft.

1. Ich wusste nicht, was ich betrat,
aber als ich mich dort sah,
ohne zu wissen, wo ich war,
verstand ich große Dinge;
ich werde nicht sagen, was ich fühlte,
als ich unwissend stehenblieb,
im Jenseits aller Wissenschaft.

2. Aus Frieden und Frömmigkeit
bestand die perfekte Wissenschaft,
in tiefer Einsamkeit
verstanden, gerade der Weg;
es war etwas so Geheimes,
dass ich stammelnd stehenblieb,
im Jenseits aller Wissenschaft.

3. Ich war so eingebettet,
so versunken und entrückt,
dass mein Verstand stehenblieb,
von allen Gefühlen verlassen;
und der Geist beschenkt
von einem Verstehen, nicht zu verstehen,
das Jenseits aller Wissenschaft.

4. Wer wahrhaftig dorthin gelangt,
kommt von selbst ins Wanken;
wieviel er auch vorher wusste,
so gering scheint es ihm jetzt;
und seine Wissenschaft wächst so schnell,
dass er unwissend stehenbleibt,
im Jenseits aller Wissenschaft.

---

* Johannes vom Kreuz meint hier die Wolke, die den Israeliten auf ihrer Wanderschaft durch die Wüste am Tag Schatten spendete und in der Nacht leuchtete. Altes Testament, Exodus, XIII, 21-22. Ich habe das Wort »damals« zum besseren Verständnis eingefügt.

5. Je höher er dann steigt,
desto kleiner ist sein Verstehen,
was die dunkle Wolke war,
die [damals] die Nacht erleuchtete;*
wer sie deshalb kannte,
bleibt ewig unwissend stehen,
im Jenseits aller Wissenschaft.

6. Dieses Wissen, nicht zu wissen,
hat so große Macht,
dass die Gelehrten es nie
im Streit besiegen werden;
wenn es ihrem Wissen nicht genügt,
nicht zu verstehen, um zu verstehen,
das Jenseits aller Wissenschaft.

7. Und jenes höchste Wissen,
ist von so exzellenter Feinheit,
*dass keine Kunst und keine Wissenschaft***
je mit ihm verhandeln kann;
nur wer sich zu besiegen weiß mit einem
Nicht-Wissen, um zu wissen, währt ewig
im Jenseits aller Wissenschaft.

8. Und wenn Sie es hören wollen,
besteht diese höchste Wissenschaft
aus einem delikaten Gefühl
für die göttliche Essenz:
es ist das Werk Ihrer Milde,
es dabei bleiben zu lassen, nicht zu verstehen,
das Jenseits aller Wissenschaft.

---

* Es ist nicht einfach, dieses Gedicht ins Deutsche zu übersetzen, da es im 16. Jahrhundert verfasst wurde und eine Übersetzung den Sinn hinter den Buchstaben vermitteln sollte. Du kannst gerne einmal das Wort »Wissenschaft« durch »Erkenntnis« ersetzen, was dem Gedicht auch einen schönen Fluss gibt. In diesem Fall ersetze bitte die Zeile »dass keine Kunst und keine Wissenschaft« mit »dass keine Macht und keine Erkenntnis«.

** Nach der Komödie *Tartuffe* oder *Der Betrüger (Tartuffe ou L'Imposteur)* von Jean-Baptiste Molière (1622 - 1673), der schon im 17. Jahrhundert das religiöse Heuchlertum in Frankreich kritisierte.

Die bahnbrechenden Ergebnisse der Wissenschaftler, die es wagen, außerhalb des Mainstream zu navigieren, und die zur Zeit offenen Initiationsschulen, die unverzerrte Information weitergeben, ohne Dogmendruck und die Tartuffeschen** Methoden institutioneller Massenverblödung, all sie sind Antworten für Menschen, die endlich »hinter den Schleier der Dinge blicken« möchten. Immer mehr Menschen wollen wissen, was denn da wirklich los ist; ihr Interesse öffnet sich für existentielle und mystische sowie physikalische, psychologische oder parapsychologische Phänomene. Wir befinden uns in einer aufwärtsdrehenden, sich beschleunigenden Entwicklungsspirale ins »Jenseits aller Wissenschaft«, wo die Wissenschaft die Spiritualität potentialisiert und umgekehrt. Die transzendentalen Ergebnisse der Wissenschaft, die alte Paradigmen ins Wanken bringen, fördern unser subjektives *holographisches Erleben* der Umwelt, und umgekehrt befruchtet die spirituelle Suche vieler Menschen das breite Interesse an Aufklärung und bisher unveröffentlichten wissenschaftlichen Resultaten (Freie Energie, Leben im Kosmos, neue Therapieformen usw.).

Natürlich verändern die wissenschaftlichen Ergebnisse auch die Wahrnehmung der Forscher selbst. So spricht der Zellbiologe Bruce Lipton von Gott oder einer göttlichen Matrix, die den Zellen von außen ihr ureigenes Identitäts-Signal sendet. Oder die mexikanische Biochemikerin Esther del Rio, Entdeckerin der Magnetite und Flüssigkristalle im menschlichen Körper, die mich vor kurzem, als wir zufälligerweise in Mexiko-Stadt am gleichen Kongress einen Vortrag hielten, auf besondere Art überraschte: Sie zeigte mir aufgeregt drei Punkte auf ihrer Hand, die ein Dreieck formten. Die Sternenbrüder oder Außerirdische hätten sie im Traum hinterlassen, sagte sie. Ich staunte nicht schlecht, kannte ich sie doch nicht von dieser Seite, auch wenn mich schon immer ihre lichte menschliche Art und ihr visionäres Denken als Akademikerin berauschten. Sie vertraute mir ihr kleines persönliches Geheimnis an, weil sie wohl meinen geerdeten Zugang zu den anderen Welten kannte. Beide Wissenschaftler werden wir übrigens im Kapitel 4, *Fraktalreisen zum Schöpfer-Code,* näher kennenlernen.

Ich habe eine Tabelle angefertigt, welche die *Universitäten* und die *Schamanen,* die *Wissenschaft* und die *Spiritualität* einander gegenüberstellt. Die mittlere Spalte stellt die Verschmelzung, die »Hochzeit« der zwei, nach altem Paradigma *getrennten* Bereiche dar. Sie öffnet unser Bewusstsein für Quantenwelten und das Unerklärliche, bis wir die Göttin wieder im Leben integrieren und eine geerdete, evolutive Spiritualität leben.

Mir kommt es manchmal so vor, als hätten viel mehr Menschen, als wir glauben, mit anderen Dimensionen zu tun oder würden sich gerne darin

Tabelle: Vermählung von Wissenschaft und Spiritualität

	Wissenschaft (Paradigma nach Newton)	← **Vermählung** → (Neue Wissenschaften)	**Spiritualität** (als untrennbar vom Leben)
Vertreter	Exakte Wissenschaften, Mathematik, Physik, Chemie, Naturwissenschaften, Medizin, Klinische Psychologie, objektive Erziehung, Exklusion	Neue Wissenschaften: Fraktale, Quantenphysik, Epigenetik, Energie-Psychologie, Energie-Medizin, subjektive Erziehung, Inklusion	Transpersonale Psychologie, Psychotherapie, Kunst und ihre Prozesse der Inspiration, Schamanismus, Heiler, Alte Kulturen, Initiationsschulen
Merkmale	Trennung von Materie und Geist, Wissenschaft macht sich Natur Untertan, logisch-mathematisches Denken, rational erklärbare Welt, das Bewusste, das mechanistische Weltbild, lineare Zeit, duale und polare Wahrnehmung, 3D	Das Universum ist gleichzeitig Materie und Energie/Geist, Universum aus Quanten und Fraktalen, Netzwerke und Lattice, Wissenschaft fördert Nachhaltigkeit, vernetztes, abstraktes Denken, wir sind Beobachter mit Einfluss, Wissen ist Macht (Lobby)	Respekt und Lernen von der Natur für ein harmonisches Miteinander, Kreatives Denken, Erleben und Fühlen, Kunstfertigkeiten, Teilnehmer sein, irrationelle Aspekte des Lebens, das Unbewusste, quantische und fraktale Kosmovision, mystische Erfahrung, Mehrdimensionalität, zyklische Zeit, Lattice
Archetypische Bilder	Der allwissende Wissenschaftler; Schwarz-Weiß-Malen; Heldentum durch Erobern, Wissen und Morden; der bärtige Gottvater	Blackbox; Komplexität; Internet; Geheimhaltung von Wissen; Heiratsgegner; Integration; Rückkehr der Göttin	Der/die Magier(in); der/die Schamane/Schamanin; der/die Heiler(in); der Drache, die Lattice, der/die Lattice-Surfer(in); Aufstieg; Gott/Göttin

vertiefen, aber irgendwie wissen sie nicht, wo anfangen und wem sich anvertrauen. Mir ging es früher ja auch so; es war mir peinlich oder ich wollte nicht weitere missbilligende Blicke ernten, und dann hielt ich lieber die Klappe. – Ich fragte mich schon lange, woher der englische Astrophysiker Stephen Hawking (*1942), einer der meistrespektierten Wissenschaftler unserer Zeit, der nicht sprechen kann und an den Rollstuhl gebunden ist, seine bahnbrechenden

Theorien über den Ursprung des Universums hat, wie die Urknall-Singularität, wenn nicht teils durch Hyperkommunikation aus dem Universum empfangen? Warum sollte er als logisch geschulter Wissenschaftler sonst von höheren Intelligenzen im Weltraum und von Außerirdischen reden?

Auch der Quantenphysiker David Bohm (1917 - 1992, USA) fühlte sich zum spirituellen Meister Jiddu Krishnamurti (1895 - 1986, Indien) hingezogen und war sogar Mitbegründer einer Krishnamurti-Schule in London. Wenn Quantenphysiker also nicht mehr weiterwissen, beginnen sie vom dahinter ruhenden *Geist* zu sprechen oder sich mit einer *höheren Intelligenz* zu verbinden. Die Trennung von Materie und Geist in der Newtonschen Physik und von Körper und Seele in der Medizin scheint bald überwunden zu sein.

Zusammenfassung

Du hast erstmals auf deiner Schatzsuche einen Drachen getroffen, den heiligen Quetzalcoatl der Azteken; du hast dich in ihn verwandelt, und er hat dir seine Kraft und Weisheit übertragen, dich aus den Banden des ängstlichen, schwarz-weiß-malenden Egos für immer befreit. Du hast die Kraft eines uralten Rituals gespürt und bist eins geworden mit der Großen Göttin, der Lattice. Du hast erinnert, dass du deine Weisheit nicht nur im Intellekt, sondern im Herzen, im Körper, in Seele und Geist leben kannst, die alle Teile der Lattice sind. Der Vorhang des *Kosmischen Theaters* als alle Existenz in dir und um dich herum hat begonnen, sich zu öffnen... Du darfst dich selbst bejubeln und beklatschen!

Drei wichtige neue Gebiete der Wissenschaften möchte ich im nächsten Kapitel anreißen: die Fraktale Geometrie, die Zellbiologie und die Biochemie. Nach deiner inneren Hochzeit von Intellekt und Spiritualität, wirst du aus unseren neuen Erkenntnissen existentielle Schlüsse ziehen können, die deinem Leben eine schöpferische und lebensbejahende Richtung geben werden.

Lass uns also weitersurfen durch den *fraktalen Kosmos*, lieber Leser, mit einem riesigen, schützenden Drachen an unserer Seite, wie im Film *Eragon* oder *Avatar*.[46] Im Mikrokosmos angelangt, werden wir sehen, wie in die Körperzellen eintretende Signale deren Verhalten verändern können, ja darüber entscheiden, welche Gene gelesen werden oder nicht. In der energetischen DNA, die den Wissenschaftlern noch ein Rätsel ist, eröffnet sich uns dann ein großes Geheimnis: Der »Code der Schöpfung« ist in uns angelegt; das Idealbild der Gottmenschen, die wir einst waren, beschert uns ein großes Entwicklungspotential als Individuuen und als Menschheit.

4
Fraktalreisen zum Schöpfer-Code

Einen wichtigen Bereich der neuen Wissenschaften habe ich dir, lieber Leser, noch vorenthalten; es handelt sich um die *Fraktale Geometrie.* Nach unseren vier Quanteneigenschaften des Universums, *Wellenfeld, Quantenverschränkung, Hologramm* und *Wurmlöcher,* werden wir durch das Beobachten der fraktalen Wirklichkeit die Lattice und ihre Dimensionen noch besser verstehen. Wir werden unweigerlich Parallelen zur Quantenphysik feststellen und sehen, wie die neuen Wissenschaften auf den Fraktalen aufbauen. Was sind nun aber Fraktale?

Als Fraktale werden geometrische Muster oder Gebilde bezeichnet, die einen hohen Grad an *Selbstähnlichkeit* aufweisen. *Selbstähnlichkeit* heißt, je mehr du hinschaust, desto öfter findest du die gleiche Struktur in verkleinerter Form. Wir treffen in der Natur oft fraktale Strukturen, ohne uns dessen bewusst zu sein, etwa bei Bäumen, in unserem Blutgefäßsystem, bei Flußsystemen und Küstenlinien. Je genauer man die Feinheiten eines Küstenverlaufes misst, umso größer ist die Länge, die man erhält. Im Fall der Küstenlinie ergibt sich als Konsequenz die Unmöglichkeit einer exakten Bestimmung der Küstenlänge.[47] Auch der Farn ist ein schönes Beispiel für einen fraktalen Aufbau in der Natur: die Form eines Farns aus der Entfernung gesehen wiederholt sich in immer kleinerem Maßstab, je mehr wir uns ihm nähern.

Wenn du es noch nie gemacht hast, schaue dir mal ein Video eines Fraktals im Internet an, es ist ein unvergessliches Erlebnis! – Auf einer solchen *Fraktalreise* taucht man in immer kleinere Welten ein, bis ins Unendliche. Die Mathematiker generieren die Fraktale mit verschiedensten mathematischen Prozessen und Computerprogrammen. Einfach, und deswegen besonders beeindruckend, ist das Fraktal des Sierpinski-Dreiecks (auf meiner Webseite findest du eine animierte Datei davon, damit du es in Bewegung genießen kannst). Du triffst in immer kleinerer Skala auf die gleichen Muster – und die Reise endet nie – nie! Genauso verhält sich unser sich unendlich verästelndes Blutkreislaufsystem, unser Nervensystem, aber auch jedes Flußsystem.

Momentaufnahme eines Mandelbrot-Fraktals. Der Rand des sogenannten »Apfelmännchens der Mandelbrot-Menge« weist Selbstähnlichkeit auf.

Die Mayameister lehrten mich verschiedenste Techniken, wie Schamanen durch Wasseradern und Flußsysteme ans andere Ende der Welt reisen, um einem Patienten oder der Natur dort zu helfen. Das Wassernetz der Erde ist so dicht und filigran, dass ich damit wirklich an fast jeden Punkt des Planeten gelangen kann! Wir verstehen diese uralten Weisheiten der Schamanen und ihr Bemühen, die Harmonie im Zusammenleben auf dem Planeten zu unterstützen, besser, wenn wir uns immer wieder vergegenwärtigen, dass in der Tat alles zusammenhängt und vernetzt ist. Während in »modernen Gesellschaften« diese Wahrheit in Vergessenheit geraten ist, denken Schamanen noch im Latticebewusstsein. Da erkennen wir dann plötzlich im Wassersystem der Erde eine *Manifestation der Lattice* mit ihren verschiedensten fraktalen Erscheinungsskalen, von den kleinsten Wasseräderchen, die die Wurzeln einer Blume nähren, bis hin zu den großen Reservoirs der Weltmeere, die im Kohlenstoffzyklus zwischen der Atmosphäre und allem Leben auf der Erde eine wichtige Rolle spielen.

Wenn wir genau hinsehen, wird klar, dass wir soeben nicht nur in die *Mikrowelt* der kleinsten Wasserkapillaren hineingereist sind, sondern auch die *Makrowelt* unseres Planeten von außen betrachtet haben. Um in Makrowelten zu reisen, stelle dir vor, dass du anstatt immer näher an ein Objekt heranzugehen, einfach immer weiter von ihm weggehst. *Selbstähnlichkeit* erkennst du nun als sich wiederholende Struktur in immer größeren Formen. Entfernst du dich im Geist immer weiter von unserem Planeten, so wird sich dir unser Sonnensystem erschließen, unsere Galaxie, unser Galaxienhaufen – bis hin zum unendlichen Kosmos ohne Grenzen. Unsere irdische Vorstellung reicht nicht aus, wenn wir hören, dass unsere *Milchstraße* genannte Galaxie ein Gebilde aus mehr als 100 Milliarden Sonnen ist und dass man heute Milliarden solcher Galaxien mit Teleskopen beobachten kann. Wenn der Verstand nicht mehr mitkommt, ist etwas verdächtig an unseren gewohnten und gepriesenen Denkmodellen.

Mikro-, Meso- und Makrowelten

Die Idee eines *Mikrokosmos* und *Makrokosmos* kann erst verstanden werden, wenn man den ans Dreidimensionale gewöhnten Verstand etwas ausschaltet und Fraktalreisen ins Unendliche anstellt.

Die Schamanen tun das schon lange, ohne davon zu reden. Uns »zivilisierten« Denkern jedoch können die Fraktale auf die Sprünge helfen, sie befriedigen den intellektuellen Anspruch. Mit einer Fraktalreise unternehmen wir eigentlich eine Reise in ein erweitertes Dimensionenmodell. Sehen wir ein Video eines Mandelbrot-Fraktals, möchte der Verstand zuerst noch die Erfahrung als dreidimensionale Angelegenheit einordnen; doch können wir lange versuchen, die immer kleineren Skalen logisch zu erklären, irgendetwas in mir »kommt da nicht mehr mit«. Reisen wir Richtung Mikrowelten oder Richtung Makrowelten, also ganz einfach »in die Unendlichkeit der Existenz hinein«, tut unser Gehirn einen Bewusstseinssprung!

Eine plausible und einfache Erklärung dafür ist, dass alle diese Ebenen von Wirklichkeiten, durch die ich hindurchreise, alle zur gleichen Zeit existieren müssen, auch wenn ich von einer Fraktal-Ebene aus, in der ich mich gerade aufhalte, die anderen Ebenen »nicht sehen kann«. Befinde ich mich auf einer Ebene A und nach zehn Sekunden auf einer nachfolgenden Ebene B, kann ich von der Ebene B aus die Ebene A nicht mehr sehen, anders als im dreidimensionalen Raum einer Landschaft. Da kann ich zum Beispiel vom Punkt B aus noch den Punkt A in der Ferne sehen. Dazu kommt, dass keine Ebene »besser oder schlechter« ist als die andere oder mehr »Daseinsberechtigung« hat als die andere (sie sehen ja auch alle »gleich« aus). Stell dir einfach vor, dass du in jedem Moment deiner Fraktalreise anhalten könntest; du darfst dich in jeder dieser Fraktalebenen »zu Hause« fühlen, ja behaupten, die derzeitige wäre gerade »deine Wirklichkeit« – jedoch ist keine je der Mittelpunkt!

Mikro- und Makrowelten sind demnach keine objektiv definierbaren Größen, sondern stellen lediglich eine *Richtung ins Unendliche* dar, von einem subjektiven Beobachter aus. Mikro und Makro beinhalten Paralleluniversen, in denen ich zur gleichen Zeit zuhause bin, nur meist ist mir das nicht bewusst. Wer sein *Weltbild* öffnet, beginnt, ganz wie die hohen Schamanen des Planeten, von einer Ebene in andere Ebenen zu blicken, von einem Universum in ein anderes.

Der Skalenbereich, auf den sich die meisten Menschen in ihrem Weltbild beziehen, ist der noch anschaulich erfassbare und begreifbare Bereich ihres Lebens, mit seinen *Gegenständen, Personen und kulturellen Strukturen* sowie den Beziehungen, die sie zu ihnen pflegen. Wir können ihn *Mesokosmos* nennen, denn er befindet sich irgendwo in der Mitte *zwischen* Mikrokosmos und Makrokosmos.

In der folgenden Liste versuche ich, den Mikro-, Meso- und Makroebenen jeweils verschiedene *Gitternetz-Manifestationen* der Lattice oder *Inhalte ihrer Knotenpunkte* zuzuordnen. Die Aufteilung ist nicht zwingend, hat sich aber in der Anwendung als sehr praktisch erwiesen. In Klammern füge ich manchmal die Art von Bewusstsein hinzu, die entsteht, wenn du dir in deinem Leben des jeweiligen Bewusstseinsinhaltes gewahr bist. Wirst du dir zum Beispiel der Licht- und somit Informationsspeicherfähigkeit deiner Zellen bewusst, könnten wir deinen neuen Bewusstsseinsbereich als dein wachsendes »Zellbewusstsein« benennen. Die höhere Ordnung, aus der heraus solche Bewusstseinsbereiche ihre beinhalteten Lebensformen vernetzen, können wir *Gruppenbewusstsein* nennen.

Mikrowelten

- Kleinstbausteine des Universums wie *Strings* (englisch für Saiten) mit ihrer Rotation (*Spin*), gemäß der String-Theorie.
- Lichtteilchenebene (Photonen) und andere wenig erforschte Mikrowelten im Universum und im Menschen.
- DNA mit ihrer spiralförmig gewundenen Mehrfach-Helix, Gene, Moleküle, Atome, kleinste Teilchen der Quantenphysik wie Quanten und Quarks.
- Zellen (Zellbewusstsein), Organe, Muskeln, Gewebe.
- Herz, Gehirn, Bauch (Herzbewusstsein, Kopfbewusstsein, Bauchbewusstsein).
- Sinnesorgane des Menschen, Augen, Ohren, Nase, Mund, Haut; Hellsinne sowie ihre Kommunikationsfrequenzen.

- Innere Kreisläufe und Systeme, »Lebensbäume« im Körper: Blut, Nerven, Lymphsystem, Meridiane, Flüssigkristall-Wasser, Chakren.
- Körper als Energiesystem mit verschiedenen Energiekörpern (Energiekörperbewusstsein).
- Seele des Menschen als unsterblicher Plasmakörper (Seelenbewusstsein).

Mesowelten

- Der Mensch in Bezug auf seine Umwelt.
- Gruppen von Menschen und ihre Kommunikation untereinander (92 % davon ist nonverbal und verläuft unbewusst auf der Ebene der Gedanken, Gefühle, Emotionen und auf anderen Fraktalebenen ab).
- Familien, soziale Netzwerke, Vereine, Clubs, Völker, Nationen (Lattice als soziales Netz).
- *Biosphäre* des Planeten, die alle Bewusstseinsformen wie Mineralien, Pflanzen, Tiere und Menschen beinhaltet.
- *Noosphäre*: Das Netzwerk aller Gedanken sowie unser Unbewusstes bilden das kollektive Erbe der Menschheit, welches damit zu einem Geist zusammenwächst.
- *Technosphäre*: unsere technologischen Errungenschaften als globales technisches Metasystem.
- Erdbewusstsein: Wir bilden zusammen mit unserer Mutter Erde ein *lebendes System (living system).*
- Plasmaerde: innere und äußere Erde mit ihrem Kristallherzen, ihren Kraft- oder Drachenlinien, Intelligenzen, Lebensformen, Elementarwesen (in mehr als drei Dimensionen wahrnehmbar).
- Globaler Markt: globales, heute immer mehr nachhaltiges Ökologie-Bewusstsein. Innovationen im Bereich Grüne Technologie oder Umwelttechnologie.
- Cyberspace mit seinen Infrastrukturen des Internet und den sozialen Netzwerken, wie *Facebook, Twitter, YouTube* usw.

Makrowelten

- Einflüsse aus dem Weltall, wie die des Mondes auf die Erde und seine Bewohner (insbesondere den Menstruationszyklus der Frau).
- Unser Sonnensystem und seine Planeten (Sonnenbewusstsein der Maya, spirituelle Inhalte der Noosphäre).
- Unsere Galaxie, die Milchstraße, und seine Sonnensysteme (galaktisches Bewusstsein der Maya; Plejaden, Sirius, Orion, Wega, Arcturus).

- Die Ebene anderer Galaxien (kosmisches Bewusstsein der Maya, z. B. Andromeda).
- Alle höheren Dimensionen, parallele Räume und Zeiten, Raumschiffe und Sphärentechologie.*
- Lichtwesen, Meister, kosmische Intelligenzen und Sternenbrüder.
- Lattice im Universum, kosmische Gitternetze und Filamente.
- Quelle, Schöpfung, Ursprung.

Nach dieser Aufzählung scheint es also unzählige Fraktalebenen zu geben! Davon hat jede ihren ganz spezifischen Agreggat- oder Schwingungszustand: Nicht alle sind feste Materie, manche Netze oder Manifestationen erscheinen in anderen Energieformen, etwa flüssig-kristallin (zwischen fest und flüssig), flüssig, plasma- oder gasförmig.

Wenn ich davon ausgehe, dass ich *gleichzeitig* in allen diesen Ebenen wie in Paralleluniversen existiere, klingen wieder wie von selbst die erwähnten vier Quanteneigenschaften der Lattice an:

1. Die Lattice ist ein *Feld aus Wellen,* ein blubbernder, entstehender und vergehender Schaumteppich, der mich gleichzeitig an verschiedenen Orten (Ubiquität) erscheinen lässt, womit ich unauffindbar werde wie ein Mayameister… (Nichtlokalität).

2. Alles führt zurück zum unendlichen Ursprung, weshalb die Menschen eine tiefe Sehnsucht nach Spiritualität und Einssein haben und auf der Suche nach den abgespaltenen Teilen sind *(Quantenverschränkung).*

3. Alles ist immer in allem enthalten, wir sind wie in einem *Hologramm* auf allen Fraktalebenen zugleich und verfügen über all ihre Information.

4. Wie Schamanen können wir zwischen allen Ebenen *hyperkommunizieren* und reisen. Diese Fraktalkommunikation und die Fraktalreisen verlaufen im besten Fall ohne Zeitverlust, da sie in höheren Dimensionen stattfinden.

All diese Quanten- und Fraktaleigenschaften machen uns, wie die Maya sagen, zu *multidimensionalen Wesen.*

In der folgenden Übung lade ich dich ein, die drei Welten Mikro, Meso und Makro gemäß der obigen Liste, selbst näher zu erforschen.

---

* Die Sphärentechnologie der Sternenbrüder ist etwas vom Faszinierendsten, was ich von ihnen lernen durfte. Anhand von Bewussteinssphären (was dem Multiversum der Physiker entspricht), den verschiedenen Maya-Ebenen (der Illusion) und des Rätsels des Dracheneies werden ich sie dir in diesem Buch Schritt für Schritt näherbringen. In der letzten Übung (S. 297), nach einer Zusammenfassung über unser erlangtes Sphärenwissen, teile ich mit dir eine Technik, um zwischen Sphären zu reisen.

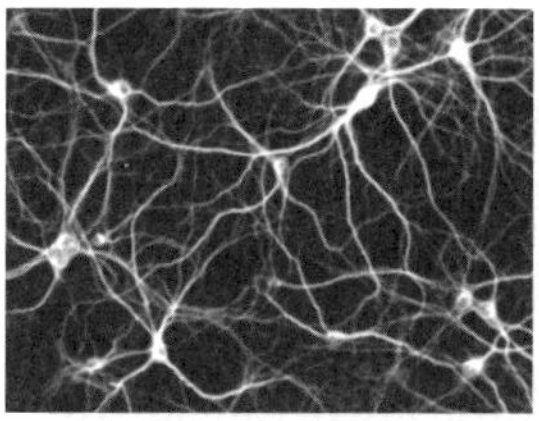

Reflektion

Übung 7-0: Fraktalbewusstsein

Für diese Übung brauchst du einen inspirierenden Ort, Papier und Bleistift. Zeichne drei Spalten auf das Papier.

1. Führe in deiner ersten Spalte jede Ebene und jeden Punkt der obigen Liste der Mikro-, Meso- und Makrowelten auf, und vergegenwärtige dir in der zweiten Spalte dazu ein paar Beispiele, die dir in den Sinn kommen. Erforsche jede Ebene, stelle dir deine Beziehung zu ihr vor – was geschieht dabei in deinem Inneren?
Du wirst feststellen, wie wenig Bezug wir zu unseren verschieden Ebenen der Existenz haben, vor allem, wenn es darum geht, in die »kleinsten oder größten Welten« zu reisen. Dabei »sind wir ja das alles«, wie der Schamane sagen würde. Die Abgrenzung hat der Verstand getan, und die Wissenschaft stößt an Grenzen, wenn sie diese Ebenen nur logisch erklären will. Meditiere und reflektiere so eine Weile auf jeder Ebene; du kannst auch neue dazuerfinden. Wo es für dich Sinn macht, notierst du die Information, die zu dir kommt.
– Spiele dann wie folgt weiter:

2. In der dritten Spalte, fügst du jedem Begriff der obigen und deiner erweiterten Liste »-Bewusstsein« an, und schaffst so mögliche (Gruppen)-Bewusstseinsformen oder -zustände, die du erreichen oder mit denen du kommunizieren könntest, etwa Photonenbewusstsein, Genbewusstsein, Quantenbewusstsein, Zellbewusstsein, Organbewusstsein, Körperbewusstsein, Blutkreislaufbewusstsein, Chakrenbewusstsein, Umweltbewusstsein, Sozialbewusstsein, Familienbewusstsein, Geschlechterbewusstsein, Nationalbewusstsein, Erdbewusstsein, planetares Bewusstsein, Cyberbewusstsein, Sonnenbewusstsein, galaktisches Bewusstsein...
Aha! Wow! – Dies scheint vielleicht am Anfang nur ein Spiel zu sein, ist aber für initiierte Maya bierernst. Es sind alles Sphären, Anteile ihres täglichen Bewusstseins und fraktale Aspekte der Lattice. Einige Begriffe haben wir schon gehört, andere machen uns wiederum bewusst, wie mit Begriffen um sich geschleudert wird, ohne sie wirklich zu leben oder mit Erfahrung zu füllen! Neue Begriffe haben ihre Daseinsberechtigung erst, wenn du sie mit

Leben (und deiner subjektiven Erfahrung) füllst. Die Lattice als kosmischer Großcomputer umfasst alles!

Beginnen, in Fraktalen wahrzunehmen	Auf mentale Art die drei Dimensionen austricksen
Papier und Bleistift	Ruhig
Sitzend	15 - 20 Minuten

Jede Art von »Bewusstsein« ist für einen Mayameister in erster Linie eine Sphäre der Wirklichkeit (*Maya*) sowie eine Intelligenz für sich (da sie als Gruppe oder Zusammenhalt Information speichert und verarbeitet); in zweiter Linie ist sie die Beziehung, die du mit ihr und der damit verbundenen Dimension unterhältst. Diese Beziehung nimmt einen Teil seines mittleren Bewusstseins ein, der Welt des *Jaguars*, wo seine Fähigkeiten sowie inneren und äußeren Beziehungen auf Abruf bereitstehen, (wie wir später vertiefen werden).

Ein paar Beispiele für solche Bewusstseinssphären:

- *Photonenbewusstsein* ist meine Beziehung zu meinen kleinsten Lichtteilchen.
- *Sonnenbewusstsein* ist, wenn ich jeden Morgen die Sonne begrüße, mich endlich wie Galilei vom Geozentrismus verabschiede und mein Bewusstsein so weiter entfalte. Ich kann *Sungazing (curación solar)* mit der notwendigen Vorsicht betreiben, mich er-innern, dass wir alle *Kinder der Sonne* sind, wie es viele alte Völker gelehrt haben, die Ägypter, Sumerer, Maya, die Inka, die Maori…
- *Erdbewusstsein* ist, wenn ich mich manchmal auf den Erdboden niederwerfe und der Mutter Erde eine Träne der Demut weihe, der *Tonantzin* (aztekische Muttergottheit der Mexikas) oder *Gaia*…
- *Galaktisches Bewusstsein* heißt, eine tiefe Beziehung mit unserer Milchstrasse pflegen, nachts mit den Sternen kommunizieren oder mit anderen Galaxien meditieren, Informationen in Träumen bekommen.

Es ist ganz normal, dass der Großteil dieser Inhalte unbewusst bleibt und nur ein kleiner Teil davon bewusst wird. Je nach Reife und Entwicklung wird der bewusste Teil immer größer. Sage einfach zu einer neuen Ebene: »Ich glaube, um zu sehen« (anstatt: »Ich muss sehen, um zu glauben«), so wird dir dein

Neuronennetz, als Spiegel und Antennenstation der Lattice, immer mehr Neues erschließen. Du wirst sehen, dass »Innen und Außen«, »Oben und Unten«, »Mikro und Makro« verschmelzen, denn die Trennung existiert nur in unserem Geist. Wenn du nicht mehr weiterweißt, dann frag einfach... Wen? – Dein Herz!

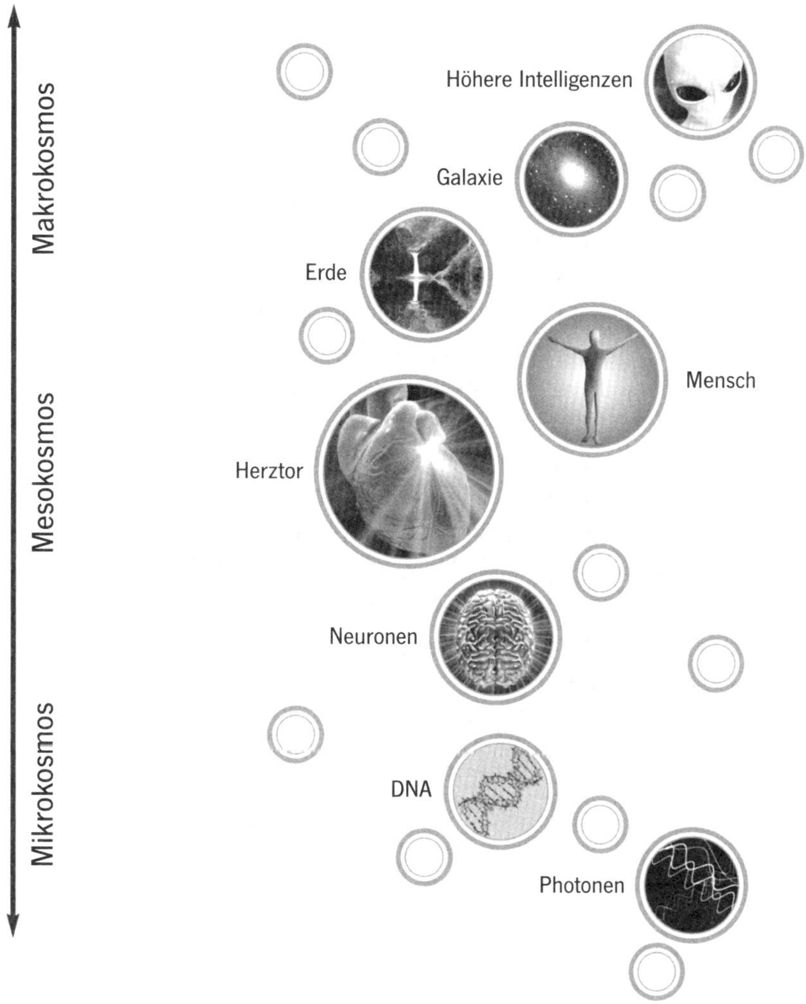

Die Lattice als fraktales Universum. In den Knotenpunkten befinden sich Bewusstseinsinhalte, Universen, Sphären oder Fraktalebenen. Sie geschehen alle gleichzeitig und hier, auch wenn sie der Verstand nacheinander denkt und ihnen verschiedene Räume zuweisen will.

Ich versuche, diese multiple Fraktalexistenz mit dem folgenden Beispiel zusammenfassen: Ich kann zur gleichen Zeit auf Zellebene (mikro), auf kommunikativer Ebene mit meinem Lebenspartner (meso) und auf »intergalaktischer Erinnerungsfahrt« (makro) *existieren.* Oder meine innere Biochemie erhöht ihre Schwingung (mikro) durch eine liebevoll zubereitete, gesunde Nahrung, die ich zu mir nehme (meso), was mir hilft, mein Bewusstsein für hochfrequente Informationen meiner Freunde aus dem Universum (makro) offenzuhalten. – Genauso verhält es sich mit dem Beispiel der Küstenlinie: Alle Messresultate zwischen zwei Küstenpunkten A und B existieren nebeneinander, keines ist »besser« oder »schlechter«, weder jenes, das mehr der Luftlinie zwischen A und B entspricht und vielleicht 1.000 km beträgt, noch jenes, bei dem ich »ins Detail gegangen bin« und 10.000 km messe. Du kannst selber viele Beispiele finden, wo du dann entscheidest, ob du ins »unendlich Kleine«, ins »Detail« gehen willst oder ob du Distanz gewinnen und alles aus der »Adlerperspektive« oder der eines Satelliten beobachten möchtest. Plötzlich wirst du wahrnehmen, wie befreiend es ist, in Fraktalen zu denken, und wie sehr unser Verstand an längst überholte, einengende Muster glaubte und gefesselt war.

Woran erinnert uns dieses *inklusive Denken,* in dem die Vielfalt aller Dimensionen und ihrer Inhalte wertgeschätzt und integriert, anstatt dass ein Teil davon verurteilt und abgetrennt wird? – Genau, ans Überwinden der Polarität.

Denn plötzlich sehe ich viel mehr Möglichkeiten als nur A und B, den täglichen Clinch meines Verstandes, der in Richtig oder Falsch, Gut und Böse unterteilt und danach Konzepte erstellt. Erinnerst du dich? – Der Böse B, der den guten Rambo A angreift, der ihn Gott-sei-Dank überwindet (C) und unsere Geschichte, uff!, auf eine neue Ebene D bringt, eine mehrdimensionale, fraktale, göttliche…

Als polarer *Quanten-Beobachter* stellst du dich über den polaren Konflikt, kannst dich von alleine über die dreidimensionale Welt hinaufschwingen. Du siehst das unendliche Potential in allem Leben A_1, A_2, A_3, A_4 und so weiter und B_1, B_2, B_3, B_4 und so weiter. Nun bist du selbst der drachenbeflügelte Held C, ein *Synthetisator* – These und Antithese sind dir fremd geworden. Wiederholtes Einklinken in die Lattice erhöht deine Frequenz, verändert deine Wahrnehmung und dein Bewusstsein; die Lattice ist deshalb eine effiziente, dauerhafte Lösung für unser mentales Dilemma, ein Ausweg aus dem täglichen Entscheidungsstress zwischen A und B. Sie erhebt dich automatisch auf höhere Ebenen (D, E, F usw.), was einem Bewusstseinssprung gleichkommt.

Das ist auch meine Antwort, wenn die Leute mich fragen: »Was passiert jetzt nach 2012, was sagen denn die Maya? – Wird denn die Welt doch noch untergehen, wird was Schlimmes passieren?« fragen die einen. »Gell, es wird nichts Schlimmes passieren? Es ist nur eine Veränderung im Bewusstsein der Menschen? Sage mir, dass alles gut sein wird!« erwidern die anderen.

Ich sage immer, komisch, hier in Mexiko hat kaum einer je danach gefragt, zumindest nicht in meinem Umfeld. Lass dich nicht vom Esomarkt an der Nase herumführen. Wenn du noch wissen willst, ob es *gut* oder *schlecht* ausgehen wird, dann hast du vom gegenwärtigen Bewusstseinswandel noch nichts kapiert. Nimmst du dir die Frage »zu Herzen«, kannst du die Polaritäten vereinen und damit überwinden: auf der einen Seite die Angst vor einem totalen Finanzcrash oder einer Naturkatastrophe, auf der anderen Seite die Abhängigkeit von einem obligatorischen »Happy End«. Plötzlich bist du eins mit der Schöpfung und nimmst deine Geldsorgen, die Ungewissheit des Schicksals, ja, sogar die Angst vor dem Tod nicht mehr so ernst. Du beginnst lauthals zu lachen, unbesorgt und unschuldig wie ein Kind. Es ist dir, im göttlichen Sinne *Wu Wei* oder »Wurst«, was passieren wird. Du hast dich über die dreidimensionale Opferhaltung der Frage von 2012 erhoben. Du bist ein Mayameister, ein Meister der Illusion. – Du hast überlebt, herzlichen Glückwunsch!

Genauso hängen der Erfolg und die Ergebnisse im Leben von dir als Beobachter ab, wie in jedem quantenphysikalischen Experiment. Mit dem neuen Latticebewusstsein stellst du dich einfach über die Polarität einer Sachlage oder einer Entscheidung. Ein paar Tips:

- Klammere dich weder am Detail fest, noch halte die Dinge auf zu großer Distanz.
- Schaue dem Sachverhalt in die Augen, doch identifiziere dich mit keinem der beiden Gegensätze, mit keinem der beiden polaren Extreme, bleibe in ihrer Mitte, in deinem Gleichgewicht (siehe Kapitel 1 über das Nichteingreifen des *Wu Wei*).
- Sage nicht: »Das ist gut so, so will ich das…« – denn dann hat dich die Polarität schon im Griff. Sag auch nicht: »Das ist nicht gut, ich vermeide das lieber…« – dann hat dich die Polarität genauso im Griff.
- Vergiss nicht, dass das Gegenteil von dem, was du willst oder nicht willst, auf den Plan tritt, um deinen Willen auszubalancieren!
- Lasse also das Werten los und teile die Dinge immer weniger in die üblichen zwei Parteien auf: links – rechts, gut – schlecht, oben – unten, klein – groß, mikro – makro.

Erhebst du dich über die Polarität, gelangst du automatisch in den Fluss der Dinge jenseits von Raum und Zeit. Du nimmst plötzlich Möglichkeiten und Lösungen wahr, die vorher für dich nicht zugänglich waren. Die Hyperkommunikation zwischen kleinsten und allergrößten Skalen befreit dich aus der Polarität, weil plötzlich viele Blickwinkel aufgehen; sie wird schrittweise zu einer alltäglichen Wahrnehmung und Wirklichkeit. Wir können nur Schöpfer unseres Schicksals und Lebensweges sein, wenn wir die dritte Dimension überwinden. Der Umgang mit der Lattice als Meisterin entwickelt diese Schöpferkraft der vierten und fünften Dimension, der Fraktaldimensionen, und wird so zum Überlebenstraining des Wassermannzeitalters. Anstatt von den großen kosmischen Wellen herumgeschleudert zu werden, reitest *du* sie – und das immer genüsslicher!

Wo ist dieses Tor zur universellen Inklusion, der Anfang jeder Fraktalreise und Erweiterung des Bewusstseins? – Nur das **Herz** kann Gegensätze vereinen, ausbalancieren und das Unbekannte und Unendliche akzeptieren! Nur dein Herz kann intuitiv »richtig« entscheiden. Trittst du durch dein Herz, das Tor der Tore, kannst du deine eigenen Surfreisen überall hin starten.

Das Herz ist unser persönlicher Wurmlocheingang zur Hyperkommunikation in Raum und Zeit.

Das Herz ist dein multidimensionaler *Gleichgewichtspunkt*, von dem aus du startest und dich mit dem ganzen Universum verbinden kannst. Er verankert dich im Universum, damit du dich nicht im Unendlichen verlierst. Die Lattice kalibriert deinen Herzpunkt im Bezug auf das Universum, damit dein Herz an der »richtigen Stelle« balanciert. Jede Fraktalreise in dein Herztor hinein ist demnach auch ein Überwinden unserer dreidimensionalen Welt; wir erheben uns in den Beobachter, der über die Wunder der Schöpfung staunt, und über höhere Ebenen unseres Bewusstseins. Die *Hyperkommunikation* bekommt nun eine ganz neue Dimension, sie ist das unbewusste oder bewusste Kommunizieren »auf verschiedenen Fraktalebenen« zwischen Mikro-, Meso und Makrowelten. Der blubbernde kosmische Schaumteppich, genannt Lattice, in dem sich an *Knoten- oder Herzpunkten* fortwährend Wurmlöcher auftun, ist eben mehr- oder »fraktaldimensional«.

In der Tat kommunizieren unsere Gene, DNA, Zellen, Herzen, Sinnesorgane, Körperfelder, Menschen, morphische Felder, mit Planeten, Sonnensystemen und Galaxien die ganze Zeit miteinander, und all das beeinflusst unser Wohlbefinden, Denken und Handeln.

Lernen wir nun, fraktal zu reisen: In der folgenden Übung zuerst in die Mikro- und Meso- und dann in die Makrowelt; von den Atomen, aus denen du bestehst, bis hin zu anderen Galaxien. – Gute Reise! Good surfing! Bon voyage!

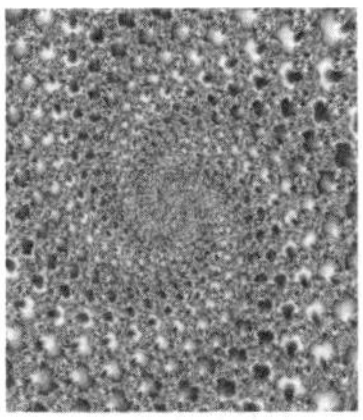

Meditation

Übung 7-1: Fraktalreise

Lege oder setze dich gemütlich hin; wenn du magst, höre dazu eine meditative, blubbernde, fein-rhythmische Musik. Schließe deine Augen und entspanne deine Muskeln bei jeder Ausatmung. Lass los! – Lass auch Emotionen und Gedanken los... Kämpfe nicht mit ihnen, sondern beobachte sie einfach, und erinnere dich, dass sie etwas Vorübergehendes darstellen, sie dürfen kommen und gehen, es ist völlig normal so...

Wenn du einen Zustand tiefer Entspannung erreicht hast, bringe die Lattice in dein Bewusstsein (wie in der Lattice-Meditation), sei Teil von ihr, lasse sie durch dich hindurchfließen.
Richte dann deine Aufmerksamkeit auf dein Herz (wie in der ersten Übung dieses Buches), bis du spürst, wie sich dein Herzfeld ausdehnt. Stelle dir dein Herz als Tor vor, dein **Herztor** als Wurmlocheingang zu allen Orten und Zeiten im Universum – und trete ein...

Beginne nun, in die »Materie hineinzusinken«: Stelle dir deinen Körper vor. Du dringst nun in seine Materiebausteine ein und »sinkst« in immere kleinere Skalen der Existenz hinein, wie wenn du einen »Fraktallift« nähmest und »**Mikro**« drücken würdest, bis du zur Ebene der Moleküle, Atome und Quantenteilchen kommst. Es kann sein, dass du die Atome so siehst, wie du sie im Schulbuch gelernt hast: Ein Atomkern mit positiv geladenen Protonen und ungeladenen Neutronen sowie eine Atomhülle mit negativ geladenen Elektronen. Du kannst es aber auch anders wahrnehmen: Manche Menschen sehen eine Art Molekularstruktur oder Lattice in ihrem Inneren, andere sehen Energieblitze und Funken (wobei sie wohl auf die Ebene der Photonen gelangt sind), wieder andere nehmen Kreisbahnen wahr oder Spiralformen.
Auf jeden Fall ist es eine unvergessliche Erfahrung, die deinen Geist für immer verändern wird. Verweile eine Weile auf dieser Mikro-Ebene, erforsche und durchreise sie, bis du dich entscheidest, in der Skala aufzusteigen.
Wieder im »Fraktallift«, drückst du nun die Taste »Meso«. Du kannst unterwegs aussteigen und eine Weile auf den höheren Mikro-Ebenen verweilen, welche dich besonders interessieren, wie die Organebene und die Körperkreis-

laufsysteme, genieße die Einsichten über das Funktionieren deines Körpers oder über seine energetischen Zusammenhänge.

Steige dann weiter auf, zur **Meso-Ebene**, wo du dich wieder als Mensch wahrnimmst; beobachte dann deinen Körper von außen und dich als Teil eines Netzes von Menschen, die miteinander kommunizieren, wenig bewusst und viel unbewusst, und zusammen die Menschheit darstellen. Schaue den Beziehungen und Tätigkeiten der Menschen zu und wie sie sich über ihre Technologie und das Internet ausdrücken, wie sie zu ihrer Tradition und Geschichte, zur Mutter Erde und deren Plasmawelt in Beziehung treten.

Wenn du genug hast von dieser Ebene, drücke die Taste »**Makro**« im Fraktallift und entferne dich in deiner Imagination vom Planeten Erde. Beobachte, wie die Lattice auch hier alles durchdringt und umfasst, auf einer höheren Ebene; wie das Netz immer weitergeht und schließlich die Maschengröße so riesig ist, dass sie unser Sonnensystem, ja unsere ganze Galaxie mit ihren Sonnensystemen mit einschließt. Je mehr du dich von der Erde, dann vom Sonnensystem, ja, von unserer Galaxie entfernst, wirst du die Makro-Ebene verstehen, erfahren. Willkommen in der ultimativen, multidimensionalen Lattice-Erfahrung!

Nach einer Weile drückst du in deinem Fraktallift »Herztor« und kommst in dein Herzzentrum zurück. Verweile noch ein bisschen dort, bis die Lifttür aufgeht. Erinnere dich der zwei verschiedenen Richtungen, die beide ins Unendliche weisen: hin zum Kleinen, hin zum Großen... Vereine beide Möglichkeiten in deinem Herzen. Atme ein paarmal tief durch, um deine Erfahrung zu verankern und öffne wieder deine Augen.

Fraktalwelten als täglichen Spielplatz der Schamanen erschließen und bereisen	Meditation im inneren multidimensionalen und unendlichen Raum
Einen ruhigen Ort zum Meditieren	Ruhig
Sitzend oder liegend	10 Minuten

Welche direkte Anwendung eines fraktalen Bewusstseins finden wir im täglichen Denken?

Im Leben ist es wichtig zu wissen, wann es Zeit ist zu »vertiefen«, ins Detail zu gehen, *anzuhalten* (mikro) und wann, den großen Überblick zu gewinnen, sich auszubreiten, *fortzufahren* (makro). Ein Mayameister scheut weder das eine noch das andere und bringt die beiden Extreme ins Gleichgewicht. Schattenaspekte durch Tendenz zur *Mikrofraktalisierung* machen sich bemerkbar, wenn jemand Perfektionist ist und er immer noch mehr Details in den Details findet oder wenn einer im Geist immer alles zersetzt oder zerreden muss und sich gerne wie ein Wasserfall reden hört; solche Menschen verlieren den Überblick, über ihre Projekte und vor allem über sich selbst. Schattenaspekte durch Tendenz zur *Makrofraktalisierung* treten auf, wenn jemand den Dingen nie ins Gesicht schaut, immer an der Oberfläche bleibt oder gerne wunderschöne Luftschlösser baut und darüber schwadroniert; einer solchen Person wird es an Argumenten, Beziehungen und Biss beim Handeln fehlen.

Ich hoffe, dass sich dir das Geheimnis der Lattice als fraktales Hyperkommunikationsnetz nun weiter erschlossen hat und du mittlerweile zu einem *virtuosen Surfer der Lattice* geworden bist. Ein Schlüsselpunkt ist ihre *Nondualität,* denn sie unterscheidet nicht zwischen zwei Polen, nicht zwischen »makro« und »mikro«. Ihr ist es egal, auf welchen Oktaven unserer kosmischen Symphonie wir gerade bewusst tönen oder wahrnehmen. Sie schwingt und vibriert auf allen Oktaven zugleich, und wir tun das unbewusst mit ihr. Auch wenn du gewisse Bandbreiten des »kosmischen Radios« nicht wahrnimmst: »Sie passieren sowieso«, oder wie die Nondualisten sagen: »Das Leben wäre sowieso geschehen« (ohne oder mit unserem Mentalkrampf).

Nach dieser Reise in fraktale Wirklichkeiten, wo alles Selbstähnlichkeit aufweist und auf verschiedensten Größenskalen miteinander hyperkommuniziert, machen wir noch einen Abstecher in zwei Biologie-Labors.

Die Lattice flößt uns Leben ein

Die im wahrsten Sinne des Wortes erhellenden Erkenntnisse des Zellbiologen Bruce Lipton (*1944, USA) warteten zwanzig Jahre auf die Anerkennung der Fachwelt, heute ist er ein renommierter Mittler zwischen Wissenschaft und Spiritualität. Er sagt, dass wir mit unserer inneren Überzeugung und der daraus resultierenden Wahrnehmung der Welt unser Zellverhalten, ja unsere Erbsubstanz und DNA beeinflussen. Demnach könnten wir unseren Körper und sein Verhalten selbst bestimmen, was uns aus der passiven Opferrolle befreit, die uns in der noch mechanistisch geprägten Medizin zugeteilt wird!

Weil die Dogmen der Wissenschaften in der *fraktalen Geometrie* und der *Quantenphysik* gebrochen wurden, müsse dies als Folge auch die Chemie, die Biologie, die Medizin und die Psychologie revolutionieren, sonst seien sie nicht mehr *wissenschaftlich.*[48]

Wir haben am Anfang des vorletzten Kapitels gesehen, dass das Universum heute nicht mehr als *Materie* gesehen wird (Newtonsche Physik), sondern als *Energie,* dass alle Teilchen des Universums als Wellen miteinander interferieren und sich in unendlichen Möglichkeiten *verflechten,* wodurch sie das *Hyperfeld* schaffen. Auch unsere Zellen empfangen *Signalwellen,* erklärt uns die neue *Zellbiologie,* und diese entscheiden über ihr Verhalten. Wenn alles mit allem vernetzt ist und sich unendlich wiederholt, kann man nicht einfach ein Teilchen für sich betrachten. Das tut aber zum Beispiel der Schulmediziner am Operationstisch, wenn er den Krebs herausschneidet. Heilung funktioniert, bestätigt Bruce Lipton, weil die Krebszellen durch Energiewellen in ihrem Verhalten beeinflusst werden können.

Dementsprechend arbeitet die neue *Energie-Psychologie* und *Energie-Medizin* mit allen Körperfeldern des Patienten, vom physischen, emotionalen, mentalen bis zum spirituellen Körper. Nur so können wir Traumata und die zunehmenden »unheilbaren« Syndrome behandeln. – Wir haben uns einen Quantenaspekt der Energie-Psychologie schon im ersten Kapitel mit der Aussage erarbeitet, dass nur das *Gesamtbild* einer Person zu behandeln sinnvoll ist – indem wir sie heilend ins Gleichgewicht bringen, das soziale Umfeld und andere Lebensbereiche sowie kosmische Verbindungen mit inbegriffen. Wir haben erfahren, dass *Fülle und Glück* die Folgen eines vernetzten Gleichgewichtes sind, wobei persönliche Gedankenmuster, gesundes Leben, Partnerschaft und soziale Beziehungen sowie Erfüllung bei der Arbeit eine Rolle spielen. Deshalb haben wir gesagt, dass es gar nicht mehr um rein *körperliche Gesundheit* oder im strengen Sinne um »Krankheit heilen« geht, sondern um ein Gleichgewicht aller Lebensbereiche, von denen der wichtigste wohl die Gesundheit ist. Energiegleichgewicht ergibt ein Leben in Fülle!

Ich hatte vor langem einen Traum, in dem gutgekleidete Menschen, die meisten mit Anzug und Krawatte oder Damenkleid, sich in einer Art Turnhalle trafen und Körper-Übungen machten. Sie schienen voll darin aufzugehen, denn sie taten es in tiefster Versenkung. Sie bewegten sich wie im chinesischen *Tai Chi,* ähnlich meiner Biosynthergie©-Übung *Körpermeditation,* die in der Bewegung dem Element Wasser folgt. Von ihnen gingen sich ausbreitende Wellen aus, wie wenn du ein Steinchen ins Wasser wirfst. Ich sah, wie die Wellen sich im Raum potenzierten und verschluckten, und auch alle Anwesenden schienen sie zu sehen und zu genießen. Es kam mir vor wie ein Training, in dem sie lernten, positive Wellen zu schaffen, denn irgendwann trafen diese auf andere Menschen im Raum. Das Wohlbefinden stieg nach einer Weile, die Gesichter zeigten bald Entspannung und Glück. – Ich verstand im

Traum klar, dass jeder Mensch sich bei diesen Übungen verändert, es war ein Lernprozess, so wie jemand das Alphabet lernt.

Das war der Grund, warum sich die Menschen freiwillig in dieser Turnhalle trafen! Es ging darum, immer bewusster weitreichendere und hochfrequentere Wellen auszusenden, und auch die eintreffenden Wellen zu empfangen und zu lesen.

Ich erinnerte mich in dem Traum, wie oft Elektrosmog, emotionale und mentale Wellen zu uns gelangen, die wir eigentlich lieber meiden würden, weil sie eine sogenannte *destruktive Interferenz* in uns erzeugen, was bedeutet, dass sich die überschneidenden Wellen *löschen*; ich habe dann das Gefühl, dass mir Energie entzogen wird oder ich bin plötzlich schlecht drauf. Wir nehmen es als selbstverständlich an, dass man heute in den Großstädten unter destruktiven Interferenzen leiden muss. Der »moderne Mensch« hat gelernt, nicht mehr auf die Intuition und das Gefühl zu hören. Pflanzen und Tiere empfangen andauernd Schwingungen und »wissen«, ob sie ihnen guttun oder nicht. Kommt ein Signal, welches eine destruktive Interferenz verspricht, verschließen sie sich. So weiß der Hase schon auf Entfernung, dass er dem Fuchs lieber aus dem Weg geht; oder die Pflanze fährt ihre Frequenzen messbar herunter, wenn sich ein Mensch nähert, den sie einmal als »Übeltäter« registriert hat, weil er ihr etwas zuleide getan hat. – Wenn sich hingegen überschneidende Wellen *summieren*, dann erzeugen sie in uns eine *konstruktive Interferenz,* was normalerweise den Energiepegel erhöht; ich fühle mich dann wohl, energetisiert und glücklich. Kommt ein Signal, welches eine konstruktive Interferenz verspricht, öffnen sich Pflanze, Tiere und Menschen.

So konnte ich im Traum auch die mentale Kraft eines jeden im Raum beobachten, und wie er aus dem Herzen heraus, selbst *konstruktive Interferenzen* in sich und in den anderen auslösen konnte; gleichzeitig schien sein hochfrequenteres Feld ihn nach außen zu schützen. Die Einflüsse von außen konnten demnach keine destruktiven Interferenzen mehr in ihm hervorrufen! – Ich lernte später, dass ich selber beeinflussen kann, ob eine gewisse Energie oder ein Signal in mir eine destruktive Interferenz auslöst oder nicht, und brauche deshalb nicht in Hysterie zu verfallen, wenn ich mich in einer Großstadt aufhalte. Am besten schützt mich eine konstante hohe Frequenz vor negativen Einflüssen. Um von sehr hohen Energiefrequenzen wiederum nicht »erschlagen« zu werden (negative Interferenz), hilft ein Training in hohen Frequenzen, um sich an sie zu gewöhnen und sich nicht unbewusst vor ihnen zu verschließen.

Als ich diesen Traum in den ersten Jahren in Mexiko erlebte, war ich bei den Mayameistern frisch in Ausbildung. Sie forderten mich heraus:

Alles Leben im Kosmos kommuniziert über die Lattice mit sich selbst.

Das schließt natürlich die Kommunikation über Wellen und Hyperkommunikation mit ein. Erinnern wir uns, dass die Lattice ein blubbernder Quantenteppich ist, in dem andauernd kleine Wurmlöcher entstehen, durch welche außerhalb der Zeit kommuniziert wird. Die Rituale und Zeremonien der Maya stellen genau diese Kommunikation zwischen allem Leben, allen Zellen, allen Dimensionen dar: Die Teilnehmer bilden *elektromagnetische Felder*, richten *Energie-Wellen* an Anwesende oder Ziele in der Natur, um zu heilen und zu harmonisieren. Je höher die Frequenz, desto höher die Wechselwirkung der Photonen mit den physischen Körpern der Anwesenden. Es ist die Aufgabe des Medizinmannes oder Schamanen, diese Kommunikation für das Wohl der Gesellschaft zu lenken. Meist ist er der einzige, der wirklich weiß, was vor sich geht; viele Teilnehmer haben heute die bewusste Wahrnehmung dafür verloren. Die Mayazeremonien sind also nichts anderes als *aktive Lernmodelle* jener für die meisten unsichtbaren Prozesse. Ich glaube, wenn wir die begrenzenden Annahmen der Wissenschaften endlich entlarven und die alten Paradigmen über den Haufen werfen, wird das Jahrhunderte alte Wissen der Weisen und Schamanen wieder von selbst ins Rampenlicht treten und von mehr Menschen genutzt werden.

Ich möchte dem Leser an dieser Stelle die erwähnte mexikanische Forscherin, die Biochemikerin Dr. Esther del Rio, näher vorstellen. Sie wurde 1996 für ihre 1968 gemachte Entdeckung der weit über 100 Millionen kleinsten pyramidenförmigen *Magnetite* im menschlichen Körper von der Universität Cambridge zur »internationalen Frau des Jahres« gewählt. Diese Magnetite umlagern alle Zellen unseres Körpers und schaffen elektromagnetische Energie, indem sie in einem unaufhörlichen Prozess »atmen«, der Reduktion-Oxidation genannt wird (sie ziehen sich zusammen in der *Reduktions-* und dehnen sich aus in der *Oxidations*-Phase). Die Magnetiten bilden ein Eisenoxid-Netz, welches in der chinesischen Medizin als Meridianbahnen schon lange erkannt worden sind. Dieses Netz befähigt unseren elektromagnetischen Körper, wie durch ein Informationssystem Strom fließen zu lassen. Interessanterweise lagern sich die Magnetite besonders konzentriert um die sieben Hauptchakren an!

Doch die Entdeckungen von Esther del Rio haben noch einen zweiten Teil: Um die magnetischen Mikrofelder der Magnetite herum sammeln sich Moleküle von *Flüssigkristall-Wasser* H_2O_{37}, fand sie heraus. Dieses Wasser besitzt 37 Sauerstoff-Moleküle anstatt nur eines und ist ein Baustein all unserer Zellen, ja es konnte sogar zwischen den DNA-Helixen nachgewiesen werden. Flüssigkristall ist der Aggregatzustand zwischen *fest* und *flüssig*, er wird in der modernen Technologie verwendet, wie zum Beispiel in den Flüssigkristall-Bildschirmen oder -Anzeigen *(LCD = Liquid Crystal Display)*. Wie die Magnetite sind auch diese Wassermoleküle in dauernder Bewegung, was der dreiseitigen Pyramide in ihrem Zentrum die Energie gibt. »Da ist ein riesiges Energie-Potential im Wasser versteckt!«, sagt Esther del Rio. Es ist dasselbe »Urwasser«, welches noch heute in wenigen hochgelegenen Bergwasserquellen gefunden werden kann und den über hundertjährigen Lamas von Tibet sowie anderen Bergvölkern ihre Langlebigkeit beschert.

Eigentlich verwandeln unsere Zellen »gewöhnliches« Wasser, welches wir tagtäglich zu uns nehmen, in Flüssigkristall-Wasser H_2O_{37}, jedoch nimmt diese Funktion bei den meisten Menschen mit dem Alter ab. Schädliche Umwelt- oder mentale Einflüsse, etwa viele negative Gedanken, bringen Unordnung ins Netz der Magnetite, was sich negativ auf die Speicher- und Kommunikationsfähigkeit der H_2O_{37}-Wasserkristalle auswirkt und Krankheit und Degeneration im Körper auslöst. Das Flüssigkristall hat nämlich die Funktion eines Gedächtnisses oder Mikrochip und lässt das Licht in Höchstgeschwindigkeit durch den Organismus flitzen. So wird Information gespeichert und weitergegeben. Doch nur wenn die elektromagnetische Energie der Magnetite und das flüssige Kristall des Wassers kohärent zusammenwirken, beginnt die Speicherfunktion optimal zu wirken: Die *Biophotonen** des Wasserstoffes sind die »Kommunikations-Bits« unseres Biocomputers, des menschlichen Gehirns, sowie des ganzen Organismus.

Wasser ist also nicht gleich Wasser. Flüssigkristall-Wasser (H_2O_{37}) ist nach neuester Forschung ein *elektromagnetisches Fluid* sowie eine *Antenne für Biophotonenstrahlung*. Damit haben wir schon wieder einen Ansatz gefunden, wie wir die interne und äußere Kommunikation der Lebewesen erklären können: Unser Gehirn ordnet, speichert, klassifiziert oder erneuert dank des Flüssigkristall-Wassers seine Quanten-Information und teilt sie mit dem *biochemischen Körper*, also der Gesamtheit aller Zellen. Wir altern, weil wir kein Flüssigkristall-Wasser mehr produzieren; anstatt 100 % ist dann nur noch 60 % unseres Wassers fähig, dem Körper lebensnotwendige Funktionen zu kommunizieren und sie gegebenenfalls neu zu verschlüsseln. Diese neue Betrachtungsweise – einerseits des elektromagnetischen Körpers, andererseits der Flüssigkristalle sowie des Energieflusses über sie – weist uns den Weg zu einer neuen *Energie-Medizin*, die hilft, genau diese Elemente zu regulieren,

* Unter Biophotonen versteht man Lichtteilchen, die ganz spezifische biologische Funktionen erfüllen, indem sie mit ihren verschiedenen Lichtschwingungen Einfluss auf den Stoffwechsel oder Metabolismus der Zellen ausüben. Sie registrieren die Körperinformation in unseren Zellen über Hologramme und verschlüsseln sie über Zahlen.

um die Gesundheit wieder herzustellen. Dr. S. Pikin an der Universität Halle in Deutschland sagte über die wissenschaftlichen Entdeckungen von Esther del Rio: *Magnetite in der Transferenz der elektromagnetischen Energie sowie ihre Beziehung mit den flüssigen Kristallen in den lebenden Systemen bilden das Fundament der Medizin dieses Jahrtausends.*

Esther del Rio fasst zusammen:

Wir sind auf kybernetische Weise eingebunden in ***ein großes Netz von externen und internen elektromagnetischen Linien****, vereint mit dem universellen Geist. Mehr noch: Man könnte sagen, dass alle Menschen durch ein Flüssigkristall-Magnetiten-System (so wie die Linien des Internet) untereinander mit dem universellen Geist verbunden sind.*[49]

Beeindruckend, wie Esther del Rio hier mit anderen Worten die Lattice als fraktalen Großcomputer beschreibt, der unseren Körper durchdringt: das Flüssigkristall speichert – die Magnetite kommunizieren, vereinfacht gesagt.

Wir haben nun eine bessere Vorstellung davon, wie der »Geist« mit den Zellen und der DNA kommuniziert. Als ich später bei Bruce Lipton über die Beeinflussung des Zellverhaltens las, erinnerte ich mich plötzlich an jenen Lerntraum der Gutgekleideten in Bewegungsmeditation, den mir die Lattice schickte. Vieles, was noch in den universitären Lehrbüchern über die (nach neuesten Schätzungen) 50 Billionen Zellen im menschlichen Körper steht, werden wir offenbar bald im Literatur-Museum bewundern können. – Es wird mittlerweile von der Fachwelt akzeptiert, dass Proteine auf Schwingungen reagieren, indem sie entweder *abschalten* oder sich *bewegen.* Da Proteine über die Struktur und Funktion einer Zelle entscheiden, ist das ausschlaggebend.

In Experimenten mit Stammzellen hat man festgestellt, dass es das hereinkommende Signal in Wellenform ist, welches das Verhalten einer Zelle bestimmt: ob sie zu Knochen, Muskel oder Fett wird, aber auch ob sie gesund bleibt oder krank wird. Es ist also die Umgebung, die das Schicksal der Zelle steuert und nicht der genetische Code! Erinnern wir uns aus der Schulzeit: Der genetische Code sitzt in der DNA, einer Doppelhelix; DNA-Moleküle, mit Proteinen verpackt, bilden die Chromosomen im Zellkern. Signale aus der Umwelt treten nun über die Zellmembran, die neu als »Gehirn der Zelle oder Schaltzentrale« gesehen wird, in die Zelle ein, wo die angeschalteten oder abgeschaltenen Proteine darüber entscheiden, ob die Gene *gelesen werden oder nicht.*[50] Die Gene sind nur der *Bauplan* für den menschlichen Körper und seine Interaktion mit der Umwelt, ob dieser aber Verwendung findet, darüber entscheidet – das Quantenfeld, die Lattice, somit auch du und ich oder dieses Buch…!

Das Wechselspiel von Körper und Umwelt gestaltet also das Leben auf dem Planeten! Bruce Lipton sagt, dass davon 95 % von den in die Zelle eintretenden Signalen abhängt, nur 5 % sind quasi vorherbestimmt. Der Großteil dieser Signale wiederum kommt aber gar nicht aus der Umwelt, sondern wir rufen sie durch unsere *Gedanken und Gefühle* selbst hervor. Und wer bestimmt diese selbst induzierten Wellenfelder, genannt Gedanken und Gefühle? Unser Glaubensmuster, unsere Überzeugung über uns selbst und das Leben.

Ist meine innerste Überzeugung, dass das Leben schwierig sei und ich alle um mich herum als Feinde ansehen muß, reagieren die Proteine auf meine »schlechte Schwingung« bestehend aus Frustration und Hass, indem sie ganz einfach gewisse *Segmente der DNA* (was der Geninformation entspricht) nicht lesen. Genau wie ein Tier auf der Hut, weiß das Protein »intuitiv«, was Leben fördert oder nicht, im Falle einer Bedrohung schaltet es ab. Eine ganze Zelle kann so in den *Schutzmodus* gefahren werden, was Stagnation, fehlende Funktionsfähigkeit oder Krankheit bedeutet. Stelle dir nun ein Gegenbeispiel vor: Glaubst du tief in dir drin, dass das Universum es gut mit dir meint und dass du ein Leben in Liebe und Fülle verdienst, dann empfangen deine Proteine die »gute Schwingung« aus Wertschätzung und innerem Frieden und beginnen sich zu *bewegen*. Damit wird mehr Information deiner DNA kopiert und gelesen werden können. Die Zelle ist so im *Wachstumsmodus* und voll funktionsfähig.

Dasselbe Prinzip gilt für den ganzen Körper: Ein Mensch im *Schutzmodus* ist krank und kann sein Potential nicht leben, ein Mensch im *Wachstumsmodus* jedoch ist gesund, glücklich und lebt in Fülle.[51] Jeder Atemzug, jeder Gedanke ist demnach eine Entscheidung, ob wir die Schöpfung in uns akzeptieren oder blockieren, und eine Entscheidung über *Leben und Tod*! – Auch unser körpereigener Biocomputer, das oben beschriebene Flüssigkristall-Magnetiten-System, benötigt positive, hochfrequente äußere Einflüsse, um den Körper gesund und jung zu erhalten. (Siehe Abbildung Nr. 20 im Bildteil.)

Untermalen wir diese Erkenntnisse durch ein interessantes Experiment, welches das *Institute of HeartMath* in Kalifornien veröffentlichte: Man hat das Verhalten der DNA-Helix bei speziell trainierten Testpersonen untersucht, während sie sich einmal in negative, dann in positive Emotionen hineinsteigern mussten. Bei Schwingungen negativer Emotionen wie Wut, Zorn, Angst, Frustration oder Eifersucht hat sich die DNA jedes Mal zusammengezogen. Bei Schwingungen positiver Gefühle wie Liebe, Dankbarkeit, Selbstachtung, Wertschätzung oder Mitgefühl hat sich die DNA ausgedehnt.[52] Also kennt auch die DNA, wie die Zelle, einen *Schutzmodus* und einen *Wachstumsmodus*

– oder einen Modus für Tod und einen für Leben. Es erfordert nicht viel Vorstellungskraft, um zu erraten, in welchem Zustand die DNA wohl eher neue Gene liest und aktiviert – klar, in der Ausdehnung. Einmal ist die kleine Antenne »eingefahren«, einmal ist sie »ausgezogen«. Beim ganzen Menschen sagen wir »er ist eingeschnappt«, wenn er nix mehr wissen will, aber auch nichts mehr von sich gibt – oder »er sprüht vor Leben«, wenn er offen für Neues und »voll auf Empfang« ist. Je höher die Energieschwingung, desto weiter öffnet sich die Doppelhelix, die ja selbst auch die Struktur einer Wellenform besitzt. Deshalb können wir bei sehr hohen Frequenzen auf Genebene in uns etwas verändern oder heilen.

Mit anderen Worten sagt also die neue Biologie, dass wir durch unsere *Wahrnehmung der Umwelt* das Leben verändern können. Das GEO-Magazin schreibt unter dem Titel *Epigenetik, der Übercode:* »Eine neue Disziplin, die *Epigenetik*, räumt mit alten Vorstellungen auf: Gene sind nicht starr, sondern ein Leben lang formbar. Wir selbst können sie durch den Lebensstil, etwa die Ernährung, an- oder ausschalten…«[53] – Wir sind also nicht mehr »Opfer unserer Gene«, wie wir noch in der Schule lernten. Eine passive Lebenshaltung, nach dem Motto: »Tja, so bin ich halt«, ist also völlig *out.* Denn nun wissen wir es: Unsere Glaubenmuster schaffen die Wahrnehmung und entscheiden über das Verhalten der Erbsubstanz. Wenn wir dann noch hören, dass eine Veränderung in der Wahrnehmung sogar Gene dauerhaft »umschreiben« kann, tut sich erst recht ein Riesen-Potential aber auch eine Eigenverantwortung für die eigene Gesundheit auf.

Was sind nun Glaubensmuster?

***Glaubensmuster** sind ein Konglomerat aus Gedanken und Gefühlen, die wir seit der Kindheit auf den Überzeugungen der Eltern und den kulturellen Regeln aufgebaut haben und meist unbewusst innerlich wiederholen.*

Wir nehmen sie als unsere »innersten Überzeugungen« wahr, doch haben wir die freie Wahl, die lebensfeindlichen durch lebensspendende zu ersetzen. Unsere Glaubensmuster bestimmen die Art, wie wir die Welt wahrnehmen und sie mit erschaffen.

Einen letzten Fakt aus der Transplantationsmedizin finde ich faszinierend: Damit Zellen von einem fremden Organismus nicht abgestoßen werden, also bei Susanne eine Leberzelle von Paul, werden bei den implantierten Zellen die sogenannten *Identitäts-Rezeptoren* auf der Zell-Membran ausgewechselt. Jede menschliche Zelle reagiert nur auf *ihr eigenes* Signal; es macht die Identität des Menschen aus und kommt von außen, aus dem Universum, der Lattice![54] – Es ist jenes Signal, das meine Seele einzigartig macht und mich daran erinnert, dass ich unsterblich bin. Auch wenn einmal mein Körper den Würmern zum Fraß vorgeworfen oder verbrannt wird, das Signal bleibt. Ein alter Maya sagte mir, dass wir viele Hundert Jahre alt werden könnten, nur die Angst vor dem Ungewissen und die Überzeugung, sterben zu müssen, lässt den Körper altern. Dazu haben wir gesehen, dass wir ihn durch schlechte Schwingungen und abnehmendes Flüssigkristall-Wasser geradewegs zu Tode richten.

Aus der Lattice kommen also Signale in die Zelle und erschaffen den Körper und sein Interaktionsfeld mit der Umwelt. In der Zelle ist die DNA, die das Erbgut eines jeden Menschen speichert. Es enthält den kompletten *kosmischen Bauplan oder Schöpfer-Code,* und damit auch die ganze individuelle *Seelengeschichte,* seit dieser Mensch vor langer Zeit auf diesen Planeten kam, samt Lebensaufgabe und besonderen spirituellen Gaben. Diese Seelengeschichte sagt ihm, *wer er ist und warum er jetzt hier ist.* Als »schöpferisches Ich« hilft er nun beim Aufbau seiner dreidimensionalen inneren und äußeren Wirklichkeit mit – durch Überzeugungen, Gedanken und Gefühle sowie sein tägliches Handeln, indem er dauernd Energiewellen aussendet. Damit definiert er seine persönliche Auswahl aus seinem kosmischen Erbgut, worüber er sich auf seine einzigartige Weise mit der Quelle rückverbindet, was die Maya »Rückkehr zu den Sternen« nennen. Damit erschafft er die Art, wie er seine Möglichkeiten, vielleicht seine Spiritualität lebt.

Du, lieber Leser, bist also wirklich einzigartig! So jemanden wie dich gibt's wirklich nur einmal auf der Welt! Wann sagen wir das? – Wenn wir jemanden *lieben,* und damit tun wir (dank der hohen Frequenz der Liebe) unseren Zellen den bestmöglichen Gefallen. Probiere es einmal aus und sage es zu dir selbst, in tiefer Überzeugung und Zuneigung, indem du mit deinem Vor-, Spitz- oder Kosenamen beginnst: »........, ich liebe dich!« und umarme dich selbst.

Jeder der sieben Milliarden Menschen auf diesem Planeten ist also einzigartig. Jeder empfängt sein identitätsspendendes *Seelensignal* und hat seinen kosmischen Bauplan in seinen Zellen gespeichert. Stelle dir vor, wir brechen das weiße Licht durch ein Prisma in einen Regenbogen mit sieben Milliarden Farbspektren. Jeder Mensch ist demnach eine ganz bestimmte Frequenz des Lichtes, und alle zusammen bilden wir wiederum das (weiße) Licht. Wenn man da auch nur einen ausschließt, es würde kein weißes Licht mehr ergeben.[55] Das meinen die Maya, wenn sie sagen, dass die Zeit der *Regenbogenkrieger* gekommen ist. Es ist der entwicklungsgemäße Schritt weg vom egoistischen Verhalten, hin zu Respekt und Liebe am Mitmenschen, hin zu einem neuen *Gruppenbewusstsein* als Menschen, das in unserem Erbgut angelegt ist. Wir sind alle Teile eines großen Hologramms, transparente »Zellen« einer blubbernden, *hyperkommunizierenden Menschheit.* Die Lattice verbindet also nicht nur die *Teile* des Ganzen, sondern fasst es auch in immer höheren Organisationsebenen zusammen: Körperzellen, Mensch, Menschheit, Planet…[56]

***Gruppenbewusstsein** wird die Organisationsform von Lebewesen genannt, die sich in Verbänden zusammenschließen und aus einem übergeordneten Bewusstsein heraus agieren, um ihre Umwelt nachhaltig zu beeinflussen und zu erschaffen, wobei jedes Individuum uneigennützig handelt.*

Der Regenbogenkrieger ist ein friedlicher Krieger, der sich demütig als Teil des wunderschönen Regenbogens, Menschheit genannt, erkennt. Als Krieger kennt und schätzt er seinen Platz im kosmischen Puzzle wert und seine in der Evolution errungene Individualität, die er der Menschheit gewinnbringend zur Verfügung stellt. Er bewundert die Bienenvölker, Vogel- und Fischschwärme, die Herden und Rudel der Säugetiere, allen voran die intelligenten und friedlichen Delphine, die er als Vorbild für ein frei gewähltes Gruppenbewusstsein unter den Menschen nimmt, welches diese bisher nur als sporadisches oder lokales Phänomen pflegen. Seine Mission ist es, mit allen anderen Regenbogenkriegern zusammen, in immer höhere Gruppen-Bewusstseinsstufen zu gelangen, wie die planetarische, galaktische und kosmische, wobei er wieder lernt, bewusst mit mehr Intelligenzformen über seine DNA-Antennen zu kommunizieren. Das ist die ganze Bandbreite der Bedeutung des heutigen Mode-Mantras der Maya: **In Lak'ech**. Das bedeutet »**Ich bin du**«, »Ich bin ein anderes Du.« Denn im harmonischen Spiegel mit meinem Mitmenschen liegt das Tor zum Frieden auf Erden, dann in der Galaxie und im ganzen Universum.*

Don Lauro hat mir schon 2001 in Palenque eine Pyramide gezeigt und gesagt: »Hier kannst du mit der DNA arbeiten.« Anfangs etwas ungläubig und ratlos, was ich damit anfangen sollte, verbinde ich mich heute über die Lattice immer mit jenem Tempel, wenn ich mit Patienten oder in Gruppenheilung tätig bin. Es ist, als ob in diesem Tempel seit altersher eine Frequenz und damit eine Verbindung geschaffen wurde, mit der ich an eine universelle DNA-Datenbank herankomme. Dort ist das komplette *kosmische Erbgut mit allen Bauplänen* der ganzen Menschheit holographisch aufbewahrt, die 3 % der erforschten Codes und die 97 % der unerforschten »Schatten-DNA« (aus Unwissenheit früher *Junk-DNA* genannt). Die Lattice vergleicht dann die Datenbank mit dem Zustand des Patienten, und gewisse Teile der DNA werden aktiviert oder umgeschrieben. Damit werden Funktionen im Körper

* Mehr über Gruppenbewusstsein findest du im Kapitel 8, *Erstes menschliches Gruppenbewusstsein.*

sowie mentale und emotionale Fähigkeiten manifest, die dem Patienten Heilung und persönliches Wachstum bringen. Ich könnte die Arbeit auch direkt am Körper des Patienten vornehmen, doch hilft mir die »höhere Wahrheit« der Lattice und des Hologramms, in die nötige höhere Arbeitsfrequenz zu kommen.

Zeremonie mit den Mayameistern im Retreat-Zentrum in der Nähe von Mexiko-Stadt. Verbindung mit der Lattice durch dynamische Meditation, Symbolisationen mit den Armen und der Energie des Feuers.

Die Maya erreichen diese DNA-Aktivierung in Zeremonien, in denen sich die Anwesenden durch Anheben der Frequenzen in *Gottwesen* verwandeln; ihr System erinnert so den inhärenten *Schöpfer-Code.* Ich nenne ihn so, weil er die Information der ganzen Schöpfung des Universums enthält.

Maya-Zeremonie: Wir sind Halbgötter und Götter!
Es sind ganz seltene Mayazeremonien von Stufen höchster »Weihung«, in denen sich unsere spirituellen Körper in Gottwesen verwandeln. Worte reichen hier nicht aus, die Schönheit und Kraft zu beschreiben, welche die Welt aus dem Blickwinkel eines Gottes oder Halbgottes ausstrahlt. Der physische Körper und die Sinne geraten durch die hochfrequenten Energiewellen in eine Art Schockzustand, weshalb viele stundenlang weinen, ihren Schmerzkörper loslassen und am Ende strahlen wie ein Kristall, mit einem Buddha-Lächeln auf den Lippen und »...beschenkt von einem Verstehen, nicht zu verstehen«, wie es der Heilige Johannes vom Kreuz ausdrückte. Der führende

Schamane muss natürlich den Schockzustand aufzufangen wissen, der von der Angst des Egos kommt, seine alte *Maya*-Identität zu verlieren. Es sind lebensverändernde Zeremonien, die unseren Körper schwingungsmäßig und informativ auf seinem aktuellen Aufstieg effektiv begleiten, auch wenn der Teilnehmer am Montag wieder geerdet im Büro sitzen muss.

Alle alten Kulturen haben diese Gottwesen in sich selbst erlebt, manchmal nur die Priester, manchmal in Gruppen-Zeremonien alle, und sie haben sie in Höhlen gemalt, als Ton-Figuren dargestellt. Was uns Menschen fehlt, sagten mir die Mayameister, ist genau der Teil, den die Wissenschaftler in den Gencodes noch nicht entschlüsseln können. Sie meinen, er sei dazu da, unentdeckte Körperfunktionen zu steuern, doch sollten sie lieber außerhalb des Körpers suchen, in der Verbindung mit der allumfassenden Lattice. Alles ist in uns angelegt, in unserer kosmischen Erbinformation, unserem »**Schöpfer-Code**«. Über die DNA-Antennenstation können wir an jede Information des *Alls* gelangen und sogar eine direkte Verbindung mit dem Ursprung des Universums erreichen, mit Gott. Was uns fehlt, sind ganz einfach die Teile, die noch nicht gelesen und aktiviert werden können. Der Weg, sie zu aktivieren, ist der Weg des Herzens, **ein Weg der hohen Frequenzen** der Liebe, des Friedens, der Barmherzigkeit, des Glückes. – Wir müssen ihn alle zusammen gehen, in einem neuen Gruppenbewusstsein!

Grazyna Fosar und Franz Bludorf: *Was wir heute sind, ist das Resultat einer langen Evolution, in der wir es geschafft haben, mittlerweile zehn Prozent dieses Idealbildes körperlich umzusetzen. Damit haben wir noch ein enormes Entwicklungspotential in uns.* – Russische Wissenschaftler konnten nachweisen, dass die bisher rätselhafte »Schatten-DNA« keine weiteren Proteine als Bausteine unseres Körpers herstellt, sondern ihren Code zur *Hyperkommunikation* benutzt![57] In der DNA ist also den Wissenschaftlern zufolge unbekannte Information kodiert, die weit über die Augenfarbe oder ein vererbtes Geschick hinausgeht. Die DNA-Stränge sind die ganze Zeit mit dem Universum »in Funkkontakt« und haben die Quanten-Möglichkeit, mehr ihrer »kosmischen Erbsubstanz« zu entfalten. So gibt es Menschen, die bewusst Teile ihrer *Seelengeschichte* kennen, sich an frühere Existenzen erinnern und mit anderen Intelligenzen und Wesenheiten kommunizieren. Wenn wir wissen, dass das *Idealbild* ja schon in uns angelegt ist, verlieren Themen wie Erleuchtung, andere Existenzen oder Rückführungen einen Teil ihrer Angstbehaftung. Ich glaube, es erklärt den inneren Impuls, den viele vernehmen, mehr in sich zu entdecken, einer göttlichen Kraft in sich Raum zu geben und sie zur Entfaltung zu bringen. Ich schlage in diesem Buch vor, als *Idealbild* einfach dein Gefühl für das Mutternetz, die Lattice gelten zu lassen, denn sie spiegelt den Schöpfer/die Schöpferin in dir, anstatt Ersatz-Idealen wie Popstars, Gurus oder spirituellen Lehren nachzueifern. Alles dient solange als Ersatz, bis wir den Gott in uns erkennen und leben. (Siehe DNA-Modell im Bildteil, Abbildung Nr. 4.)

Die DNA als interdimensionale Antennenstation

Ich sollte auf ein heißes Thema in New-Age-Kreisen zu sprechen kommen: die Zwölf-Strang-DNA-Aktivierung. Sie ist ein neuer Mythos, an die sich klammert, wer immer noch die »ultimative Lösung« zum Aufstieg in fünf Minuten sucht. Ich habe auch eine zeitlang an die Zwölf-Strang-DNA geglaubt, doch sie ist nur ein Teil der Wahrheit. Sie meint die bekannte Doppelhelix plus fünf in sie holographisch verwobene *energetische Doppelstränge.* Diese energetische DNA oder »Schatten-DNA« konnte von den Wissenschaftlern wirklich schon als »Schatten« im Elektronenmikroskop nachgewiesen werden! – Ein Maya sagte mir einmal:

12 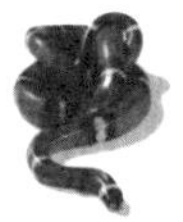 **+ 1 = die Schöpfung**

Ich rechnete: 12 Schlangen + eine(r) (also man selbst, *uno*)
= 12 + 1 = 13 = die Schöpfung = Gott

Dabei zeigte er auf meinen Körper und dann nach oben. Er meinte damit: Mein kosmisches Erbe, die zwölf DNA-Stränge, ist in mir kodiert, der Schlüssel dazu bin ich (einer, *uno,* eins mit allem), auf dem Weg ins Einheitsbewusstsein, als schöpferisches, göttliches Wesen. Dann bin ich wieder »Gott«. Das gibt 13, die heilige Zahl des 13-Mondezyklus der Göttin sowie der 13 Himmel der Maya. – Ich habe viele Jahre über diesen »Gott im Menschenfrack« meditiert, der ich doch sein soll, der in meiner DNA kodiert ist. Bis ich in Träumen sah, dass in diesem »Einen«, weil er ja wieder Gottmensch ist, wiederum 12 DNA-Stränge fraktal kodiert sind bis ins Unendliche und auf Trippel- und Mehrfachhelixen aufbauen: $12 + (12+(12+(12+(12+\ldots 1)))) = \infty$. – Denn was passiert, wenn der Verstand durch einen Schleier schaut? Er sieht immer nur bis zum nächsten Schleier! Die DNA ist ein Spiegel der Lattice und somit des ganzen Universums. Sie ist unser »Drachenherz«, wie mir ein Sternenbruder sagte, ein Dimensionentor ins unendliche Universum, ein Herz-Rätsel für Fraktalsurfer…

Also warum uns auf eine Zwölfer-Helix beschränken, wenn es unendlich viele energetische Stränge gibt? – Lassen wir uns also nicht verwirren, sondern lieber im Herzen berühren, und erhöhen wir selber unsere Frequenz durch positive Gefühle! Die DNA-Aktivierung wurde als neue Marktnische entdeckt, und für eine einstündige Sitzung können gerne tausend Euro oder US-Dollar verlangt werden. In meinen Einzelsitzungen ist die DNA-Aktivierung meistens, je nach Fall, ein grundlegender Bestandteil. Es wäre ein Witz, diese einfach auszuklammern, das würde ja allem widersprechen, was wir bisher an Quantenweisheiten kennengelernt haben.

Vergessen wir nicht: Alles ist vernetzt und kann nicht losgelöst voneinander betrachtet werden. Es kommt noch dazu, dass kein Heiler eine Garantie geben kann, dass er einem Kunden 12, 144 oder Tausende von DNA-Strängen aktivieren wird. Es kommt immer auf die *energetische Bereitschaft* des Patienten an. Wenn er der Lattice spiegelt, dass er bereit ist für eine energetische DNA-Teil-Aktivierung, dann bekommt er sie auch. Aber das entscheide nicht ich, auf jeden Fall nicht mein Heiler-Ego oder mein Geschäftssinn. Ich habe in meiner Praxis gesehen, dass, wenn ein Kunde diese Aktivierungen zutiefst wünscht (oder Rückführungen und Meisterkontakte), sie auch meist erfolgen.

Listen wir einmal die Verantwortungsbereiche der DNA-Zonen auf:

Bekannte Codes der DNA-Doppelhelix (3 %)

- Sie bauen die Proteine für den physischen Körper auf.
- Sie lenken die Gesundheit, den Metabolismus und den Alterungsprozess des Menschen (der diese Prozesse durch seine Glaubensmuster beeinflusst).

Unbekannte Codes der DNA-Doppelhelix (97 %, sogenannte Schatten-DNA)

- Sie verwandeln die DNA in eine multidimensionale Antennen-Station zur Hyperkommunikation auf unserem Planeten, welche emotionale, mentale, elektromagnetische und andere Wellen sendet und empfängt.
- Sie kennen alle früheren Existenzen eines Menschen auf der Erde und seine Erfahrungen und Talente, und sie setzen den göttlichen *Meisterplan* um.
- Sie sagt dem Erdenbürger, *wer er ist und warum er hier ist.* Hier ist die Information der Seele zu Hause, so wie jeder sie im Moment lebt und kreativ umsetzt.

- Die Codes und Wasserkristalle zwischen den Helixen fungieren als Mikrochips, die die DNA zu einem Informationsspeicher, einem Minicomputer machen.

Lichtsprache-Codes der Energetischen DNA-Helixen

- Diese Codes werden zur Hyperkommunikation einer meist unbewussten »Lichtsprache« verwendet, mit eigener Symbologie und Grammatik (wie oben erwähnt, entfalten die Maya diese über eingestandenen Wahnsinn, Gefühle und kreativen Ausdruck).
- In ihnen sitzt all das unbegrenzte Potential des Menschen, etwa seine biologische, emotionale, mentale, spirituelle und mediale Entwicklung; seine Fähigkeit zu schöpferischem Tun und zu einer inneren, natürlichen Führung seiner eigenen Transformation, seiner Projekte und seines Dienstes am Planeten.
- Menschen, welche Teile dieser Codes aktiviert haben, denken meist klarer, schneller, intuitiver, vernetzter und interdimensional.
- Sie erreichen emotionales Gleichgewicht, tiefen inneren Frieden und eine neue Herz-Zentriertheit.
- Ihre Hellsinne entwickeln sich, und Meisterschaften aus anderen Existenzen werden geheilt und abrufbar (ich nenne sie *Seelenweisheiten*).
- Sie lernen, Verantwortung für alte Wunden der Seele zu übernehmen und ihren Seelenweg in Fülle zu gehen.
- Normalerweise sehen sie bald zehn Jahre jünger aus, können ihr Gewicht stabilisieren, und Heilungsprozesse werden stark potentialisert (es können sogenannte Wunderheilungen geschehen).
- Diese Codes können das *Idealbild des göttlichen Wesens* in uns manifestieren! Sie sind ein Spiegel der Maya-Lattice, der göttlichen Matrix, und beinhalten somit *alles* mögliche Wissen des Universums. Das Entschlüsseln und Aktivieren jener Codes ist auch, was die Maya das *Lesen in den kosmischen Büchern* nennen.
- Sie tragen die Information aller Existenzen irgendwo in Zeit und Raum und damit auch der Entwicklungsmöglichkeiten eines Menschen und der Menschheit. Sie vervollständigen die DNA zu einer multidimensionalen Sendeanlage in Raum und Zeit.

Was ist denn das, eine »multidimensionale Sendeanlage in Raum und Zeit«?

Um zu verstehen, wie die DNA mit dem Universum in Verbindung steht, stelle dir bitte ein schönes Radio vor, das mitten in deinem Zimmer steht: Die Physiker haben den Begriff *Multiversum* kreiert, um zu sagen, dass unser

Universum aus vielen anderen Universen besteht. In jedem Universum befinden sich also weitere Universen (die Mayameister nenne sie Sphären), so wie du das auf deinen Fraktalreisen erfahren hast. Jede der Radiofrequenzen, die auch bei abgeschaltenem Radio in deinem Wohnzimmer herumschwirren (Radio DRS 3, Radio Moskau, Simplemente Adriana, Tropical Radiostation, BBC usw.) stellt ein Universum dar. Wenn du nun das Radio mit deinem Lieblingssender anschaltest, dann wird nur diese eine ausgewählte Radiostation mit ihrer ganz spezifischen Frequenz *in Kohärenz und Einklang* mit deinem Zimmer-Universum treten. Dein Universum kann dann nicht mehr gleichzeitig in Einklang mit einer anderen Radiofrequenz (und ihrem »Universum«) sein. Beim Radio gilt die Regel, dass nur zwei Universen miteinander kommunizieren und dafür im Einklang schwingen können. – Möchtest du wie ein Schamane, gleichzeitig mit mehreren *parallelen Universen* in Einklang treten, dann müsstest du dir mehrere Radios kaufen, und sie alle aufeinanderstellen. Oh glückliche, kosmische Katzenmusik!

Stelle dir in deinem Wohnzimmer verschiedene Universen aus anderen *Räumen und Zeiten* vor: Ein Universum zeigt dir eine Zeit aus deiner Kindheit (Zeit), ein anderes eine frühere Existenz bei den Maya (Zeit), ein Universum projiziert dir Bilder vom Himalaya (Raum), ein anderes einen fremden Planeten mit vier Meter hohen Wesen in einer farbig-schimmernden, futuristisch wirkenden Zivilisation (Raum und Zeit). Das sind Beispiele, die ich selbst erfahren habe, und viele Menschen erleben solche parallelen Universen, wenn nicht medial, dann in der Meditation oder nachts im Traum. Wie schon gesagt, beruht dies auf einer in der DNA angelegten Fähigkeit, die der Mensch vor etwa 3000 Jahren langsam vergessen hat, aber wieder bewusst entwickeln kann. Es kommt dem Zugang zu einem Gruppenbewusstsein gleich, dem der Zellen, Tiergruppen, der Menschheit oder höherer Intelligenzformen. Ein Schamane hat diese Meisterschaft in vielen Existenzen entwickelt. Er schafft das »Unmögliche« und hört gleichzeitig verschiedene Radiostationen – und verarbeitet sie mental! Sein Universum vibriert also im Einklang mit mehreren Universen zur gleichen Zeit. Er ist in Kohärenz mit möglichen parallelen Universen aus Raum und Zeit, von wo ihm Information von anderen Intelligenzen und Wesenheiten oder aus seinen eigenen Existenzen in anderen Dimensionen übermittelt wird.[58]

Bei jemandem, der gar nichts wahrnimmt, also das »Radio ausgeschaltet« hat, würde der Quantenphysiker sagen: Er vibriert mit keinem Universum oder Feld im Einklang, er hat sich *entkoppelt* oder hat *dekohäriert.* Doch weiß nun der Schamane in uns, dass wir die menschliche Gabe, mit anderen Sphären (was der Physiker Universen nennt) zu *kohärerien*, uns wieder mit ihnen zu *verkoppeln*, durch das Ersetzen unserer begrenzenden Überzeugungsmuster oder durch ein hochfrequentiges Genaktivierungsritual wiederbeleben können. Um uns in das heilende Latticebewusstsein einer schamanischen Weltanschauung zu versetzen, hilft es, die Vergangenheit, die Zukunft, andere Orte und Dimensionen als *parallele Universen* anzusehen, alles geschieht *parallel*, jetzt! Wenn du *jetzt* Zugang zu allem hast, dann existieren sie doch auch alle gleichzeitig und hier, wie wir auf den Fraktalreisen gelernt haben. Nur aus diesem Hier und Jetzt, aus deinem Mittelpunkt, deinem Herzzentrum, kannst du schöpferisch in diese Universen eingreifen. Wenn du ein bisschen damit herumspielst, wirst du sehen, wie diese Erkenntnis dein Leben verändert.

Klären wir dazu noch folgendes: Sei dir bitte bewusst, dass deine DNA ein *Empfänger* ist, aber eben auch ein *Sender*! Als Sendestation arbeitet sie Tag und Nacht. – Interessant wird es erst, wenn es uns bewusst wird. Hier eine Aufstellung einiger deiner Möglichkeiten als *Sender und Empfänger*, du kannst gerne eigene Erfahrungen oder Wünsche ans Universum hinzufügen. (Die Lattice hört deiner Sendestation gerne zu!)

Signale empfangen kann sein: feinstofflich wahrnehmen, deiner inneren Stimme oder der Seele zuhören, Heilenergie empfangen, in den »kosmischen Büchern« lesen, Informationen von anderen Universen in Träumen empfangen, intergalaktisches Radio hören (hahaha), Lichtsprache empfangen und entschlüsseln, hochfrequente Lichtinformation zu deiner Code-Aktivierung empfangen.

Signale senden kann sein: telepathisch mit jemandem im Universum in Kontakt treten, deine »multidimensionale Webseite« (d. h. dich selbst) in der Lattice mit anderen teilen, kraftvolle Gebete sprechen, Heilenergie für jemanden aussenden, in andere Universen reisen und in anderen Zeiten empfangen werden, Lichtsprache verschlüsseln und senden, Gefühle und Glaubensmuster der Lattice zurückspiegeln, was besagt, welche Codes du bereit bist, zu empfangen und zu aktivieren.

Zusammenfassung

In diesem Kapitel haben wir Beweise gesammelt, dass die Lattice als feinstoffliches Gitternetz unseren Körper bis auf die Ebene der Zellen und Gene durchdringt und sehr sensibel auf eintretende Signale reagiert. Wir entscheiden uns bei jedem Atemzug für *Leben oder Tod* unserer Zellen, unseres Körpers und unserer Fähigkeiten, die in unseren Genen gespeichert und entwickelbar sind. Ungeachtet dessen, ob wir uns dessen bewusst sind oder nicht, kommuniziert die wirbelnde Mehrfachhelix der DNA als lichtleitende Antenne mit allen Paralleluniversen im Kosmos. Da in jeder der 50 Billionen Körperzellen 46 DNA-Moleküle enthalten sind, ergibt das 2,3 Billiarden Antennen pro Person…

Jedes Lebewesen hat in diesen Antennen den kompletten *Schöpfer-Code* verschlüsselt, der uns wieder zu wahrhaften Gottmenschen machen könnte. Schnalle dein Surfbrett fest – der wildeste Teil deiner Lattice-Reise beginnt. Sie wird dich zu Außerirdischen, Drachenwesen, Dinosauriern und sogar zu Adam und Eva führen. Wenn du das Rätsel der »Sphäre des Drachen« löst, wirst du als Held oder Heldin gekrönt und darfst endlich die Schatztruhe des Drachen öffnen…

5
Die Schatztruhe des Drachen

In diesem Kapitel wird es für manchen Leser etwas abgefahren zugehen, denn wir werden uns in Gefilde wagen, die unser Verstand meist nur mit Zaudern betritt. Anhand der bevorstehenden Surfreise wird es mir möglich sein, dir meine Kosmovision, meinen inneren Kosmos, näherzubringen, welchen ich heute als eine plausible, hilfreiche Option eines neuen Mythos über unsere Existenz ansehe.

In einem Traum blickte mir einmal ein Maya-Ältester tief in die Augen und sagte mit rauchiger, aber sanfter Stimme:

Die Samen der kosmischen Schlange wurden von den Brüdern aus dem Raum gesät.

Während er mit mir sprach, schien eine Art Informationsübertragung stattzufinden, denn augenblicklich sah ich das Bild eines menschlichen Körpers mit Tausenden von kleinen Schlangenwesen darin. Ich dachte: Aha, die vielen kleinen sich drehenden Schlangen sind wohl die DNA-Stränge in den Zellen des Menschen!

Heute bin ich davon überzeugt, dass die DNA vor langer Zeit auf die Erde kam, versehen mit einem kosmischen Bauplan für das Leben, der den großen Kulturen schon vor Tausenden von Jahren als interdimensionale Kommunikationskarte zum Lesen der *kosmischen Bücher* mit all ihrer Quanteninformation diente. – Reisen wir nämlich mit den Forschern der Erdgeschichte 3,5 Milliarden Jahre zurück, stoßen wir auf die erste DNA in Bakterien; während sich seither das Leben auf der Erde enorm verändert und sich eine irdische Vielfalt der Spezies manifestiert hat, blieb die DNA hingegen unverändert: Ist es nicht verblüffend, dass jedes Lebewesen auf der Erde die gleichen DNA-Basenpaare hat, nur in unterschiedlicher Weise angeordnet? Werden im Labor Mäusegene mit denen von Menschen verglichen, haben wir nur 15 % eigene Gene, das heißt 85 % scheinen identisch mit der Maus zu sein. Eine neueste Studie spricht gar von 2,5 % der DNA, die nur wir Menschen haben und die Maus nicht, in diesem Falle wären 97,5 % identisch.

Der englische Molekularbiologe Tim Hubbard sagt, dass möglicherweise alle Gene identisch sind, und nur durch Unterschiede in sogenannten »regulatorischen Bereichen« die verschiedenen Spezies entstehen.[59]

Es ist deshalb gar nicht so abwegig, wichtige Genfunktionen in der bisherigen »Schatten-DNA« sowie in den holographisch mit ihr verwobenen »Energie-DNA-Helixen« anzunehmen. Auch klingt jener Mechanismus an, den wir weiter oben kennengelernt haben: Signale von außerhalb der Zellen entscheiden darüber, dass Proteine entweder an- oder abschalten und damit Codes auf der DNA gelesen werden oder nicht. Auch wenn wir uns nach außen vom Tier unterscheiden und alle sieben Milliarden Menschen der Erde verschieden sind, in den Billionen Herzen des Lebens, in den Zellen, gibt es nicht viel Unterschied! Die DNA scheint also wirklich jener göttliche Bauplan in uns zu sein, aus dem wir noch viel mehr herausholen können, als unser Verstand das begreifen kann. Die DNA scheint in einem *latenten Modus* zu verharren. – Aber auf was wartet sie? Warum wurde unser Bewusstsein begrenzt?

Drachen, Dinosaurier und die guten Außerirdischen

Der alte Maya fuhr fort:

Die kosmische Schlange und die Halbgötter lebten friedlich miteinander, denn sie kommen aus derselben Saat. Bis diese Gottmenschen Streit anfingen und ihre Gaben verloren.

Nach vielen Jahren Meditation füge ich die Geschichten meiner Mayameister über unsere Sternenherkunft folgendermaßen zusammen: Die ersten Menschen wurden als Halbgötter bezeichnet, da sie für heutiges Verständnis schier unglaubliche »göttliche« Fähigkeiten besaßen. Da manche von ihnen von sehr großem Wuchs waren, werden sie in den Legenden als *Riesen* dargestellt. Vielleicht war ein Großteil der heute unbekannten DNA in ihnen aktiv. Sie waren in dauerndem Kontakt mit ihren Ahnen, den »Brüdern aus dem Raum«, und anderen Intelligenzen im Universum, die wie Götter verehrt wurden. Doch wer ihr Leben auf die Erde gebracht hatte, das waren »die Samen der kosmischen Schlange«, die Drachen, Quetzalcoatl. Ich habe immer wieder alte Menschen getroffen, die mir von solchen riesigen Reptilienwesen in Mythen oder im »wirklichen Leben« erzählten; ich verstehe sie als die Überbringer des Schöpfer-Codes, der DNA, auf die Erde. Diese Drachenwesen hatten dieselbe göttliche DNA wie wir damals (»sie kommen aus derselben Saat«), und unterschieden sich von uns nur durch eine andere »Lesart« der kosmischen Erbsubstanz. Deshalb erhielten herausragende Drachen

– wie später, als sie nur noch Erinnerung waren, Menschen – als Götter und Halbgötter in allen Kulturen der Welt die verschiedensten Namen, denn sie sind beide Ur-Kreationen nach kosmischem Bauplan, entworfen für den Planeten Erde. Die Ur-Menschen lebten also, anders als wir im Schulunterricht gelernt haben, lange Zeit friedlich mit diesen gefiederten Schlangen, Drachen oder sogenannten Dinosauriern zusammen und hyperkommunizierten mit ihnen. Sie verehrten sie als ihre Väter und Beschützer und huldigten ihnen in Ritualen und Darstellungen.

Doch hatte dieser paradiesische Zustand ein Ende: Die Drachen ließen sich auf Händel und Kämpfe mit anderen Wesen aus dem Universum ein. Schließlich brach auch der Friede mit den Menschen. Im Gedächtnis unserer Gene ist heute noch das grausame Schlachten an allen Fronten gespeichert. Die Drachen verschwanden allmählich aus dem Bewusstsein der Erde, der Mensch jedoch bewahrte das *Drachenerbe* in seinen Zellen. Die meisten seiner göttlichen Fähigkeiten und Gaben hat er dabei verloren. Viel später wurde dies der »Fall aus dem Paradies« genannt, und bis heute erinnert uns ein schlangenförmiger Drache, eine kosmische Schlange, unser alter Busenfreund, am Baum der Erkenntnis an jene Zeiten. – Ob nun die Drachen ins Reich der Legenden gehören oder ob sie auf der Erde oder in Parallelwelten leben oder lebten, das möchte ich dem Leser überlassen. Damit er sich sein eigenes Bild machen kann, möchte ich noch mehr zum Thema Drachen aus meiner Nachforschung und persönlichen Erfahrung anfügen.

Drachen kommen in den Mythen aller Kulturen vor. Das uralte Ritual von Quetzalcoatl (was auf Nahuatl »gefiederte Schlange« heißt) habe ich dem Leser im Kapitel 3 bereits vermittelt (Übung 6). Es wurde früher im Kreis vieler Krieger tanzend ausgeführt und war eine Initiation in die Bewusstseinsstufe eines Weisen. Die Maya, Inka, die Aborigenes in Australien, Chinesen, die alten Kelten und Germanen sowie viele anderen Völker haben seit jeher in Träumen und Visionen gefiederte Schlangen und Drachen gesehen. Schlangenanteile sind bei den meisten Drachen vorherrschend. Sie werden zusätzlich, je nach Kultur, als Mischwesen aus Krokodil, Eidechse, Jaguar, Panther, Löwe, Wolf, Igel, Fledermaus und Greifvogelarten dargestellt. Wichtige Kennzeichen sind Schuppen, manchmal Flossen, Krallen an Händen und Füßen sowie auch mehrere Köpfe. Der Drache ist Herr aller vier Elemente: er *kriecht, schwimmt, speit Feuer* und *fliegt*. Das erhebt ihn über die Elemente und macht ihn zum stärksten »Tier« im Kosmos!

Ein archetypischer Blick auf den Drachen soll Klärung schaffen und kann uns helfen, ihn vollends in unsere innere mythische Welt zu integrieren:

Wenn eine transzendente Erfahrung durch polares Denken zerpflückt und beurteilt wird, geschieht, was uns heute in den Legenden als Erinnerung an die Drachen geblieben ist: die typische Aufteilung in »Gut« und »Böse«. Vielleicht hat folgende Tatsache auch schon deine Aufmerksamkeit erregt: nämlich, dass manche Kulturen die Drachen *fürchteten* und als angsteinflößende Monster darstellten, während andere sich von ihnen *beschützt* fühlten und sie als Glücksbringer darstellten. Ich sehe sie auch als Indiz für jene längst vergangene Übergangszeit, als wir nicht mehr friedlich mit den Drachen zusammenlebten; es waren Momente des Schreckens und der Angst, als die Harmonie sich in Kampf wandelte und wir uns von ihnen nicht mehr beschützt fühlten. Der Fall aus dem Paradies spiegelt sich im polaren Denken der Gegensätze, Gut – Böse, Hell – Dunkel, Freund – Feind, Mein – Dein, Oben – Unten. Der Drachengott verlor wie wir selbst den göttlichen Aspekt, das Transzendente und Überdimensionale, der schlangenförmige Drache am Baum der Erkenntnis wurde zur Schlange des Teufels gemacht. Der göttliche Aspekt ist heute nur noch in alten Ritualen und Zeremonien etwa in Tibet, China und Mexiko zu finden und dort an Leib und Seele mitzuerleben.

Die Unterteilung in *gute und böse Drachen* ist also ein Spiegel unserer eigenen Psyche und davon, was wir mit unserem kodierten göttlichen Samen gemacht haben. Sie entspricht unserer täglichen Entscheidungsqual, unseren inneren und äußeren Kämpfen in der modernen Gesellschaft, dem Chaos und der Hoffnung unserer Zeit:

Der furchterregende, böse Drache

- repräsentiert Angst, Schrecken, Chaos, Hässlichkeit;
- wird mit dem Teufel in Verbindung gebracht;
- wird als gott- und menschenfeindliches Ungeheuer gesehen (!);
- ist ein Unheilsbringer.

Der beschützende, gute Drache

- repräsentiert Schutz, Sicherheit, Macht, Gleichgewicht, Edelmut;
- wird mit Leben, Fruchtbarkeit und Erhabenheit in Verbindung gebracht;
- wird als Schatzhüter und Begleiter/Mitstreiter des Menschen angesehen (!);
- ist ein Glücksbringer (Regenbringer, Geldbringer, Gesundheitsbringer usw.).

Im Bildteil werden zwei moderne Kunstwerke gezeigt: das Beispiel eines »guten« und eines »bösen« Drachen (Abbildungen Nr. 6 und 7).

Links: Ein Drache in Lhasa als Wächter des Hauses, mit dem Universum verbunden. Rechts: Das »kosmische Chamäleon«, ein Alebrije aus dem Atelier »Taller los Negrete« in Mexiko-Stadt. Diese Figur ist der Ausdruck einer alten Kunsthandwerkstradition, die noch an die Fabelwesen anderer Welten glaubt.

Die Alebrijes, Fabelwesen aus Mexiko

Der mexikanische Kunsthandwerker Pedro Linares Lopez (1906 - 1992, Mexiko) lag 1936 mit nur 30 Jahren krank auf seinem Totenbett, als er im Traum in ein seltsames Reich von imaginären Wesen, die aus verschiedenen Tieren zusammengesetzt waren, geführt wurde. Sie gaben ihm ihren Namen, »Alebrijes«, preis; als er wieder zu sich kam, war er gesund und begann die heute weltberühmte Kunst der *Alebrijes* zu entwickeln. Sie werden aus Pappmaché, einer Mischung aus Karton, Zeitungspapier und Mehlkleister modelliert. Die oft drachenähnlichen Fabelwesen erreichen meist übermenschliche Größen. Diese Tradition wird heute von Ateliers wie dem *Taller los Negrete* weitergeführt, das vor allem durch sein kosmisches Chamäleon bekannt wurde. Quetzalcoatl lebt!

Die mythologischen Drachen sind Erinnerungen des Menschen an jene Urtiere – aus einer Zeit, als sie mit dem Menschen zusammengelebt haben. Ja, sie könnten sogar, nach Meinung mancher heutiger Dinosaurier-Forscher, noch in der Gegenwart existieren. Es gibt ein berühmtes Foto aus den 50er Jahren, das ein Drachen-Wesen aus dem Kratersee *La Alberca* im Bundesstaat von Guanajuato, Mexiko, zeigt. Der Vulkankrater ist einer der *sieben Luminarias* (sieben erloschene Vulkane) im *Valle de Santiago.*

Drachenwesen aus dem Kratersee La Alberca, als er noch Wasser enthielt. Bundesstaat von Guanajuato, Mexiko (Foto aufgenommen am 6.12.1958). Mythos, Realität oder Lüge?

Als ich mit der Ingenieurin Victorina Aguilar im August 2011 eine Forschungs- und Meditationsreise in diese mondlandschaftähnliche Zone startete, durften wir ihre vibrierende Magie hautnah miterleben. Wir übernachteten und meditierten zwei Tage lang im halbtrockenen Vulkansee »Rincon de Parangueo«, wo der Schleier dieser dreidimensionalen Wirklichkeit so dünn ist, dass man sehr einfach in die Lattice eintreten und eindrückliche »Schulstunden« erfahren kann. Der Vulkansee ist wie ein toter Punkt, Nullpunkt einer riesigen *interdimensionalen Sanduhr,* wo du über beide Kelche in andere Dimensionen gelangen kannst (mehr zur Sanduhr-Technik im Kapitel 9).

Wir wurden fast schon auf den Weg in die anderen Wirklichkeiten geschubst, so einfach ging es! Zuerst reisten wir auf einen fremden, staubtrockenen Planeten, wo sich vor allem die innere Ruhe und Kraft der telepathisch kommunizierenden (!) Gastgeber auf uns übertrug; dann hatten wir Kontakt mit innerirdischen Meistern, die in phönizierhafter Kleidung eine Weisheit und Erleuchtung ausstrahlten, dass sie uns an Jesus Christus erinnerten. In der ganzen Gegend soll es immer wieder Sichtungen von Raumschiffen und »Außerirdischen« geben, die dort ihre Landeplätze und Flugbasen in andere Dimensionen haben. Bei solchen Surf-Abenteuern in die Makro-Lattice ist es ratsam, zu zweit aufzubrechen, dann kann sich nämlich der eine von Zeit zu Zeit beim anderen erkundigen, was passiert und wo er sich »gerade befindet«. Mit Victorina habe ich da schon etwas Übung; meist sieht oder erlebt der eine, was der andere gerade ausspricht, so kann man sich gegenseitig bestätigen und damit sichergehen, dass man keiner Täuschung des Egos unterliegt, sondern wirklich zusammen in einer anderen Wirklichkeit auf Reise ist (und die ist dazu noch billiger als Urlaub am Strand). Was ich hier beschreibe, ist in den letzten Jahren ganz normal für mich geworden. Es sind keine »abgehobenen Welten«, sondern ganz einfach Teile einer *erweiterten Wirklichkeit*; unsere bekannte dreidimensionale mit Büro, Haus und Garten bleibt wie vorher ein Teil davon. Es ist die alte Hyperkommunikation deiner inneren Gen-Schlangen, die solche Erfahrungen möglich macht, weil wir in diesem Zeitalter wieder lernen, sie *bewusster* wahrzunehmen und zu steuern.

Wir schliefen auch eine Nacht im Zelt auf dem benachbarten *Cerro de Culiacan,* einem 2.830 Meter hohen Berg, das antike *Aztlan*, von wo aus die sieben Nahua-Völker aufbrachen, um das in der Vision erhaltene Signal (!) zu finden: einen Adler, der auf einem Nopalkaktus eine Schlange verschlingt. Wo sie diesen Adler fanden, gründeten sie Tenochtitlan, die Stadt im See, das heutige Mexiko-Stadt, die sein Zerstörer Hernán Cortés (1485 - 1547) einmal »die schönste Sache der Welt« nannte, denn sie war viel größer als Sevilla, die damals größte Stadt in Spanien. Der Adler, der die Schlange verschlingt, ist heute noch im Zentrum der mexikanischen Nationalflagge zu sehen. Bald werden wir noch einmal darauf zurückkommen.

Auf jener Reise lernte ich Don Rolando Silva kennen, einen bärtigen Landwirt aus den tiefen Tannenwäldern von Michoachan mit seiner eindrücklichen Lebensgeschichte. Seine natürliche, stets heitere Art, ohne sein spirituelles Wissen an den großen Nagel hängen zu wollen, ließ uns nicht im geringsten an der Authentizität seiner Erlebnisse zweifeln. Er erzählte uns bildlich und emotional alle Einzelheiten seiner Reisen in andere Dimensionen und auf fremde Planeten. Er beschrieb, wie er ein gleißendes Licht sah und plötzlich in eine Art *Traumzustand* verfiel, als er mit seinem Jagdgewehr nachts auf die Pirsch ging. Dann sah er vor sich ein im Wald gelandetes Raumschiff, welches er ohne Zweifel und Angst bestieg. Uns überraschte die Gastfreundlichkeit der Lichtwesen im Raumschiff, die er beschrieb, und der nicht einfach vorstellbare technische Fortschritt, in den er Einblick bekam. Unvergesslich waren seine Erzählungen sogenannter *holographischer Welten,* wo der Besucher im Raumschiff in einen weiteren, scheinbar »normalen« Raum eintrat, wo sich dann, je nach mentaler Steuerung, alle beliebigen Raum- und Zeitwelten auftaten. So war es möglich, dass sich dort ein »ganzes Fußballfeld« entfaltete oder Einblicke in alte Zeiten auf der Erde oder man sich urplötzlich auf einem anderen Planeten unter friedlichen, plasmaartigen Wesen wiedersah. (In dem Augenblick, in dem ich diesen Text schreibe, wird die Lattice-Verbindung so stark, dass mein Laptop einen »blauen Bildschirm« zeigt und abstürzt. Dies ist noch nie zuvor vorgekommen und während der weiteren Arbeit am Buch auch nicht mehr. Als ich den Laptop wieder hochfuhr, ging ich vorsichtiger ans Werk und bat die Sternenbrüder, die Interferenzen etwas zu kontrollieren, damit meine elektronischen Apparate keinen Schaden nehmen. – Das funktionierte bisher immer.)

Ich wähle dieses Erlebnis in den Wäldern von Michoacan unter vielen aus, um uns Gelegenheit zu geben, die fantastischen Geschichten der *grauen Männer*, die mit ihren Ufos arme Erdenbürger entführen, zu entmystifizieren. Alle diese überlieferten Horror-Geschichten sind subjektive, dreidimensionale, kulturell beeinflusste Übersetzungen einer von kollektiven Ängsten geprägten Wahrnehmung. Seit wir uns von den Drachengöttern getrennt und selbst den *Götterstatus* verloren haben, fiel in Vergessenheit, dass wir einst mit ihnen kommunizierten. Der Verstand schafft Angstbilder sowie übertriebene und starre Konzepte von allem, was unbekannt und unfassbar ist. Vergessen wir nicht: Der eigenen Bewusstseinsentwicklung entsprechend, haben die meisten von uns keine andere Wahl, als Begegnungen mit Lichtwesen oder andere mehrdimensionale Abenteuer in dreidimensionale Bilder »herunterzuübersetzen«, oft mit einem begleitenden »logischen Interpretationstext«.

Diese Illusions-Bilder sind wiederum sehr beschränkte Wahrnehmungen einer höheren Wirklichkeit, wobei viel Licht und ursprünglicher »Stoff« verlorengeht. Denken und fühlen nun viele dassselbe, werden *kollektive Quantenfelder* aufgebaut, etwa die »Grauen«, die Reptilianer, die metallene Untertasse und so weiter, auf die dann schnell zugegriffen wird, sobald man an Sternenbrüder oder Außerirdische denkt. Dahinter existieren jedoch viele andere mögliche Quantenerscheinungen, etwa chamäleonartig das Aussehen wechselnde Wesen, das beschriebene holographische Fußballfeld oder das Beamen an andere Orte oder Zeiten. Neben den grauen Außerirdischen mit dunklen Augenhöhlen, die ich selber übrigens nie so wahrgenommen habe, existiert eine Vielzahl von Erscheinungsformen: Wesen aus flüssigem Licht, aus Gitterstoff wie die Lattice, andere hohe, helle Lichtwesen mit Mönchskappen, dann wieder meterhohe mit eckigen Köpfen und dünnen Gliedmaßen und so fort.

Da es heute genug wissenschaftliche Evidenzen gibt, die belegen, dass es im Universum höhere Intelligenzformen geben muss, lassen wir doch das Streiten, und öffnen lieber unser Herz, damit jeder selbst seine transzendenten Erfahrungen machen kann, die sein Denken, Fühlen, sein Leben bereichern werden. Auch wenn für *Mayapriester* und wirkliche Schamanen Sternenbrüder tägliches Brot sind, muss ja nicht jeder gleich Heimunterricht bei einem galaktischen Meister nehmen oder ein Raumschiff besteigen. Vielleicht ist unser Ego einfach noch nicht bereit, seine langgehegte »Identität« für eine Weile loszulassen, und der Schock wäre zu groß für uns. Lieber erforscht jeder das Unbekannte bis dort, wohin er *heute* kann. Wie sagt man so schön:

Wenn der Schüler bereit ist, dann ***erscheint*** *der Meister.*

Es geht hier, wie erwähnt, wieder darum, seine Bereitschaft durch Gefühle und Taten als Wellen zu spiegeln, alte störende Glaubensmuster zu durchbrechen und mehr von unserem *Schöpfer- oder Drachen-Code* zur Hyperkommunikation mit dem Universum zu gebrauchen.

Wir saßen immer noch im Wohnzimmer von Don Rolando, während er seine »Entführungsgeschichte« beendete. Er fügte hinzu, dass ihm die außerirdischen Wesen die Fähigkeit gegeben hätten, in Träumen frühere Existenzen zu bereisen. Wir hörten noch stundenlang seinen spannenden Geschichten von früheren Leben zu, wo er in alle Einzelheiten zu gehen pflegte. Viele haben sich in Mexiko abgespielt, es kamen Schatztruhen, mexikanische Revolutionsführer und untreue Ehefrauen vor. Oftmals reiste er zu den im Traum erlebten Orten und suchte nach Beweisstücken, oder stöberte gar die Nachkommen der Hauptdarsteller einer Geschichte, also auch von sich selbst, auf – natürlich ohne je seine Identität preiszugeben. Denn, so sagte Don Rolando: »Ich wollte wissen, ob das wirklich wahr war.« In Fällen, die nicht so weit zurückliegen, ergab es sich, dass seine Nachkommen »aus einem früheren Leben« ihn erkannten und ihm sagten: »Übrigens, der hatte dieselbe Statur wie Sie!« Es ist bekannt, dass unsere verkörperte Seele in jeder Inkarnation gewisse äußere Ähnlichkeiten aufweist, deswegen wurde er im Dorf wiedererkannt. – Ich glaube, dass die hohe Frequenz und die Übertragung von Lichtinformation im Beisein der Sternenbrüder bei ihm in den DNA-Codes die Fähigkeiten zum Erinnern seines Seelenweges aktiviert haben. Diese Erfahrung hat mir meine eigene Arbeit bei der Aktivierung der energetischen DNA mit meinen Patienten bestätigt, denn auch sie funktioniert im Beisein eines spezialisierten »Ärzteteams von oben«.

Im nächsten Klartraum, den uns Don Rolando dann erzählte, kam sogar ein Dinosaurier oder Drache ins Spiel, was unseren Ausflug nach Michoacan abrundete. Als Handwerker befand er sich in einem früheren Leben am Ufer des Yuriria-Sees, der sich ganz in der Nähe der *sieben Luminarias* befindet. Er sagte, die Geschichte hätte sich so ungefähr vor hundert Jahren abgespielt. Mit ein paar Arbeitskollegen verbrachte er die Mittagspause am Seeufer. Bevor sie zur Baustelle zurückkehrten, lockte sie der blauschimmernde See zu einem kühlen Bade. Urplötzlich erhob sich ein riesiges Drachenwesen hoch über die Wasseroberfläche. Seine Kollegen schwammen um ihr Leben und rannten zitternd wie Espenlaub davon. Rolando erzählte, wie er sich selbst in Sicherheit wähnte und vom Ufer aus dem schönen Tier zuschaute. Das Wasserungeheuer muss genauso ausgesehen haben, wie das fotografierte Drachen-Wesen aus dem Kratersee von *La Alberca*. Es war eine unvergessliche Erfahrung, sagte er – den Augenkontakt mit diesem Wesen zu spüren! Für ihn war dieses Erlebnis mit einem Drachen Wirklichkeit, er zweifelte nicht im geringsten daran.

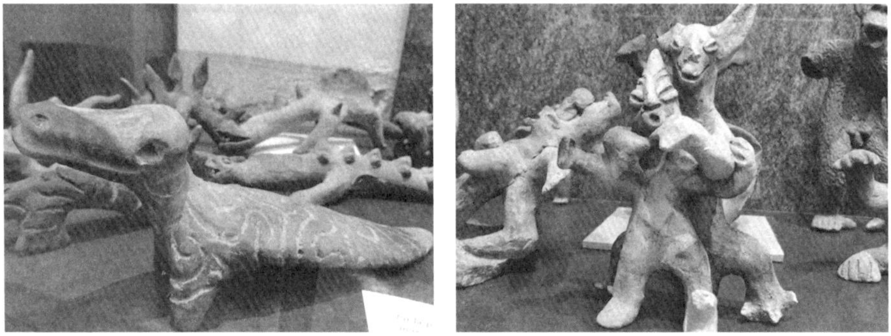

Dino-Figürchen aus dem Waldemar Julsrud Museum in Acambaro, Guanajuato, Mexiko.

Er empfahl uns, das *Waldemar-Julsrud-Museum* in Acambaro, Guanajuato, zu besuchen, was ein sensationeller Geheimtip war. Dort sind die im Jahre 1945 vom deutschen Archäologen Waldemar Julsrud (1875 - 1964) entdeckten Tausenden von Tonfigürchen der Chupicuaro-Kultur (800 v. Chr. - 200 n. Chr.) zu finden, deren Großteil verschiedenste Arten von Dinosauriern und Drachenwesen darstellen.*

Würde ich diese Geschichten von Sternenbrüdern und Dinosauriern aus dem All in einem Vortrag erwähnen, stellte mir an dieser Stelle sicher jemand die Reptilianer-Frage: »Pascal K'in, haben die außerirdischen Drachen etwas mit den Reptilianern zu tun?« – und beim Fragenden schwänge vielleicht die in gewissen Kreisen der Menschheit verbreitete Angst vor reptilienhaften bösen Außerirdischen, vor sogenannten Grauen und den Weltverschwörungstheorien mit. Obwohl das alles wenig mit dem göttlichen Drachenerbe eines Quetzalcoatl zu tun hat und ich mich mit Verschwörungsideen nicht auseinandersetze, möchte ich doch dem Leser die Antwort nicht schuldig bleiben. – Stellen wir uns einmal zwei Generäle von zwei Staaten vor, die gegeneinander Krieg führen, zum Beispiel der USA und des Irak oder von Hitlerdeutschland und Russland. Beide Generäle wie auch ihre Hauptleute sehen in ihrem Gegner den abartigsten aller Feinde und setzen ihre ganze Kriegsstrategie ein, um ihn und seine Stützpunkte zu vernichten. Ihnen wurde weisgemacht, dass sie damit ihrem Volk, ja der ganzen Menschheit einen großen Gefallen tun.

---

* Wer sich mit der Polemik über die Echtheit dieser Figuren auseinandersetzen oder sich ins Thema der Koexistenz von Menschen mit Dinosauriern vertiefen möchte, dem sei die gut recherchierte und reich bebilderte Webseite *www.genesispark.com* empfohlen.

Durch Propaganda und geschicktem Einsatz der Medien gelingt es, dass das ganze Volk des kriegsführenden Landes den Krieg moralisch gutheißt, im Falle der USA wird der »Krieg gegen den Terrorismus« oder bei Hitler der »Krieg gegen die Arierfeinde« von der breiten Masse bejubelt. Diese beide Generäle wissen nun aber nicht, dass ganz in der Nähe ein geheimes Treffen stattfindet, wo der Krieg ausgehandelt und angeheizt wird, wo sich Geheimdienst und internationale Drahtzieher treffen, die am Krieg Geld verdienen oder durch ihn in anderen Ländern politische Macht oder Vorherrschaft erlangen wollen. Nicht nur die Zivilbevölkerung im entfernten Kriegsland, die unschuldig in den Tod getrieben wird, ist das Opfer dieser »globalen Verschwörer«, nein: Das ganze Volk des eigenen Landes und auch die Generäle sind hinters Licht geführt worden – über die wirklich eigennützigen Beweggründe des Krieges. Die eigenen Soldaten werden weiter an die Front geschickt, dort geopfert und als Märtyrer gefeiert.

Doch kommt Licht in die Angelegenheit, wenn wir uns vorstellen, dass auf jeder weiteren Hierarchie-Ebene, die wir emporsteigen, sich wieder ein paar Drahtzieher »eines höheren Grades« treffen und sich über das inszenierte Geschehen ins Fäustchen lachen, weil *sie* die wirklichen Profiteure der Entzweiung und des Mordspektakels sind. Auch die globalen Verschwörer werden also von jemandem für ein »höheres Wohl« als Marionetten missbraucht: Irgendwo, noch weiter weg, sitzen vielleicht die »bösen Reptilianer« mit dunklen Machtwesen zusammen und beschließen, wie sie die globalen Verschwörer am besten gebrauchen und über den Tisch ziehen können. Es dient ihrem Interesse, die Menschen zu entzweien und zu versklaven, sie glauben zu machen, sie wären alle Opfer einer unentrinnbaren Weltverschwörung. Die globalen Verschwörer sind ja so sehr in ihrer Machtgier und ihrer Überzeugung, die Kontrolle innezuhaben, gefangen, dass sie gar nicht merken, wie sie selbst ebenfalls ausgenutzt werden. Doch das gleiche passiert den Reptilianern: Sie sind die Marionetten von intergalaktischen Drahtziehern und Mächten, die miteinander Krieg führen, wie uns viele Filme und Videospiele zur Schau stellen. Auch diese lachen sich ins Fäustchen, weil die Reptilianer den Krieg für sie austragen und sie letztendlich stark machen. Doch noch eine Stufe höher sitzen da lässig ein paar Supermächtige in ihrem Raumschiff und kontrollieren die ganze Galaxie… und die Geschichte scheint nie zu enden!

Erinnern wir uns der Reisen durch die Fraktalebenen: Bisher haben wir in diesem Buch in unserer Vorstellung eher lebensbejahende Filme gedreht, haben uns mit der inneren Gesundheit befasst, dem Aufwachen der Menschheit, vielleicht glauben wir an galaktische Föderationen mit »guten Außerirdischen«, die den Frieden und die Erleuchtung der Menschen fördern. Reist du jedoch fraktal mit einer voreingenommen negativen, selbstzerstörerischen Sicht auf unsere Existenz, kommt dein Film von Mikro- zu Makrowelten eher lebensverneinend heraus: Wie viele Menschen sehen nicht ihren Körper als »potentiellen Krankheitsherd« (woran die pharmazeutischen Unternehmen ihr Geld verdienen)? Wie viele schauen (angesichts der kollektiv inszenierten Armut und Volksverblödung) mit der Gleichgültigkeit des Versagers auf ihre Träume nach Fülle und Reichtum im Leben? – Oder sie betrachten unsere krisengeschüttelte Welt und die »schwierige Finanzlage« mit der Lähmung des Opfers. Dann fehlt nicht mehr viel, und sie landen bei den globalen Verschwörungstheorien und beginnen, sich vor den grauen Außerirdischen und ihren »Kriegen im Weltall« zu fürchten!

Die Frage ist also nur, ob du auf einer der »Verschwörungsfraktalebenen« mitmachst oder ***deine eigene fraktale Geschichte des Lichts*** *zu erzählen beginnst.*

Jede fraktale Lügenebene, oder *Maya-Ebene*, hat ihren blinden Punkt im Streit der Polarität, zwischen den Guten und den Bösen, dem jeder zum Opfer fallen kann, der nicht eine Ebene höher geht und über sich hinauswächst – sei er das halbtote Opfer der Pharmagifte oder eines inszenierten Bürgerkrieges oder sei er der dunkle Drahtzieher selbst, der in seinen Machtgelüsten feststeckt. Auch ich selbst hatte Einblick in rabenschwarze Unterwelten, in die Welt der Schwarzmagie-Hexer von Mexiko und Kontakte mit furchterregenden Monstern aus anderen Welten. Nach Phasen von Furcht, Starre und Todesangst habe ich schließlich so lange in ihren Spiegel geschaut, bis ich selbst ihr Dunkel in mir entdeckte und es zu transzendieren lernte; dann gingen sie wieder oder wurden unwichtig. Ich habe gelernt, dass es *schlussendlich* gar kein Dunkel gibt, sondern nur Licht oder Gott. Hier unterstützt uns der göttliche Trick der unabwendbaren Evolution hin zum Licht: Alle Fraktalebenen mit inneren und äußeren dunklen Drahtziehern bewirken, dass wir endlich aufwachen und sie in uns überwinden (während diese sich weiterhin siegessicher wähnen und ihr Drama weiterspielen). Und so geht es immer eine Etage höher, hin zu mehr Licht, Information, Frequenz und Kohärenz.

Ich sage meinen Schülern immer: »Was haben uns die von den Politikern, der Erziehung, der Kirche gesäten Ängste und die aufgedeckten Skandale der Banken, Pharmazieunternehmen und Waffenlieferanten der letzten Jahre gebracht?« – Die Menschen haben begonnen, aufzuwachen und neue Lebenswege aufzuzeigen! Sie haben sich, vor allem dank des Internet, miteinander verbunden und Revolutionen wie den »Arabischen Frühling« in den arabischen Ländern ausgelöst. Dank der Lügen der machthabenden Elite ist es vielen gutgläubigen Menschen wie Schuppen von den Augen gefallen, dass nicht alles so ist, wie man es ihnen in den letzten Generationen gepredigt hat. Das Ende der *Welt der Schlange* (der unteren Welt), wie die Schamanen sagen, ist in vielen Menschen und Familien präsent, sie beginnen, die ihnen zustehende Kraft des *Jaguars* (der mittleren Welt) wieder aufzunehmen und in die weisende und heilende Präsenz des Herzens einzuziehen. In ihrem Zuhause entstehen wieder heimische Medizinräder oder kleine »Kraftzirkel«, *círculos de poder*, wie die Maya sagen.

Wir sind heute dabei, uns endlich bewusst zu werden, dass wir in einer kollektiven Illusion einer *virtuellen Maya- oder Scheinwelt-Simulation* gefangen sind, genannt »zivilisierte Menschheit«, die auf verschiedenen Ebenen von sogenannten »Machthabern« gelenkt wird – weil wir ihnen nichtwissend die Macht gegeben haben (Banken, Wirtschaft, Gesundheitswesen, Waffen, spirituelle Kontrolle usw.). Im Film *The Matrix* wird diese »Schatten-Lattice« *Matrix* genannt. Nur Ignoranz oder das Mitspielen der zugeteilten Rolle (auf Angst, Aggression, Ohnmacht aufgebaut) hält die Simulation aufrecht.

Wie kann ich die Ebenen der Matrix des alten Paradigma überwinden?

- *Überwindest* du deine einseitige, kollektive Erziehungsstruktur, die du meist von deinen Eltern, der Schule und deiner Kultur übernommen hast und die auf verzerrter Wahrheit und der Opferhaltung des Individuums beruht, beginnst du die Lügen zu entlarven und dich selbst zu kultivieren; du findest deine Freiheit, Gesundheit und Verwirklichung.
- *Überwindest* du die Ängste vor einer globalen Verschwörung, vor den Reptilianern, den Grauen und anderen bösen Kräften im Kosmos, verstehst du plötzlich, dass es sie in einem höheren Sinn gar nicht gibt, sondern wir sie mitgestalten, ihnen Energie zukommen lassen – durch unsere Angst oder unsere Aggression, durch unseren alten Hunger nach Drama zwischen Gut und Böse, nach Konflikt und Krieg.
- *Überwindest* du alle Scheinwelt-Ebenen, beobachtest ihre Lügen und Illusionen und steigst so immer weiter auf, dann kommst du unweigerlich… zu Gott, zum Ursprung, zur Quelle.

Schnellstes Gegengift gegen die Maya- oder Scheinwelt-Simulation ist demnach: ein *Latticebewusstsein*, weil es an allen Enden und Ebenen unsichtbar wirkt. Nun lässt du dich so leicht nicht mehr »hinters Licht führen«, denn du hast dich erinnert, dass alles sogenannte »Negative«, »alles Dunkle«, die korrupte Wirtschaft, die Kriege oder globalen Verschwörertreffen nur dazu da sind, aufgedeckt und wieder integriert zu werden. Dann folgt eine befreiende Lachtherapie, bei der du dich so richtig krümmen darfst vor Lachen, über dich selbst, über die alten festgekrallten Lügen und die unendlichen Möglichkeiten, die vor dir liegen. Alles ist nur auf eines ausgerichtet: auf Einswerdung, hin zum Licht! – Gott ist nicht nur eine vertikale Verbindung zwischen (uns hier) unten und (er dort) oben, sondern stellt auch unsere Geschichte auf diesem Planeten dar; er ist die zyklische Zeitspirale der Evolution hin ins Licht. – Ich hoffe, ich habe mit meiner Antwort über die »Reptilianer« aufzeigen können, warum ich es ganz einfach für unnötig halte, sich näher mit ihnen zu befassen.

Die folgende Abbildung stellt eine Kosmovision dar, in der der Mensch durch Vereinen der Polaritäten jeder Wahrnehmungsebene die Leiter zurück ins Licht aufsteigen und wieder zum Gottmenschen werden kann, so wie vor dem Fall aus dem Paradies. Der göttliche Drachencode in seinen Genen hilft ihm, an immer höheren Erfahrungsebenen als *Gottmensch* teilzuhaben: an *höheren Wirklichkeiten*, an *friedvollem Zusammenleben* (auf der Erde und im Kosmos), an *liebe- und respektvollen Beziehungen* mit allen Lebewesen und an einer eigenen *integralen Gesundheit* (in der Abbildung von oben nach unten). In diesem evolutiven Prozess macht jede Ebene die nächsthöhere erst möglich. Erreichen wir einmal die Bewusstseinsebene, wo wir uns nicht mehr gegenseitig umbringen, sei es durch Emotionen, Gifte oder Waffen, werden

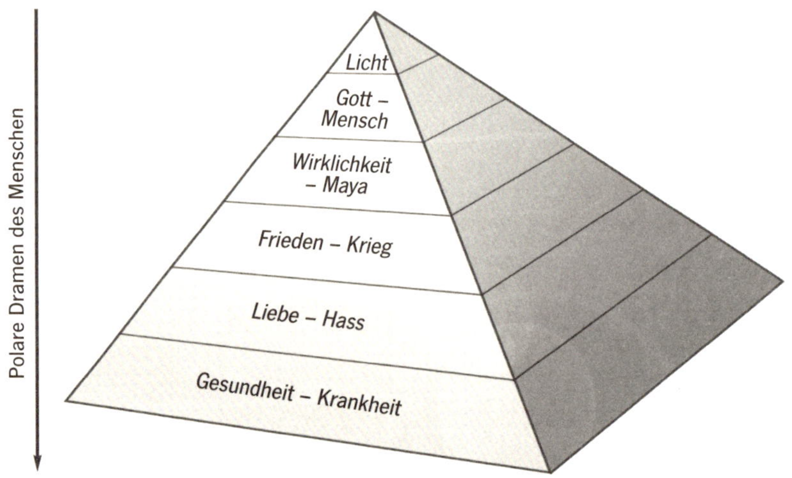

Kosmovision der polaren Dramen des Menschen und seinem Aufstieg zum Gottmenschen und zur Erleuchtung am Scheitelpunkt der Pyramide. Spielregel: Wer auf einer Ebene noch hadert, kommt nicht weiter. Viele Hollywood-Filme handeln von den aufgezählten Dramenbereichen, die meist ein Held überwindet, indem er auf die nächsthöhere Ebene gelangt.

wir bereit sein, unseren Individualismus zum Wohl des Ganzen in ein bewusstes, friedliches und spirituelles Gruppenbewusstsein zu integrieren (siehe Kapitel 8, *Erstes menschliches Gruppenbewusstsein*).

Dein Drachenerbe und die Rückkehr ins Paradies

Don Lauro bereitete mich längere Zeit auf ein Geheimnis vor, dass, wie er sagte, mein Leben verändern werde. Es ist in der Tat für mich zu einer der wichtigsten Lebenseinsichten geworden, die ich auch oft in Seminaren und Vorträgen weitergebe. Die schamanischen Kulturen der Amerikas teilten alle auf ähnliche Weise das Universum in *drei Welten* ein. Jede Welt kannte ein oder mehrere Schutztiere.

Wir gebrauchten die folgende Einteilung: Die *untere Welt* der Schlange, die *mittlere Welt* des Jaguars und die *obere Welt* des Adlers. (Mit der Schlange ist hier klar die Erdenbewohnerin gemeint und nicht die gefiederte oder kosmische Schlange.)

Der **Welt der Schlange** entspricht das *Unterbewusstsein* der Psychologen sowie die *Unterwelt* mit unseren Monstern und den unerlösten toten Freunden.

Der **Welt des Jaguars** entspricht unser *Mittleres Bewusstsein*, wozu unsere Herzenskraft und alle unsere menschlichen Beziehungen zählen.

Der **Welt des Adlers** entspricht das *Überbewusstsein* mit unseren ungelebten Möglichkeiten.

Kosmovision des Adlers, der die Schlange überwindet, »der Himmel auf Erden«. Das gleiche Thema findet sich auf der mexikanischen Nationalflagge. Skulptur in Nueva Rosita, Coahuila, Mexiko.

Jeder Mensch hat diese drei Welten in sich und sollte sie kennenlernen, um frei zu sein. Anzuerkennen, dass die *Schlangenungeheuer* in uns selbst sind, hilft, sich ihnen zu stellen und sie zu befreien. Genauso besteht bei vielen Menschen die Angst, die Tür zum *Adler* aufzutun, weil sie vielleicht ihren eigenen Höhenflug, ihr Licht oder eine Begegnung mit einem Engel oder Meister scheuen.

Die mexikanische Nationalflagge mit dem Adler, der die Schlange verschlingt, erinnert uns an die Integration der Welten, denn was du verschlingst, integrierst du, verleibst du dir ein und überwindest es. Der Buddhist sagt: »Iss die Früchte deines alten Karmas«, und das hat oft viele dunkle Schlangen-Anteile in sich. Die Gründung von Tenochtitlan im »verheißenen Land« ist demnach mehr als ein physischer Ort, es ist ein *Bewusstseinszustand im Herzen* der Stadt- und Tempelgründer (symbolisiert durch den Nopalkaktus auf einem Stein), wenn der Geist (Adler) das Ego und die Materie (Schlange) überwindet. – Was uns die drei Welten überhaupt erst zusammenbringen lässt, ist die Auseinandersetzung mit unserem *Jaguar,* der will, dass wir stark und geschmeidig-weise sind wie er und unsere Kraft nicht verbergen. – Als ich die drei Welten in Ritualen und eigenen Erfahrungen scheinbar genügend kennengelernt hatte, fragte mich der Meister eines Tages:

»Wie erschaffe ich die *Sphäre des Drachen*?«

Ich hatte nicht die geringste Idee, auf was er hinauswollte. Sphäre ist auch im Spanischen (*esfera*) eine Bezeichnung, die im Altertum für das *Himmelsgewölbe* verwendet wurde, neben der modernen Bedeutung von Kugel, Ball und Bereich. »Was für ein Rätsel gibt er mir denn jetzt wieder auf?« dachte ich.

Ich sah vor mir einen Drachen und darum herum ein Weltenei, eine Kugel, eine Energiesphäre… Aber weiter kam ich nicht.

Das Geheimnis, das er mir ein paar Wochen später preisgab, lernte ich erst in den Jahren danach in voller Tiefe zu deuten:

Der Drache vereint die drei Welten der Schlange, des Jaguars und des Adlers. Er ist die Sphäre der Einheit!

Versuch es mal, es stimmt wirklich.

Kreativität

Übung 8: Vereine die drei Welten

Besorge dir mehrfarbiges Plastilin und knete daraus drei Tiere: eine Schlange, einen Jaguar und einen Adler. Du kannst sie dir auch im Geiste vorstellen, am besten mit geschlossenen Augen.
Die Hingabe und Empfindung, die du dabei in deine kreative Aktion hineingibst, macht die Übung zu einer tiefgreifenden Erfahrung, die du nicht so schnell vergessen wirst.
Wenn du die drei Tiere fertig hast, stelle dir vor, dass du daraus ein einziges Fabeltier zusammenbaust. Meistens kommt so etwas wie ein Drache dabei heraus. Den Schwanz bildet die Schlange, der mittlere Teil (wo das Feuer herkommt) geht aus dem Jaguar hervor, während der Adler die Drachenflügel leiht.
Spüre, was sich in dir regt, wenn du den Drachen vor dir hast.
Diese Weisheit ist sehr einfach und kraftvoll.

Die Einheit des Drachen erkunden und erfahren	**Visualisierung in Kombination mit Bastelarbeit**
Mehrfarbiges Plastilin	**Ruhig**
Sitzend oder stehend	**10 Minuten**

Ein reifer Mensch trachtet von sich aus danach, seine drei Welten gut gefügt zu haben und sie stetig auszubalancieren (auch wenn er sie nicht »Schlange«, »Jaguar« und »Adler« nennt). Dann ist er in der »Sphäre des Drachen«, wie Don Lauro sagte, in der Einheit, eins mit der Maya-Lattice. – Den Weg dorthin findet er im *Herzen*, im Zentrum der Sphäre, denn das sich öffnende Herz vereint und verankert uns im Jetzt, erweitert unser bewusstes Sein, bis wir selbst von unserem »persönlichen Weltenei« umgeben sind. Viele Hellsichtige und Schamanen sprechen von diesen Energie-Eiern oder Licht-Eiern, die wir eigentlich sind. Im besten Fall ist es im Herzen zentriert, balanciert zwischen den drei Welten und kann sich je nach Bewusstseinszustand bis über 100 Meter ausdehnen; im Normalzustand geht es auf einen Durchmesser von etwa eineinhalb Metern zurück.

Haben wir nicht von einem inhärenten *Schöpfer-Code* gesprochen, der uns von selbst in diese höhere Einheit mit dem Universum bringen kann? – Klar! Die DNA.

Plötzlich durchzuckte es mich: Es geht nicht nur um unser persönliches Ei, nein! Die Sphäre ist das Himmelsgewölbe, das Universum, worin ein Drache, eine »kosmische Schlange« darauf wartet, ins Leben zu treten, aus dem Weltenei, dem kosmischen Ei zu schlüpfen. Es ist die vielgepriesene mythologische *Rückkehr des Quetzalcoatl* auf Erden.

Und wie soll das geschehen? – Durch uns Menschen! Es ist doch kein Zufall, dass die kosmische Schlange und die DNA dieselbe Spiralform haben! Kosmische Schlange und DNA sind nur fraktale Kreationen der gleichen kosmischen Urspirale, die alles Leben im Universum seit jeher hervorgebracht hat. Wiederum geht es darum, die Erlösung nicht im Außen zu suchen, sondern endlich zu verstehen, dass sie in uns drin ist, dass wir schöpferische Wesen sind und das Schicksal des Planeten mitschaffen.

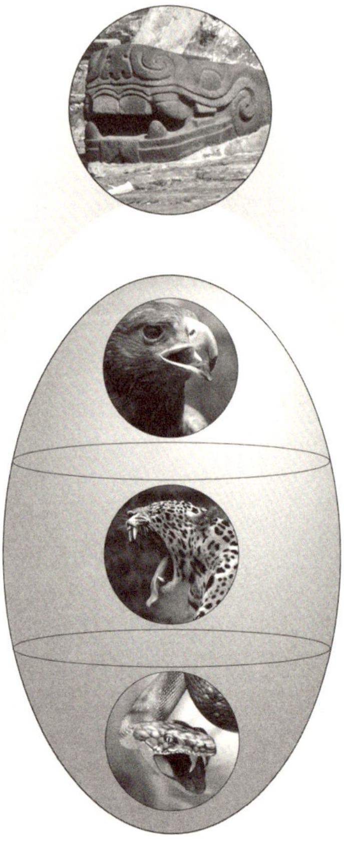

Der Drache oder Quetzalcoatl in Mexiko vereint die drei Welten: Schlange, Jaguar und Adler in der Sphäre der Einheit. Aus dem Welten-Ei schlüpft der neue Mensch mit seinem göttlichen Licht- und Schöpfercode. Jedes persönliche Welten-Ei ist ein Multiversum, da es selbst viele Universen oder Sphären (voller vergangener oder zukünftiger Erlebnisse) enthält.[60]

Wir Menschen haben also die Möglichkeit, unsere göttliche Information zu aktivieren, entweder in der DNA oder als kosmischer Drache (Quetzalcoatl, Kundalini). Sie ist unser »Drachenerbe« und schlummert in unserem Erbgut als *Schöpfer-Code* noch vor sich hin. In Träumen und Visionen begann ich allmählich folgendes zu verstehen:

- Die Menschen tragen das Licht in ihrer DNA in unendlichen Kombinationen der Farbspektren des Regenbogens verschlüsselt, das heißt aller gottähnlichen Fähigkeiten der Menschen.
- Der Gott Quetzalcoatl selbst (oder der Drache) ist der »Lichtverschlüssler« des göttlichen Bauplanes des Universums.
- In der Form der ewig drehenden und tanzenden kosmischen Schlange liefert der Gott Quetzalcoatl selbst die fraktalen Bausteine des Universums.
- Unsere DNA ist ein Spiegel aller Quantenwelten, welche von der kosmischen Mutter-Lattice, der Göttin, zusammengehalten werden.

Der göttliche Schöpfer-Code, gehütet und dargestellt von den mythischen Drachen, möchte also wieder auf Erden inkarnieren! – Durch uns, die Nachfahren von Adam und Eva, sexuell verführt von der »kosmischen Kundalini-Schlange« am »Baum der Erkenntnis des Guten und Bösen«. Die kosmische Schlange zeigt Eva einen leuchtendroten Apfel, die verbotene Frucht: »Sobald ihr davon esst, gehen euch die Augen auf; ihr werdet wie Gott und erkennt Gut und Böse.« (*Bibel, Altes Testament*, 1. Buch Mose, Genesis, 3,5) Die *Vertreibung aus dem Paradies* lässt Adam und Eva erkennen, dass sie nackt sind, verschieden sind, Scham kommt auf, doch auch Begehren und sexuelle Anziehung nach dem anderen Geschlecht. Die Menschen haben begonnen, die Gegensätze, wie »Weiblich« und »Männlich«, »Gut« und »Böse«, zu erkennen und polar zu denken. Was wir immer noch nicht annehmen wollen, ist, dass seit dem Fall aus dem Paradies wir Schöpfer, also »wie Gott« sind, jedoch auch die Verantwortung für unseren evolutionären Lernprozess übernehmen müssen.

Unsere Aufgabe ist es seither, als spirituelle Wesen in *Menschenkörpern*, die Polaritäten langsam wieder zu überwinden. Wir entdecken dann irgendwann das Paradies hier auf Erden, um uns herum, jetzt! Wir tun dann die Schlange am Baum der Erkenntnis nicht mehr nur als »Satan« ab, sondern sehen in ihr einfach den dunklen Teil des Ganzen. Später werden wir sie wieder als den schlangenartigen Drachen (es gab ja auch kleine Drachen im Paradies), als die weise kosmische Schlange, als das Gottwesen, erkennen, das sie war. Sie ist seit der »Vertreibung aus dem Paradies« einfach in Ungnade gefallen und als Sündenbock behandelt worden, dabei hat sie uns die ganze Zeit nur den Spiegel vorgehalten und den Weg gewiesen. So nach dem Motto: Siehst du mich als Schlange, bist du selbst Schlange; siehst du mich als Drachen, hast du den Gott in dir erweckt.

Eine der wichtigsten und schnellsten Erleuchtungs-Wege heute, auf dem wir Polaritäten überwinden, innere männliche und weibliche Energien verbinden sowie als Frau und Mann eine Partnerschaft in allerhöchsten Frequenzen feiern können, ist die Sexualität. Wenn wir lernen, die Ängste und Vorurteile der Welt der Schlange loszulassen und uns wieder in heiliger Liebeszeremonie zu verschmelzen, erwacht in uns der Drache oder die »kosmische Kundalini-Schlange«. Für einen Moment sind wir wieder Adam und Eva im Paradies, aber auf einer neuen Entwicklungsstufe, als bewusste Schöpfer auf Erden. Auch dieses Wissen der heiligen sexuellen Rituale aus den jahrtausendealten Einweihungstempeln ist in unseren Zellen und der DNA gespeichert; viele Menschen berichten von früheren Leben, wo sie in solchen Tempeln lernten oder dienten. – Die *Vertreibung aus dem Paradies* ist demnach vielmehr eine Graduierung der Menschheit, eine Befreiung und *Ermächtigung* durch Bewusstwerdung, also gleichzeitig eine *Rückkehr ins Paradies.*

Warum hat die kosmische Schlange eigentlich gerade Eva verführt? – Eva hat als Frau und Lebensspenderin die Macht über die Bevölkerung der Erde, die vom Apfel symbolisiert wird (wie der *Weltenapfel* oder *Reichsapfel* der Könige des Mittelalters, der die Herrschaft über den Erdball darstellte).[61] Sie gibt ihn Adam und lädt ihn so ein, viele Kinder zu zeugen. Wenn er in den saftigen Apfel beißt und damit einen erotischen Akt vollzieht (Essen symbolisiert Sexualität), akzeptiert er den großen Schritt und nimmt, ohne sich jedoch dessen voll im klaren zu sein, die Verantwortung auf sich, »eine neue bewusstere, reife Menschheit zu gründen«. – Die Ursprünge der *Bibel* greifen auf Geschehen zurück, die viele Hunderttausend Jahre vor unserer Zeitrechnung geschehen sind. Sie erzählt von der Zeit, in der die Drachen und Dinosaurier verschwanden und die Menschen ihren *Götterstatus* verloren. Sie waren nun auf sich selbst angewiesen wie kleine Kinder, die allein in die Schule gehen oder die man nach einem Pubertätsritual in die weite Welt schickt: »So, mein Kleiner, nun bist du erwachsen!«

Der Fall aus dem Paradies erzählt eine Geschichte, die schon passiert war und die versuchen sollte, das Vergangene aufzuarbeiten. Ein Sündenfall ist sie nur, wenn wir nicht annehmen können, was geschehen ist und statt dessen Schuldige suchen; wenn wir nicht weise die Konsequenzen tragen und anerkennen, dass das Dunkle der Schlange und das unterdrückte Weibliche Teile des Ganzen sind, genau wie sie es im Paradies immer waren.

Habe den Mut, lieber Leser, hinter die alten Legenden und Texte der Geschichtsbücher zu schauen und deine eigene Version zu erzählen. Sicher ist, dass viele von ihnen im Lauf der Zeit verfremdet wurden, ganz einfach, weil gewisse Fakten nicht mehr ins Weltbild passten. Warum also nicht beginnen, neue kollektive Mythen zu schaffen, so wie es dieses Buch tut? – Denn diese werden Teil des morphischen Feldes und schaffen unser aktuelles Schicksal auf Erden mit.

Heute sind wir an einer ähnlichen Zeitschnittstelle, wo eine lange dunkle Ära von Gewalt und Krieg zu Ende geht. Auch damals waren es Mächte aus dem Universum, die wollten, dass Drachen und Menschen sich verfeinden und so der Schöpfer-Code in den Menschen schließlich deaktiviert wurde. Seither spüren wir, dass uns etwas fehlt – oft nennen wir es *Gott.*

In Wirklichkeit fehlen wir uns selbst.

Es fehlt der abgespaltete weibliche, spirituelle, heilende, multidimensionale Teil. Bei den meisten Menschen blieben viele Fähigkeiten abgetrennt, etwa Hyperkommunikation, Selbstheilungskräfte, Materialisierungskraft. Meister wie Jesus, Buddha, Mohammed, Quetzalcoatl (nach der Legende in Menschengestalt in Amatlan de Quetzalcoatl, Morelos, Mexiko, geboren), kamen als Visionäre und Pioniere, um uns schon früh zu zeigen, was möglich ist.

Die Evolution des Bewusstseins hat uns Individualisierung und technologischen Fortschritt gebracht; deren Nutzen wird jedoch in den modernen Gesellschaften von materiellen Interessen, Konkurrenzspielen und Machtgier überschattet. Obwohl die Fassaden und Masken der Heuchelei wie von selbst bröckeln und sogar immer mehr Kinder mit zuvor kaum aktivierten Gencodes zur Welt kommen, ist für viele Menschen das Licht am Ende des Tunnels noch nicht in Sicht. Sie sind noch unbewusst Opfer der doppelmoralischen Informationspolitik sowie der Angst, die an allen Orten geschürt wird, etwa durch selbstinszenierte Pandemien, Finanzkrisen und Terroranschläge, die dann weitere Maßnahmen im Teufelskreis der Ohnmacht rechtfertigen sollen. Viele übernehmen unbewusst diese kollektiven Schatten von außen in ihre »persönliche Welt der Schlange« mit auf und reagieren auf alles mit Gewalt, Aggression, Neid oder ganz einfach mit einer lebensverneinenden Ignoranz. Ihre Energiekörper nehmen die Schatten auf und übersetzen als Folge eintretende Information und Lichtsignale falsch, was sich unweigerlich auf ihr Zellverhalten auswirkt. In diesem Fall hilft ein kurzes Wiederverbinden mit der Lattice (Übung 2), die alles entfernt, was nicht Licht ist, und den Körper in eine höhere Schwingung versetzt. – Die meisten Menschen wissen gar nicht mehr, was »Herz« oder »Seele« bedeutet – ein hoher Preis, den wir für unsere sogenannte Wohlstandsgesellschaft bezahlt haben. Die Geschichte scheint sich zu wiederholen, wie man so sagt: Machtgier und Abspaltung vom Geist drohen wieder, die Menschheit von ihrem inneren »Drachenerbe« zu entzweien.

Wir sitzen alle im gleichen Boot und sollten »den Kräften da draußen« danken, weil uns durch sie klar wird, dass sie nur unser aller Projektion und damit Illusion sind. Sie zeigen uns, wie dunkel es in uns selbst aussieht: Angst, Wut, versteckte Absichten. Als Don Lauro vor kurzem auf unserem magischen Berg zu Besuch war, sagte er den Versammelten: »Das Geheimnis liegt darin, immer wieder zu *brechen* mit dem, was ist.« Denn wir halten uns noch zu gerne an Konstrukten, an Konzepten fest, anstatt weiterzufließen.

Der einzige Ausweg ist, die »Schlange« (des Unterbewussten, der Unterwelt) in sich zu befreien, zum Tanzen zu bringen, bis sie aufsteigt (den Jaguar und den Adler einverleibt) und wieder zur »kosmischen Schlange«, zum Drachengott Quetzalcoatl wird. Auch wenn die Angst vor den dunklen Mächten und ihrer Kontrolle tief sitzt, sollten wir doch objektiv bleiben. Die wirkliche Macht der dunklen Drahtzieher – wir haben sie mit den Film-Dramen aus Hollywood verglichen – ist einfach zu durchblicken und gar nicht so groß, wie die Medien es uns tagtäglich mit ihren Horrorgeschichten aufspielen. (Ich lebe, Gott sei dank, von Kind auf fernsehfrei.) Sie funktioniert nur, wenn wir mitspielen, denn sie operiert durch geschürte Emotionen (Angst, Hass, Neid), die *Trennung* hervorrufen, oder durch kollektiv inszenierte *Illusionen,* die uns in der *Ignoranz* halten.

Solche inszenierten Illusionen sind zum Beispiel die sogenannte Meinungsfreiheit, die politische Macht als Bürger, die paradiesische Welt der oberflächlichen Freizeitkultur sowie die öffentlich zelebrierten Auszeichnungen für die Weltstars der »modernen Errungenschaften«. Wenn wir lernen, die Emotionen in den Griff zu bekommen und aus dem Herzen zu leben, werden wir immer objektiver und lassen uns nicht mehr so leicht täuschen (*Maya*). Erkennen wir einmal den »kalten Kaffee von gestern« und vibrieren in freudiger Hoffnung und neuen positiven Überzeugungen von der Zukunft, können wir ja selbst unsere schlafenden kosmischen Codes in unseren Zellen aktivieren und unsere »göttliche Macht« leben! – Wenn wir die kosmische Schlange und die Botschaft ihres Schöpfer-Codes verstehen, brauchen wir uns nicht mehr zu verstecken, weder unsere dunkle, noch unsere lichte Seite, denn sie beide, Schlange und Adler, sind der Weg zum Ganzsein.

Besondere Aufmerksamkeit gilt den Aspekten der weiblichen Energie, die in den letzten dreitausend Jahren unterdrückt wurden: Gefühle, Intuition,

Chaos, Kreativität, Kunst, Spiritualität, kurz die *Rückkehr der Göttin*, die Rückkehr der Lattice. – Vor allem die Männer dürfen wieder ihre weibliche Seite leben, erotisch in den Apfel beißen und der Verantwortung ins Gesicht blicken, »eine neue Menschheit zu gründen«, beruhend auf einem noch nie dagewesenen Gruppenbewusstsein von Liebe, Respekt vor jedem einzelnen und auf Zusammenarbeit. Wir alle haben es verdient, das Erbe von Adam und Eva würdig weiterzuführen und zu transzendieren, indem wir endlich den Drachencode der kosmischen Paradies-Schlange aktivieren!

In vielen Sagen muss der Drache von einem Helden im Kampf überwunden und getötet werden, damit die Welt weiterbestehen kann. Auch du, lieber Leser, bist ein solcher Held, ein Drachentöter – auf deiner Schatzsuche und Surfreise durch dieses Lattice-Buch. Der Held ist immer ein Übermensch, wie (Rambo) in den Hollywood-Dramen, der seine persönliche Geschichte auf eine höhere Ebene bringt. Er schaut in den Spiegel der Lattice und vervollständigt sich, aktualisiert sich, wobei er sich den neuen Bewusstseinszustand aber zuerst verdienen muss. Oft muss er dazu eine spezielle *List* anwenden, seinen Mut und seine Fähigkeiten auf die Probe stellen (schlummerndes Erbgut!), um den Drachen zu besiegen. Weil damit mythologisch gesehen die Kraft des Drachen auf ihn übergeht, wird er in gewissem Sinne selbst zum Drachen, zum Gottmenschen. – Hat der Held gar von Anfang an einen guten Drachen zur Seite, kann er das Böse mit seiner Hilfe überwinden, oder er gewinnt den Drachen zuerst für sich, um dann zusammen an die Schatztruhe zu kommen.

Aber was ist denn wohl in der Schatztruhe drin, die so viele (gute und böse) Drachen bewachen? – Es ist dein verborgenster Schatz mit deinen besten Goldtalern, es ist deine versteckte »Drachenhelix« (DNA) mit ihrem göttlichen Lichtcode. Je mehr sich der Held selbst durch Mut, reine Gedanken und Gefühle übertrifft, desto mehr Codes können aktiviert und desto mehr Licht kann gespeichert werden, desto mehr Lichtsprache kann gesendet und empfangen werden. Je mehr goldene *Taler* du so aus deiner inneren Schatztruhe schöpfst, desto mehr *Talente* werden wach und abrufbar in deinem Leben, und du wirst deine innere Fülle und deinen Reichtum mit anderen teilen. *Talent* kommt vom lateinischen *talentum* und griechischen *tálanton* und bedeutet »abgewogene Geldsumme, Gold-Taler«.

Gold besitzt eine extrem hohe Schwingungsenergie sowie Qualitäten von Reinigung, Gleichgewicht und Lebenskraft. Ich erinnere mich an eine sehr starke Vision, die ich in der Mayapyramide von Edzna (in der Nähe von Campeche, Mexiko) hatte. Ich traf ein wunderschönes, weibliches Wesen aus purem, flüssigem Gold. Als es sich mir näherte, wurden wir plötzlich eins. Es war eine Personifizierung des solaren Bewusstseins und zeigte mir, dass wir alle die Kraft des Goldes in uns haben. Ich erinnerte mich, dass die Sonne, das *Herz unseres Planetensystems*, uns alle Energie und somit das Leben schenkt, und verstand das Gold als eine feste Form des Sonnenplasmas, welches uns inneren und äußeren Reichtum und Weisheit beschert. Wenn alle Menschen »Gold« untereinander austauschen, ohne es zu horten und ohne sich um seinetwillen zu bekämpfen, ist das neue *Goldene Zeitalter* eingekehrt, sagte die Göttin. – Wieder durchzuckte es mich: Welcher Buchstabe des Alphabethes kommt einer Spirale, einer Helix am nächsten? – Ein »S«. Zuhause forschte ich nach: Ist es nicht interessant, dass das Dollarzeichen »$« ursprünglich ein *Gewichtszeichen für Gold* war und dann für den spanisch-mexikanischen Peso verwendet wurde? (Erst um 1790 wurde es von den USA mit dem neuen Wort Dollar, das ebenfalls von »Taler« stammt, übernommen.)[62]

Wir identifizieren uns mit den Helden der Dramen und Legenden, weil wir sein möchten wie sie, weil wir in uns haben, was sie uns schon vorleben. Wenn du selbst *Herr (oder Frau) des Goldes*, des Drachenschatzes oder Drachenerbes bist, wirst du in gewissem Sinne eins mit dem Universum und der Lattice, deren fraktale Grundbausteine ja die spiralförmigen Drachenhelixen sind. So erhebst du als Eingeweihter und Sieghafter die Geschichte auf eine neue Ebene, indem du den göttlichen Samen des Drachen (Vatersymbol) mit der alle Zeiten und Universen durchwebenden Lattice (Muttersymbol) zusammenbringst. Wenn ich dir früher vorgeschlagen habe, dich bei der Entwicklung unseres genetisch angelegeten *Idealbildes* einfach an das Mutternetz, die Lattice, zu halten – kannst du nun, als frischgebackener Drachenheld dich auch in einem Drachengott spiegeln und wirst dich selbst sehen! Drachen und Lattice sind für dich eins geworden. Damit hast du mit deinem Surfbrett auf den Highway nach Hause ins Licht, zu deinen Sternen, eingespurt, wie die Maya sagen würden. – Du wirst selber jeden Tag mehr Licht aussenden und endlich verstehen, warum wir alle »hochfrequente Lichtwesen« sind. Aus unserem täglichen Beichtstuhl wird Licht austreten, wie beim Johannes vom Kreuz.

Mit Drache und Lattice zum Einheitsbewusstsein

Auf meiner Queste verstand ich zuerst, dass der Drache der Weg zur Lattice wäre, welche die Einheit ist. Wir müssen den Drachen überwinden, gegen ihn oder auf seiner Seite kämpfen, um an den Schatz zu gelangen. Wenn wir ihn geöffnet haben, erkennen wir, dass er schon immer in uns gewesen ist. Wenn wir eins mit dem Drachen sind, sei es, weil wir die Kundalini, den Quetzalcoatl, in uns erweckt haben, oder sei es, weil wir die Taler, das Gold, das schlafende kosmische Erbgut, aktiviert haben, dann empfängt uns die Lattice, die Einheit.

Aber dann merkte ich, dass dies nur der männliche Blick auf die Geschichte, die halbe Wahrheit, ist. Die Lattice, die den Krieger-Drachen oder den Drachenkrieger erwartet, ist die galaktische Mutter, so wie Penelope in der griechischen Sage Odysseus erwartete, um ihn als ihren »Bevorzugten« auszuwählen, wenn er als männlicher Held bestanden hat. Der Drache ist der männliche Teil der Einheit, genauso wie die Lattice, die Allumfassende, den weiblichen Teil der Einheit darstellt. Sie sind zwei Aspekte desselben, des Ganzen, des Großen Gottes oder der Großen Göttin: Der Drachen-Gott ist das Vater-Prinzip – die Lattice-Göttin das Mutter-Prinzip.

In diesem Sinne ist es schon möglich, den Drachen als Weg zur Lattice, zur Einheit zu sehen. Aber immer ist da die trügerisch passive Göttin versteckt, die uns beobachtet: Wenn wir den Drachen, unser göttliches Erbe der Menschheit, aktivieren und ausdehnen als *Sphäre des Drachen* und so die Einheit wiedererlangen, ist es unsere innere Göttin, die die Verantwortung trägt für die gewaltsamen, emotionalen, sogar tödlichen, aber auch die genussvollen, inspirierenden und innovativen Prozesse auf dem Gralsweg. In jedem Fall nähern wir uns der Einheit und werden wieder zu Gottmenschen.

Die zivilisierte Welt hat aber vergessen, das Leben nicht nur mit männlichen Augen zu sehen (Analyse, Konzept, Fortschritt, durch »heroische Taten, die um ihrer selbst Willen ausgeführt werden«[63]), sondern auch mit weiblichen Augen (indem wir Krankheit, Täuschung, die *Maya*, das Irrationale, die Zerstörung, sowie auch die Erneuerung, die Geburt einer neuen Welt akzeptieren). Der Drache ist Gott und Einheit, so wie die Lattice Göttin und Einheit ist, sie sind einfach die zwei göttlichen Seiten der Medaille. Es

ist wie das Yin-Yang-Symbol. Den weißen Punkt können wir als Drachen, Quetzalcoatl, sehen, der selbst von einem schwarzen »Tropfen« umfasst wird, der Lattice. Der schwarze Punkt wäre das kosmische Netz, die Lattice, die selbst von einem weißen »Tropfen«, dem Quetzalcoatl umschlängelt wird. Alles ist im anderen enthalten und in harmonischem Gleichgewicht: Die »Tropfen« von Schwarz und Weiß umarmen sich, der Vater und die Mutter verschmelzen, der Quetzalcoatl mit der galaktischen Lattice-Mutter. Gelangt man in dieses Einheitsbewusstsein, am Anfang für kurze Momente, ist es nicht mehr so einfach, Namen zu finden – du bist dann gleichzeitig Drache wie auch Lattice im Sinn eines vereinten Gottes, du bist dann die Quelle, alles.

Deshalb sind die *Bestandteile* und der *Zusammenhang* das gleiche, denn in einem gewissen Punkt treffen sie sich. Den Archetyp des männlichen Drachen sehen wir manifestiert als spiralförmige *Bestandteile* der Lattice und des Universums: Spins, Strings, Helixen, DNA, Energie-Spiralen usw.; den Archetyp des weiblichen Drachen sehen wir als spiralförmigen *Zusammenhalt* der Lattice und des Universums manifestiert: die Filamente, welche die Galaxienhaufen im Raum enthalten, die großen Systeme und Netzwerke, die alles miteinander verbinden. Es ist nur unser Kopf, der uns die Fallen stellt und alles trennen will; in Wahrheit sind Vater und Mutter eins.

Der Drache setzt die Lattice zusammen, und die Lattice umfasst den Drachen.
Der Drache ist der galaktische Vater, die Lattice die galaktische Mutter.
Der Drache ist der Erzeuger, der Beschützer und der Weggefährte.
Die Lattice ist der Schoß, der unendliche Kreislauf und die alles Gebärende.
Zusammen sind sie Gott-Göttin, sie sind eins, sie sind Gott.
Das Tor und der Weg, sie zusammenzuführen, ist – das Herz.

Werfen wir dazu noch kurz einen Blick in das Labor von Vladimir Poponin (USA) und seinen *DNA-Phantom-Effekt.*[64] Seine Fragestellung war: Welche Wirkung hat die menschliche DNA auf Photonen, die Lichtteilchen des Universums? – Zuerst wurden Photonen in einer Vakuumröhre gemessen und zeigten eine zufällige Streuung auf, sie befanden sich also überall (so wie im Universum üblich). Als eine DNA-Probe hinzugefügt wurde, geschah die große Überraschung: Alle Photonen legten sich um die DNA herum, als würde diese die Lichtpartikel anziehen. Was die Mystiker und Weisen uns sagten, scheint sich in diesem Experiment zu zeigen: *Wir leuchten,* weil wir Licht anziehen und auch aussenden!

Eine Galaxie von Galaxien, die unendliche Spiralform als Bauplan des Universums, von Mikro- bis Makrokosmos. Mandelbrot-Fraktal kreiert mit ChaosPro 3.3 Software.

Nun wollte man noch ausprobieren, was geschieht, wenn man die DNA wieder aus der Röhre entfernte: Die Photonen taten so, als wäre nichts geschehen und hielten die Doppelhelix-Form der DNA umschlungen. Die Lichtteilchen formten allein eine Art »kosmische Schlange«, obwohl die DNA nicht mehr »da« war! Unsere genetischen Codes sprechen (hyperkommunizieren) also mit dem Universum und gestalten es, und das nicht nur in unmittelbarer Nähe sondern auch in jeder beliebigen Entfernung. Wir können über unseren Licht-Code (in der DNA) nicht nur hyperkommunikativ empfangen und senden, sondern auch erschaffen. Der Drachen-Mythos stimmt also: Die Ursubstanz des Universums, Photon genannt, bildet kleine Licht-Drachen, aus denen in der Lattice Leben entsteht. Es hängt von der Aktivität des genetischen Codes ab, *was* sich manifestieren soll und *wie* es zu funktionieren hat. Ich sehe die Maya-Lattice wie ein mehrdimensionales Gewebe, indem in allen unendlichen Knotenpunkten Quetzalcoatl verschlüsselt ist und die Licht-Schöpfung aktiv wirkt. Deshalb war er, die gefiederte Schlange und der Himmels-Drache, das Schutztier auf so vielen Wappen und Emblemen, eine Art *Schutztier der Lattice*. – »Wir sind kosmische Schöpfer«, haben mir die Mayameister wieder und wieder gesagt. Es ist also wahr geworden.

Immer mehr Menschen entdecken heute diese Wahrheit und beginnen, ins Jenseits, hinter den Schleier der Lattice, zu blicken, zu fühlen und mit ihr zu kommunizieren. Sie finden durch sie allmählich zur Quelle des Lebens zurück. Die aktuell erhöhten Lichtfrequenzen auf dem Planeten wirken sich positiv auf ihre Gefühle und ihr Zellwachstum im Körper aus, wenn sie sie zulassen und im Herzen zu zentrieren wissen. Sie werden selbst immer hochfrequentere, kohärentere Schwingungen ausstrahlen, die mit der Lattice kommunizieren und im eigenen Körper schlummernde Gencodes aktivieren. So erkläre ich mir den schamanischen Heilungsprozess, den ich seit dem Jahr 2000 selbst erlebt habe und bei vielen meiner Patienten später beobachten durfte. So können wir unsere Macht erklären, unsere Wirklichkeit auf der Erde zu erschaffen.

Alle Materie ist *gefrorenes Licht,* wie manche Physiker sagen, so auch unser Körper, deshalb *erinnert er* sich immer *seines göttlichen Ursprungs.* So gesehen, ist die Lattice ein großer Regulator; ein Teil ihres Netzes sind unsere Zellen und Gene, die demnach dauernd als Teil von ihr mit dem übrigen Kosmos interagieren. So kommt uns bewusst oder unbewusst die ganze Zeit Inspiration und Führung zu. Welche wissenschaftliche, religiöse oder traditionelle, schamanische Sichtweise uns auch gefällt, welche eher einleuchtet oder dem logischen Verständnis hilft – hinter allen Studien und Kosmovisionen waltet die Lattice als *allumfassende Intelligenz,* die alles weiß, mit der wir Tag und Nacht verbunden sind, ob wir uns dessen bewusst sind oder nicht. Sie durchzieht uns wie ein kosmisches Wellenmeer, sie durchzieht wie ein magischer Teppich alle Ebenen fraktal, von den Mikrouniversen bis zu den Makrouniversen. Hier kann nur noch unser Herz mithalten mit seiner Kreativität und seinem Lieblingsspiel, dem intergalaktischen Surfing!

Wissen kommuniziert holographisch, könnten wir sagen, unsere Handlungen und Gebete funktionieren »quantisch« – sie können gar nicht anders. Es sind genau diese unendlichen Weisheiten, jene »wirkliche Information« höherer spiritueller Ebenen sowie die Tore dorthin, die lange verdeckt, verzerrt, ja sogar verboten waren, selbst in den kirchlichen und spirituellen Institutionen! Denn der Umgang mit der allumfassenden Lattice, dem eigenen Lichtcode und Drachenerbe, räumt jedem Menschen eine riesige Macht ein, mit allem zusammenzuwirken. Nun ist diese Zeit gekommen.

Schauen wir im Folgenden, wie denn unser schöpferischer Prozess als Interaktion zwischen *bewusstem und unbewusstem Erleben* funktioniert. Schaffen wir etwas Neues in unserem Inneren, können wir es *Heilung* nennen; findet es im Außen statt, reden wir von *Innovation.*

Wir sind Künstler der Lattice

Nehmen wir wieder die Abbildung des *Welteneies* oder der *Sphäre des Drachen* von Seite 176 zu Hilfe. Der Weg der Lattice beginnt im Zentrum des Eies, im eigenen Herzen, dort wo unsere Kraft ist, in der Welt des Jaguars. Von diesem Mittelpunkt aus kann jeder die Türen sanft in die nahe Umwelt öffnen und den Jaguar besser kennenlernen, und weiter nach unten hin zur Schlange (ins Unterbewusste), nach oben hin zum Adler (ins Überbewusste) und nach außen in die unendliche Lattice (ins unbewusste Feld des Universums, in Raum und Zeit). Stelle dir ein kreisförmiges, sogenanntes *bewusstes Feld* vor, das langsam von deinem Herz-Mittelpunkt aus wächst, je mehr du von den drei Welten – Schlange, Jaguar und Adler – kennenlernst und je mehr Bewusstseinsinhalte, die dir vorher unzugänglich waren, du in dein bewusstes Erleben integrierst. So *reifen* wir als Person, *gesunden* und werden immer *kreativer*!

Alles, was nicht deinem *bewussten Feld* entspricht, nennen wir das *Unbewusste,* also ein Großteil des Drachen-Eies und alles außerhalb von ihm. Genau, das ist der gegenwärtige Stand der Evolution: Wir hyperkommunizieren zwar mit allem unbewusst, aber die *bewussten* Vorgänge im menschlichen Gehirn, die wir brauchen, um bewusst Leben zu schaffen (und es nicht zu blockieren), betragen laut Gehirnforschern beim Durchschnittsmenschen nur 1 bis 5 %.

Um dein *Bewusstsein zu erweitern,* musst du einfach dein *bewusstes Feld* ausdehnen. Auf dem Weg, dein ganzes Weltenei auszufüllen, lernst du deine *Seele* kennen, ihre dunklen und hellen, ihre verschlossenen und ihre freiheitsliebenden Seiten.

Die Seele ist meine höhere Identität, präsent in Raum und Zeit.
Sie macht das Leben aus in einem Menschen und enthält alle meine Möglichkeiten der Entfaltung in den drei Ebenen meines Welteneies sowie darüberhinaus, alle durchwoben von der Lattice.

Expandierst du gar über das Ei hinaus, hast du dich mit dem *universellen Geist* und deinem *Spirit (espíritu)* rückverbunden und lebst fortan aus ihm heraus. Du bist eins geworden mit dem Drachen, mit Quetzalcoatl.

Der Spirit ist die höhere Leitstelle in mir und direkte Verbindung zur Quelle.
Es ist der »Geist Gottes«, der mein Leben leitet und führt. »Lebe aus deinem Spirit«, sagten mir die Maya schlicht (*vive desde el espíritu*). Je mehr ein Individuum diese Bewusstwerdung praktiziert, desto mehr wird es aus einem *höheren Bewusstsein* heraus leben; ich nenne es gerne *Latticebewusstsein.* So haben Schamanen, Heiler und Weise aller Zeiten die Welt wahrgenommen, so helfen sie mit, unsere Wirklichkeit im Gleichgewicht zu halten. Sie heilen,

indem sie das persönliche Weltenei der Person, mit der sie arbeiten, ausbalancieren, gewisse Zonen befreien, wiederverbinden und ausdehnen. Das persönliche Drachenei kann so als Werkzeug verstanden werden, am *Gesamtbild* einer Person zu arbeiten (wie wir im 1. Kapitel erwähnt haben). In dem Maße, wie wir uns öffnen und somit in höheren Frequenzen schwingen, wächst natürlich die Möglichkeit, dass schlafende Teile unseres »Drachencodes« von alleine aktiviert werden. Wenn ein Schamane das für einen Patienten oder Ritualteilnehmer initiiert, hat das eine Art momentanes »Aufwachen« in seinem Energiekörper zur Folge, was positive Auswirkungen auf die Gesundheit und im bewussten, kreativen Erleben der Person hat.

Wie funktioniert nun unser schöpferischer Prozess, der es möglich macht, dass etwas, das vorher nicht da war, plötzlich zur neuen Wahrheit wird?

Der schöpferische Prozess ist Teil der Lattice, der Göttin; er ist der fortwährende Kreislauf von Entstehen und Vergehen im Kosmos, in der Natur. Für uns Menschen ist Kreativität *lebensnotwendig;* wie die Lattice können wir sie nur zulassen oder abblocken. Sie hat gar *Überlebenscharakter,* da wir uns nur dank ihr an die Herausforderungen der Umwelt anpassen können. Deswegen argumentiert der Philosoph Denis Dutton (1944 - 2010, Neuseeland) in seinem provokanten Buch »The Art Instinct«, dass Kunst ein *universeller Instinkt* ist und nicht irgendeine soziale Qualität, die in einem kulturellen Kontext gelernt wird. Für Dutton, entsteht Kunst aus Spiel, Authentizität, Freiheit und dem Eingehen von Risiken.[65] Kunstfertigkeiten und Kreativität müssen nicht gelernt werden. Jeder hat sie – sie dürfen ganz einfach befreit und entwickelt werden (eine Einsicht, die unseren familiären und beruflichen Erziehern oft noch fehlt). Da der Mensch vom Baum der Erkenntnis gekostet hat, muss er sein inneres Wechselspiel zwischen der *bewussten und unbewussten Welt* verstehen, um als schöpferisches Wesen, als Innovator, Erfinder oder Heiler Spuren zu hinterlassen. Deswegen sind wir ja bekanntlich *bewusste Lebewesen* – als einzige Spezies auf diesem Planeten.

Der schöpferische Prozess in der Psyche des Menschen kann als ein *Filtern aus dem Pool des Unbewussten* zusammengefasst werden. In der noch unbekannten Lattice gibt es viele neue Möglichkeiten für die persönliche Gesundheit, die Beziehung mit dem Lebenspartner, für eine bessere Koordination zwischen den Managern eines Unternehmens oder für eine bahnbrechende, technologische Neuheit, die der Mensch bis anhin schlicht nicht in Betracht gezogen, nicht »gesehen« hat.

Warum wohl? – Weil seine *Wahrnehmungsfilter* es nicht zugelassen haben. Dies können *technische oder wissensspezifische Filter* sein, deren Aktualisierung von uns ein Studium erfordert oder das Fallenlassen alter Paradigmen. Es können auch *psychische Filter* sein, die ein Individuum vor der Wiederholung eines erlittenen Schmerzes, etwa einer körperlichen oder seelischen Vergewaltigung bewahren (was ins Unterbewusstsein absinkt, in die Welt der Schlange). Wie auf Autopilot sendet uns das Gehirn dann eine Gefahrenmeldung, auch wenn gar keine Gefahr besteht. So behauptet ein früheres Vergewaltigungsopfer noch heute mit Vehemenz, dass ihm der Geschlechtsverkehr nicht viel bedeute und es lieber darauf verzichte. Es sind die Wahrnehmungsfilter, die uns generell die Sicht und Öffnung in die drei Welten der Schamanen, von Schlange, Jaguar und Adler, verwehren, meist durch begrenzende kulturelle Glaubensmuster ausgelöst. Für innere Prozesse der Persönlichkeitsentwicklung, für unsere Heilungsprozesse, um die Herausforderungen des Lebens zu meistern oder Probleme kreativ zu lösen, ist es notwendig, unsere Wahrnehmungsfilter einerseits zu lockern und andererseits zu schulen und zu kultivieren. Sie sollten nicht filtern, was uns guttut, und sie sollten hindurchlassen, was eine neue Lösung sein könnte.

Die Arbeit mit meinen Wahrnehmungsfiltern ist der *bewusste Teil* im kreativen Prozess: Es ist der Mathematiker, der jahrelang lernt, ausprobiert, studiert; es ist der spirituelle Mensch, der meditiert, sich im Spiegel des Lebens erkennt, strauchelt und wieder aufsteht. Der Großteil des kreativen Prozesses bleibt aber *unbewusst:* Er heißt Schlaf, das Leben genießen, Nichts-Tun, *Wu Wei*, Sich-Überraschen-Lassen, weil mittlerweile der Lattice-Großcomputer alle möglichen Kombinationen und Lösungen »berechnet«.

Die Wahrnehmungsfilter wiederum sind verantwortlich dafür, dass ich die Lösung überhaupt als die »Richtige« erkenne, sie aus dem unendlichen kosmischen Ozean fische. Wenn dieses Wechselspiel zwischen *bewusst und unbewusst* virtuos zusammenspielt, sprechen wir von einem kreativen und schöpferischen Menschen.

Dann taucht, wie beim Mathematiker Carl Friedrich Gauss (1777 - 1855) nach jahrelanger Arbeit an einem mathematischen Problem, plötzlich die Lösung aus der Lattice auf:

Schließlich ist es mir vor zwei Tagen gelungen, und zwar nicht aufgrund mühseliger Anstrengungen, sondern durch die Gnade Gottes. Des Rätsels Lösung erschien mir wie ein Blitz aus heiterem Himmel. Ich kann nicht sagen, welcher Faden das, was ich vorher schon wusste, mit dem verknüpfte, was meinen Erfolg ermöglichte.[66]

Oder der Leser dieses Buches erkennt plötzlich Zusammenhänge im Leben, die er vorher nicht gesehen hat; neue Lösungswege und Möglichkeiten in seinem Leben tun sich auf. Das Lesen dieses Buches ist der bewusste Teil, der ihm geholfen hat, seine Wahrnehmungsfilter durch hochfrequentere, kohärentere zu ersetzen; seine Meditationen, sein gerechter Schlaf gehören dem unbewussten Teil an.

Als wir zwischen 2003 und 2005 in Mexiko-Stadt die Grenzbereiche zwischen Kunst, Psychologie und Spiritualität erforschten, stellten wir immer wieder fest, wie tabuisiert selbst an Kunsthochschulen die Erklärung für kreative Prozesse ist. Ich möchte zwei für mich atemberaubende Zitate berühmter Komponisten mit dir teilen, die leider an den Universitäten wenig gelesen werden. Sie beschreiben ganz klar ihre Verbindung mit dem *Unbewussten* oder mit etwas *Höherem,* das ihnen zu ihrer Kunst verhalf. Bitte bleibe nicht bei der uns anerzogenen höflichen Distanz zwischen dir und den »großen Komponisten« dort oben auf dem Sockel. Stelle dich vielmehr darauf ein, etwas von ihrer Inspiration zu lernen, um selbst der große »Komponist deines Lebens« zu werden:

Gustav Mahler (1860 - 1911):

Ich sage dir, mir ist manchmal selbst unheimlich zumute bei manchen Stellen, es kommt mir vor, als ob ich das gar nicht gemacht hätte.[67]

Ja, wer denn wohl sonst? – Die Lattice denkt dich, heilt dich, entwickelt dich und erschafft durch dich, wenn du es nur zulässt…

Ludwig van Beethoven (1770 - 1827):

Wenn ich am Abend den Himmel staunend betrachte und das Heer der ewig in ihren Grenzen sich ***schwingenden Lichtkörper, Sonnen und Erden genannt,*** *dann schwingt sich mein Geist über diese so viele Millionen Meilen entfernten Gestirne hin zur* ***Urquelle,*** *aus welcher alles Erschaffene strömt und aus welcher ewig neue Schöpfungen entströmen werden. – Ja,* ***von oben muss es kommen, das, was das Herz treffen soll,*** *sonst sind's nur Noten, Körper ohne Geist! … Jede echte Erzeugung der Kunst ist unabhängig, mächtiger als der Künstler selbst und kehrt durch ihre Erscheinung zum Göttlichen zurück und hängt nur darin mit dem Menschen zusammen, dass sie Zeugnis gibt von der Vermittlung des Göttlichen in ihm.*[68]

Man staunt, solche Worte bei Beethoven zu lesen; es fehlte nur noch, dass er von kleinen Drachen spräche, die aus der »Urquelle« sprudeln und den Zuhörer im »Herzen treffen«. Vielleicht ist es der richtige Moment, wieder einmal eine Beethoven-CD einzuschieben und seine Botschaft der Schöpfung als Musik zu empfangen. Musikalische Schwingungen werden über die Lattice dein Sein zu Gesundheit, Tat und Innovation inspirieren, um »Zeugnis zu geben von der Vermittlung des Göttlichen« in dir.

An dieser Stelle möchte ich den Unterschied einer *kreativen (creativo)* und einer *schöpferischen (creador) Tätigkeit* erläutern. Wer **kreativ** tätig ist, gebraucht seine multiplen Intelligenzen, um eine innere Kreation umzusetzen; während ein **schöpferischer** Lebenswandel darüber hinausgeht, weil sich die Person »von oben« führen lässt; ja, sie übergibt Drehbuch, Tagesagenda und Personalwesen vollständig der Lattice und ihren Helfern.

In der folgenden Übung wenden wir drei schon behandelte Werkzeuge an, die darüber entscheiden, bis wie weit wir mit der Lattice interagieren und Zugang zu immer höheren *Bewusstseinsebenen* bekommen: der Umgang mit den Glaubensmustern, den Frequenzen und den Wahrnehmungsfiltern. Die daraus folgende Kommunikation ist die Grundlage für alle kreativen und schöpferischen Vorgänge wie Heilung, Bewusstseinserweiterung, Spiritualisierung des Lebens, zwischenmenschliche Kommunikation und Innovation; ja, sie entscheidet, ob wir uns in den Lebens- oder Todesmodus fahren.*

Reflexion – Kreativität

Übung 9: Leben oder Tod

Setze dich entspannt hin, vielleicht mit einer relaxten Musik im Hintergrund. Vor dir hast du Papier und Bleistift oder dein geheimes Notizbuch. Ich stelle dir folgende Frage, bitte denke eine Weile über sie nach:

Was ist bei dir verantwortlich dafür, dass du entweder stagnierst, »zumachst« und dich im Kreise drehst oder dass du im Fluss des Lebens bist, offen für Neues, immer neue Möglichkeiten entdeckst und mit Riesenschritten vorankommst?

Teile dein Blatt Papier bitte in zwei Spalten und notiere alles, was dir zu den folgenden drei Themen »Glaubensmuster«, »Frequenzen« und »Wahrnehmungsfilter« in den Sinn kommt – ohne zu werten, so wie in einer Brainstorming-Sitzung. Sie entscheiden über *Neu* oder *Alt*, *Leben* oder *Tod*,

* Wer nach dieser Einleitung in die schöpferische Funktion der Psyche mehr über den kreativen Gebrauch der drei Gehirne und des Bewusstseins erfahren möchte, dem empfehle ich das zweite Buch dieser Lattice-Trilogie.

Öffnung oder *Verschluss*. Du kannst bei irgendeinem der drei Themen anfangen, jedes befruchtet die anderen zwei und wird gleichzeitig von ihnen stimuliert.

1. Begrenzende Glaubensmuster verunmöglichen neue Gedanken, positive Gefühle und Taten, während **öffnende Glaubensmuster** sie in den Bereich des Möglichen rücken. Notiere in deiner linken Spalte mindestens 20 begrenzende Glaubensmuster und in Klammern, was sie bisher in deinem Leben angestellt haben; in deiner rechten mindestens 20 öffnende neue Glaubensmuster, die du ab heute in dein Leben integrieren möchtest und in Klammern, was sie bewirken sollten. – Sei dir bewusst, wie deine Gedanken und Gefühle und damit deine durchschnittliche Frequenz, mit der du durchs Leben wandelst, durch deine Glaubenssätze oder inneren Überzeugungen bestimmt werden. Deine Umwelt sagt dann: »Mmm, der hat aber Power!«, »... die ist gut drauf!« oder: »Dem fehlt der Pep, was für 'ne Schlafmütze«, »Ich glaub', die hat Probleme...«

2. Niedere Frequenzen im Gehirn- und ganzen Körperfeld halten die Zellen, Denkneuronen und Gene im Schutzmodus und sagen nein zum Leben, ja zum Tod – während **hohe Frequenzen** die Zellen, Denkneuronen und Gene in den Wachstumsmodus fahren, ja sagen zum Leben. Bei hohen Frequenzen steigt die Möglichkeit, neue Codes aus der DNA zu lesen und verschiedenste Latticeverbindungen zu aktivieren (wie z. B. im Magnetiten- oder Neuronennetz). Notiere in deiner linken Spalte mindestens 20 Dinge oder Aktionen, die niedere Frequenzen in dir erzeugen, dich in den *Todesmodus* fahren (wie z. B. die Identifikation mit Emotionen wie Wut, Angst, Neid, Eifersucht, Traurigkeit und Einsamkeit oder Aktionen, von denen du ganz genau weißt, dass sie dich blockieren oder dir nicht guttun). Notiere in deiner rechten Spalte mindestens 20 Dinge oder Aktionen, die hohe Frequenzen erzeugen, dich in den vollen *Lebensmodus* fahren (wie z. B. Gefühle von Liebe, Frieden, Dankbarkeit, Wertschätzung, Respekt, Reinheit, Freude und Glückseligkeit oder Aktionen, von denen du ganz genau weißt, dass sie dir sehr guttun und dich weiterbringen würden).

Diese ersten beiden Punkte werden dir helfen, beim nächsten Punkt die *Wahrnehmungsfilter* zu öffnen und zu kultivieren. Denn nun verfügst du über *schöpferische Glaubenssätze* und weißt, wie man mittels Gedanken- und energetischen Körperübungen seine Frequenz hochhalten kann. Gerade für eher logisch geschulte Menschen sind die Wahrnehmungsfilter eine gute Tür zur Öffnung ihres Geistes, die dann wiederum ihre alten Glaubensmuster zur Auflösung bringen und ihre Schwingung und damit die Aufnahmekapazität (Informationsdichte) erhöhen.

3. Ein Verschließen der Wahrnehmungsfilter der Psyche verunmöglicht neue Lösungen und Möglichkeiten, während **offene Wahrnehmungsfilter** wie Tore sie geradezu aus dem Universum fischen. Notiere in deiner linken Spalte mindestens 20 Aktionen, die deine Filter begrenzen und damit deine Kreativität blockieren (wie etwa Routine, Kulturhörigkeit, Fanatismus, Perfektionismus, Selbstrechtfertigung, fehlende Disziplin, Drogenkonsum als Künstler). Notiere in deiner rechten mindestens 20 Aktionen, die deine Filter diversifizieren, kultivieren und herausbilden (wie z. B. Studium, Bildung durch Besuch eines Kunstmuseums oder Konzertes, Aktionen zur Verfeinerung des persönlichen Sinnes für Schönheit, Genuss, Nützlichkeit, das Sublime und Göttliche).

Wenn du fertig bist, unterstreiche die Wörter oder Ideen aus allen Spalten, die dir am wichtigsten und nützlichsten erscheinen. Schreibe mit ihnen einen Essay, eine Aktionsliste oder lass dich zu einem Kunstwerk inspirieren (Malen, Installation, Gärtnerarbeit, Kochkunst, was immer die Lattice dir sendet). – Kehre immer wieder einmal zu deinen öffnenden Glaubensmustern, Aktionen für hohe Frequenzen und für offenere Wahrnehmungsfilter zurück, bis sie zu deinem Alltag werden. Gratuliere! Du bist nun ein surfender Lattice-Künstler, der weiß, dass Künstler des Lebens zu sein, nicht nur heißt, etwas zu zeichnen oder zu singen, sondern sich selbst zu heilen, als Person zu reifen und im Leben den eigenen Traum zu verwirklichen. Der einzige, der hier Grenzen zieht, bist du!

Verfügbarmachen der inneren schöpferischen Weisheit	Einsicht sowie kreativer Ausdruck
Papier und Bleistift	Ruhig
Sitzend	20 Minuten

Zusammenfassung

Durch die Worte der Mayameister haben wir erfahren, dass unser »kosmischer Same« von Außerirdischen in Form von Drachen und gottähnlichen Menschen auf die Erde gebracht wurde, und anfangs alle friedlich zusammenlebten. Heute noch finden wir Erinnerungen an diese Urzeiten in der Geschichte von Adam und Eva und der »Vertreibung aus dem Paradies«.

Bei der Rückkehr ins Paradies, wenn wir unser menschliches, kollektives und planetarisches Drama transzendieren, kann die Lattice zur kosmischen Regisseurin werden, die uns zur Seite steht. In unserer Zeit des Umbruchs sind wir aufgerufen, in diesem mehrdimensionalen *Kosmischen Theater* selbst als Helden die innere Schatztruhe zu erobern, zu öffnen und mit anderen zu teilen. Dehnen wir dabei unser Weltenei der Psyche aus, indem wir die drei Welten der Schlange, des Jaguars und des Adlers erforschen und in unsere Wahrnehmung integrieren, gelangen wir in immer höhere Wirklichkeitsebenen: Wir werden zu bewussten Mitschöpfern der Welt – die Rückkehr zum Schlangendrachen im Paradiesgarten beginnt.

Als virtuose Künstler der Lattice »zapfen« wir immer neue Daten aus dem Universum an, wie in einem *kosmischen Internet*! Als ein komplexes, mehrdimensionales System von hoher Kohärenz kann die Lattice als kosmisches Kommunikationsnetz gesehen werden, als heiliger, unbekannter Tummelplatz der Schamanen. Lassen wir uns nun von Astrophysikern und Plasmaforschern den Horizont erweitern, um die fraktalen Zusammenhänge der Existenz besser zu verstehen.

6
Surfen im kosmischen Internet

Der nordamerikanische Physiker Seth Lloyd (*1960, USA) beschreibt das Universum als einen riesigen Quantencomputer. Er selbst hat den ersten *Quantencomputer* gebaut, der auf den Gesetzen der Quantenphysik beruht, doch dauere es 600 Jahre, bis die Rechenkapazität ausreiche, um das Universum im Rechner zu simulieren. Das wiederum sei unwahrscheinlich, sagt er, denn das Universum wird sich bis dahin weiter exponentiell ausgedehnt haben (und wir müssten die Rechenkapazität von neuem enorm erhöhen). »Eine klassische Berechnung von einem Computer ist wie eine Solostimme – eine Linie reiner Töne«, vergleicht Lloyd, »eine Quantenberechnung dagegen ist wie eine Symphonie – viele Töne, die einander überlagern.«[69] Man hat sich einen Quantencomputer so auszumalen, dass dessen Berechnungen den vier beschriebenen Quanteneigenschaften gehorchen. Die für uns meist unbewusste Lattice mit ihren höheren Dimensionen und Bewusstseinsformen ist selbst jener gigantische Quantencomputer oder das kosmische Supergehirn, das als göttliches Hologramm alles Wissen in sich trägt und alle unendlichen Kombinationen davon immer abrufbar hält. Alles, was jemals passiert, füttert diesen kosmischen Rechner mit Informationen, und sein Output ist das, was wir *Wirklichkeit* nennen (welche auch immer).

Kosmischer Cyberspace

Der Wissenschaftsphilosoph Ervin Laszlo (*1932, Ungarn) fügt hinzu, dass auch das Gehirn ein Quantencomputer sei. Er argumentiert, dass kein Wissenschaftler bisher erklären konnte, wie das Gehirn auf Grundlage neuronaler, also elektrochemischer Prozesse seine enormen Leistungen vollbringen sollte; niemand weiß, wie der Speicherplatz ausreicht, um alle sensorischen Erfahrungen des Lebens zu speichern, welche ein Therapeut unter Hypnose abrufen kann. Er stellt folgende neue Frage zu diesem *Blackbox-Phänomen* (und die Mayameister haben eine Heidenfreude daran):

Was, wenn die Informationen überhaupt nicht im Körper gespeichert werden, sondern jenseits davon?

Die logische Schlussfolgerung ist, dass der Großteil der Informationen nicht im Gehirn gespeichert wird, sondern in einem riesigen Informations-Feld, in das das Gehirn eingebettet ist. Dieses kosmische, natürliche Internet habe ich Akasha-Feld genannt, da es alles verbindet und das Gedächtnis von allem ist – genau wie die legendäre Akasha-Chronik. Es ist das Akasha-Feld, in das unser Gehirn all die Dinge abspeichert, die wir erleben, und – bis auf das Kurzzeitgedächtnis, das im Gehirn gespeichert ist – liest sie auch von dort wieder aus. … Ich möchte gerne die Möglichkeit zur Diskussion stellen, dass die Natur selbst **eine Art von Internet** *verkörpert, und dass wir über unser Gehirn damit kommunizieren können.«*[70]

Das Gesagte trifft natürlich nicht nur auf das »Kopf-Gehirn« zu, sondern auf alle unsere »Gehirne«, also auf Bauch, Herz sowie das ganze Körperfeld samt Wirbelsäule. Ihre Neuronennetze speichern bestimmte innere und äußere Verhaltensmuster, doch ein Großteil der Information wird im großen Hologramm erinnert oder als Neuheit herausgefischt.

Ich selbst bediene mich des Begriffes *Akasha-Chronik* eigentlich wenig. Sie wird als das »Buch des Lebens« verstanden, wo alles steht, was jemals war, ist oder sein wird und entspricht dem, was die Mayameister als »kosmische Bücher« bezeichnen, die große Datenbank. Das Interesse an diesen »Chroniken und Büchern« spiegelt unsere menschliche Sehnsucht wider, endlich mehr zu wissen und in andere Räume und Zeiten hineinzublicken (und vor allem, mehr über sein eigenes Seelenleben zu erfahren); auch wenn bei manchen Menschen dieses Thema ein Gefühl von Scham auslöst, weil sie sich gewahr sind, dass im kosmischen Cyberspace eigentlich alles »gesehen wird«, alles transparent ist. Ich nenne diese subtile »Technologie« der Mayameister, mit der sie Informationen über Krankheiten und die Lebensgeschichte einer Person, über unseren Planeten, aus anderen Kulturen und von höheren Intelligenzformen beziehen, schon seit langem *kosmisches Internet.*

Wie kommuniziert ein Mensch mit diesem kosmischen Internet?

Unsere Sinne, die drei »Gehirne« und unsere DNA auf der Mikroebene sind die fraktalen *Schnittstellen*, wo zwischen Dimensionen oder Paralleluniversen verbunden wird. (Wenn ich das schreibe, säuselt es in meinem linken Ohr und die Mayameister freuen sich, dass »endlich ein Körnchen Wahrheit verbreitet wird«. Wie so oft krümmen sie sich vor Lachen und motivieren mein Schreiben damit noch mehr.) Diese Verbindung mit allen multiplen Universen oder Sphären können wir uns als einen *kosmischen Cyberspace* vorstellen, wo alles mit allem vernetzt ist. Jede virtuelle *Maya*-Welt überwindet die Lücke zwischen mir und dem Universum, solange bis ich eines Tages eins bin mit dem Universum. Dann bin ich ein Erleuchteter, ein Yogi, ein Weiser oder Mayameister. Dann werde ich das Internet nicht mehr brauchen, dann *bin* ich der Großcomputer, das göttliche Gehirn selbst. So kann man erklären, dass plötzlich Kinder bekannt werden, die all ihre früheren Leben detailgenau kennen (wobei sie die geschichtlichen Daten darin wegen ihres geringen Alters noch nicht in der Schule gehört haben können); oder wir staunen über sogenannte »Wunderkinder«, die einem Lexikon in Allgemeinwissen gleichen oder sich als mathematische oder historische Genies spezialisieren. Es ist nur eine Frage der *evolutiven Zeit*, der spiralförmigen, nicht-linearen Zeit, bis wir alle dorthin gelangen.

Das gegenwärtige dreidimensionale *Internet* ist ein gutes Übungsfeld, um uns bewusst auf eine produktive Nutzung der universellen Information vorzubereiten! – Manche Menschen sind internet-süchtig geworden und verbringen ganze Nächte mit Surfen; ja, es scheint, als ob sie dabei von den großen Datenwellen ziellos hin- und hergeschleudert werden. Meistens brauchen sie die Information gar nicht wirklich, sie verschafft ihnen keinen persönlichen *Mehrwert* oder wirkt sogar schädlich auf sie. Entweder »wissen« sie die Dinge sowieso schon und das stundenlange Weiterzappen spiegelt nur ihr eigenes niederfrequentes mentales Geschwätz oder den Kopffilm, oder so manche dunkle und agressive Information im Internet schwächt durch negative Interferenzen ihr Energiesystem. Reine *Zeitverschwendung* und *Ohnmachtsstellung* also – denn Zeit ist die vierte Dimension, unsere Schöpferdimension!

Wer lernt, mit dem Internet diszipliniert, wissens- und gesundheitsfördernd umzugehen, nutzt seine Zeit, um wirklich etwas zu erschaffen, zu heilen und Dienst zu tun an sich und am Planeten. Und das tun immer mehr Menschen an allen Enden unserer Mutter Erde. Sie wissen, was sie suchen, ihnen guttut und sie weiterbringt, der Rest interessiert sie schlicht nicht. »Click and delete« (klicken und löschen) ist hier eine gute Option.

Auch im kosmischen Internet können wir prinzipiell alles herunterladen, was wir wollen, und werden auch »gesehen« und »gehört« mit dem, was wir senden! Zum größten Teil sind wir uns dessen einfach nicht bewusst. – Wir *senden und empfangen* also dauernd Daten und unterhalten Kontakte mit anderen Teilnehmern des Netzwerkes. Stelle dir vor, dass dieses Buch, das du in deinen Händen hältst, mehr ist als nur Druckbuchstaben. All meine gute Absicht, dich zu erheben, zu heilen und glücklich zu machen, kommt hinüber zu dir. »Zwischen den Zeilen« vermitteln sich dir meine dreizehn Jahre Erfahrung bei den Maya; ja, mit im Paket sind unbewusst auch alle meine Existenzen sowie das Wissen aller Mayameister meiner spirituellen Familie.

Im kosmischen Internet können wir jederzeit unsere Realität »neu berechnen« und *online* Gesundheit, Fülle und persönlichen Erfolg bestellen. Es ist als ob du eine *Freie Software* herunterlädst mit dem Namen: »Integrale Gesundheit auf allen Ebenen« oder: »Ein Leben in Hülle und Fülle«. Wir können aus den empfangenen Signalen neue Lösungen oder Verhaltensweisen »herauslesen« und sie dann ausprobieren. Wir können einfach dasitzen und eine Lektion vom Kosmos erhalten. Ja, wir können sogar um persönliche Assistenz bitten; oft kommt dann in Sekundenbruchteilen ein Lichtwesen oder Sternenbruder vorbei, um dir beizustehen. Nicht Luft anhalten bitte, tief durchatmen: Es ist wahr, wenn du es zulässt! Um dich in das kosmische Internet einzuklinken, gehe vor wie in der zweiten Übung, der *Lattice-Meditation.* Visualisiere die unendliche Lattice, wie sie in dir und um dich herum alles miteinander verbindet. Das DNA-Modem ist ja immer angeschaltet – und los geht's!

Du hast nun, wie im irdischen Internet, die freie Wahl, deine *virtuelle Welt* zu erschaffen. Du entscheidest jeden Moment selbst, *welche Inhalte* du veröffentlichst, wie in einem *Blog* oder bei *Facebook,* oder mit *welchen Teilnehmern* du kommunizierst; vielleicht aktivierst du Virusfilter und *Fire-Walls*!

Im kosmischen Internet gibt es keine Gesetze gegen Pornographie oder Faschismus, jeder entscheidet selbst, welche kollektiven Informationsfelder er anzieht und wie er mit ihnen umgeht. Es ist deine »Ver-antwortung«, was heißt: »Du gibst die Antwort« (»Du gibst dich als Anwort«), denn was du aussendest ins Netz, das kommt schließlich auch wieder zu dir zurück. Der Umgang mit deiner Umwelt und dem ganzen Universum beinflusst, genau wie die Kommunikation im Internet, die Manifestation deiner Wirklichkeit.

Wer über das Internet wütende E-Mails versendet oder hetzerische, gewalttätige, menschenunwürdige oder pornographische Videos guckt, der schürt auch tieffrequente Emotionen und wird entsprechende Antworten bekommen. Viele Internetbenutzer füllen die Quantenwolke ihrer virtuellen Welt mit Gewalt, Wut, Angst, Einsamkeit, Perversion und alten ungelösten Traumata. Ist es nicht auffallend, wie Menschen im Internet sich oft von ihrer dunkelsten, obzönsten und kränksten Seite zeigen (und so richtig »die Sau rauslassen«), als ob sie sich dort geschützt fühlten? Es ist ja auch gang und gäbe, dort falsche Namen und Pseudonyme zu gebrauchen.

Oft ist dann die ganze Atmosphäre um den Computer herum von der spezifischen Energie des Users geprägt, es »müffelt« im Computerzimmer, die Cyberkreation ist in die reale Welt durchgedrungen. Ich denke an den Mitarbeiter einer Firma, der im Geheimen seinen Chat mit seinen Liebhaberinnen pflegt (denn zu Hause würde es ja seine Frau sehen) oder Comics- und Pornofilmchen guckt. Wenn der Chef hereinkommt, werden die Programme auf dem Bildschirm dann schnell *minimiert.*

Ich sehe in diesen Betätigungen in virtuellen Welten einen Drang der Menschen, sich in anderen Dimensionen zu bewegen, und auch eine Lernmöglichkeit – nur dass es im Umgang damit noch etwas hapert. Im kosmischen Internet der Lattice ist alles transparent, und du bist nie allein. Dort ist der Cyberpsychologe mit inbegriffen und gratis, dort kannst du kein Trauma, keinen Kummer, keine Krankheit, kein zu lösendes Problem verstecken – im Gegenteil, du kannst sie alle abgeben, und sie werden für dich bearbeitet. Meist dauert es nicht lange, und du fühlst Besserung oder bekommst eine Antwort, augenblicklich oder irgendwann zu einem Zeitpunkt, wenn du am wenigsten daran denkst.

Wie im irdischen ist es auch im kosmischen Internet wichtig, dass wir *die virtuelle Welt und die reale Welt* im Gleichgewicht halten und dass zwischen ihnen Kongruenz besteht, ich also nicht »zwei Herzen« habe, wie die Maya sagen. Über meinen Heimcomputer kann ich vielleicht noch eine andere Persönlichkeit als die meinen Freunden bekannte leben – im kosmischen Internet würde mir die Spaltung bald schaden, anstatt mich im Herzen zu sammeln.

Meine Surfreisen in andere Räume und Zeiten werden gebremst, wenn meine Alltagswelt mit ihnen nicht in Deckung gebracht werden kann. Der Satan in falscher Mönchskutte wird nie die wirklich großen Wellen reiten können. Ich empfehle: »Den Kopf im Himmel und die Füße auf dem Boden.« Oder: »Den Kopf über den Wellen und die Füße fest auf dem Surfbrett.« – Im kosmischen Internet gilt die Ethik des Herzens, dort bist du *seelennackt,* dort hilft Verstecken gar nichts.

Wer den Mut hat, sich wie ein Keltenkrieger mit einer Träne im Auge zu öffnen, den wird die Lattice von selbst heilen; seine inneren Saboteure und Ausreden werden unter herzhafter Vergebung entlassen; die alten kolletiven Fassaden von Angst, Zerstörungswut und Depression werden unter den hohen Frequenzen schmelzen und können den aktuellen Horror-Zirkus so nicht mehr weiter unterstützen. So gesehen, ist das Urvertrauen in Licht, Liebe, Harmonie und freudiges Miteinander nicht mehr eine romantische Weltsicht oder ein Luxus von ein paar wenigen »spirituellen Grüppchen«, nein, es ist der einzige Weg in eine friedliche Zukunft der Menschheit.

Die holographische Lattice ist also gleichzeitig ein *Superrechner* und das Kommunikationsnetz, das die dezentralisierten Rechnereinheiten miteinander verbindet, das *kosmische Internet.* Aus unserem irdischen Blickwinkel ist es wie das heutige Internet mit seinen externen Rechnern und Multimedia-Speichern »dort draußen«, wie *YouTube*, *Flickr*, *SkyDrive* und so weiter. Wir Menschen sind die *Anwender* des kosmischen Computers, die Photonen sind die *Bits*, die kleinste Informationseinheit, und unser erwachendes Latticebewusstsein ist das *Betriebssystem*. Das *Modem*, das uns an alle Daten herankommen lässt, ist unsere zelleigene integrierte »DNA-Technologie«, die uns zur *Hyperkommunikation* befähigt. Damit nutzen wir das *Netzwerk der Lattice* genauso wie das Internet.

Wie heißt aber die Computersprache?

Herz. – Das wünsche ich uns Menschen, sowohl hier unten als auch im ganzen Internet-Kosmos zum Wohle aller.

Herz. – Das ist das Tor der Tore der Maya. Wir haben gesehen: Das Herz vereint, heilt und transzendiert uns wie von selbst. Durch den *Herz-Tunnel* können wir überall hin gelangen.

Wie geht es deinem Herzen? habe ich Maya oft einander fragen gehört, während wir sagen: »Wie geht es dir?«

»Guten Morgen, Frau Bühler, *wie geht es Ihrem Herzen*?« – »Na ja, sehr gut, danke der Nachfrage!«

Herz. – Die neue universale Lichtsprache aller Erdlinge (sowie der Freunde aus dem All).

Nur mit offenem Herzen erreichen wir eine kosmische Kommunikation in höheren Frequenzen und Dimensionen als bisher. Wir senden und empfangen Information des Lichtes, bis es ein Normalzustand wird. Wir aktivieren schlafende Gencodes und gestalten am großen kosmischen Theater mit.

Netze der Biosphäre und heilige Sexualität

Beim Navigieren durch die Lattice als kosmisches Internet sollten wir eines nicht vergessen: Das uns naheliegendste Kommunikationsnetz ist das der *Biosphäre* unseres Planeten, worin wir uns wie Schamanen mit den Steinen, Pflanzen, Tieren und anderen Menschen verbinden. Ich bin den Maya sehr dankbar für all die Lehrjahre bei ihnen, während derer mein sturer europäischer Egokopf herausgefordert wurde, genau diesen Respekt für alle Existenzformen und deren Interaktionen untereinander zu entwickeln. Es beginnt beim Erkunden jener Bewusstseinsformen der Evolution, die ein Teil von uns und deshalb unsere heimlichen Lehrmeister sind: *Mineralien, Pflanzen, Tiere und ausbeutender Mensch.* Wir sind nun mitten im Entwicklungssprung zum *spirituellen Menschen.* Diese schamanische Weltsicht oder Kosmovision fußt auf Jahrtausende alter spiritueller Philosophie und Praxis, die, heute angewandt, unsere Welt verändern könnte.

Tiere und Pflanzen sind ebenfalls dauernd hyperkommunikativ mit dem ganzen Universum verbunden: In einem Experiment mit versteckter Kamera ließ der ahnungslose Hundehalter sein Tierchen allein zu Hause. Zu einer vereinbarten Zeit schlägt ein Begleiter dem Hundehalter vor, heimzukehren. Im Film konnte verfolgt werden, wie der Hund genau in diesem Moment zur Tür läuft, um auf sein Herrchen zu warten. Der Hundehalter sandte im Moment, wo er einwilligte, zurückzukehren, eine Information der Rückkehr aus, und der einige Kilometer entfernte Hund reagierte sofort.

Auch hat man in Versuchen mit Pflanzen festgestellt, dass sie auf das Umfeld reagieren, was als ein Indiz für Hyperkommunikation gesehen wird: Wenn in einer Gruppe von Testpersonen einer auftaucht, der der Testpflanze vor einem Monat ein paar Blätter abgerissen hat, fährt sie ihre Lebensfrequenz messbar herunter, während die Gruppe der Testpersonen ohne den Übeltäter »freudig« mit höherer Vitalfrequenz empfangen wird. Die Pflanze hat also den Übeltäter erkannt, eine negative Interferenz entsteht, und sie fährt sich auf Schutzmodus herunter. – Da wir die ganze Zeit mit unserer Flora und Fauna um uns herum kommunizieren, sollte uns das nachdenklich stimmen: Wie oft zerstören oder töten wir unsere Mitgeschöpfe, Pflanzen und Tiere, behandeln sie erniedrigend oder senden ihnen missbilligende Gedanken zu oder (noch schlimmer) bleiben gleichgültig?

Auf unserem Planeten hat das so gravierende Ausmaße angenommen, dass wir von Grund auf lernen müssen, wieder im Einklang mit unserer Umwelt zu leben. Wir sind so mechanistisch erzogen worden, dass es vielen Stadtmenschen als lächerlich oder als nettes esoterisches Gesäusel erscheint, wie ein Schamane in Harmonie mit den Pflanzen und Tieren zu leben. Sie kommen dann in meine Retreats in der wilden Natur und finden sich nicht mehr zurecht in ihr; alles macht ihnen Angst, das Dunkel der Nacht, die Geräusche der Natur, die Moskitos, die Spinnen, die Skorpione, die Schlangen, das Bad im kühlen Quellwasser, und während andere barfuß gehen, stockeln sie mit Socken durchs Gras, denn man weiß ja nie…

Wie können wir uns zum *spirituellen Menschen* weiterentwickeln, wie die Maya sagen, wenn wir unsere Schützlinge, das Mineral-, Pflanzen- und Tierreich, ausbeuten, töten oder übertriebene Angst vor ihnen haben? Wir wollen spirituell sein und kleben uns Federn an wie Schamanen – doch kennen wir das Bewusstsein von Mineral, Pflanze, Tier, Berg, Baum und deren *Naguale* in uns?* Wir haben die am höchsten entwickelte Intelligenz auf dem Planeten, weil wir fähig sind, *bewusst zu erschaffen*, in die Schöpfung einzugreifen und, wie Götter, etwas zu verändern. Doch wir sind die einzige Spezies, die ihre schöpferische Fähigkeit gegen sich selbst richtet, die sich als getrennt betrachtet von ihrem Habitat (Lebensraum). Oder wie vor 300.000 Jahren, als *Ao, der letzte Neandertaler*, im gleichnamigen Film von Jacques Malaterre (Frankreich, 2010) nach den Worten der Erzählstimme dachte: »Der Mensch ist schlecht... schlimmer als die Bestie.« Da dachte er an den Eisbären, der seinen Freund damals niederriss – denn der Mensch nimmt das Leben von anderen Menschen. Ao ist nämlich in die Fänge des *Homo sapiens* geraten, der im Film alles Andersartige, alles, was seinen auf Machtstrukturen aufgebauten Clan irgendwie bedroht, umbringt und opfert. So starb der Neandertaler, als letzter Schamane des Planeten dargestellt, dann auch aus.

Wenn wir den heutigen *Homo sapiens* genau betrachten – ist er nicht eher ein *Homo perdens*, der »ausbeutende Mensch«, der daran ist, alles zu verlieren? Ihm gilt nur der Profit, und er geht dabei über Leichen; die Mythen seiner Arroganz werden von den Medien manipuliert und als Heldentum und technologischer Fortschritt gepriesen. Wenn wir die Graduierung zum *spirituellen Menschen (Homo espiritualis)* schaffen möchten, müssen wir wieder das Bewusstsein der Pflanzen und Tiere mit einbeziehen sowie unsere getrennte Individualität zu Gunsten einer planetaren Zusammenarbeit überwinden.

Da kommen die schamanischen Lehren der alten Schamanenschulen aller Kontinente wie gerufen. Ihnen wird nun wieder Gehör geschenkt; es scheint, als sei ihre Botschaft der einzige Ausweg aus dem Chaos, als sei sie schon immer in unseren Zellen verschlüsselt gewesen und soll nun entschlüsselt und angewendet werden. Wir alle können wieder lernen, wie ein Schamane, einem Felsen zuzuhören, mit Pflanzen zu reden, damit sie in unserem Wohnzimmer schöner gedeihen, oder über Entfernungen ihre Schwingung oder Essenz bitten, uns zu heilen. Wir alle können uns mit dem *espíritu* (Geist) eines Tieres verbinden, und von seiner Weisheit, seinen Qualitäten lernen, die jedes Tier auf ganz andere Weise besitzt. Dieser Respekt in gegenseitigem Geben und Nehmen könnte unser Zusammenleben mit Pflanzen und Tieren und damit unsere Ernährung und unser Umweltverständnis auf tiefgreifende Weise verändern.

---

* *Naguales* sind in Mexiko Geister von Pflanzen und Tieren, die einem schützend und helfend zur Seite stehen. Bin ich eins mit dem Berg, dem Baum, dem Tier und den *Naguales*, dann verstehe ich zutiefst in meiner Seele, dass wir Menschen geladene Gäste sind auf dem Planeten und nie wirklich einen Flecken Erde besitzen oder ihn gar ausbeuten dürfen. Mit *Nagual* wird auch generell die Welt der Spirits, des »Unsichtbaren«, des Unbekannten und Unerklärlichen bezeichnet.

Hier erlaube ich mir eine Analogie zur menschlichen *Sexualität*, die ein wichtiger Spiegel der alten Paradigmen und Ängste und der Doppelmoral der Menschheit ist. Sie ist Ausdruck kulturell bedingter Unterdrückungsmechanismen, die wir heute als Fehlinformation entlarven sollten. Als Menschen haben wir die Fähigkeit, die Sexualität zu *genießen*, denn sie ist ein Ausdruck der Genussfähigkeit des Menschen, genau wie Essen und Erotik. Doch es gibt Menschen, die sie schlimmer leben als wütende Tiere – aus purem Trieb. Aggression und Täter/Opferverhalten sind da an der Tagesordnung, denken wir nur an die Misshandlungen von Frauen, Kindern, ja Tieren für diese Zwecke. Als verantwortungsvolle und logisch denkende Spezies sind wir jedoch eingeladen, uns über den tierischen Instinkt zu erheben, um ein erotisches Vorspiel zu genießen und uns danach vielleicht als der/die genialste Liebhaber(in) des Planeten zu wähnen. Doch Achtung, beim *ausbeutenden Menschen* schwappt meist unbewusst der Arbeitsstress in das eheliche Gemach über, es werden gemeinsam Pläne für noch kompliziertere Positionen oder luststeigernde Aktionen ausgeheckt, oder man greift nach Viagra und vibratorischen Spielzeugen. Man sucht nach immer mehr und hat das Gefühl, dass es immer besser sein sollte, doch am Schluss kehrt die Langeweile ein. Dann wird man entweder sexsüchtig oder wechselt den Partner.

Der *spirituelle Mensch* aber kommt an einen Punkt, an dem er die Nase voll hat von genitaler Beschränktheit und dem Frust danach. Er arbeitet an seinem Ego und den von ihm geschaffenen sexuellen Projektionen und findet eine Sexualität, die mehr ist als päpstliche Fortpflanzung, Unterdrückung und genitale Ermüdung. Er erinnert im kosmischen Internet an die Initiationsschulen der alten Kulturen, Ägypten, Peru, Maya und so weiter, wo eine *heilige Sexualität* gelehrt wurde. Jedermann/frau sollte heute diese Möglichkeit einer tiefgreifenden persönlichen Transformation kennenlernen, damit die sexuelle Energie immer höher zu schwingen beginnt und so ihrem ungelebten Schöpfungspotential Ausdruck verleiht; sie kann uns heilen, energetisieren und unser Bewusstsein dauerhaft auf höhere Ebenen bringen. Das gilt für Frauen und Männer gleichermaßen, ob man nun einen Partner hat oder nicht. Übungen wie das Ritual des Quetzalcoatl können dabei helfen, die *kosmische Schlange* zu befreien sowie die nötigen Erbcodes zu aktivieren. Langsam lerne ich, wie ich mit meiner Kundalinienergie gewinnbringend umgehen, sie potentialisieren kann, anstatt sie bei jedem Liebes-Akt am Ende zu verlieren.

Ich kenne zwei Schamaninnen und Heilerinnen in Mexiko, die zurückgezogen in den Bergen leben und eher Sternenschwestern sind als normale Erdenbürger. Sie kommen daher wie einfache Bäuerinnen, doch wenn sie in

Heilsitzungen mit ihrem Können loslegen, vibriert alles auf einer anderen Ebene; wenn sie an deinen Knochen zerren, um dich ins Lot zu bringen, scheinen sie eine übermenschliche Kraft zu haben. Und was ist ihr Hauptthema in den Seminaren? – Die heilige Sexualität.

Sie behaupten, sie sei der zentrale Schlüssel zu Harmonie und Frieden für jeden einzelnen wie für die ganze Menschheit. Denn dort lernen wir, in heiligem Respekt aufeinander einzugehen und unseren Aufstieg zum Licht vorzunehmen, angefangen mit unserem Körper, unserem irdischen Raumschiff. Die sexuelle Chemie zwischen Partnern ist, was sie *biologisch* zusammenschweißt, doch erst durch eine heilige, energetische Sexualität gelangen wir zu einer Erfahrung für *Seele und Geist,* zu Drachen- oder Kundalini-Reisen in die unendliche Lattice, wo wir unsere Meisterschaft erreichen können. Wir sollten dem größere Aufmerksamkeit schenken, denn die Partnerbeziehung ist doch eines der vier Lebensprojekte, die uns zu Fülle und Glück verhelfen können (siehe Kapitel 1). Ich empfehle das Ritual und die Atmung des Quetzalcoatl als ein vorzügliches Training dafür (siehe 3. und dieses Kapitel).

Nach der schamanischen Kosmovision ist es heute wichtig, wieder alle Lebensformen der Biosphäre, alle Intelligenzformen der Natur, allen voran unsere Mutter Erde, ins Denken, Fühlen und Handeln mit einzubeziehen, um unseren maroden *menschlichen Netzwerken* wie Partnerbeziehungen, Familien, sozialen Gruppierungen bis hin zu Staaten zu nachhaltigem Bestehen und neuer Blüte zu verhelfen. Das ist eine wichtige Herztür für uns Menschen, um danach mit höheren Ebenen der Lattice zu kommunizieren und auch sie in unser Energiesystem als Menschheit harmonisch zu integrieren. – Es ist ein großer Unterschied, ob wir über die Lattice dozieren, philosophieren und von interessanten Konzepten über einen besseren Umgang mit der Natur reden oder ob wir sie als Hyperkommunikationsnetz unserer *Biosphäre* jeden Tag ein bisschen bewusster gebrauchen und respektvoller leben.

Nach unseren *menschlichen Netzwerken* und dem *Internet* läutet nun der Gebrauch der Lattice als *kosmisches Internet* die neue Kommunikationsstufe des 21. Jahrhunderts ein. Sie stellt die dritte evolutive Stufe der Kommunikationsnetze dar, die heute alle parallel vorhanden sind und miteinander interagieren: Es scheint, als hätte die Lattice das Internet nach *ihrem Bilde* geschaffen und damit innerhalb von zwei Generationen eine rasendschnelle und unaufhaltbare Revolution im Informationsaustausch auf dem Planeten ausgelöst. Keiner der drei Kommunikations-Netzwerke kann mehr weggedacht werden, in ihnen schaffen wir die aktuellen virtuellen (*Maya-*)Welten unserer privaten sowie sozialen Lebensformen (und morgen schon können sie anders aussehen).

Tabelle: Kommunikationsnetze der Lattice

Kommunikationsnetze als Lattice-Manifestationen	**Aktivierung und Koordination vom Neuronalnetz im Gehirn aus**	**Evolutive Stufen**
Kosmisches Internet (Lattice) *(entspricht der Noosphäre)*	Herz-, Körperfeld- und Latticebewusstsein (Wiedererlernen der Hyperkommunikation)	**3** – in Entwicklung, 21. Jh.
Internet (E-Mail, WWW, Telefonie, Fernsehen) *(entspricht der Technosphäre)*	Vernetztes, abstraktes und kreatives Denken	**2** – seit 1991 (World Wide Web weltweit verfügbar)
Menschliche Netzwerke *(entspricht der Biosphäre)*	Soziale Integration (Verlernen der Hyperkommunikation)	**1** – seit 10.000 v. Chr.

Diese Tabelle zeigt die drei Kommunikationsnetze als Abbilder und Manifestationen der Lattice. Sie drücken den Entwicklungsstand der Menschheit auf dem Weg zu einem höheren Gruppenbewusstsein aus. In den drei Netzwerken gestalten wir alle zusammen die Wirklichkeit mit, durch unsere Handlungen, Gedanken und Gefühle. Fügen wir neue Information hinzu, lebt sie dort weiter und wird nie mehr wirklich gelöscht werden (Hologramm). *Emotionale oder soziale Information* schweißt Familien und ganze Völker zusammen und bleibt später in Legenden und Mythen erhalten. *Digitale Informationseinheiten* sind überall im Internet potentiell abrufbar und können nur schwer wieder daraus entfernt werden. Die Hackerskandale der letzten Jahre haben plausibel gemacht, dass es eigentlich absurd ist, darin irgendwelche (Militär-)Daten zu verstecken. Was in der Lattice zählt, ist nicht, wie ich es denn in meiner oberflächlichen Wunschvorstellung gerne hätte, sondern wie ich im Moment wirklich *bin* und wie die Gesellschaft gerade drauf ist. Unbewusste Absichten und Regungen, Gedanken und Gefühle, wie ich mit meinem Potential als Schöpfer umgehe, haben genau die gleiche Wirkung wie die bewussten. Meine Daten sind immer für alle offen.

Das kosmische Internet war bis vor 3000 Jahren noch eine bevorzugte und anerkannte Form der (Hyper-)Kommunikation. Wir haben sie zugunsten eines Individualisierungsprozesses aufgegeben und dabei verlernt, mit den

Göttern zu kommunizieren, denn wir mussten lernen, unsere Emotionen und den Intellekt zu kontrollieren, um als *soziale Wesen* zu funktionieren (Stufe 1).

Erfindertum und wissenschaftliche Entdeckungen haben zu dem Glaubenssatz geführt, dass der Mensch hier ist, um sich möglichst die ganze Biosphäre untertan zu machen. Wir haben vergessen, dass alle menschlichen Errungenschaften nur das widerspiegeln, was wir *bewusst* nicht mehr wissen, aber mit dem wir seit jeher *unbewusst* hyperkommunizieren. Die aktuelle »Hochzeit von Wissenschaft und Spiritualität« entwickelt jene Technologien, die Schamanen oder Sternenbrüder schon immer kannten. Heute bewegen wir uns auf eine höhere kollektive Ebene zu, ohne unterdrückende Könige, Diktatoren und Religionsführer. – Jeder sollte nun selber die Verantwortung für sich und seinen Platz im Ganzen übernehmen können. Das moderne Internet als Krönung der Technosphäre ist in zwanzig Jahren zum neuen Symbol für globales Denken, Grenzüberschreitung, Freiheit und Brüderlichkeit/Schwesterlichkeit geworden. Schon Kleinkinder verbringen einige Zeit in der *virtuellen Welt* des Internet (Stufe 2).

Wo wir Eltern sicherlich bald von den Kindern lernen werden, ist der Gebrauch des kosmischen Internets, der Lattice. Eine tiefgründige, geheimnisvolle Wandlung durchzieht alle Lebensbereiche hin zu einem *höheren Gruppenbewusstsein*, in dem die Hyperkommunikation wieder so selbstverständlich wie tiefes Atmen sein wird (Stufe 3).

Das Neuronennetz unseres Gehirns (und des ganzen Nervensystems) ist ein Abbild der Lattice oder eine fraktale Erscheinung des göttlichen Gitterwerkes auf kleinerem Raum. Das menschliche Gehirn lernt, wie seine *Mutter* zu sein, und dehnt sein Bewusstsein (von 1 bis 3) aus. Brachliegende Neuronenverbindungen werden verkabelt, wenn das Gehirn neue Funktionen lernt. Die Gehirnneuronen finden im Außen ihr Pendant im Beziehungsnetz der Menschen (1), im Internet (2) und im Mutternetz, der Lattice (3).

Die Abbildungen Nr. 10 bis 14 im Bildteil zeigen verschiedene Fraktalerscheinungen der Lattice. Die energetischen Verbindungen zwischen den Menschen (1) werden seit jeher von Sehern, Schamanen und Weisen wahrgenommen, die Knotenpunkte dieses Netzes sind die Menschen mit ihren Herzmittelpunkten. An einem Tag im Januar 2005 wurde von einem Datensammelprogramm ein Teil aller erreichbaren Empfänger des weltweiten Internets (2) aufgezeichnet, was eine farbige »Karte« ergeben hat, die uns durch ihre eigene Schönheit besticht. – Surfen wir nun auf unserer Fraktalreise mit unserem Drachen zur Seite von den Mikrowelten in die Makrowelten des Weltalls. Wenn wir die Bilder der neuen Riesenteleskope und Computersimulationen des Weltalls mit denen eines Neuronennetzes vergleichen, sehen wir eine verblüffende Übereinstimmung, ein visuelles Indiz für das Wissen der Mayameister über die Lattice als kosmisches Internet (3).

Fasern, Filamente und Plasma

Schon 2001 berichtet das Astronomenteam von European Southern Observatory (ESO) über sensationelle Funde am Standort in Chile:

Neue, wegweisende Beobachtungen mit dem ESO Very Large Telescope (VLT) in Paranal unterstützen die aktuellen Computer-Modelle des frühen Universums: Es ist »schwammig«, mit Galaxien entlang der Fasern, ***wie Tröpfchen entlang der Fäden eines Spinnennetzes.*** *… Alle aktuellen Computer-Simulationen des frühen Universums haben eines gemeinsam: Die ersten großangelegten Strukturen, die sich im jungen Universum geformt haben, sind lange Fasern, die in angeschlossenen Knoten enden. Diese Modelle sehen in der Regel aus wie ein dreidimensionales Spinnennetz und* ***ähneln den neuronalen Strukturen des Gehirns.***[71]

Auf die Frage, was sie als die wichtigste Konsequenz ihrer Beobachtungen betrachten, antworten die Forscher:

Wir haben gezeigt, dass wir jetzt eine Beobachtungsmethode haben, mit der wir das ***kosmische Netz*** *des frühen Universums untersuchen können.*

Sie sprechen von einem »frühen Universum«, weil das, was die Astronomen sehen, etwa 12 Milliarden Jahre weit weg ist; mit einer Schätzung des Universums auf ein Alter von 15 Milliarden Jahre sehen sie also in eine (Parallel-)Zeit hinein, als das Universum »nur« etwa zwei Milliarden Jahre alt war.

Jay Alfred (USA), der Autor der Dunkelplasma-Theorie, fügt hinzu:

Jetzt haben Astronomen tatsächlich ein Universelles Netzwerk *entdeckt. … Astronomen vom NASA-X-Ray-Satelliten-Observatorium, Chandra, haben die Filamente »gesehen«, die sich über Millionen von Lichtjahren im Raum ausgebreitet haben, eines davon mitten durch unsere eigene Galaxie. Sie rechnen damit, dass die Filamente fünf Mal mehr Masse als alle Sterne im Universum enthalten!*[72]

Also mir bleibt da die Spucke weg. Wieder zwei glasklare Beschreibungen der Lattice, diesmal aus Astronomenhand. Mit Fasern oder Filamenten *(filaments)* werden in der Astronomie und Astrophysik Materieansammlungen von sogenannter *Unsichtbarer oder Dunkler Materie* bezeichnet, während die dazwischenliegenden Hohl- oder Leerräume *Voids* heißen, worin sich sogenannte *Dunkle Energie* befindet. Beide zusammen ergeben die Wabenstruktur der Lattice. Neueren NASA-Berichten zufolge, schätzt man heute die aus Atomen bestehende Materie im Universum auf nur 4,6 % und die Unsichtbare Materie (Lattice) auf 23 %. Die restlichen 72 % sind »leer«, Vakuum, Dunkle Energie. Der Name *Dunkle Energie* weist darauf hin, dass der Weltraum nicht einfach leer ist, sondern von einer *Quantenfluktuation* (= Vakuumfluktuation) durchzogen ist. Nichts ist also leer, alles ist Energie!

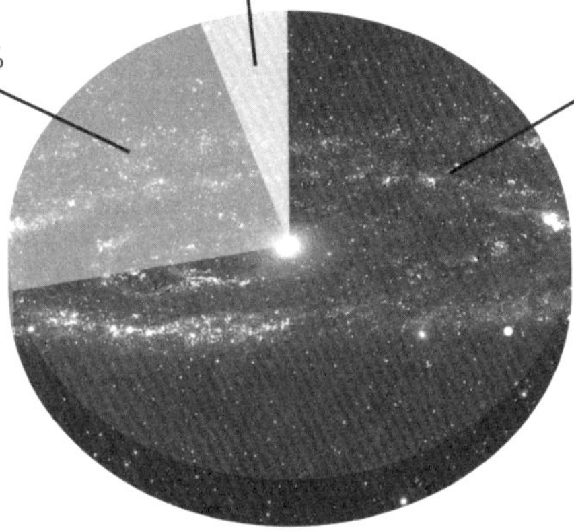

Aufbau des Universum gemäß der NASA, 2011. Die Lattice entspricht der Unsichtbaren Plasma-Materie, die neben der sichtbaren Materie (Atome) und der Dunklen oder Unsichtbaren Energie besteht.[73]

Die Resultate und Hypothesen von Jay Alfred kommen meinen schamanischen Erfahrungen mit den Maya sehr nahe. Lauschen wir noch ein wenig seinen Worten.

Die sichtbaren Galaxien im Universum sind nicht isoliert und getrennt, sondern verwoben durch eine ***faserförmige netzartige Struktur*** *– die als Dunkle Materie das unsichtbare Gerüst des Universums ist. Die netzartige Struktur ist sowohl ein Markenzeichen der unsichtbaren Dunklen Materie als auch des magnetischen Plasmas. Das Aussehen dieses Netzes trägt eine unheimliche Ähnlichkeit mit einem Querschnitt durch ein Gehirn.*[74]

Als magnetisches Plasma wird der Aggregatzustand bezeichnet, den die Unsichtbare oder Dunkle Materie, also auch die Lattice, aufweist. Da es als eine Art zähflüssiges Gas aus geladenen Teilchen (Ionen) besteht, hat es beste elektrische Leitereigenschaften und reagiert auf elektromagnetische Felder und deren Wellen, wobei es *Fasern, Strahlen und Körper bilden* kann! Auch die energetischen Körper des Menschen, seine Seele samt den drehenden Chakren können als Plasmakörper gesehen werden. Zum Beispiel: Obwohl mein physischer Körper friedlich schläft, sagen viele meiner Retreatbesucher, dass sie mich nachts gesehen haben, wie ich meine »Runden drehe« und nach dem rechten sehe. Das Plasma schwingt bisweilen auf einer so niederen Frequenz, dass es von vielen Menschen heute wahrgenommen wird. Plasma ist der Zustand unserer (inneren und äußeren) Schwestererde mit ihren Plasmawesen. Teil der Biosphäre sind auch die »Plasmahüllen« der Pflanzen und Tiere. »Gespenster«, Lichtwesen oder auch Tote können durch Mauern gehen, weil Unsichtbare Materie die dichte Materie durchdringen kann! Im Universum besteht nicht nur die Unsichtbare oder Dunkle Materie aus Plasma, sondern auch ein Großteil der sichtbaren Materie, so die Sonne und alle Sterne. – Jeder hat schon einmal eine *Plasmalampe* gesehen, bei der man die Filamentation (Faserbildung) gut beobachten kann. (Siehe Abbildung Nr. 16 im Bildteil.)

Die weiteren Gedanken von Jay Alfred zu den Filamenten im Kosmos sind atemberaubend:

Aber es ist nicht nur die Morphologie (d.h. die strukturellen Aspekte) der großräumigen Struktur des Universums, die dem menschlichen Gehirn ähnlich ist, sondern auch die Physiologie (d.h. die Funktionen). Diese Filamente tragen Ströme von geladenen Teilchen (Ionen) über große Entfernungen, was ***magnetische Felder*** *generiert – ähnlich wie bei einer Nervenfaser. Und sie bilden Schaltkreise, ebenso wie die neuronalen Schaltkreise im Gehirn. … Galaxien entstehen, wenn Filamente sich berühren oder einander kreuzen. Eine Verknüpfung von Filamenten (darunter Tausende von winzigen fadenförmigen Strömen) sorgt für die Übertragung nicht nur von Energie, sondern auch von Informationen von einem galaktischen Kern zum anderen. Die aufeinanderfolgenden Universen können als die vielen Schichten eines riesigen elektronischen Gehirns operieren, in dem unsere eigenen subtilen Gehirn-Körper leben und denken.*[75]

Die Welt der unsichtbaren Dunklen Materie (mir gefällt der Name nicht so sehr) mit ihrem Plasmazustand und dem Netz von Filamenten ist genau das Netz der Lattice, wie es sich mir in den Mayazeremonien langsam erschlossen hat. Die Lattice hebt die Grenzen zwischen den Universen fraktal auf. Zwischen meinem Plasmakörper, meinem Gehirn- und Herzfeld und allen anderen Menschen, ja dem Rest des Universums besteht ein gigantischer pulsierender Informationsfluss, Grenzen sind dabei illusorisch. Ich nehme ihn als ein fraktales Multiversum von pulsenden Energiezentren (Knotenpunkten) und Informationsleitern (Verbindungen) wahr, was wir salopp als »kosmisches Internet« bezeichnet haben.

Wenn jemand eine Plasmalampe berührt, »entlädt sich die Lampe« in Richtung der berührenden Hand, die Lichtblitze werden dort dichter, und der

Berührende kann die Entladungen an seinen Fingerspitzen wahrnehmen. Stelle dich wieder in deinem Drachenei, im persönlichen Weltenei vor, diesmal als Plasmalampe! Wenn sich dir jemand nähert, spürt er deine Lichtblitze und Energiebahnen schon von weitem. (Der Plasmafluss wird vom Glas der Lampe nicht behindert.) Berührt er nun deine Aura (das Glas), so geht die Energieladung dorthin, »wo er dich berührt«; wir können uns damit bildlich vorstellen, was im Falle einer körperlichen oder einer emotionalen oder mentalen »Berührung« passiert. Das ist die Art, wie wir die ganze Zeit miteinander kommunizieren und aufeinander reagieren. Wie in der Lampe, erzeugt unser Plasma (unsere Seele, Energiekörper, Energiesysteme) auf natürliche Weise Filamente oder Fasern als Antwort auf ein elektrisches oder magnetisches Feld (Magnetiten, Umwelt). Die Plasmafasern bilden ein Kommunikationsnetz inner- und außerhalb von uns. Carlos Castaneda hat sie in seinen berühmten Erfahrungberichten mit dem Meister der Yaki, Don Juan Matus, oft erwähnt. Was hier auf mesokosmischer Ebene stattfindet, funktioniert im Makrokosmos ganz genauso; so sind alle Galaxien entstanden, atmen und pulsieren weiter. Es gibt sogar eine nach diesen Fasern benannte, nur für Spezialisten zu verstehende Theorie, die das Universum zu erklären sucht: die *String-Theorie*. Der String, der »Faden«, wird als der Urbaustein des Universums angesehen und kann sich in viele Dimensionen ausdehnen. (Er soll kleiner sein als Elektronen, Photonen, Quarks und alles zusammen.) Wie die Saite einer Gitarre erzeugt seine Schwingung Energie und Materie, den ganzen Kosmos, alles was du hörst, siehst, riechst und fühlst! Abgefahren! »String«!

Erinnerst du dich an die von der Wissenschaft noch unverstandene *energetische DNA*? – Auch sie ist eine energetische Plasmafaser, die sich mit der sichtbaren DNA, den Proteinen, sowie den »gerufenen« Lichtbausteinchen des Kosmos, den Photonen, zu einem kosmischen, holographischen Schlangentanz windet, der den, der ihn sehen kann, für immer verzaubert. Wie manche Plasmawesen, die eine Lichterscheinung mit sich bringen, ziehen auch wir Photonen an. Tote können nach dem Absterben des physischen Körpers noch eine Zeit in ihrem Plasmakörper, genannt Seele, weiter unter uns weilen, und werden von vielen Menschen wahrgenommen; meist sind sie durch ihren Schmerzkörper blockiert, den sie aus dem Leben mitgenommen haben – bis sie in höhere Dimensionen transzendieren.

Als schamanisch Gebildete dürfen wir beim neuen Latticebewusstsein jedoch die Natur und Mutter Erde nicht vergessen. Jay Alfred bestätigt dies:

Die Erde scheint ein Gehirn zu haben, aber wie bekommt sie ihre Sinneseindrücke? Eine Möglichkeit ist es, Lebewesen zu erzeugen. Die Myriaden von

Lebewesen (einschließlich des Menschen) auf der Erde sind in der Tat die vielen Augen und Ohren der Erde. Die Netzwerke der Ströme in den Gehirnen aller Lebensformen sind ein integraler Bestandteil des Strom-Netzes im Gehirn der Erde. Es ist im Interesse des Universums, Lebensformen zu erzeugen, damit es sehen, hören, schmecken, berühren und riechen kann und sich seiner selbst bewusst wird.[76]

Wir Menschen bilden zusammen mit der Mutter Erde einen pulsenden, denkenden und fühlenden Organismus. Wie die Maya sagen: »Wir sind ihre Kinder«, eingebunden wiederum in ein größeres intelligentes Ganzes, in den »Armen unserer galaktischen Mutter«. Alles ist aufeinander abgestimmt und kommuniziert mittels der »Unsichtbaren Materie« miteinander, der Lattice: die Menschen (mit ihren Magnetiten, den Wasser-Flüssigkristallen, den Genen, den Sinnesorganen, mit Gehirn, Herz, Bauch und ihren Energiekörpern sowie Chakren), die Erde (mit ihrem ätherischen oder Plasma-Körper und den darin wohnenden Wesen sowie mit ihren Energie- und Drachenlinien), der Kosmos (mit der energiespendenden Sonne, den Planeten und Galaxien sowie ihren Intelligenzformen). Jetzt verstehe ich, warum die Maya immer sagten: »Es gibt einen *anderen* Körper, eine *andere* Mayapyramide (zum Beispiel in Palenque), eine *andere* Erde.« Es ist die Plasma-Welt der Filamente, Verbindungen und Erscheinungen, die von der Wissenschaft noch kaum gemessen werden kann! – Aloha, lieber Surfer, jetzt weißt du, was Lattice-Surfing ist. Let's go, es wird immer besser!

Es liegt auf der Hand, dass mein magnetisches Plasmanetz mehr Information höherer Dimensionen transportieren und verarbeiten kann, je höher meine Frequenz ist. Der Spiral-Kreisel dreht sich quasi immer schneller, und die Selbstregulierung wird immer effektiver (vergleiche Kapitel 1). Ich lade dich zu einem freien System-Cleaning deines Zugangs zum kosmischen Internet ein, wobei du deine Leitungen und Energiekörper reinigen kannst. Es ist die Fortsetzung des Rituals des Quetzalcoatl. Auf deiner Schatzsuche hast du dich der Göttin, der allumfassenden Lattice hingegeben, und du hast den Gott, den väterlichen Drachen überwunden und die Schatztruhe geöffnet. Bringe sie nun noch einmal zusammen – auf der Ebene, wo Gott und Göttin eins sind, wo der kleinste Baustein des Universums eins ist mit dem Universum als Ganzem – dort verschmelzen Mikro-Strings mit Makro-Fasern, Drache mit Lattice:

Drache + Lattice = Gott + Göttin = Gott/Göttin, Quelle, Licht

Die Chakren, welche wir in der folgenden *Kreisbahnatmung* passieren werden, sind Vermittler zwischen den Welten, sie sind Tore wie das Herz. Sie verbinden deinen physischen Körper mit den Energie-Körpern und dem

Universum, um ihn mit der lebensnotwendigen Licht-Information zu versorgen. Sie sind eine Art Brücke zwischen Materie und unsichtbarer Energie, zwischen physischem Körper, Plasmakörper und der universellen Quelle. Sie strahlen also auch über das energetische Ei aus, in dem du sitzt. Im Abschnitt *Hinter den Schleier der Göttin sehen* (Kapitel 3), findest du eine kurze Übersicht über die *Chakren oder Energiepunkte des feinstofflichen Energiesystems des Körpers.*

Meditation

Übung 10: Atmung des Quetzalcoatl

Ganz besonders vor dieser Meditation empfehle ich ein paar Lockerungsübungen, die deine Becken- und Kreuzgegend lockern, dort wo viele Menschen ihre Schöpfer- und Sexualenergie blockiert halten.

Du sitzt völlig entspannt und in passender Atmosphäre in deinem Plasmaei; am besten diesmal auf einem Kissen in einer Meditationsposition, damit dein 1. Chakra gut geerdet ist. (Ein Stuhl ist aber auch völlig in Ordnung.) Visualisiere dich dann als Plasmalampe und versuche, dir die energetischen Faserverbindungen in und außerhalb deines Körpers vorzustellen.

Richte nach einer Weile all deine Aufmerksamkeit ein paar Minuten lang ins Zentrum des Eies, wo dein Herz ist, bis du dort eine neue Empfindung spürst, bis alles drumherum unwichtig wird, deiner Wahrnehmung »entschwindet«: Es ist das Herz-Bewusstsein. Du folgst der tiefgreifenden Wahrheit: Wo die Aufmerksamkeit hingeht, geht die Energie hin. – Breite dann diese Energie oder Empfindung über den ganzen Körper aus und fülle dein ganzes Ei damit.

1. Meditation der Umlaufbahn

Zuerst lernst du, in deiner eigenen Umlaufbahn zu atmen, als ob du das Sonnensystem wärest und das Herz die Sonne; oder du unsere Galaxie und dein Herz Hunab Ku. Es geht den Rücken hinauf bis zum Kopf, dann vorne wieder herunter und so fort, dein ganzes Leben lang. Du begleitest in deiner Beobachtung während der ganzen Rundreise deine Kreislaufbahn mit aller Aufmerksamkeit... Du ziehst sie, als würdest du sie ständig neu zeichnen, zuerst ganz langsam, dann immer schneller.

Zuerst sendest du vom Herzen einen Plasmastrahl bis ins Zentrum der Erde hinein, wo du ihn verankerst und dann mit ihm zurückkehrst. Spüre die Erdung und die Verbindung mit dem Herzen der Mutter. Ich bitte dich im weiteren, auf jede Chakrazone (am und leicht über dem Körper) so lange deine Aufmerksamkeit zu richten, bis du dort ein Kitzeln, einen Druck, ein Vibrieren oder auch eine andere Empfindung verspürst. Dann gehst du zum nächsten Energie-Punkt weiter. Beginne mit der Aufmerksamkeit im Basischakra (1. Chakra), zwischen Geschlechtsorgan und Anus. Hast du es geschafft, dort die Energie für einen Augenblick zu konzentrieren, gehst du den Rücken hinauf zur Kreuzgegend (2. Chakra). Nach einer Weile geht es weiter zu einer Zone an der Wirbelsäule, die auf der Höhe des Solar Plexus (3. Chakra) liegt. Nächster Rücken-Punkt ist auf Höhe des Herzens (4. Chakra), dann in die Nackengegend (5. Chakra), zum Hinterkopf, was dem Dritten Auge entspricht (6. Chakra) und hinauf zum Kronenchakra (7. Chakra).

Nun geht es auf der Vorderseite wieder herunter. Die Aufmerksamkeit richtest du nun einen Augenblick auf das Dritte Auge (6. Chakra). Dann berührst du mit der Zungenspitze oben den harten Gaumen, was als Energiebrücke dient, worüber du in deiner Imagination die Energiebahn weiterziehst. Vom Dritten Auge geht es also über die Zungenbrücke direkt zur Halsgegend (5. Chakra), dann zum Herzen (4. Chakra), Solarplexus (3. Chakra) und Hara (2. Chakra). Verweile dann einen Moment mit der Aufmerksamkeit in deinen Geschlechtsorganen, bis du nach dem Basischakra (1. Chakra) wieder von vorne anfängst.

Wiederhole nun die Umlaufbahn so oft du kannst. Zur Beschleunigung der Umlaufgeschwindigkeit empfehle ich dir die Feueratmung, bei der du nur mit der Nase ein- und ausatmest, der Mund bleibt dabei geschlossen. Wird nun die Kreisbahn schneller, beginnst du dir vorzustellen, wie sie nicht mehr an deinen Körper geheftet ist, sondern dein ganzes Ei umrundet. Wird es zu heftig, kannst du bremsen, indem du mit der Nase einatmest und mit dem Mund aus. Wie das Ritual des Quetzalcoatl war auch dies eine Einweihungsarbeit und wurde für den Fluss und die Transformation der sexuellen und schöpferischen Energie im Körper verwendet. Wenn beide Partner sie anwenden, kann ein hoher Grad von Gesundheit und Weisheit erlangt werden, der Bewusstseinsgrad von Quetzalcoatl.

Mit ein bisschen Übung hast du die Meditation der Umlaufbahn bald verinnerlicht und kannst diesen ersten Teil weglassen. Ich empfehle, sie immer wieder einmal am Tag in verschiedensten Lebenssituationen zu praktizieren, bis du sie innerhalb von Sekunden abrufen kannst, immer wenn du deine Schöpferenergie aktivieren oder deine Körperenergie ins Gleichgewicht und in den Fluss bringen möchtest.

2. Du bist Quetzalcoatl

Praktiziere die Meditation der Umlaufbahn ein paar Minuten lang und lasse dich überraschen, wie deine Körperenergie steigt und fließt. Beobachte, wie sich deine Vorstellung von der Wirklichkeit verändert. Du näherst dich langsam dem Einheitsbewusstsein.

Die Mayameister empfehlen, von Zeit zu Zeit den Fokus wieder zurück ins Zentrum, ins Herzfeld, zu lenken. Vom Herzen verankerst du dich noch einmal mit einem Plasmastrahl im Zentrum der Erde und kommst dann zurück zum Herzen. Spüre nach, was als Reaktion von der Lattice (in ihrer Funktion als Spiegel) zurückkommt.

Vom Herzen sendest du nun einen Plasmastrahl hoch hinauf ins galaktische Herz, *Hunab Ku*, verankerst ihn auch dort und kommst dann wieder zurück in dein Herz. Spüre nach, was als Reaktion von der Lattice (als Spiegel) zurückkommt. Die **Kreisbahnatmung** geht währenddessen ständig weiter. Diese uralte Art der Rückverbindung über den »kosmischen Odem« mit dem Schöpfermeer des Universums ist ein wichtiger Teil des fortgeschrittenen Lattice-Surfens. Herzlichen Glückwunsch!

Lade dann wieder Quetzalcoatl in der Erde unter dir ein (wie im Ritual des Quetzalcoatl). Er wächst in dir, erfüllt dein Herz, bis er sich im ganzen Ei ausgedehnt hat und deine Krone (höchster Punkt des Schädels) berührt. Er braucht diesmal nicht zu fliegen, aber wie immer bist du frei, kreativ mitzugestalten. Nimm einfach seine göttliche und allmächtige Präsenz wahr.

Du lässt nun die Umlaufbahn so lange weiterkreisen, bis du einen hohen Grad von Klarheit, Energie, Liebe oder Kraft verspürst, je nach dem, was du gerade im Leben brauchst.

Mit etwas Geduld und Disziplin wird in dir unverkennbar der Drache, Quetzalcoatl, aufsteigen, ohne dass du mit deiner Imagination mithilfst. Bitte keinen Druck ausüben und keine Erwartungshaltung – Spiritualität ist ein kosmisches Spiel ohne Wettbewerb!

Die Mutter der Atmungsformen lernen: die Kreisbahnatmung	Meditation der Umlaufbahnen
Ruhiger Ort zum Meditieren	Ruhig – lebendig
Sitzend	20 Minuten

Ich habe viele Menschen getroffen, die sich nach dieser Übung, während einer sexuellen Vereinigung oder allgemein in Momenten der Erleuchtung, als *kosmische Schlange* tanzen sahen, oder ein *Drache*, ein *Quetzalcoatl*, kam schützend über sie. Jetzt wird's spannend.

Was sagen denn die Wissenschaftler über die »Dunkle Energie«, die 72 % des Universums ausmachen?

Die haben wir nämlich ganz vergessen. Sie bewegt sich zwischen den Filamenten der Lattice, zwischen der Unsichtbaren oder Dunklen Materie. In den beiden wichtigsten Modellen für Dunkle Energie wird diese als ein **Feld von Spiralfedern** (eine Art von Strings) angesehen, die jeden Punkt im Raum bedecken. Demnach bestünde also nicht nur die Dunkle Materie sondern auch die Dunkle Energie, also die Lattice und ihre Hohlräume, aus entweder Fasern oder Spiralen.

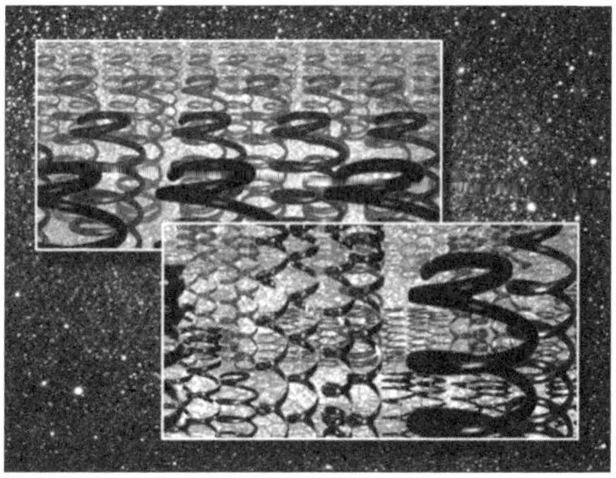

Die »Dunkle Energie« zwischen der Lattice kann als Feld von Spiralfedern gedacht werden. Beim Vakuum-Modell (oben), wo die Energie konstant bleibt, hätte jede Feder die gleiche Länge und wäre unbeweglich. Beim dynamischen Modell (unten), wo die Dunkle Energie als ein über Raum und Zeit variierendes Energiefeld gesehen wird, würde jede Feder in eine andere Länge gedehnt werden.

Das dynamische Spiralfeder-Modell des Dunklen Raumes scheint eine fraktale Wiederholung der sich bei hochfrequentigen Emotionen ausdehnenden und bei tieffrequenten Emotionen zusammenziehenden DNA im Experiment des *Institute of HeartMath* zu sein! – Ist das nicht wieder eine verblüffende Übereinstimmung mit der *kosmischen Schlange* der Maya und dem göttlichen, erwachenden Drachenerbe in unserer DNA?

»Die Samen der kosmischen Schlange wurden von den Brüdern aus dem Raum gesät«, sagte mir doch der alte Maya im Traum. Und wir können uns einfach vorstellen, dass der Umgang mit diesen »Spiralfedern« ein Teil der fortgeschrittenen Hologramm- und Quantentechnologie von außerirdischen Intelligenzen sein mag.

Wenn wir uns nun auch noch an das Experiment des DNA-Phantom-Effektes erinnern, wo die Photonen alleine zurückblieben und im Raum eine »kosmische Schlange« bildeten, kommt von allein das Bild, dass mit steigender Frequenz die Kundalini-Schlange länger wird oder »wilder tanzt«. Wiederum wird uns klar:

Ja, ich kann mit meinen Gefühlen die Wirklichkeit bestimmen! – Auf der Ebene der Gene, also meines Körpers, wie als Menschheit.

Wir bauen die Welt buchstäblich auf, mit Photonen, Spiralfedern, kleinen Drächlein, Strings oder Plasmafasern, wie auch immer wir es verstehen möchten.

So wie die Mayameister es mir in Visionen und Träumen zeigten: Die mehrdimensionale *Spirale oder Helix* scheint wirklich die Urform allen Lebens im Universum zu sein. Ich sehe sie als die Knotenpunkte in der kosmischen Lattice, wo Energie oder Lichtinformation in Bits verschlüsselt und gespeichert werden. Erinnere dich einmal, an wie vielen Stellen in der Natur man die Spiralform wiederfinden kann: eine Zaunwinde, die an einem Stamm spiralförmig hochklettert, unsere sich drehenden Chakren, ein Schneckengehäuse, der Wasserwirbel in der Badewanne, ein drehender Kreisel, Hoch- und Tiefdruckgebiete, Galaxien. Auch im Aufbau von Pflanzen und im Energiekörper

Spiralformen in der Küche, in der Natur, in den Wirbeln der Elemente. Nimm einen Fotoapparat und suche Spiralformen, wo auch immer – du wirst dich wundern!

des Menschen wurden Spiralformen entdeckt; in Labors beobachtet man öfter Plasma mit ineinander verdrehten Spiralformen, wie Doppelhelixen.

Wie kann ich nun die notwendigen hohen Frequenzen beibehalten, damit meine Spiralen und Drachen schön weitertanzen?

Indem wir unsere Computersprache des Herzens verwenden: Wir können so einer Tendenz des Universums folgen, wenn wir seine Spiralformen weiter aufdrehen und ausdehnen. Öffnen wir mit Mut neue Herztore oder »Drachenherzen«, wie ich es nenne, erreichen wir immer neue und höherfrequente Felder im Universum, die dauerhaft auf uns zurückwirken. – Die Energiefelder verhalten sich nämlich wie ein Heer von *Spiralfedern* um dich herum: »Je verdrehter, desto höher die Energie.« (Da können selbst Eltern mit Kleinkindern zustimmen, und wenn sie sich dann noch im Kreise drehen: Auweia!).

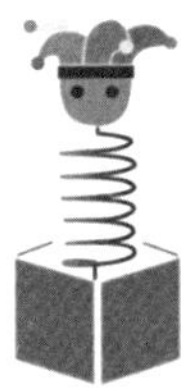

Der Physiker Terry Forbes (USA) vergleicht diese Plasma-Tätigkeit mit dem schönen alten Spielzeug unserer Großeltern, dem Schachtelteufel (auf englisch *Jack-in-the-Box*), der in seiner Schachtel Energie speichert, bis der Beobachter »auf den Knopf drückt« oder »die Kurbel dreht«.[77] Dann springt er heraus, seine Energie ist frei geworden. Jeder einzelne Grundbaustein des holographischen Universums, so auch die DNA, hegt doch das ganze kosmische Potential in sich und kann die ganze Bandbreite des Lichtes entfalten! Deswegen trägt auch jeder die Kapazität zur Resilienz in sich und kann sich nach einer »Niederlage« wieder aufrichten.

Noch so manche von uns sollten im Leben mal ein bisschen »auf die Tube drücken«, um die Feder zu entfalten, anstatt uns in der alten Schachtel zu verstecken. Von allen Spezies auf Erden haben nur wir Menschen das kreative Bewusstsein entwickelt, selber nach *freiem Willen*, im Einklang mit der Erde und dem Kosmos, die notwendige Aktivierung vorzunehmen. Damit wurden wir zum ausbeutenden Menschen – und damit können wir zum schöpferischen Menschen werden. Nicht nur unser Gehirn organisiert sich von selbst in einem immer höheren Bewusstseinszustand, wie Wissenschaftler herausgefunden haben, sondern die ganze Natur scheint einer natürlichen Aufwärtsspirale zu folgen. Sie erhält sich durch eine allseitige Wechselwirkung, die einer Art kosmischer Selbsterhaltung entstammt und sich ständig weiterentwickelt. Diese ergibt den natürlichen Evolutionsprozess von Lebewesen und ihren Bewusstseinsformen, bis hin zum sich ständig ausdehnenden, wachsenden Universum.

Wo für die Astronomen noch das Vakuum, die Leere *(void)* der unsichtbaren Energie im Raum herrscht, auch dort reichen fraktale Arme (Filamente) der Lattice sowie Hyperkommunikationstunnel hin, die alle Spiral-Manifestationen im Raum miteinander verbinden.

Wir leben in einem komplexen Universum von Räumen und Zeiten, von Spiralen in anderen Spiralen, Feldern in anderen Feldern, Sphären in anderen Sphären.

Da wir das lineare Denken gewohnt sind, stellen wir uns die Lattice als dreidimensionales Maschengitternetz vor, doch in Wirklichkeit ist sie multidimensional und fraktal. Ihre Urform sind *in sich drehende Spiralnetze*, die alle fraktalen Welten von urklein bis megagroß durchdringen. Unsere menschlichen Gehirne sind individuelle, raffinierte Leitzentralen und kosmische Superantennen des »externen Gehirnes«.

Lasst uns weitersurfen

Der springende Punkt für die Menschheit ist, *wie* sie mit dem kosmischen Internet umgeht – als inkarniertes, göttliches Kollektiv hier auf Erden, denn es geht dabei um ihre Existenz.

Achtung! In der Lattice ist jeder auf sich selbst gestellt. Lattice-Surfing ist ein *risky business*, denn im Hyperraum gibt es für den menschlichen Geist viel Unbekanntes, das ihn herausfordert und sein Ego an seine logischen und sich rechtfertigenden Grenzen bringt. Auch in der Makro-Lattice gibt es Schwindel und Betrug, einfach in höheren Dimensionen; Masken fallen ab mit Gelächter, und Ballast wird im aufsteigenden Luftballon gleich *sackweise* abgeworfen.

Doch eigentlich hat uns das »Internetz« ziemlich gut auf das kosmische Netz vorbereitet: Wir sind es gewohnt, mit jemandem am anderen Ende der Welt in *Minimalzeit* eine E-Mail auszutauschen, im Internet kostenlos zu telefonieren oder Geschäfte mit Partnern auf anderen Kontinenten zu betreiben, als säßen sie bei uns im Büro. Ja, mich verblüfft es immer wieder, wie wir Zugang zu Daten haben, die für uns »irgendwo im virtuellen Cyberspace« gespeichert scheinen. Wie rasant ging der Wechsel vor sich: Während unsere Großeltern als Kinder so etwas nie geahnt hätten, werden heute manche Omas und Opas von ihren Enkelkindern in *Skype* und *Facebook* eingeführt und benutzen eifrig die neuen audiovisuellen Kommunikationsmöglichkeiten und Sozialen Netze.

Dank des Computer-Zeitalters wurde unser Gehirn im *abstrakten und vernetzten Denken* geübt. Während dieses Lernprozesses des Gehirns wurden im Neuronennetz Schaltungen aktiviert, die unser einseitig logisch geprägtes

Denken (Analyse, Abstraktion, Organisation, Strategie) der *linken Gehirnhälfte* mit Gehirnfunktionen der *rechten Gehirnhälfte*, wie Überblick, Vision, Kreativität, Gefühl, Sensibilität und Risikobereitschaft für das Unbekannte ausgleichen. Das ist auch der Grund für zunehmendes Interesse an neuen Weltmodellen, basierend auf alten schamanischen und spirituellen Schulen. Unsere Gehirne sind aufnahmebereiter für neue Modelle der Wissenschaftler und Philosophen und lernen, unbekannte Wahrnehmungsfelder innerhalb kurzer Zeit selbst zu erschließen. Sogar kopfige und tollpatschige Schamanen-Schüler wie ich einer war, der von einer völlig anderen, traditionell eher rationalen Kultur kam, lernen doch relativ schnell.

Der typische Adept eines Schamanen in alter Zeit lernte vor allem durch das Wiederholen der Erfahrung, er repetierte eine Übung und setzte sich neuen Situationen, höheren Wahrnehmungsebenen so lange aus, bis sein Gehirn und Energiefeld den Erfahrungsprozess assimilierten und seine Energiekörper die Änderung spiegelten. Das nahm sein Meister natürlich wahr, und stolz heckte er eine neue Abenteuerreise für ihn aus.

Ein Vorteil des »zivilisierten«, modernen Schülers ist, dass er den Lernprozess durch das erwähnte abstrakte Denkvermögen und eine daraus folgende Autodidaktik enorm beschleunigen kann, wenn er es noch dazu schafft, die Tyrannei seiner kleinlichen Gedankenwelt, seines alles analysierenden oder in Frage stellenden Verstandes zu überlisten. Die Anwendung der Lattice und die sich wandelnden inneren Überzeugungen können ihn wieder in den Zustand des *Super-Learnings* bringen, in dem er als Kleinkind war, als er die Information noch unmittelbar aus den kosmischen Büchern heruntergeladen hat: wie zum Beispiel die »Grundsoftware« zum Erlernen von mehreren Sprachen gleichzeitig, die jedes Baby in den ersten Jahren seines Lebens installiert hat, danach aber erlischt diese Anwendungsmöglichkeit mysteriöserweise. Es motiviert zu wissen, dass das Gehirn ein durchaus plastisches Organ ist, das täglich ein Potential von 70 % Veränderungsmöglichkeit besitzt, bis ins hohe Alter lernen kann und zu Höchstleistung im kosmischen Internet fähig ist (»altersbedingter Gedächtnisverlust« gehört deshalb in die Märchen-Kiste).

Noch ein paar Merkmale des kosmischen Internets für deine weitere Reise: Erinnern wir uns, dass im Hyperraum die Übertragungsgeschwindigkeit zwischen zwei Punkten anderen Gesetzen von Zeit und Raum unterliegt, als denen, die wir gewohnt sind. Bei genügend hoher Frequenz werden ganz einfach Wurmlöcher gebaut, so dass Zeit und Raum aufgehoben werden und die *Übertragung in Nullzeit* stattfinden kann. Du kannst dich selber durch das Internet beamen, buchstäblich »durchs kosmische Internet« surfen, zumindest mit deinem Plasmakörper oder deiner Seele – du sendest eine Art holographische Kopie deiner selbst durch den Kosmos, im besten Fall, *ohne Zeit zu verlieren.* Wow! – Weiter heißt das dann, dass du quasi überall *zur gleichen Zeit* sein kannst, demnach passiert also alles simultan.

Das ist genau das langgehütete Geheimnis der Schamanen und Eingeweihten: Du verbindest dich von wo du bist über die Lattice mit allen möglichen Zeit- oder Orts-Punkten im Universum (am anderen Ende der Erde, in einem Menschen drin, auf einem anderen Stern, im Mittelalter) und bist *gleichzeitig hier und dort*, da Zeit ja keine Rolle spielt. Der Schamane braucht diese Art von Kommunikation, um zu *reisen*, zu *heilen* oder mit »weit entfernten« Intelligenzen und Wesenheiten zu reden, Hilfe anzufordern und auch Weisungen entgegenzunehmen. »Reisen« ist demnach gar kein Reisen, denn du bist ja schon dort, du »reist«, wenn du so willst, mit Tunneleffekt. Den Begriff »Heilen« können wir neu als eine »Reise« in ein Organ oder eine Zelle hinein ansehen, mit einer zusätzlichen wiederbelebenden Aktion dort. »Reisen«, »heilen«, »mit höheren Intelligenzen in Kontakt treten« oder »hyperkommunizieren« sind für mich verschiedene Begriffe für *eine* Tätigkeit geworden: Lattice-Surfing!

Zusammenfassung

Wir sind in diesem Kapitel durch den Makrokosmos gesurft und haben uns von wissenschaftlichen Erkenntnissen über Quantencomputer, Filamente im Universum und magnetischem Plasma verführen lassen. Unsere Vorfahren standen mit diesem kosmischen Großhirn in dauernder Verbindung und benutzten es für ihre hochstehende Technologie. Dieses *kosmische Internet* ist ein komplexes Universum aus in sich drehenden Spiralformen, gespiegelt von seinen »Auslegern« wie dem Neuronennetz im menschlichen Gehirn, den Körperkreislaufsystemen und den Energie- oder Plasmakörpern.

Wir vergessen manchmal, dass wir beim fortgeschrittenen Gebrauch der Lattice nicht mehr nur logisch denken dürfen, und das bedeutet für viele noch »Weltuntergang«. Je höher die Frequenzen, die wir als Menschen entfalten und beibehalten können, desto mehr sehen wir uns in höheren Dimensionen wieder, wo die Gesetze von Raum und Zeit aufgehoben sind. Dorthin müssen wir gelangen, um wieder *Herren (oder Damen) der Zeit und der Schöpfung* zu werden, wie die Maya sagen.

7
Zeittrance und Mehrdimensionalität

Die Menschheit ist daran, die Hyperkommunikation wieder zu erlernen, die vor etwa 3000 Jahren langsam in den Hintergrund gerückt ist. Damals ging der *Zugriff auf das Gruppenbewusstsein* verloren zugunsten einer immer höheren individuellen Intelligenz. Jeder war damit beschäftigt, als guter Untertan *seinen Platz in der Gesellschaft* zu sichern und vom König und seinen Schergen in Ruhe gelassen zu werden. Er entwickelte ein immer höheres Individualbewusstsein und spezialisierte sich in einer wachsenden Diversifizierung von Berufen, er erfand unglaubliche Dinge; die ständig neuen Technologien begannen, den Fortschritt der Gesellschaft zu bestimmen. Der Bürger der neuen Städte imitierte das Gehabe der Herrschenden und *zähmte* die Natur in seinem Vorstadtgarten. Andere wiederum *studierten* sie, um sie immer stärker auszubeuten. Ich »hier« – du »dort«, das Dilemma der Spaltung und Trennung von Subjekt und Objekt, ist die weitverbreitete, normale Denkform des »zivilisierten Menschen« – die Vertreibung aus dem Paradies in seiner letzten Phase.

Sage mir doch bitte: Meinst du, dass dein Staat, dein Präsident, dein König, deine Bank oder deine Kirche dich retten werden, wenn es nötig ist? Das war der Glaube durch viele Jahrhunderte hindurch, meine Oma glaubte noch daran! Es sind die alten Mythen, deren Zersetzung man heute an allen Enden beobachten kann. Dass dieser Prozess nicht immer schmerzfrei ist, haben wir alle spätestens seit der globalen Wirtschafts-Krise von 2008 erleben können. Die Mayameister beschreiben ihn als die »Geburtswehen einer neuen Zeit«, die wir momentan durchlaufen. Viele Menschen spüren den Ruf nach einer wirklichen *globalen Familie,* ohne Arroganz, Machtstreben und Kontrolle. Wir alle sind die Vorreiter und Pioniere der *Rückkehr der Regenbogenkrieger,* der ersten bewussten Stufe menschlichen Gruppenbewusstseins, die wir erreichen können.* Um als Menschen wieder als *ein* pulsierender Organismus zusammenzuhalten, als Kinder unseres Mutterplaneten, *Kinder der Sonne*, als Kinder unserer Muttergalaxie, muss jeder zuerst bei sich selbst schauen und seine kollektive Intelligenz entwickeln. Daran führt kein Weg vorbei.

Doch wie kommen wir dort hin, uns wieder in die Lattice des Gruppenbewusstseins einzuklinken?

Eine der auffallendsten kollektiven Krankheiten unter Menschen zur Zeit ist der *Stress*. Die Voraussetzung für Stress sind Emotionen wie Angst, Schuld und Ohnmacht sowie äußere Faktoren wie Lärm, Reizüberflutung und Erwartungsdruck. Meistens führen sie uns in eine Abwärtsspirale hinein, eine Kettenreaktion, aus der wir nicht so leicht wieder herausfinden. Die typischen *Stressreaktionen* wie Nervosität, ein Gefühl von Ressourcenknappheit, »es nicht zu schaffen«, »der Zeit hinterherzurennen«, verstärken mental den Grund für noch mehr Stress. Der moderne Mensch scheint ein *Opfer der Zeit* zu sein, dauernd rennt er wie ein Wahnsinniger hinter etwas her. Und der Volksmund rechtfertigt ihn stolz: »Zeit ist Geld!« – Die Antwort auf die Frage, wie wir Zugang zu unserem eigenen Gruppenbewusstsein bekommen, ist, dass wir lernen müssen, mit der Zeit umzugehen!

Wir müssen uns aus unserer ***Zeit-Trance*** *befreien.*

Der Gründer der Quantenpsychologie, Stephen Wolinsky (USA), gebraucht deshalb den Begriff *Trance* anders herum als gewohnt.[78] Er sagt, man brauche einen Menschen nicht (wie in der Ericksonschen Hypnose üblich) in Trance zu bringen, um dort Katharsis oder Heilung herbeizuführen, da er ja die meiste Zeit sowieso schon in einer *Vergangenheits- oder Zukunfts-Trance* steckt. Schau mal die Menschen um dich herum an: Die meisten gehen wie halbtot (niederfrequent) herum und identifizieren sich entweder mit ihren längst *vergangenen Problemen* oder mit den *Sorgen um die Zukunft*. Sie sind also in Trance, denn sie sind nicht *hier*. Der Klient ist schon in Hypnose, wenn er zu mir kommt, lernte ich als Therapeut. Wir müssen niemanden in eine Trance bringen, sondern ihn da herausholen! Die Menschen müssen sich also ihrer Zeitreisetrance bewusst werden, die sie mit Leben verwechselt haben. 3000 Jahre unbewusstes Hyperkommunizieren und Zeitreisen können also Verwirrung stiften – deswegen ist bewusstes Lattice-Surfing ein notwendiger Schritt der Evolution. Ich sage meinen Studenten oft: »Alle wollen Schamanen sein und in andere Universen und Zeiten reisen, dabei tun sie es ja die ganze Zeit – aber eben unbewusst.« Für viele Menschen ist ein Leben im Jetzt, ohne

---

* Wir haben sie erstmals am Ende des Unterkapitels *Die Lattice flößt uns Leben ein* (Kapitel 4) beschrieben und werden ihr das Kapitel 8, *Erstes menschliches Gruppenbewusstsein* widmen.

Zeittrance, so neu, energetisch und kraftvoll, dass es passieren kann, dass sie rasch wieder in ihr Versteck *vor oder nach dem Jetzt* fliehen.

Endlich gebrauchen wir unser Gehirn als die Avantgarde-Informationszentrale, die es ist. Anstatt als Angstverstärker und Sicherheitsvollstrecker zu dienen und negativen Stress zu schaffen, wird es uns sein unbegrenztes Potential immer mehr offenbaren. Wenn wir dann aus freier Entscheidung in der Gegenwart konstruktive, kooperative Gedanken und positive, empathische Gefühle aussenden, werden wir sehen, wie ganz andere Signale zurückkommen und hereingefiltert werden. Anstatt »Zeit ist Geld!« singt dann dein innerer Lattice-Künstler: »Zeit ist Kunst!«

Vergangenheit und Zukunft passieren immer Jetzt!

In meiner jahrelangen Therapieerfahrung durfte ich immer wieder mit Staunen beobachten, dass wir im Bauch von Mama alles wahrgenommen haben, was im »Außen« abgeht. Es ist immer eine besondere Freude, einen Patienten in die Erinnerung zurückzuführen, als er noch in der Fruchtblase schwamm. Er bleibt dabei in der Gegenwart und ist sich meist des ganzen Therapievorgangs bewusst.

Während all dieser Praxisjahre habe ich mich oft gefragt, wie es denn möglich ist, dass jemand Vorgänge, die in der Außenwelt, also im Leben von Mama abliefen, plastisch mit allen Details wiedergeben kann. Es ist als ob die Seele die Szene von außen beobachtet und beschreibt, ja sogar die Neuronenkombination scheint sich so einzustellen, wie sie damals die Information verarbeitet und dann gespeichert hat. Dies löst beim Klienten Emotionen, Schwitzen und Atemrhythmusveränderungen aus. Wo ist diese Information gespeichert? – Schon der Fötus kommuniziert mit dem »externen Gehirn«, also je nach Auffassung mit parallelen Universen oder mit der Umwelt als Quantenfeld und Hologramm. Jeder Mensch kann in jedem Moment seines Lebens dort Information abrufen.

Im Therapiefall kann dieses kosmische Internet also helfen, alte Traumata aufzulösen, indem die *Beziehung zu den relevanten Informationsfeldern in der Lattice verändert werden* (von negativem emotionalem Stress zu einem positiven neuen Blickwinkel mit hochfrequenten Gefühlen).* Einmal durfte ich in einer Vision sehen, wie der kleine Fötus von seinem Herzen her Licht

* Alles über Gefühle, Emotionen und eine erfolgreiche Nutzung des Bauchgehirns findest du im zweiten Buch über die Lattice.

ausströmte; es sah aus, als bildete sich ein Netz von Filamenten, einer ultrafeinen Lattice, die über die Fruchtblase ausstrahlte und das Kind mit der Umwelt verband.

Wir können verstehen, dass Geschehnisse im Leben der schwangeren Mutter der Ursprung tiefen Leids im späteren Leben des Kindes sein können, wenn ein neuentstehendes Menschchen im Fruchtwasser der Mutter ständig Information von Streit oder sogar Ablehnung ausgesetzt ist. »Hätten wir das Kind doch lieber abgetrieben«, ist ein Signal, das Leben schon vor der Geburt abknipst. Ich stelle mir gerade die Fruchtblase als eine Plasmalampe vor, die von einem solchen Erlebnis an auf Sparflamme gefahren wird.

Eine Plasmalampe ist ja auch mit dem Umfeld außerhalb der Glaskugel in Kontakt. – Eine Rückführung in den Mutterleib ist für den Klienten ein lebensveränderndes Erlebnis, wenn er feststellt, dass sich da gewisse mentale oder emotionelle Muster »eingeschlichen« haben, die es zu lösen und transformieren gilt. Ich kann als Heiler auch direkt mit der gespeicherten emotionalen, mentalen oder spirituellen Information arbeiten, doch bevorzuge ich die *bewusste Rückführung*, wenn es die Zeit erlaubt, weil der Patient dabei auch kognitiv transformative Erfahrungen machen kann; bei ihm kann dann sozusagen »der Groschen« fallen. Das Ego kann seine Kontrolle leichter loslassen, wenn wir es am Bewusstseinsprozess teilhaben lassen; die Identifikation mit einem vergangenen Erlebnis und die Angewohnheit einer Zeittrance dorthin können aufgelöst werden. Gerade sehr mentale Menschen fallen nach herkömmlichen Therapiesitzungen oft in die alten Muster zurück: Das Ego hat mit seinen versteckten inneren Saboteuren zurückgeschlagen.

Ich versuche, dem Klienten aufzuzeigen, wie sein Unbewusstes Dinge »weiß«, wo der Verstand keinen Zugang hat (Hyperkommunikation). Alte Geschichten tauchen plötzlich auf, »grundlose« Angstattacken bei der jahrelang erfolgreichen Unternehmerin Teresa werden vom Arzt medikamentös behandelt. Dann kommt sie zu mir; in einer einzigen Sitzung helfe ich ihr, den Ursprung ihres Leidens zu erkennen und zu befreien.

Wie der Fötus im Mutterbauch streckt auch der Patient seine Fühler ins Universum aus, womit über plasmaartige Latticeverbindungen gespeicherte Information (aus der Vergangenheit) in unser System gelangen kann. Ich glaube, dass dabei die erwähnten Wurmlöcher aufgebaut werden, über die wir dann *außerhalb von Zeit und Raum* hyperkommunizieren. So kann ich in meiner Rolle als Therapeut das Erlebnis des Patienten als Fötus *parallel wahrnehmen* sowie auch seine anderen Existenzen und Dimensionen, oder ich bringe den Patienten dazu, dass er all dies selbst wahrnehmen kann. Deshalb kann es uns im Leben so vorkommen, als ob die »Vergangenheit« uns einholte – wenn wir zum Beispiel durch eine spezifische Erinnerung eine *Zeitsphäre* mit leidvollem Inhalt aus der Vergangenheit »herbeirufen«.

Andere Menschen träumen ein viele Kilometer entferntes Ereignis voraus, dass dann auch wirklich eintritt; die Einzelheiten können dabei so real erscheinen, als wäre der Träumer persönlich vor Ort gewesen. – Diese Arbeit mit Parallelzeiten empfehle ich jedermann für seine Selbsttherapie. Klinke dich dazu einfach in die Lattice ein (wie in der Übung 2) und lasse dich dann von ihr führen, bis das Vertrauen da ist, dich mit einer relevanten anderen Zeitsphäre auseinanderzusetzen. Überlasse die Therapeutenarbeit der Lattice; sie heilt deine Zeit-Trance und transformiert die mit negativen Emotionen und Stress beladenen Inhalte eines Ereignisses in der Vergangenheit oder eines mit Angst oder Sorgen behafteten Ereignisses in der Zukunft von selbst.

Diese Sichtweise der Parallelzeiten wird dein Leben völlig umkrempeln. Sie wird dir helfen, vollständig im Jetzt, in der Gegenwart zu leben, zu genießen und schöpferisch zu sein. Um im Jetzt zu leben, sagen die Maya, kommt es nur darauf an, *wie* man den Blick auf die Vergangenheit und Zukunft wirft: Die Menschen wollen die Vergangenheit sehen, um sich weiter in ihrem Leid zu wälzen. Und sie wollen die Zukunft sehen, obwohl sie vielleicht nie eintreffen wird. Sie lernen nicht aus ihrer Vergangenheit und sie verantworten sich nicht für ihre Zukunft.

*Die **Vergangenheit** passiert jetzt.*
In ihr siehst du, warum die Dinge jetzt so ablaufen, wie sie es tun.
Verantworte du, was du in der Vergangenheit gesät hast.
Lerne jetzt von ihr und erschaffe sie jetzt neu.
Die Vergangenheit passiert jetzt.

*Die **Gegenwart** passiert jetzt.*
Verantworte du, jetzt die Zukunft zu programmieren.
Schau die Gegenwart dankbar an, lebe sie und genieße ihre Kraft.
Die Gegenwart passiert jetzt.

*Die **Zukunft passiert jetzt.***
Du hast sie in der Gegenwart geschaffen.
Schau zu und genieße ihre Früchte.
Die Zukunft passiert jetzt.

Alles passiert jetzt.
Jetzt. Jetzt. Jetzt.

Das Leben in Parallelzeiten wahrzunehmen, nimmt der **Vergangenheit** völlig ihren Schrecken. Du schaust dir das Geschehen von früher an, als würde es gerade passieren. Dabei bist du dir bewusst, dass du im Leben, durch einen klitzekleinen Auslöser, der deinen Autopiloten auf irgendeine Weise an das alte Geschehen erinnert, oft unbewusst genauso reagierst, als würde sich alles noch einmal abspielen (die Erniedrigung, der Schock, das Trauma). Du brauchst die *vierdimensionale Sichtweise* aus dem Beobachter heraus, damit du nicht wieder das Opfer von der Geschichte wirst, obwohl sie in der dunklen Vergangenheit liegt. In der Distanz lässt du die Illusion der Ohnmacht und Täuschung (*Maya*) los und führst das Erbe der *Herren der Zeit* weiter, wie es mir im Tempel von Palenque gezeigt wurde: Du kannst die Sphäre eines vergangenen Geschehens nicht verändern, sie bleibt so wie sie ist, aber du kannst zwei Dinge tun:

1. Du **änderst die Beziehung zu jener Sphäre**, die in deinen Energiekörpern und Gehirnen vielleicht Scham, Schuld oder Wut zurückgelassen haben. Das kannst du durch Vergebung und andere hochfrequente Arbeit tun.
2. Du kannst eine **neue Sphäre schaffen**, in der du das alte Geschehen neu inszenierst, damit es einen anderen Ausgang nehmen kann.

Bei beiden Möglichkeiten heilst du die Vergangenheit und programmierst deine Zukunft, durch Einflussnahme in der Gegenwart. Die Lattice selbst programmiert die entsprechenden Informationen der Vergangenheit um, und sie befreit deine Beziehung zur Zukunft von Angst und Sorgen.

Das Leben in Parallelzeiten wahrzunehmen, nimmt also auch der **Zukunft** völlig ihren Schrecken. Du kannst dir ein bald eintreffendes Geschehen anschauen und es gestalten, bis es dir gefällt (2). Vergiss auch hier nicht, besonderes Augenmerk auf deine emotionale Beziehung zu ihm zu richten (1). In diesem *kosmischen Theater* bist du selbst Regisseur, Schauspieler und jubelnder Zuschauer!

Aus der Trance in die vierte Dimension

Viele Menschen verbinden den Begriff *Trance* mit Schamanen, die Dinge halluzinieren, oder mit afrikanischen Tänzern, die »außer sich« geraten sind. Diese Betrachtungsweise schützt Psychologen davor, über ihren akademischen Tellerrand schauen zu müssen, und entrückt die »wahnsinnige Arbeit« der Schamanen in un(be)greifbare Ferne. Sie wird auch durch die Geschichten von Medien genährt, die von Entitäten besessen werden, welche durch sie sprechen. Ein solches Medium erinnert sich nach einer Sitzung meist nicht, wie es geheilt hat oder worüber es zu den Patienten sprach. Meiner Erfahrung nach kann diese Arbeit für das Medium sehr anstrengend sein und ist auch nicht einfach für jeden erlernbar. Ich durfte sehr gute Medien dabei beobachten, doch rate ich dem Leser von solchen Praktiken ab.

Der direkteste Weg zur Ganzheit und Spiritualität ist der in diesem Buch beschriebene: Die Lattice lässt dir Information zukommen oder arbeitet direkt über dich, falls du jemandem helfen willst; ein kleiner aber wachsender Teil davon ist dir bewusst, der größte Teil wird noch eine Weile unbewusst geschehen.

Auch wenn wir in Chiapas stundenlang meditierten, besondere energetische Körperpositionen einnahmen oder tanzten, es ging immer darum, sich zu zentrieren, *präsent zu bleiben*, um dann das Bewusstsein, das persönliche Drachenei, auszudehnen. Kontakte mit anderen Wesen, Reisen in Zeit und Raum wurden dabei als etwas völlig Normales, Heilendes und Reifendes betrachtet; sie geschahen bei vollem und klarem, wenn auch höherem Bewusstsein. Um dort hinzugelangen, müssen aber vorher mögliche *Zeittrancen*, mentale Fixierungen, Krankheitsmuster oder Absenz (fehlende Präsenz) losgelassen oder transformiert werden. Ich gebrauche deshalb den Begriff Trance als etwas, aus dem wir *herauskommen* sollten und nicht als wünschenswerten Zustand des Abhebens. – Die Einführung in den Umgang mit Parallelzeiten, insbesondere mit Vergangenheit und Zukunft hat uns eine Vorstellung davon gegeben, dass die Lattice auch eine Zeitkomponente hat und die Hyperkommunikation im kosmischen Internet den Umgang mit der Zeit beinhaltet. Das Surfen ins Unbewusste führt uns automatisch in eine *mehrdimensionale Welt*: in andere Räume, aber auch in andere Zeiten. Und die Eingangspforte ist immer im Jetzt: im Herzen!

Um uns aus der *Maya*-Simulation zu befreien, ist der gesunde Umgang mit dem *Zeitkontinuum* sehr wichtig. Zuerst einmal gilt es, aus der kollektiven Sklaverei unserer realen Zeit auszubrechen, die sich in engen Zeitplänen, Termindruck und Dauerstress äußert. Wer stressfrei und wieder »Herr/Frau seiner eigenen Zeit« ist, schafft den Boden für ein schöpferisches, selbstbestimmtes Leben, was dann in virtuoser Zusammenarbeit mit anderen münden kann. Unterscheide bitte zwei Zeitbegriffe und beobachte, wie beide in deinem Leben Platz finden: Die *objektive Zeit* (bei mir der innere Schweizer) und die *subjektive Zeit* (bei mir der innere Schamane). – Wie heißen sie bei dir?

Der ***objektive Zeitbegriff*** beinhaltet exakte Uhrzeiten, Termine oder einen Zeitplan, den du einhalten möchtest. Um den manchmal chaotischen Freiraum eines kreativen, spirituellen und selbstbestimmten Lebens funktionsfähig zu machen, sollte er mit der guten alten *Disziplin* ausbalanciert werden. Die Regel lautet hier:

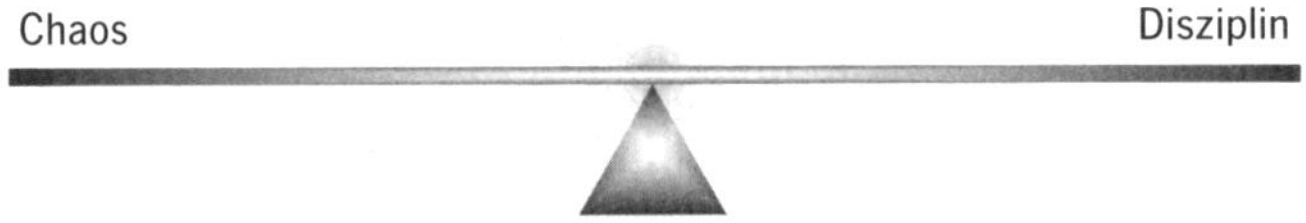

Wenn du am Morgen von selbst aufwachst oder der Wecker dich um 6:00 Uhr ins Bewusstsein holt, verweile nicht lange im Bett, sondern springe sogleich auf, mache deine morgendlichen Übungen, Meditation und Morgentoilette, dann genieße dein Frühstück. Vielleicht hast du ein paar Telefonate zu erledigen oder ein Treffen, wo Pünktlichkeit erwartet wird. Genieße den Ge-hor-sam (von »hören«), den du deiner Agenda gewährst. Auch spirituelle Disziplin hat oft mit einzuhaltenden Uhrzeiten zu tun, wie das in Klöstern üblich war: Frühstückszeit. Mittagessenszeit, Abendbrotzeit.

Da viele von uns heute von einem Termin zum anderen hetzen und darüber hinaus in die verbleibende Zeit möglichst viel hineinstopfen, kennt jeder die objektive Zeit. Du kannst nicht darüber streiten, ob du zu spät gekommen bist oder nicht, ob du das Projekt bis zum Abgabetermin eingereicht hast oder nicht.

Nun ist es allerdings wichtig, dass du nicht beginnst, dieses Zeitmuster als täglichen Druck zu empfinden. Sonst wirst du dich bald als Marionette unserer dreidimensionalen Zeitdruckempfindung fühlen; und nicht einmal in der Zigaretten- oder Pinkelpause schaffst du es, zu dir zu kommen und zu entspannen. Du denkst nur: »Uff, wann ist denn endlich Mittagspause? Also die hab ich heute wirklich nötig.« Später: »Naja, also immer erst um 6 Uhr aus dem Büro kommen, ist eigentlich schon spät. Ich muss doch zu Hause noch so viel erledigen.« Die Mayameister warnten mich davor: »Das ist die Zeit der Schlange.« Sie meinen damit, dass ein Großteil der Unternehmenskultur und der Gesellschaftsform mit ihren Entmachtungs- und Verblödungsmechanismen noch auf der Ebene der Schlange stecken: Zuerst immenser Zeitdruck, dann müßig in der »Schlange stehen« und *Zeit verlieren*; so lange, bis wir Menschen bewusst werden und die »gefiederte Schlange« aufsteigen lassen. – Wer in den Genuss eines kreativen Umgangs mit der Zeit kommen möchte, schaut nicht nur auf das Zeitmuster, das er aus eigener Wahl oder Vereinbarung einzuhalten trachtet, sondern eher auf den freien Zeitraum dazwischen. Ich gehe mit der Zeit um wie mit einer anderen – nämlich mit der vierten – Dimension, wäre der treffende Gedanke.

Vereinfachend schauen wir die kreative, schöpferische Zeit oder den Zeitraum als vierte Dimension an. In diesem ***subjektiven Zeitbegriff*** sagt dir keiner, *wann* etwas sein muss. Dein Umgang mit dieser Zeit ist wie eine Erleuchtung, ein Tun in deiner produktiven Bestleistung, im Zustand des *Flow*, wie der Psychologie-Professor Mihaly Csikszentmihalyi (*1934, USA) sagen würde. Du hörst dabei auf deine innere Stimme, deine Intuition, auf innere Rhythmen, du reagierst auf Dinge, die dir zufallen (dann es gibt keine Zufälle mehr).

Ich nenne diese Zeit auch die *schamanische Zeit,* und es hat mich sehr viel gekostet, sie in Mexiko als Schweizer mit Tissot-Uhr zu lernen, uff! Ich konnte anfangs nie stillsitzen, alles maß ich mit der objektiven Zeit: »Ja, was passiert denn jetzt? – Geht's jetzt weiter? – Was soll ich denn jetzt tun?«, *dachte* ich. Meditieren hilft hier enorm, du lernst dort, still zu sein, du findest eine innere Zeit, eine mehrdimensionale, schöpferische Zeit, sie befreit dich, erhebt dich. Sie verändert dein Weltbild, sie gibt dir die Kraft, deine Termine einzuhalten, und doch bewegst du dich frei im Rahmen der objektiven Zeit. Das disziplinierte Umgehen mit der objektiven Zeit drückt nicht mehr auf deinen Schultern; und wenn du ein wenig in Zeitdruck geraten bist, dann reicht dir ein kurzer Moment, um dich wieder zurechtzufinden. Ohne Sklave der Zeit zu sein, wägst du dann frei ab: Muss ich nun wirklich diesen Termin einhalten oder lass ich ihn sausen? Anstatt mit heraushängender Zunge von der Metro in den 10. Stock zu hechten, entscheidest du dich, ganz… gemütlich zu gehen. Wenn du in deinem Besprechungszimmer ankommst, wird dir gesagt, dass dein Gast im Stau steckt und in zehn Minuten bei dir sein wird. Der kühle Grüntee schmeckt dann doppelt so gut wie sonst. Plötzlich scheinst du mehr Zeit zu haben als vorher, und die Tage werden länger – und du jünger (dein Flüssigkristall-Wasser dankt!).

Du hast gerade viel *Zeit gewonnen* und kannst den Ausdruck: »Ich habe wieder Zeit verloren« aus deinem Vokabular streichen. – In diesem Sinne empfehle ich, dir *Zeit zu nehmen* und die Übungen in diesem Buch mit Leib und Seele auszuprobieren und zu wiederholen. Sie werden dir helfen, bald die reifen Früchte eines *erfüllten* Lebens zu ernten. Schamanisches Zeitempfinden ist die Tür zur *vierten Dimension* eines selbstbestimmten, kreativen Lebens, anstelle eines fremdbestimmten, trancegeschüttelten.

Jeder schöpferische Mensch nimmt, meist ohne sich dessen bewusst zu sein, die Welt aus der vierten Dimension wahr (damit er überhaupt in der dritten agieren kann). Von dort noch einen Dimensionensprung in den Hochsitz der fünften Dimension – und du bist wieder der *Herr oder Herrin der Zeit* der

Maya. Du tust, was eben zu tun ist. Denn es wäre sowieso geschehen. Und was nicht zu tun ist, tust du eben nicht. Denn es wäre ebenfalls irgendwo im Universum geschehen. Mayameister als Clowns der Wirklichkeit sind Nondualisten und pfeifen auf spirituelle Suchwege. Reise in dein Herz hinein, denn dort hört die Trennung auf. Lache, spiele und genieße; habe den Mut zu antworten und stelle nicht zu komplizierte Fragen. Das tägliche Feiern deines *Zeitraumes* ist, so gesehen, das Tor zu deinem Aufstieg und zum neuen Gruppenbewusstsein.

Kurze Theorie der Dimensionen

Schauen wir uns eine einfache Theorie über die *Dimensionen* an, damit wir unserem Verstand zu diesem abstrakten Thema etwas Klarheit bieten. Nehmen wir zuerst einmal an, dass höhere Dimensionen genauso *wirklich* sind wie die dreidimensionale, in der sich dieses Buch befindet, das du gerade liest. Die Tatsache, dass wir uns die Mehrdimensionalität nicht vorstellen können, heißt noch lange nicht, dass sie nicht existiert. Es ist eine *Frage der Zeit*, dass wir unsere Wahrnehmung verändern und ein Gefühl für vier, fünf und mehr Dimensionen bekommen. Ich sage »Gefühl«, weil wir verschiedene Universen (eines mit 3D, eines mit 4D) nicht mit der gleichen Messlatte vergleichen können. Erinnerst du dich, als du das erste 3D-Kino gesehen hast, diese komische Brille aufsetzen musstest und die Dinge aus der Leinwand auf dich zuzurasen schienen? Ich hatte mein erstes Erlebnis dieser Art erst vor kurzem und ich genoss es wie ein kleines Kind und schrie und quietschte, wenn ich von den Schwertern und Lichteffekten aus der Leinwand durchbohrt und gekitzelt wurde. So voller Überraschungen, jedoch von sublimer Art, ist der »Update« zum Lebenskünstler in 4D. So wie der Unterschied in der Wahrnehmung vom 2D- zum 3D-Kino in deinem inneren Erleben liegt, ist auch der Übergang zu 4D nicht einfach zu beschreiben, die Messlatte ist eine andere. Es ist dieses Gefühl von Freiheit, mit deinem *Zeitraum* nach Belieben umgehen zu können. Die Maya sagen: »Was du fühlst, ist deine Wirklichkeit«, weil du über Gefühle – und Handungen – die Wirklichkeit erschaffst.

Stelle dir nun die verschiedenen Dimensionen wie die Schichten einer Sahnetorte vor, unten sind tiefere Dimensionen, oben höhere. Wenn später von Gruppenbewusstsein die Rede ist, gilt: Je höher die Stufe des Gruppenbewusstseins (von Menschheit, Planet Erde, Sonne bis zu Galaxien), desto höher die Dimension. Nun wird es brenzlig für den Verstand, denn er soll sich ja das Universum *mehrdimensional* vorstellen. Deswegen gehen wir Schritt für

Schritt vor und stellen in jeder Dimension ein paar Gedankenexperimente an, um eine Idee von vier- und mehrdimensionalen Räumen zu bekommen. Im nächsten Kapitel ordnen wir dann noch jeder Sahneschicht eine neue Intelligenz zu, die wir als Menschen entwickeln können, um neue Stufen von Gruppenbewusstsein zu erreichen.

Im *Modell des tieferdimensionalen Schattens* gehen wir von der Beobachtung aus, dass ein dreidimensionaler Körper einen flachen, also zweidimensionalen Schatten wirft. Das gleiche trifft zu, wenn wir einen *Schnitt* durch ein Objekt vornehmen: Wir bekommen als Resultat immer »eine Dimension weniger«.

Im *Modell des höherdimensionalen Beobachters* erkennen wir, dass der Beobachter, Bewanderer oder Beteiligte einer bestimmten Dimension sich schon in der nächsthöheren Dimension befinden muss, um in ihr überhaupt wirken zu können. Es entspricht dem menschlichen Potential, über unsere Dimension hinauszuwachsen und bewusst einzugreifen. Leben wir dieses Schöpferpotential, werden wir von der dreidimensionalen Welt automatisch in die vierte Dimension katapultiert.

Widmen wir uns nun jeder Dimension: Die Null-Dimension ist ein Punkt, eine Dimension ist eine Linie, zwei Dimensionen sind eine Fläche und drei Dimensionen ein Raum (der typischerweise durch drei Koordinaten oder Vektoren beschrieben wird), die vierte Dimension ist die Zeit oder ein Zeitraum, und dann kommen einfach noch viel mehr Dimensionen. Mathematiker rechnen heute schon in bis zu 26 Dimensionen. Die Mayameister erinnern uns daran, dass die Dimensionen des Universums sowie Bewusstseinsebenen nur spektrale Illusionen unseres analytischen Gehirns sind (so wie ein Prisma das Licht aufteilt). Viele Zivilisationen und Wesenheiten im Universum sowie ihre Fortbewegungstechnologien sind in höheren Dimensionen und Bewusstseinsebenen zuhause und schwingen auf sehr hohen Frequenzen; deswegen werden sie nur von wenigen wahrgenommen oder in 3D- oder 4D-Wahrnehmungen »herunterübersetzt«. – Je mehr Menschen akzeptieren, dass sie mehr als nur drei Dimensionen *erleben* können, desto mehr wird der von der Wissenschaft abgespaltene Geist ins Leben zurückkehren, und das verstärkte morphische Feld wird unsere Wahrnehmung kollektiv verändern.

Die Mayameister haben mir einen Schlüssel gezeigt, wie man heute die Dimensionen der inneren Bewusstseinsebenen den Chakren zuordnen kann:

Dimension + 1 = Chakra.

Der dritten Dimension ordnen wir demnach das Herz zu. Ich werde in der folgenden Aufstellung jede Dimension mit einer kurzen Meditation vorstellen.

Null-Dimension
Ein Punkt (ohne Ausdehnung)

Es handelt sich um einen Punkt ohne Ausdehnung. In unserer Essenz sind wir alle Lichtpunkte im Universum, wie manche spirituellen Traditionen sagen. Die Null-Dimension ist eine Vereinfachung des allumfassenden multidimensionalen Universums.

Jede Dimension kann man sich als Zusammensetzung einer unendlichen Anzahl der vorherigen Dimension vorstellen. Die Zusammenfügung einer unendlichen Anzahl *Punkte* der Dimension 0 ergibt eine *Strecke oder Gerade* mit der Dimension 1.

Damit ein angenommenes nulldimensionales Punkt-Wesen ohne Ausdehnung den größeren Zusammenhang sehen kann und zum Beobachter, Schöpfer, Gott seiner nulldimensionalen Welt wird, bedarf es einer höheren Dimension: des eindimensionalen Raumes, einer Strecke.

Meditation

Übung 11-0: Meditation zur Dimension 0-D

Wir ordnen der Null-Dimension unser erstes Chakra (Basischakra) zu. Sitze mit geschlossenen Augen auf dem Boden und stelle dir vor, wie dein After den Boden berührt, in einem Punkt. Genieße das Gefühl der Erdung. Du klebst am Boden wie ein Einzeller.

Nun beginnst du langsam in die nächste Dimension zu wachsen, verbindest dich mit dem Mittelpunkt der Mutter Erde und stellst dir vor, wie ein Urwurm nach oben zu wachsen. Vom deinem After wächst deine Urlinie bis hinauf zum Mund; durch sie atmest du jetzt ein und aus. Du bist nun eine Linie.

Erkunden und Beobachten der Null-Dimension	Natürliche Multidimensionalität deiner inneren Welt
Ruhiger Ort zum Meditieren	Ruhig – lebendig
Sitzend	5 Minuten

Eine Dimension

= Eine Strecke (Linie, Gerade)

Vom Punkt weg ist eine Bewegung in jeder beliebigen Richtung möglich. Entspricht der *X-Achse* eines Koordinatensystems. Eine Dimension entspricht der *Bewegung* eines Punktes von A nach B.

Der Schnitt durch eine Strecke ergibt einen Punkt. Bei der Licht-Projektion eines eindimensionalen Objektes können wir uns einen Punkt als »Schatten« vorstellen (ein nulldimensionales Objekt).

Die Zusammenfügung einer unendlichen Anzahl *Strecken* der Dimension 1 ergibt eine *Fläche* mit der Dimension 2.

Damit ein angenommenes eindimensionales linienförmiges Wesen den größeren Zusammenhang sehen kann und zum Beobachter, Schöpfer, Gott seiner eindimensionalen Welt wird, bedarf es einer höheren Dimension: des zweidimensionalen Raumes, einer Fläche.

Meditation

Übung 11-1: Meditation zur Dimension 1-D

Wir ordnen der Eindimensionalität unser zweites Chakra (Sexualchakra) zu. Du sitzt weiter entspannt da und richtest deine Aufmerksamkeit auf die Zone deines zweiten Chakras samt deiner Geschlechtsorgane, bis du dort ein Kribbeln oder eine Empfindung hast. Beobachte nun, wie sich aus einem Punkt die zwei Richtungen einer kurzen waagerechten Linie ergeben. Du wirst zum polaren Wesen, das beginnt, sich in Weiblich und Männlich aufzuteilen; Adam und Eva sind aus dem Paradies vertrieben.

Anstatt hier stehenzubleiben, wachse nun in die nächste Dimension, indem du tief durchatmest und die Enden der Linie sich in zwei Schlangenköpfe verwandeln lässt. In deiner Vorstellung hat sich nun ein U geformt. Die Köpfe der Schlange sind die »Gabelspitzen« des U. Genieße einfach die Geburt dieser Doppelkopfschlange, die sich in einer senkrechten Ebene ausdehnt. Du bist nun eine Fläche.

Erkunden und Beobachten der ersten Dimension	Natürliche Multidimensionalität deiner inneren Welt
Ruhiger Ort zum Meditieren	Ruhig – lebendig
Sitzend	5 Minuten

Zwei Dimensionen
= Eine Ebene (Fläche)

Es handelt sich um ein Koordinatensystem, mit welchem wir jeden Punkt einer Ebene erreichen können. Entspricht der *X-Achse* und der *Y-Achse* eines Koordinatensystems. Zwei Dimensionen entsprechen der Ausdehnung eines Punktes auf einer *Ebene.*

Der Schnitt durch eine Fläche ergibt eine Strecke. Bei der Licht-Projektion eines zwei-dimensionalen Objektes können wir uns eine Linie als »Schatten« vorstellen (eine eindimensionales Objekt).

Die Zusammenfügung einer unendlichen Anzahl *Flächen* der Dimension 2 ergibt einen dreidimensionalen *Raum oder Körper.*

Damit ein angenommenes zweidimensionales flaches Wesen den größeren Zusammenhang sehen kann und zum Beobachter, Schöpfer, Gott seiner zweidimensionalen Welt wird, bedarf es einer höheren Dimension: des dreidimensionalen Raumes.

Im Film *What the Bleep Do We Know?!* wird ein Gedanken-Experiment zum zweidimensionalen Raum spannend illustriert: Wir sehen einen zweidimensionalen »Käfer« auf einer Fläche, der sich vor und zurück bewegt, nach links und rechts. Das ist sein Lebensraum. Kommt nun eine Stimme von »oben« oder drückt gar der Beobachter des Experiments seinen Finger auf die Fläche, bekommt das »Käferchen« eine Riesenangst, es weiß nicht was los ist, es kann sich ja mehr Dimensionen als zwei nicht vorstellen, das liegt ganz einfach außerhalb seines »Verstandes«. Etwas dringt in seine 2 Dimensionen, in seine Fläche ein, doch es weiß nicht, *woher*! Es kann den Finger nicht sehen, es sieht nur die Schnittstelle davon in seiner zweidimensionalen Fläche. Es kann auch die Stimme nicht orten, und zuckt deswegen zusammen, wenn sie erschallt. Von woher kommt sie? Vielleicht treffen sich mehrere der zweidimensionalen »Käferchen« und kommen in ihrem Gespräch zu dem Schluss: »Es ist etwas Großes, Mächtiges, wir werden es ehren und ihm Opfergaben bringen, damit es uns wohlgesinnt ist. Wir werden es *Gott* nennen.« – Oder die »Käferchen« durchlaufen einen Evolutionsprozess, und ihnen wird bewusst, dass sie selbst »Gott spielen« und alles von oben anschauen können. Sie können aktiv und kreativ eingreifen in das Schicksal des zweidimensionalen Raumes, indem sie sich immer bewusster für den dreidimensionalen Raum öffnen. *Nur wer sich über seine Dimension erhebt und sie objektiv zu betrachten lernt, kann in ihr auch wirken und etwas verändern.*

Meditation

Übung 11-2: Meditation zur Dimension 2-D

Wir ordnen der zweiten Dimensionen unser drittes Chakra (Solarplexus) zu. Du sitzt weiter entspannt da und richtest deine Aufmerksamkeit auf dein Sonnengeflecht. Entspanne das dichte Nervennetz dort durch Ausatmen, bis es sich wohlig und stark anfühlt. Stelle dir die Zone wie eine flache goldglänzende Scheibe vor, die all dein Potential, deine Möglichkeiten der Zukunft zusammenfasst. Nimm sie und wirf sie wie ein zweidimensionaler Diskuswerfer in die unendliche Ebene. Du bist nun Teil dieser Ebene, die sich nach allen Seiten hin ins Unendliche ausbreitet. Genieße das starke Gefühl von Ausdehnung.
Doch tun wir auch hier den Schritt zur nächsten Dimension: Irgendwo in dieser Ebene sitzen deine kodierten Visionen und Träume. Sie beginnen, nach oben und unten hin zu flackern, und eröffnen dir die dritte Dimension. Du nimmst sie als Symbole kleiner Szenen des Lebens wahr, als kleine Vorschaubilder. Es lohnt sich, in den Raum hineinzuwachsen. Spüre, wie du dich von deinem Solarplexus aus in den Raum hinein ausdehnst. Du bist dabei, dein Ego zu transzendieren. Das gibt dir eine Riesenkraft, deine persönliche Macht. Du bist nun ein dreidimensionaler Raum.

Erkunden und Beobachten der zweiten Dimension	Natürliche Multidimensionalität deiner inneren Welt
Ruhiger Ort zum Meditieren	Ruhig – lebendig
Sitzend	5 Minuten

Drei Dimensionen

Ein Raum (Körper wie Kubus, Kugel und so weiter)

Es handelt sich um ein Koordinatensystem, mit welchem wir jeden Punkt im Raum erreichen können. Entspricht der *X-Achse, Y-Achse* und der *Z-Achse* eines Koordinatensystems. Drei Dimensionen entsprechen der Entfaltung eines Punktes im *Raum.*

Bei der Licht-Projektion eines drei-dimensionalen Objektes entsteht der bekannte flache »Schatten« (eine zweidimensionale Fläche). Der Schnitt durch einen Körper ergibt ebenfalls eine Fläche.

Die Zusammenfügung einer unendlichen Anzahl unendlich vieler (dreidimensionaler) *Räume* ergibt Zeiträume der *vierten Dimension.*

Um den größeren Zusammenhang zu sehen und die Freiheit des Beobachters und die Schöpferkraft des Lebens-Künstlers in unserer dreidimensionalen Welt zu kosten, brauchen wir Menschen die *vierte Dimension*: die *Zeit.* Wer sein menschliches Potential als partizipativer Schöpfer auslebt, weiß, mit seiner Zeit umzugehen. In der dritten Dimension hadern wir mit der Zeit, sind »die ganze Zeit« in Stress und Zeitdruck. Wenn wir es nicht schaffen, die vierte Dimension ins Spiel zu bringen, kommt es uns vor, als träten wir im Hamsterrad, als »sähen wir nicht über den Tellerrand«. In der vierten Dimension wird die Zeit als freier schöpferischer Bewegungsraum wahrgenommen, in dem wir immer alles zur richtigen Zeit in Einklang mit den höheren Dimensionen unternehmen.

Meditation

Übung 11-3:
Meditation zur Dimension 3-D

Wir ordnen der dritten Dimension unser viertes Chakra (Herzfeld) zu. Du sitzt weiter entspannt da, mit geschlossenen Augen, und richtest deine Aufmerksamkeit auf deinen Herzraum. Breite ihn langsam aus, über deinen Körper hinaus und noch weiter. Umfasse mit ihm dein Heim, deine Projekte, deine Freunde, dein Bewegungsfeld, deine Stadt, dein Land. »Atme« diesen dreidimensionalen Raum in deinem Herzen, nähre ihn aus deinem Herzen mit positiven Gefühlen und empfange von ihm erfreuliche Nachrichten und Signale, die gespiegelt zurückkommen. Du bist nun dein persönliches Weltenei, mit dem Mittelpunkt in deinem Herzen.

Wachsen wir auch hier in die nächste Dimension hinein. Gehe aus dem Ei heraus und beobachte es von außen: Du bist nun ein spielendes Kind, das seelenfroh mit den Dingen im Ei drin spielt, bastelt, sie neu zusammenstellt, Dinge hinzufügt. Spiele mit deinem Zuhause, deinen Projekten, deinen Freunden, deinem Bewegungsfeld, deiner Stadt, deinem Land, ohne dich zu beschränken, zu beurteilen oder zu werten. Fantasie macht alles möglich! Nach einer Weile stellst du fest, dass du die Zeit völlig vergessen hast – so bist du in deinem kreativen Spiel »aufgegangen«! Genieße zutiefst diese Freiheit, diesen Zeitenraum und wie du dein Leben nach Belieben gestalten kannst. Du bist zum Künstler deines Lebens geworden. Gratuliere, du bist nun die Zeit. Du bist in der vierten Dimension.

Erkunden und Beobachten der dritten Dimension	Natürliche Multidimensionalität deiner inneren Welt
Ruhiger Ort zum Meditieren	Ruhig – lebendig
Sitzend	5-10 Minuten

Vier Dimensionen

= Die Zeit oder Zeiträume (nach Einsteins Relativitätstheorie)

Es handelt sich um die Erweiterung des Raumes in eine Richtung, die nicht im dreidimensionalen Raum liegt; damit haben wir einen vierdimensionalen Hyperraum beschrieben. Wir können uns das mit unserem dreidimensionalen Verstand nicht mehr vorstellen. Hierfür wird die *W-Achse* eines Koordinatensystems eingeführt. Vier Dimensionen entsprechen der Ausdehnung eines Punktes in der *Zeit.*

Bei der Licht-Projektion eines vier-dimensionalen Objektes entsteht ein dreidimensionaler Raum oder Körper als »Schatten«. Der Schnitt durch die vierdimensionale Zeit (oder einen Zeitraum) ergibt ebenfalls einen Körper.

Es handelt sich um eine *Momentaufnahme* eines Körpers, im nächsten Moment wäre sie anders (hier klingt wieder die Quantenwelt an, mit dem *unendlichen Erscheinungspotential* eines Körpers, den wir eigentlich mehrfach multipliziert sehen sollten). In vier Dimensionen bewegt sich ein Teilchen nahe der Lichtgeschwindigkeit.

Alles, was wir also denken, fühlen und imaginativ erschaffen, fällt als dreidimensionaler Schatten aus der mehrdimensionalen Lattice zu uns zurück und wird so manifestiert. Das ist eine Erklärung, wie der *Spiegel des Lebens* funktioniert.

Die Zusammenfügung einer unendlichen Anzahl unendlich vieler (vierdimensionaler) *Zeiträume* ergibt das Raumzeit-Kontinuum der *fünften Dimension.* Um den größeren Zusammenhang zu sehen, und wie die Maya zu *señores del tiempo (Herren der Zeit)* zu werden, brauchen wir Menschen die *fünfte Dimension*: das Raumzeit-Kontinuum in der Lattice.

Meditation

Übung 11-4: Meditation zur Dimension 4-D

Wir ordnen der vierten Dimension unser fünftes Chakra (Halschakra) zu. Führe die vorige Übung fort, indem du dir dein Künstlerkind in deiner Halszone spielend vorstellst. (Das persönliche Weltenei ist jetzt nicht mehr wichtig.) Konzentriere dich auf das Kind, wie es spielt, Leben schafft, von Freude erfüllt ist. Es scheint wie auf einer anderen Ebene, einer Traumwelt zu flimmern und hat eine wunderschöne Aura, denn es ist erfüllt von deiner Seele. Du erinnerst dich, dass deine Seele auf die Erde gekommen ist, um Spuren zu hinterlassen. Wir Menschen sind Künstler und Schöpfer unseres Lebens und unseres Planeten!
Nach einer Weile beginnst du, in die nächste, die fünfte Dimension hineinzuwachsen. Es fühlt sich so gut an, sich als großer Künstler zu betätigen, so dass das Kind sich immer mehr auszudehnen beginnt...
Beobachte (!) wie aus dem Seelenplasma des spielenden Genies eine Art Fasern ausströmen und sich mit anderen spielenden Kindern verbinden. Du sendest und empfängst Information aus allen Winkeln des Universums. Die Fasern verbinden dich mit dem Gedächtnis der Himmel und der Meere. Es kann dir sehr gut vorkommen, als wärst das gar nicht du, es scheint etwas viel Größeres zu sein als du, als dein bekanntes Ich! Hab Mut und wachse über dich hinaus...

Du bist nun der Herr und die Herrin der Zeiten.
Du bist das Raum-Zeit-Kontinuum. Du bist in der fünften Dimension.

Erkunden und Beobachten der vierten Dimension	Natürliche Multidimensionalität deiner inneren Welt
Ruhiger Ort zum Meditieren	Ruhig – lebendig
Sitzend	5-10 Minuten

Fünf Dimensionen

= Das Raumzeit-Kontinuum in der Lattice

Das Raumzeit-Kontinuum, das viele verschiedene Raum- und Zeitsphären vereinen kann, ist mit unserem Verstand nicht mehr fassbar, es kann nur in Meditationen oder Ritualen gefühlt und erlebt werden. Fünf Dimensionen entsprechen der Omnipräsenz eines Punktes in Raum und Zeit.

Bei der Licht-Projektion eines fünfdimensionalen Objektes entsteht »die Zeit« oder ein vierdimensionaler Zeit-Raum als »Schatten«. Der Schnitt durch ein fünfdimensionales Raumzeit-Kontinuum ergibt ebenfalls die Zeit oder einen Zeitraum (quasi eine *kosmische Auswahl* einer Zeit, eines Zeitraumes, einer Zeitsphäre). Hier dreht auch unsere ewige Zeitenspirale, die zyklische Entwicklung der *evolutiven Zeit,* und inszeniert die Geschichte der Menschheit. In fünf Dimensionen bewegt sich ein Teilchen in Lichtgeschwindigkeit.

Die Zusammenfügung einer unendlichen Anzahl fünfdimensionaler Raumzeiten führt uns in ein kosmisches Netzwerk von Paralleluniversen, Parallelräumen und Parallelzeiten.

Um noch einmal einen größeren Zusammenhang zu sehen, nehmen wir der Einfachheit halber an, dass es ab hier mit unendlich vielen höheren Dimensionen weitergeht und in einen *multidimensionalen Raum* mündet.

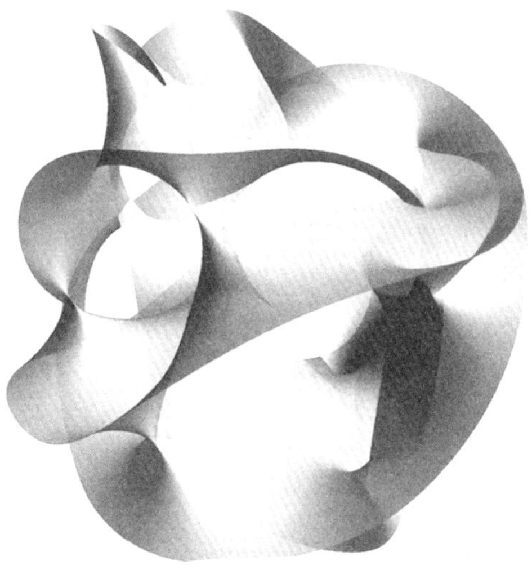

*Eine Calabi-Yau-Visualisierung eines Raumes mit fünf Dimensionen, eine Quintik. Calabi-Yau-Mannigfaltigkeiten sind sogenannte Kompaktifizierungen in 3D, benannt nach den in den USA tätigen Mathematikern Eugenio Calabi (*1923) und Shing-Tung Yau (*1949).*

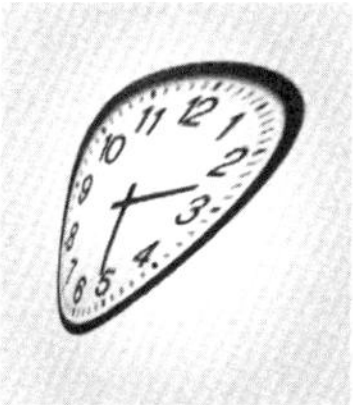

Meditation

Übung 11-5:
Meditation zur Dimension 5-D

Wir ordnen der fünften Dimension unser sechstes Chakra (drittes Auge) zu. Führe die vorige Meditation fort und reise in dein drittes Auge hinein, vollführe in deiner Vorstellung ein paar schnelle *Salti* in deinem Gehirn und reise wieder aus dem dritten Auge hinaus. Hinaus ins Universum (von Raum und Zeit). Du bist der Herr und die Herrin der Zeiten. Du nimmst deinen Körper schon längst nicht mehr wahr, er ist unwichtig geworden. Du überblickst alles wie ein Adler. Dein Künstlerkind würde sagen: »Lasst uns Gott spielen!« Du bist der göttliche Künstler aller Zeiten. Du lebst aus deinem höheren Selbst.

Wachse nun aus der fünften Dimension heraus, hinein in einen multidimensionalen Raum. Umfasse dein Sein mit einer riesigen Sphäre, so wie das die Sternenbrüder tun. Verbinde dich harmonisch mit anderen Sphären in anderen Räumen und anderen Zeiten. Oder du reist durch Wurmlochtunnel, du »tunnelst«. Du kannst überall zur gleichen Zeit und zugleich an allen Orten sein.

Genieße deine Raumreisen. Genieße deine Zeitreisen. Besuche andere Räume, Zeiten, Planeten, Dimensionen, Intelligenzen und Wesenheiten. Lass dich freudig überraschen, wie ein galaktisches Kind. Vielleicht triffst du deinen Heimatstern, wie die Maya sagen würden. Du bist nun im multidimensionalen Raum. Herzlich willkommen, du *Maya*-Surfer!

Erkunden und Beobachten der fünften Dimension	Natürliche Multidimensionalität deiner inneren Welt
Ruhiger Ort zum Meditieren	Ruhig – lebendig
Sitzend	5-10 Minuten

Multidimensionaler Raum
= Das Unendliche der Lattice

Der unendliche, multidimensionale Raum ist mit unserem Verstand nicht mehr fassbar; er kann, genau wie die fünfte Dimension, nur in Meditationen oder Ritualen gefühlt und erlebt werden. In unendlichen Dimensionen bewegt sich ein Teilchen schneller als das Licht und ohne Zeitverlust. Wir nähern uns dabei einer Erfahrung des Einheitsbewusstseins, wo wir eins werden mit dem Ursprung, dem Licht, Gott. Dann stellen wir, wenn auch nur für kurze Zeit, alles Gesagte in Frage, alle Konzepte werden zu *Maya*, zu einer Illusion, jedes Mal auf einer höheren Ebene und dadurch jedes Mal ein wenig süßer und schwieriger als Illusion zu erkennen.

Wenn unsere dreidimensionale Welt aus höherer Warte als Illusion gesehen werden kann, weil sie unser göttliches Potential begrenzt, dann kann aus jeder höherdimensionalen Warte die darunterliegende Intelligenz als Illusion betrachtet werden; solange, bis wir eins werden mit dem Licht, dem totalen Spektrum. Der Mensch rettet sich von Dimension zu Dimension und hofft jedes Mal, dort sein Glück zu finden. Er wird zwar jedesmal vollkommener und glücklicher, doch endet diese Reise nie. Legen wir also die Anleitungen und Rezepte für interdimensionales Reisen und Erleuchtung weg, wir brauchen sie gar nicht mehr, denn das göttliche Licht – ist in uns selbst. Wir sitzen dann wieder, wie in der Übung der Null-Dimension demütig auf einem Punkt, auf der Mutter Erde, und haben alles, was wir brauchen. Wir sind ein multidimensionaler Lichtpunkt im fraktalen Universum, wir sind Gott selbst, der sich entschieden hat, auf die Erde zu kommen und in 1-2-3 Dimensionen eine Erfahrung zu machen.

Wir brauchen dann plötzlich keine Erklärungen mehr und sehen, dass uns die Dimensionenleiter einfach geholfen hat, unsere Bewusstsein zu schulen und zu öffnen. Vielleicht geht es uns dann wie Johannes vom Kreuz im vorangestellten Gedicht, und wir bleiben »ewig unwissend stehen, im Jenseits aller Wissenschaft«.

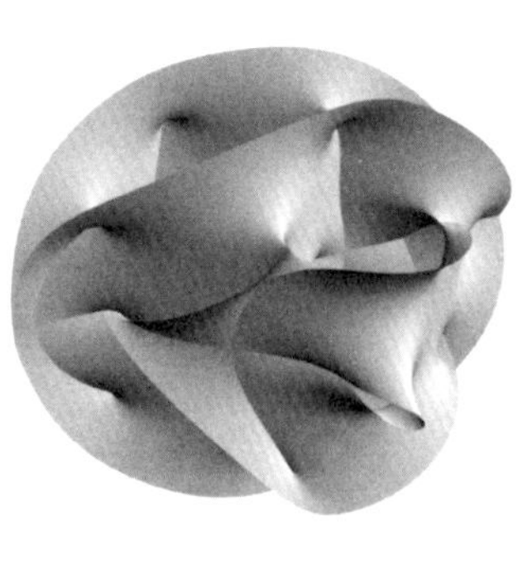

Eine Calabi-Yau-Visualisierung eines Raumes mit elf Dimensionen.

Meditation

Übung 11-6:
Meditation zum multidimensionalen Raum M-D

Wir ordnen den unendlichen Dimensionen unser siebtes Chakra (Kronenchakra) zu. Führe die vorige Meditation fort und reise ein wenig weiter zwischen den Parallelwelten, -räumen und -zeiten. Richte deine Aufmerksamkeit einen Moment auf dein Kronenchakra, das sich wie ein kosmisches Blumenbouquet öffnet, und die Erfahrungen aller Sphären als wunderschöne Blüten in sich vereint.

Versuche nun, über all diese Sphäreninhalte hinauszuwachsen, alles wiederum von außen zu betrachten, und du wirst in einen Raum mit unendlich vielen Dimensionen gelangen. Lasse alle Erfahrung unter dir zurück: In der Ferne entschwinden die Kulturen der Maya, unser Sonnesystem, unsere Galaxie, die Milchstraße, unser Galaxienhaufen, unendlich viele Galaxienhaufen... Du siehst das leise Flimmern der Lattice, die alles durchdringt, auf deren Armen sich Galaxienhaufen wie Perlen sammeln. Du bist eins mit allem. Reise so immer weiter und lasse alle Beziehungen und Gedanken los. Du bist »völlig losgelöst von der Erde – schwebt das Raumschiff völlig schwereloooos« (wie im Lied »Major Tom« aus den 80ern).[79] Dann erlebst du plötzlich einen Bewusstseinssprung; alles verschwindet, alles ist in dir, du bist alles. Du bist nichts mehr. Du bist reines Bewusstsein, reines Licht. Bleibe hier, so lange du möchtest. Du bist nun zu Hause angekommen, das ist die Quelle, das Einheitsbewusstsein. Manche treffen hohe Lichtwesen, aufgestiegene Meister, Engel, den kosmischen Christus, Buddha. Manche Menschen sprechen mit Gott.

Erkunden des multidimensionalen Raumes	Natürliche Multidimensionalität deiner inneren Welt
Ruhiger Ort zum Meditieren	Ruhig – lebendig
Sitzend	5-10 Minuten

Zusammenfassung

Du weißt nun, dass Multidimensionalität Ansichtssache ist und in deiner unmittelbaren Nähe stattfindet, wenn du die Reise in ein nahes Wurmloch wagst. Jeder Künstler oder Schöpfer im Leben kommt an den Punkt, wo er sich aus der Sklaverei der Zeit der Schlange befreit. Damit ist er von alleine in vier, fünf oder gar höheren Dimensionen auferstanden. Wie im *Wu Wei* des Tao, weiß der Regenbogen-Krieger oder Lattice-Surfer, dass sich hier keiner *abrackern* muss, alles geschieht durch ihn hindurch, die Lattice und die Meister führen ihn und wirken durch ihn hindurch.

Nachdem wir die »Höhenangst« im multidimensionalen Zeitenraum überwunden haben, erleben wir ihn im folgenden aus dem Blickwinkel der *Evolution unseres Bewusstseins*, um noch bewusster im kosmischen Internet zu surfen oder zu hyperkommunizieren. Lernen wir von Tieren, wie wir unsere Individualität in ein neues Gruppenbewusstsein als Menscheit integrieren und welche Intelligenzen wir dazu entwickeln können. Surfen wir in eine Zukunft hinein, in der wir Menschen mit Außerirdischen, höheren Intelligenzen und ihren Sternenzivilisationen friedlich zusammenarbeiten werden.

8
Erstes menschliches Gruppenbewusstsein

Wir sind nun aus der Zeittrance der Schlange erwacht und können mit der Vision des Adlers, aus der Beobachterwarte der vierten Dimension, als selbstbestimmte, kreative, schöpferische Wesen aktiv werden.

Stellen wir uns vor, wie wir uns über unser Drachenei hinaus ungehindert ins Unbewusste, in alle *mehrdimensionalen Räume und Zeituniversen* hinein ausdehnen und unsere Filter neue Information ins Bewusstsein holen. Nach gewohnter Manier wird dann ein *3D-Film* daraus verfertigt und projiziert – das subjektive 3D-Kino der augenblicklichen Wirklichkeit eines jeden. Der *Informationspool* des Unbewussten, mit dem wir dauernd in Hyperkommunikation sind, ist einerseits eine *mehrdimensionale*, andererseits eine *kollektive* Datenbank.

Dass der Mensch egoistisch handelt und den Nächsten nicht einmal wahrnimmt, beruht auf der Illusion des verlorenen Zugangs zur Lattice oder höheren Gruppenbewusstseinsebenen, wie wir gesehen haben (wir wissen es halt nicht anders). Wenn es uns sogar schwerfällt, für unseren Lebenspartner oder den engsten Freund das Herz zu öffnen, ist wohl klar, dass wir auch nicht offen für eine Beziehung zu unserem Planeten als Lebewesen, geschweige denn für Wesen von anderen Sternen sein werden. Was fällt gewissen Erdenbürgern eigentlich ein, zu behaupten, dass es kein Leben im Universum gäbe, wenn sie es nicht einmal in der Person neben ihnen erkennen? Unsere Gruppenbewusstseinsebenen wachsen mit jeder zusätzlichen »Matroschka-Puppe« um uns herum wie Zwiebelschalen: *in lak'ech,* ich bin du, du, du, du, du…

Spätestens als erwachende Künstler der Lattice beginnen wir, in der Welt des Jaguars unsere individuelle Macht zu entfalten und leben sie harmonisch im Beziehungsnetz mit anderen Menschen und der ganzen Biosphäre in unserem Umfeld. Lasst uns die Sphäre des Drachen nun als wirkliches *Welten-Ei* vorstellen, in dem das ganze Universum Platz hat und somit auch das

Bewusstsein der Menschheit. Ein kleiner Kreis um den Herzmittelpunkt des Eies ist unser *bewusstes kollektives Feld,* der Rest des Eies und alles darumherum ist das *kollektive Unbewusste* (ein Großteil der Welt der Schlange, des Jaguars und des Adlers und alle mehrdimensionalen Felder der Lattice). Wir können dieses Unbewusste in verschiedene Erfahrungsebenen von *Gruppenbewusstsein* teilen, die für die meisten Menschen noch unbekannt sind: Einheit als Menschen, planetarisches, solares, galaktisches und kosmisches Bewusstsein. Wir kommunizieren also nicht einfach mit »toter Information« da draußen, sondern mit Intelligenzen und Bewusstseinsformen! Allein schon jeden Planeten oder Stern dürfen wir als Gehirn oder Informationsspeicher ansehen.

Jede Form von Gruppenbewusstsein kann als ein einziger Organismus gesehen werden, welcher von einem übergeordneten Bewusstsein gesteuert wird: das Bienenvolk, die Menschheit, die Mutter Erde, das Sonnensystem, die Milchstraße, die Lattice. Die übergeordnete Bewusstseinsebene ist es auch, die uns evolutionär führt, die Ebene bewusst zu erschließen, in der wir uns gerade befinden. Wie beim Überwinden der Polarität und Erklimmen höherer Dimensionen, kommen wir so immer eine Ebene höher, von der aus wir dann verantwortlich und schöpferisch für den Organismus »darunter« wirken können. Wie auch das Universum sich langsam ausdehnt, weitet jeder Mensch sein persönliches Drachenei und die ganze Menschheit ihr kollektives Drachenei aus, hinein ins Weltenei des Universums…

Intelligenzen für Hyperkommunikation mit dem Kosmos

Um bewussteren Zugang zu höheren Gruppenbewusstseinsebenen zu bekommen, ist die Menschheit daran, die rechten Gehirnzentren für Hyperkommunikation wieder zu bedienen, die lange Zeit inaktiv waren.[80] Nicht nur die »Antennentechnologie« im Gehirn und in allen DNA-Helixen, sondern jene im ganzen Körperfeld samt Herz und Sinnen wird langsam verfeinert. Erinnern wir uns all der Male, wo wir *unbewusst* Dinge wussten, die für den Verstand unerreichbar waren; wo wir *unbewusst* das kosmische Internet benutzt haben und seine allverbindende Kraft intuitiv spürten. Das Unbewusste »weiß« irgendwie Dinge, die es eigentlich nicht wissen dürfte: Wir tun »unbewusst« das Richtige, finden eine versteckte Adresse in einem unbekannten Stadtteil ohne Navi, oder du rufst einen alten Freund an, der dir sagt, er hätte in genau diesem Augenblick an dich gedacht. Das ist der Anfang einer neuen Ära von menschlichem Gruppenbewusstsein im kosmischen Internet!

Es herrscht ein weitverbreiteter Irrtum, der uns glauben lässt, dass dabei die errungene Individualität geopfert werden müsse. Nein, die Gemeinschaft braucht die Einzigartigkeit und das Genie des Individuums, wenn es sich einzufügen weiß. Wir sehen doch in unserer Umbruchzeit, dass der einsame Einzelkämpfer, der Wettbewerbler, der Über-Leichen-Geher nicht mehr weiterkommt; er hat die *Interkonnektivität* aller Beteiligten im Universum vergessen. Die Maya verwenden folgendes Bild:

Früher war vor dir das Ego und du gingst hinterher, heute bist du *vorne und das Ego bildet das Schlusslicht.*

Früher war das Ego vor dir und hat dich geführt. Heute führst du aus deinem Herzen heraus, und das Ego fordert dich von hinten. – Wir müssen gewisse Intelligenzen entwickeln, um den Sprung vom *Individualbewusstsein* zum *Gruppenbewusstsein* zu schaffen, was in der nächsten Tabelle »Stufen von menschlichem Gruppenbewusstsein« (Seite 273) übersichtlich dargestellt wird. Folgende Intelligenzen fördern die Entwicklung des Bewusstseins des Menschen, damit er immer bewusster mit unserem Planeten und ihren Bewohnern sowie dem ganzen Kosmos umgehen kann. Ich verwende mein von der Erfahrung mit den Mayameistern und der transpersonalen Psychologie abgeleitetes Modell. Jeder Mensch sollte prinzipiell folgende Intelligenzstufen entwickeln:

1. **Kollektive Intelligenz**	*(Befreiung von alten Mythen, Schaffung von neuen Mythen, Zusammenarbeit / 3D, 4D.*
2. **Transpersonale Intelligenz**	*(Überwinden des Egos, transzendente und uneigennützige Ziele / 4D, 5D)*
3. **Holographische Intelligenz**	*(Transparenz, momentanes Einheitsbewusstsein / 5D)*
4. **Galaktische Intelligenz**	*(Kokreation mit unserem Planeten, Verbindung mit Galaxie / 5D, MD)*
5. **Kosmische Intelligenz**	*(Verbindung mit Galaxien, kosmisches Gehirn, Lattice / MD)*

Wer diese Intelligenzen von sich fordert, wird spätestens ab der *holographischen Intelligenz* wiedererleben, dass alles in allem enthalten ist und wir eins sind, er wird sein einseitig im Individuum zentriertes Bewusstsein aufgeben.

Die Tiere haben uns da einiges voraus: Die erste Gruppenbewusstseinsform waren die Einzeller, die sich zusammenschlossen und erste sich fortbewegende Lebewesen bildeten. Wir alle können Tiere beobachten, wie sie sich *instinktiv* zu verschiedenen Formen von Gruppenbewusstsein zusammenschließen. Denken wir an das magische Bild eines wimmelnden Ameisenhaufens. Wie kommunizieren diese Ameisen und wissen, was sie tun sollen?, fragen wir uns seit Kindertagen, wenn wir zuschauen, wie sie riesige Blättchen transportieren, Ameisenstraßen bilden und rastlos arbeiten.

Wissenschaftler haben eine Glasscheibe in die Mitte eines unfertigen Termitenbaues gestellt, so dass die Bewohner nicht auf die andere Seite der Scheibe gelangen konnten. Dennoch stellten diese ihr Bauwerk ordnungsgemäß fertig, als wäre gar keine Scheibe dort gewesen. Wo auf einer Seite der Scheibe der Bau unterbrochen werden musste, führte man ihn auf der anderen Seite weiter. Wie war das möglich? Wie kommunizieren diese Tiervölker untereinander, so dass jeder weiß, was er zu tun hat? – Es ist weiter interessant, dass der Bau nur dann aufhört, wenn man die Königin des Termitenstaates tötet. Dann weiß keiner mehr, was er tun soll; die unsichtbaren Marionettenfäden sind zerschnitten, auch wenn jemand sich gerade weiter weg vom Bau befindet. Die einzige Erklärung für diese Phänomene ist die *Hyperkommunikation* über die DNA. Darin ist zwar das Wissen zum Termitenbau kodiert, es bedarf aber scheinbar des Signals der Königin, um von außen in jedem Tier aktiviert zu werden. – Forscher vergleichen uns mit Tieren wie Bienen, Termiten oder Ameisen und sagen, dass wir viel mehr, als wir meinen, die ganze Zeit miteinander kommunizieren und uns gegenseitig beeinflussen. Die Mitglieder einer Gruppe vernetzen ihr Bewusstsein und erreichen Leistungen, die voneinander getrennte »Einzelkämpfer« nie vollbringen könnten.

Menschliche Beispiele dafür sind das Errichten der ägyptischen Pyramiden oder der Mayatempel, ein hocheffizientes Teamwork in einem Unternehmen oder der erste Schritt auf den Mond, an dem viele Menschen arbeiteten, auch wenn nur einer den entscheidenden Schritt tun durfte (der wiederum zurückwirkte auf das ganze Hyperfeld der Menschheit). Ich bewundere auch immer das Zusammenwirken eines harmonischen Ensembles in den szenischen Künsten, etwa im Konzertsaal und auf der Theaterbühne; die Zusammenarbeit in einem Filmset oder im Sport bei einem Fußball- oder Eishockeyspiel. Im funktionierenden Gruppenbewusstsein ist kein Platz für Ego, Besserwisserei und versteckte Machtkämpfe. Darüberhinaus sind wir an einem Moment der Evolution angelangt, wo wir keine »leitende Königin« des Menschenstaates, keine sklavenpeitschenden Pharaonenschergen, keinen

Guru und keinen patriarchalen Chef mehr brauchen, um in Aktion zu treten – wir sind heute selbstverantwortlich und entscheiden selbst über unsere Rolle! Papi und Mami werden uns den Weg nicht mehr weisen. Die Lattice erhöht die Menschheit auf diese neue Stufe, und jeder, der im kleinen Umfeld seinen »Schritt auf den Mond« tut, hilft dabei mit.

Diejenige Form von Gruppenbewusstsein bei Tieren, an der ich mich als Vorbild für die Menschheit orientiere, ist die der oft missverstandenen, uneigennützigen und überaus friedlichen Delphine. In Versuchen haben sie ihre große Intelligenz erwiesen, die sogar den Menschen überlegen zu sein scheint. Ihr *Biosonar*, mit dem sie aktiv Schallwellen erzeugen, gegenseitig »Gedanken lesen« und sich im Meer orientieren, ist einzigartig. Es wird vermutet, dass sie dazu noch Information auf telepathischem Wege erhalten, womit jedes Tier sofort über jede Information eines jeden anderen verfügt.

Keiner kann also in einer Gruppe von Delphinen etwas vor dem anderen verbergen!

Diese Vorstellung bereitet uns Menschen noch große Mühe. Stelle dir vor, dein Nachbar wüsste, was du über ihn denkst. Alle Gehälter und Machenschaften aller Politiker der Welt wären irgendwo abrufbar. Jeder Mensch auf dem Planeten könnte alle Daten von allen anderen uneingeschränkt einsehen. So fühlte ich mich am Anfang bei Don Lauro; mir war es peinlich, dass er scheinbar »alles über mich wusste«. Ich erlebe heute, dass mir als Heiler die Menschen auch so begegnen und meinen, ich kennte schon ihr ganzes Leben. Wir sind eine wirkliche *Transparenz* nicht mehr gewohnt und haben Angst, dass sich jemand »in unsere Angelegenheiten einmischen« könnte, dass etwas Unangenehmes »ans Licht kommen« könnte. Wie gut, dann würde es nämlich vom Unterbewussten ins Bewusstsein steigen, und dieses würde sich erweitern. »Wer nichts zu verbergen hat, hat auch nichts zu befürchten«, sagt eine Redewendung.

Es scheint paradox, doch die Tatsache, dass wir als Menschheit »zusammenleben«, heißt noch gar nicht, dass wir als Gruppenbewusstsein funktionieren. Wir sind erst dabei, es in ausgewählten Momenten und Örtlichkeiten auszuprobieren, aber meist beneiden und befehden wir uns und verbreiten im Labor gezüchtete Schweine-Viren. Würde das ein Delphin einem Artgenossen antun? – ein Tier, das sich, wenn es getötet wird, nicht einmal wehrt, als würde es seinen kommenden Tod von einer höheren Ebene, einem übergeordneten Bewusstsein betrachten?

Grazyna Fosar und Franz Bludorf: »Delphine sind die ersten Lebewesen auf unserer Erde, die das vernetzte Gruppenbewusstsein bewusst und aus freiem Willen einsetzen.«[81]

Vom kosmischen Internet oder der Datenbank »meiner Gruppe« kann ich mich nicht zurückziehen, ich bin ein *Teil von ihr.* – Vom Internet zuhause kann ich das jederzeit, ich schalte den Computer ab oder verklebe die Kamera am Laptop mit einem Stück Pflästerli, wie ich das bei einigen Freunden in Europa gesehen habe. – Um uns kollektiv für ein neues menschliches Gruppenbewusstsein zu entscheiden, sollten wir unsere tiefsitzenden *Big-Brother-Ängste* als Teil der alten Mythen endlich entlarven. Wer beobachtet dich denn da durch die Kamera, fordert Rechenschaft oder wird dich bestrafen? – Der böse, bärtige Gott-Vater? Der alte Überwachungsstaat?

Don Lauro hat am Abend nach meiner ersten mittäglichen Sommersonnwend-Zeremonie in Chiapas, wo er mir die Verantwortung für alle etwa hundert anwesenden Teilnehmer übertrug, und selbst gar nicht erschien, als Feedback nur gesagt: »Gut! – Wurde gefilmt.« Ich führte die Teilnehmer durch den Sieben-Stationenweg von meiner Zeremonie des *Drachenpfades,* die danach in mehr als fünfzehn Länder verschiedener Kontinente stattfinden sollte. Mit »Filmen« meinte Don Lauro die höhere Intelligenz eines nahen Raumschiffes, in dem mit holographischer Technologie die Zeremonie gespeichert oder per Wurmloch »aufgezeichnet« wurde. Durch solche Hinweise und meinen sich öffnenden Zugang zum Gruppenbewusstsein verstand ich allmählich, wie die Lattice als Komunikationsnetz funktioniert.

Es fällt uns so schwer als Menschheit aufzusteigen, weil wir die Rolle des Beobachters, des Adlers, anderen überlassen haben. Lassen wir also die lähmenden Big-Brother- und Kamera-Ängste los, wenn wir gemeinsam eine neue Welt schaffen wollen; lass dich doch filmen und gib einfach etwas Schönes zurück »in die Leitung«: Lächeln bitte! Überwinde wie Rambo das 3D-Drama und sei der stille Beobachter, denn auf jeder höheren Ebene der Lattice wird wieder… gefilmt! – Wenn keiner sieht, dass ich das Papier unter die Parkbank werfe, passiert damit noch kein Weltuntergang, aber ich vergesse, dass wir als Menschheit im *morphischen Feld* eine unsichtbare Spur unserer Existenz hinterlassen. Und wenn wir all die Gedanken, Gefühle und Taten aller Bewohner des Planeten zusammenfügen, dann haben wir die Welt, wie sie heute ist. Aber, wie gesagt, das können wir ja ändern, denn wir sind ein aktiv pulsender Teil eines lebendigen, kohärenten Systems! Passen wir auf, mit welchen Gedanken wir die »kosmische Suppe« beeinflussen, sie ist deine, meine und die von uns allen… Mmmmh!

Während die Tiere sich *instinktiv* zusammenfinden, hat der *Intellekt* des Menschen ihn bisher daran gehindert, ein funktionierendes, nachhaltiges Gruppenbewusstsein zu bilden. Die neue Herausforderung ist, eine *kooperative Gruppenseele* heranreifen zu lassen, wobei die Individualität des Einzelnen gewahrt wird. Für die verschiedensten Vorstufen, bei denen entweder die Individualität geopfert werden musste (Kommunismus) oder die gutgläubige Gruppenseele missbraucht wurde (Demokratien), gibt es in der Geschichte viele Beispiele.

Zu den Delphinen fühlen wir uns hingezogen, weil wir ihr Zusammenleben in unserem Herzfeld intuitiv als einen wünschenswerten Zustand für die Menschheit erkennen. Ich habe in meinen Therapien Kinder erlebt, die wie selbstverständlich mit den Delphinen hyperkommunizieren (obwohl die meisten nie einen lebendigen gesehen haben), was ihnen Vertrauen und ein Gefühl von Schutz gibt. Meistens sprechen sie mit niemandem darüber, weil sie glauben, damit bloß auf Unverständnis zu stoßen oder gar ausgelacht zu werden. Stellen wir uns vor, wir würden wie Delphine friedlich zusammenleben, und das mit dem schöpferischen Genie des Menschen! Vergessen wir nicht: Unsere DNA hat das Idealbild eines höheren Zusammenlebens gespeichert. Die betreffenden Codes werden von immer mehr Menschen gelesen und gelebt, sie verhelfen zu einem immer lebendigeren Austausch mit der Lattice. Auch wenn wir darin entwicklungsgeschichtlich noch in Kinderschuhen stecken:

Uns in immer höheren Gruppenbewusstseinsformen zu organisieren, ist Ausdruck der Evolution.

Die Entwicklung der fünf Intelligenzformen beginnt beim Erkunden des persönlichen Welteneies und Vergrößern des Bewusstseinsfeldes (Unterkapitel *Wir sind Künstler der Lattice*). Jeder Krieger muss sich selbst kennenlernen und sich von seinen Komplexen und Egos befreien. Dann bekommt er, wie ein Künstler, einen anderen Blick auf die Gesellschaft und Kultur, in der er lebt. Er beginnt, sich von den kollektiven Lasten zu befreien *(kollektive Intelligenz 1)* und sich selbst als Person nicht mehr so wichtig zu nehmen, transzendente Ziele zu setzen im Leben *(transpersonale Intelligenz 2)*. Als Teil des göttlichen Hologramms kommt er an Information heran, die er zuvor nie für möglich gehalten hätte, lernt Zusammenhänge über das Universum und erlebt sich als Lichtkörper. Vielleicht sagt er dann: »Es hat sich gelohnt, alles hinter mir zu lassen. Ich hatte keine Ahnung, wohin ich mich begebe. Nun bin ich sehr *dankbar.*« Er erkennt, dass die individuelle Reise zu Ende ist. Sie geht nur zusammen weiter *(holografische Intelligenz 3)*. Er beginnt in Wort und Tat, sich auf einer immer höheren Stufe von Gruppenbewusstsein zu *beteiligen*, als Kind der Menschheit, als Kind der Mutter Erde, als Lichtwesen im Universum *(galaktische 4 und kosmische Intelligenz 5)*. – Vertiefen wir jede der erwähnten Intelligenzen, um unsere Entwicklungsreise bewusster steuern zu können! Eine Intelligenz baut zwar auf der anderen auf, sie sind jedoch nicht voneinander getrennt und ihre Inhalte können sich gegenseitig überlappen.

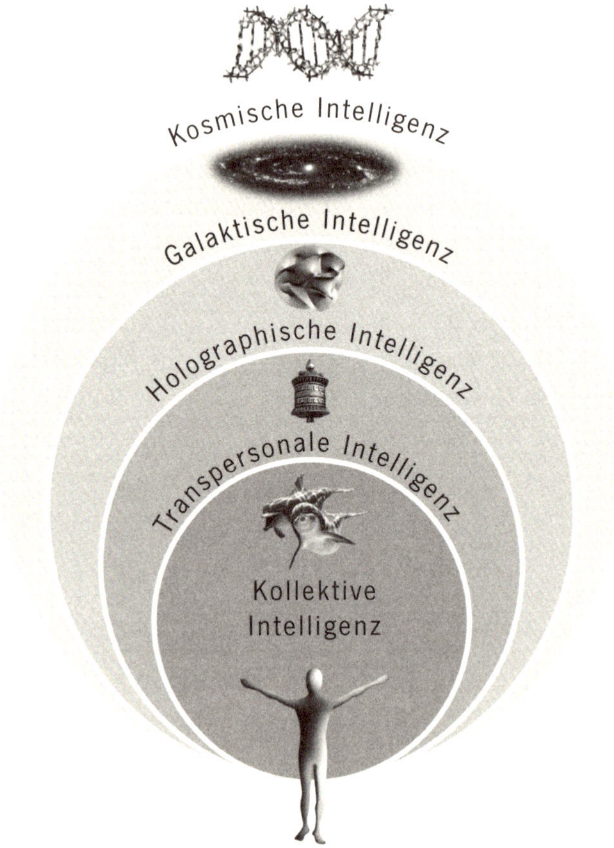

Die fünf Intelligenzformen für ein neues Gruppenbewusstsein der Menschheit. Das individuelle Bewusstsein bewahrt den Menschen vor Regression in vorangegangene Entwicklungsstufen. Es integriert sich ab der holographischen Intelligenz voll im Gruppenbewusstsein.

In der Tabelle »Stufen von menschlichem Gruppenbewusstsein« (Seite 273) findest du die *kollektive Intelligenz* unten und steigst dann mit jeder weiteren eine Stufe höher.

Kollektive Intelligenz (1) 3D-4D

Im *kollektiven Bewusstsein* ist die kulturelle Information einer Gesellschaft, einer Nation oder einer Religion gespeichert, über das Frau-Sein, das Mann-Sein... Wir reden immer dann von *kollektiv*, wenn ein Thema eine ganze Gruppe von Menschen betrifft und es sich nicht bloß um eine persönliche Lebensgeschichte handelt. Schauen wir hier näher hin, denn das Verständnis des kollektiven Bewusstseins ist ein wichtiger Mosaikstein zur Integration unserer Sonnen- sowie auch der Schattenseiten.

80 % unseres Bewusstseins ist durch unsere Kultur bestimmt. Dort liegt der Ursprung unserer *kulturellen Ignoranz,* wie es Tenzin Wangyal Rinpoche (*1961, USA) nennt. Wie auch Don Lauro in seinen Kinderjahren in Tibet, wurde er als Mönch der Bön-Tradition initiiert.[82] Die *kulturelle Ignoranz* beruht auf der Angst, dass ich nur dann überlebe und in Sicherheit bin, wenn ich mich vom Rudel des Feindes abgrenze, mich als Untertan der Nation meines Königs oder des Oberwolfs besonders auszeichne. Obwohl viele Kulturen diese Lernphase der Evolution als Menschen eigentlich hinter sich haben, sind die entsprechenden *Wertesysteme* in den Quantenfeldern aller Nationen und Religionen noch omnipräsent und dominieren uns unbewusst.

Unserer kulturellen Prägung gemäß, folgen wir täglich einer Liste von *Pflichten,* an die wir uns meinen halten zu müssen. Hier ein paar Beispiele:

»Die andere Religion bitte ausrotten, sie sind es nicht wert zu leben!«

»Ich muss meinem Chef und Land dienen, auch wenn sie mich ins Verderben reiten.«

»Wenn einer stirbt, muss ich in Trauer ausbrechen und mich schwarz kleiden.«

»Ich muss erfolgreich sein und es zu etwas bringen.«

Absurd! – Welche Emotion schüttet das Gehirn aus, wenn jemand meine kulturelle Pflichtwelt und sorgsam gehütete Komfortzone in Frage zu stellen droht? – *Angst*! Denn man könnte mich strafen, ich wäre nicht mehr sicher und könnte sterben. Also lade ich lieber diese *Schuld* nicht auf mich und mache weiter wie bisher. Deshalb leben wir in einer modernen Gesellschaft der Paranoia, wo sich keiner mehr getraut, die Dinge wirklich anders zu machen; in gewissen Großstädten gehen viele Menschen wegen der Unsicherheit und Kriminalität mit Angst auf die Straße. Da helfen auch coole Outfits der Stadtmode und Heldengehabe nicht darüber hinweg. Der Delphin sieht alles. Die Lattice sieht alles.

Unserer kulturellen Prägung gemäß folgen wir auch täglich einer Liste von *Verboten*:

»Kein Schweinefleisch, weil ich Muslim bin.«

»Kein Kuhfleisch, weil ich Inder bin.«

»Keine sexuelle Annäherung vor der Heirat.«

»Katholiken dürfen nicht Nacktbaden.«

»Ich darf in der Gesellschaft nicht laut lachen, Kaugummi kauen, meine Freude ausdrücken oder jemandem die Wahrheit ins Gesicht sagen…«

Noch einmal: Welche Emotion schüttet das Gehirn aus, wenn jemand meine Grenzen zu überschreiten droht und meine »inneren Verbotslisten« nicht einhält? – *Wut*! Denn ich muss mein Terrain wie ein Löwe verteidigen und den Eindringling zurechtweisen. Deshalb blicken wir auf eine Geschichte von Gewalt und Gemetzel zurück, die wir dann in *bestem Gewissen* rechtfertigen als im Namen von Gott geschehen oder im Namen eines Königs oder Staatspräsidenten.

Angst und Wut sind unsere prähistorischen Reaktionen. Angst ist Flucht und Wut ist Attacke; entweder renne ich um mein Leben oder ich versuche, den Feind zu töten. Beide Male habe ich mir das Leben gesichert.

Wenn ich die Berg- und Talfahrten der Menschen mit Abstand betrachte, erstaunt es mich, wie stark wir alle an ähnlichen Traumata leiden. Wieviele Themen in meiner 20jährigen Praxis als Coach und Therapeut ähneln sich doch! Die Mayameister reden ironisch von weltweiten »Modekrankheiten«: Stress, Depression, Schlaflosigkeit, Kraftlosigkeit, das »Ich-bin-krank-Syndrom«. Daneben sind wir in Tentakeln emotionaler Abhängigkeit gefangen: vom Lebenspartner, vom Boss oder Guru; gefangen in unterdrückenden Machtspielchen in unseren Beziehungen oder am Arbeitsplatz. – An allen Enden der Welt geht es ganz ähnlich zu.

Als hyperkommunikative Wesen *empfangen* wir auf dieser kollektiven Ebene des Gruppenbewusstseins nicht nur all die alte globale Kulturlast, sondern wir können auch *senden,* also *neue Informationen in den Pool einspeisen*! Auf diese Weise vermag eine Nation, ein Volk, eine soziale Einheit *die alten Mythen durch neue Mythen zu ersetzen.* Ich habe immer wieder von der Wichtigkeit dieser Befreiung von kollektiven Bürden als Teil der Mayaprophezeiungen erfahren und verstehe unsere Ära als eine Zeit der Schöpfung *neuer Mythen.* Sie sind Geschichten mit archetypischen Urfiguren, die meist wiederum eine reiche, tiefgreifende *Symbolsprache* aufweisen, so wie wir sie in allen alten Helden- und Göttersagen finden.

Unsere Archetypen sind die modernen Götter von heute. Pop- und Filmstars, Gurus, Politiker, aber auch Gegenstände wie Autos, Eigenheime und teure Kleidung werden »vergöttert«; auf der dunklen Seite finden wir Schattengötter wie »die Opfer von Krankheiten«, Arme und Obdachlose, Kriegsopfer, Drogensüchtige und die Weltverschwörer – sie balancieren die Dualität aus und gehören als »zweite Seite« der Münze genauso ins Spiel. Dieses Buch kann als Geschichte eines Neuen Mythos des allumfassenden Weltnetzes, der Lattice, gesehen werden, mit den folgenden Archetypen: die Lattice und ihre Netzwerke, der Surfer als Held, der Magier, der Schamane, die (Mutter)Göttin, der Drache (Quetzalcoatl) und so weiter.

Um aus der kulturellen Ignoranz zu erwachen, hilft es, sich bewusst zu werden, *wo* wir uns noch in den *alten kollektiven Mythen* der Machtspiele verstecken, die auf Angst und Aggression aufgebaut sind: in Krieg und Krankheit, in der Übermacht der anderen und der eigenen Ohnmacht oder in den undurchschaubaren komplexen Systemen von Wirtschaft, Finanzen und Politik.

Man kann zwar viel Dunkel wahrnehmen, aber doch auch sehr viel Licht. Du entscheidest, worauf du deinen Fokus richtest! Du entscheidest, ob dein Glas halbleer oder halbvoll ist. – Wenn wir wollen, können wir viele Anzeichen für eine neue Zeit sehen. Es werden überall grüne, ethnische, kollaborative, holistische und spirituelle Mythen geschaffen. Die Trendforschung zeigt klar, wie vor allem junge Menschen sich immer mehr an innerer Erfüllung, Nachhaltigkeit, sozialer Gerechtigkeit, Kreativität und altem Kulturwissen orientieren. Die sogenannten *Kulturkreativen* (oder *kulturell Kreativen*) arbeiten meist ohne Chef und nicht mehr aus dem Antrieb, einfach »Geld zu verdienen«, sondern weil sie ihre Betätigung lieben; sie muss Spaß machen und außerdem anderen Bereicherung bringen.

Von jedem einzelnen Regenbogenkrieger verlangt die *kollektive Intelligenz* eine gesunde Portion Ego, um fest auf seinen eigenen Beinen zu stehen, Vertrauen in die Kraft und Unaufhaltsamkeit der Evolution sowie den Mut, anders zu sein, vielleicht »gegen den Strom« zu schwimmen. Der Ausspruch: »Es ist normal, verschieden zu sein!« lädt zur Verschiedenartigkeit und Mannigfaltigkeit ein. Als Gruppe müssen wir zuerst das Verschiedensein akzeptieren und integrieren. Der Begriff *Inklusion* wird heute in der Pädagogie und Soziologie viel verwendet. Eine erfolgte Inklusion ist die Grundlage für jedes Gruppenbewusstsein. Auf jeder neuen Bewusstseinsstufe können wir uns vorstellen, dass wir uns zuerst als »nicht zugehörig« empfinden (Exklusion und Separation), bis wir eine neue Art des Zusammenlebens gefunden haben (Integration und Inklusion).[83]

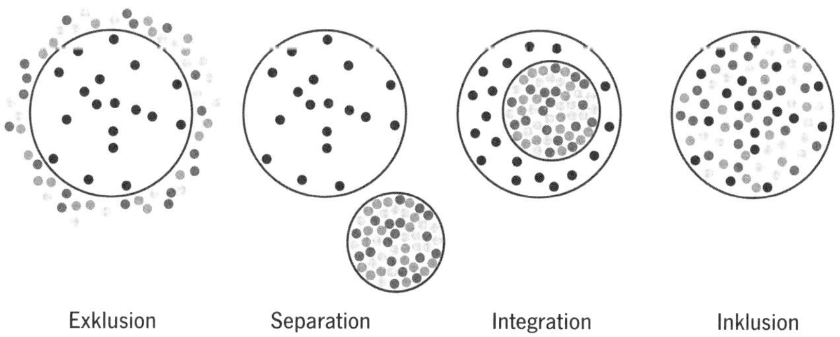

Verschiedene Formen des Zusammenlebens zwischen unterschiedlichen Gruppen in einer Zivilisation. Die Integration von Neuem und Unbekanntem sowie die erfolgende Inklusion führt zu einer Individualität mit Diversität (Verschiedenheit der Punkte im Kreis), was die Voraussetzung für ein Gruppenbewusstsein ist.

Für die Maya ist die kollektive Intelligenz die erste Ebene, von der aus wir als Menschheit aus Lüge, Trug und Illusion ausbrechen können.

Transpersonale Intelligenz (2) **4D-5D**

Dr. Ingo B. Jahrsetz (Deutschland), der Präsident der EUROTAS (European Transpersonal Association), mit dem ich vor ein paar Jahren ein unvergesslich inspirierendes Frühstück in einem Café hoch über Freiburg im Breisgau, Deutschland, teilen durfte, sagte in seinem Einführungsvortrag der Jahreskonferenz in Varna, Bulgarien: »Das Transpersonale integriert das Absolute ins Relative.« Während die Psychotherapie noch mit dem Ego arbeitet, erklärte er, geht es bei *Heilung* darum, die Welt als *heilig* zu erfahren; Gott in unserem täglichen Leben zu erfahren, denn alle Weisheit erscheint, wenn das Ego verschwindet. Alltag und Spiritualität verschmelzen, während unser innerer Heiler sich entfaltet. Die Widersprüche verschwinden, der Alltag wird als heiliges Abenteuer erfahren.[84]

Ich habe selber einige transpersonale Seminare für Psychologen geben dürfen und festgestellt, dass zwar ein großes Interesse daran, aber auch eine große Berührungsangst besteht. Viele Akademiker verschanzen sich lieber in ihren Schriften und streiten darüber, welche psychologische Theorie nun die richtige sei. Stanislav Grof (*1931, USA) gilt als der Gründer der *transpersonalen Psychologie* und wurde durch seine Therapieerfolge mit LSD und holotropem Atmen bekannt. Er spricht von einem *universellen Geist,* der alle politischen und wirtschaftlichen Ungerechtigkeiten überwindet, dorthin kann jeder durch sogenannte »Gipfelerfahrungen« *(peak experiences)* gelangen.[85]

Ich habe bei den Maya gelernt, solche Gipfelerfahrungen durch heilige Körperhaltungen hervorzurufen, die ich heute Biosynthergie© nenne, durch den Aufbau magnetischer Energiefelder sowie durch spezielle Atemtechniken (die ähnlich dem holotropen Atmen die Rückverbindung mit dem *Odem der Seele* ermöglichen). Mit hohen Frequenzen und einer klaren Intention können wir so begrenzende Muster in einer Person umprogrammieren. Ich erreiche ähnliche Bewusstseinszustände wie mit psychotropen Stoffen (halluzinogene Pilze, Peyote, LSD), die ich deshalb in meiner Arbeit als unnötig betrachte. Sie können beim Klienten eine Abhängigkeit hervorrufen, weshalb ich es vorziehe, ihm zu zeigen, wie er selbst mit seinen eigenen Mitteln immer mehr *über sein Alltagsbewusstsein hinausreichen* kann.

In den 20% unseres Bewusstseins, die nicht durch die Kultur geformt worden sind, liegt der Ursprung unserer *angeborenen Ignoranz.* Die haben wir alle gleich, ja, sie macht in diesem Moment der Evolution unser Menschsein aus. Seit unserer Kindheit haben wir uns daran gewöhnt, unseren göttlichen

Ursprung zu leugnen und getrennt von ihm zu leben. Seit unserer Geburt haben wir vergessen, wer wir sind und dass wir hier nur eine Rolle spielen. Wir haben vergessen, unsere Seele zu kontaktieren und als kosmischer Schauspieler unser eigenes Drama zu inszenieren. – Dies hat unser Schwarz-weiß-Denken geprägt, unser polares Wahrnehmen, das, gesteuert von Verboten und Pflichten, wiederum die Grundlage für die *kulturelle Ignoranz* ist.

Wenn wir sehen, wie viel mehr es gibt als das Konzept, das wir über uns selbst angefertigt haben, werden wir demütig und respektvoll. Die Übungen in diesem Buch sind dafür ausgelegt, die Polarität zu überwinden und die persönliche Spiritualität neu zu entdecken, jenen »universellen Geist« zu spüren, der uns als Menschheit mit etwas Heiligem verbindet. Auf ganz natürliche Weise kommt dann die Stimme der Seele durch, und der Mensch beginnt, sich wieder für sie zu interessieren, ihr zu lauschen, sie zu befreien und zu feiern. Plötzlich fängt er an, die Freunde der Seele, die plasmaartigen Wesen wahrzunehmen, und betrachtet die Wunder der Natur mit offenem Mund wie ein kleines Kind.

Wenn Schamanen also mit Helfern und Lichtwesen zum *Wohl der Gruppe* arbeiten, ist das keine esoterische Spinnerei, sondern einfach eine Vorbereitung zur nächsten, der holografischen Stufe des Gruppenbewusstseins, wo auch nichtmaterielle Wesen auf natürliche Weise mit einbezogen werden. Warum sollten wir denn auch die einzigen Wesen auf diesem Planeten sein? – Der Großteil der Bevölkerung in Mexiko besitzt eine tiefe Magie und Spiritualität, die ich kaum anderswo angetroffen habe. »Der Großteil der Bevölkerung glaubt hier an Engel«, sagte mir der französische Heiler René Mey. Ich liebe es, in Mexiko wohnen zu dürfen, denn das ganze Land vibriert in einer sehr hohen Frequenz, und der Schleier vor der Lattice ist viel dünner als anderswo.

In jedem Land, in dem ich arbeiten durfte, spüre ich andere Residuen eines kollektiven Ballastes, der dem Erreichen einer transpersonalen Ebene oft im Wege steht. In Mitteleuropa wird Spiritualität noch viel gedacht, analysiert und verglichen, anstatt gelebt. Hochglanzprospekte gelten mehr als das Licht eines Mitmenschen. Der »transpersonale« (esoterische) Markt boomt und ist doch wieder nur ein geschickt verkleideter Ausdruck des *Maya*.

Holographische Intelligenz (3) 5D

Wer seine transpersonale Intelligenz, die Kommunikation mit seiner Seele pflegt, dem eröffnet sich eine Verbindung zu seinem höherem Selbst (Spirit) und von da ganz natürlich eine neue Sichtweise oder *Kosmovision*. Wer sein Herz öffnet, kann seine Denkmuster und Fallen austricksen und überwinden.

Wenn wir die Illusion überwinden, alles verstehen zu können, öffnen wir uns dem Unbewussten. Wenn wir die Illusion überwinden, immer Recht haben zu können, lassen wir andere Wahrnehmungsmöglichkeiten erst zu (Inklusion). Wenn wir die Illusion überwinden, die Welt kontrollieren zu können, sind wir reif für Zusammenarbeit im Sinne des Ausspruchs von Aristoteles (384 - 322 v. Chr.): »Das Ganze ist mehr als die Summe seiner Teile.« Diese sogenannte *Synergie* ist dann kein Schlagwort in einem Unternehmen mehr, sondern das natürliche Resultat eines neuen Gruppenbewusstseins. Alle sind dann darauf bedacht, auf ein gemeinsames Wohl hinzuarbeiten, denn schließlich schafft die Summe aller Beteiligten nie, die Leistung zu erbringen, die eine harmonisch funktionierende, sich gegenseitig fördernde, zusammenarbeitende Gemeinschaft erreicht. Ob das wie ein Märchen klingt, hängt von dir und von jedem Einzelnen ab. *Ta pisilic junax cotantic:* »Wir sind alle ein einzig Herz.« Ein großes Fest beginnt!

Edler Surfer, willkommen! Du bist an einem wichtigen Etappenziel angelangt. Deine individuelle Reise ist zu Ende gegangen. Du verstehst plötzlich, dass alles in allem enthalten ist, in einem multidimensionalen Hologramm. Alle Universen sind hier *am gleichen Ort, zur gleichen Zeit.* Jeder Gedanke, jedes Gefühl und jede Aktion auf unserem Planeten ist zugleich überall spürbar. Bist du »holographisch intelligent«, siehst du dich nicht mehr getrennt von den anderen; du beginnst, das Tun der Menschen als ein Ganzes zu verstehen. Von hier aus ist dein Weg frei zu verschiedensten Dimensionen und Sphären in einem neuen holographischen Bewusstsein. Darin findest du die Lattice, das kosmische Internet und Großhirn des Universums, du entwickelst deinen Lichtkörper und beginnst selbst, Licht auszustrahlen. Du siehst in dir fraktale Mikrowelten und dich selbst als Teil der fraktalen Makrowelten, worin sich alles in Spiralformen widerspiegelt: dein göttliches Drachenerbe in Form von Strings, Doppelhelixen bis hin zu kreisenden Galaxien und Filamenten des Kosmos. Du verstehst, dass das ganze Universum ein ständiges Fließen von Information ist. Auf dieser Ebene ist Heilung keine Anstrengung mehr, sondern Teil des universellen Gleichgewichts. Auf dieser Ebene bist du wieder der Künstler deines Universums, ein wahrhaft schöpferischer Mensch, ein Programmierer des kosmischen Hologramms. Du bist Herr und Herrin der Zeiten!

Ich glaube, dass wir auf dieser Intelligenzstufe als Menschheit – nach 3000 gottlosen Jahren – das erste menschliche Gruppenbewusstsein erreichen werden. Kampf, Ausbeutung, Angst, hochgepriesene Arroganz, kollektive Lügen und Heuchelei werden dann der Vergangenheit angehören.

Auf viele verschiedene Weisen haben seit Jahrtausenden alle spirituellen und schamanischen Einweihungsschulen der Erde die holographische Intelligenz gelehrt: die Meditationsschulen Asiens, die Tänzer Afrikas und der Amerikas sowie die Sonnenkinderkulturen des alten Atlantis. Heute noch tut unseren physischen Körpern ein »Lift« in den Pyramiden und Tempeln jener alten Schulen gut. Sie erinnern sich dort ihrer früheren Existenzen oder werden von einer Krankheit geheilt. Die Downloads passieren dort wie von selber, wir brauchen die lebenden Lehrer immer weniger, das moderne Leben ist unsere beste Schule (immer, wenn wir den Fokus auf Freiheit und Aufstieg legen, und damit auf das Frequenzerhöhen). Nach unseren Untersuchungen über Quantenverhalten, Hyperkommunikation und das kosmische Großhirn, ist das gar nicht mehr so überraschend. Wir weiten unser Weltenei einfach immer weiter aus, bis andere Zeiten und Räume darin Platz haben und unisono betrachtet werden können.

Ein nächster Schritt ist dann, auch Sphären anderer Planeten, Zivilisationen und höherer Intelligenzen als Freunde, Lehrer und Heiler einzuladen. Dafür entwickeln wir nacheinander ein weiteres Bewusstsein für unseren Planeten, unsere Galaxie und den Kosmos, wobei nichts anderes erforderlich ist, als sich einfach die dazugehörigen Inhalte und Erscheinungen oder die ihnen entgegengebrachten Gedanken und Gefühle immer bewusster zu machen.

Galaktische Intelligenz (4) 5D-MD

Erkenne ich, dass mein ganzer Körper, die Mutter Erde unter mir, der Mond und die Sterne, winzige Teile einer pulsierenden, tanzenden Galaxie sind (an der ich als wirbelnde »Chakra-Schlange« teilhabe), dann beginne ich, wie ein Mayapriester zu denken. Ich erinnere mich, dass der Großteil meines Gehirnes dort draußen liegt, zum »Chatten« bereit. – Als Menschen können wir uns diese *galaktische Intelligenz* schrittweise erschließen, indem wir uns zuerst unserer Erde, dann der Sonne und dann unserer Galaxie gewahr werden. Dies ist keine Theorie, sondern eine ganz praktische Anleitung oder Möglichkeit für dein Leben. Es genügt nicht zu sagen: »Naja, Erde hab‘ ich schon. Sonne ist dort oben. Galaxie hab‘ ich im Lexikon gesehen.«

Nein, Achtung, es geht um ein *Gefühl* und darum, die Herz-Beziehung mit diesen Makrowelten wirklich in mein tägliches Leben einzubinden. Auch ein Netz von Freunden erhält sich ja dadurch, dass alle Beteiligten sich gegenseitig mit Gefühlen und Taten nähren: *In Lak'ech*, ich bin du! – Siehst du, wie wichtig es ist, bei sich selbst anzufangen, bei den Freunden, dann beim Kollektiv, bis du über alles hinauswächst und siehst, was im Universum sonst noch auf dich wartet? Viele alte Kulturen, wie die der Maya, wurden genau durch diese galaktische Kommunikation mit dem Universum geprägt. Daraus sind ihre heiligen Tempelstätte entstanden, basierend auf astronomischem und spirituellem Wissen. Wenn die Archäologen viele Dinge von damals nicht verstehen, ist es, weil sie höhere Ebenen von Gruppenbewusstsein nicht in Betracht ziehen. Durch galaktischen Austausch verfügten die alten Hoch- und Megalithkulturen, die vor 2500 v. Chr. blühten, über eine heute futuristisch anmutende Technologie, Energiewissen und Weisheit.

Ich stelle in meinen Vorträgen oft folgende Sequenz von Fragen, um die Entwicklung eines *planetarischen,* dann *solaren* und *galaktischen Bewusstseins* zu hinterleuchten:

Wann hast du das letzte mal so richtig ein Gefühl entwickelt zur ***Erde****? (Vielleicht hast du in der Erde gewühlt, hast einen Baum gepflanzt oder herumliegenden Müll beseitigt?)*

Wann hast du das letzte mal einen ***Sonneaufgang oder -untergang*** *genossen, so in voller Länge? (Vielleicht bist du dir wieder bewusst geworden, dass sie die Quelle aller Energie auf der Erde ist?)*

Wann hast du das letzte mal den ***Sternenhimmel*** *gesehen und dich erinnert, dass unser Sonnensystem Teil einer riesigen Galaxie ist? (Vielleicht hast du dich mit dem Zentrum der Galaxie, der Sonne der Sonnen,* Hunab Ku, *verbunden und als Antwort eine hohe Vibration gespürt und klarer denken können?)*

Wenn wir so fragen, wird uns manchmal bewusst, dass viele Menschen noch weit von dieser Art von Gruppenbewusstsein entfernt sind. Die Finger mache ich mir nicht schmutzig, und im Garten arbeiten, dafür habe ich schon lange keine Zeit mehr. Von hundert Stadtbewohnern in einem Vortrag sind es manchmal weniger als dreißig, die in den letzten Tagen die Sonne gesehen haben (und dies auch bei wolkenlosem Himmel). Man kann das Tunnelblick nennen – wie er bei Stress, Traumata und Drogenkonsum entsteht –, Stadtdiagnosen von vom Leben getrennten Menschen! Sternenhimmel ist dann vielen nur noch ein »Mmm, imposant, die vielen Sterne!« wert, manchmal werden dann noch Sternbilder gesucht: »Du, ist das jetzt der Kleine oder Große Bär?«, und damit hat sich's. – Warum uns allen ein Schamanenworkshop gut tun würde, ist jener lebensnahe, geerdete, fühlende Umgang mit dem Universum. Es geht darum, lieber Leser, wirklich ein Gefühl für die Erde, die Sonne, das Sonnensystem, die Galaxie mit ihrem galaktischen Herzen im Zentrum zu entwickeln. Damit entsteht Bewusst-Sein, eine neue Wirklichkeit… Was du fühlst, ist deine Wirklichkeit!

Mir selber war diese Ebene eines Bewusstseins für die Mutter Erde *(planetares Bewusstsein)* in meiner ersten Zeit in Mexiko fremd, ja peinlich. Ich war Kopfspiritualität gewöhnt, und die konnte man vom Sofa aus betreiben. Bis ich dann bei den Maya zum ersten Mal den Puls der Mutter Erde unter mir spürte: Ich warf mich auf den Boden, klammerte meine Finger in sie hinein und weinte wie ein Schlosshund. Genauso ging es mir, als ich zum ersten Mal (seit meiner Kindheit) das Plasma der Pflanzen als eine vibrierende Schicht wahrnahm, die das ganze Pflanzenreich umarmt. Darin wohnen die Schutzwesen der Pflanzen, die Feen, die Baumgeister und darin können wir uns mit der Baum- oder Blumenseele verbinden. In den letzten Jahren, seitdem ich Retreats auf dem magischen Berg außerhalb von Mexiko-Stadt halte, durfte ich dieses Bewusstsein in mir besonders entwickeln. Ich hätte es zuvor nie für möglich gehalten (denn ich hatte es mir nur ausgedacht), dass ich selber Tag und Nacht so tiefen Kontakt zu allem Leben in der, wie ich sie nenne, *äußeren Erde* pflegen könnte.

In der Plasmaerde, die um den Planeten herumgelegt ist und sie auch durchdringt, wohnen viele der beschriebenen Wesen und warten nur darauf, mit uns in Harmonie zusammenleben zu können. Meistens haben sie hohe Frequenzen erreicht und können uns damit helfen, in der Evolution vorwärtszukommen. Sie bestaunen auch unseren technologischen Fortschritt, obwohl viele Opfer von ihm geworden sind (Verwüstungen, Steinbrüche, Pestizide). In vielen Fällen habe ich von ihnen lernen können, jedoch auch gesehen, wie sie uns nötig haben. Wie unsere Seelen, stauen auch sie Emotionen an und können kollektiv in Misstrauen und Lethargie verfallen. In den letzten Jahren haben sich mir dann auch die Bewohner der *inneren Erde* geöffnet, die ich am Beispiel des Vulkanes von Parangeo erwähnt habe. – Ja, so etwas gibt es wirklich (habe ich vorher auch nicht glauben können)!

Seit Jahren praktiziere ich jeden morgen ein Gebet zur keltisches Rune *Sowelu,* der Sonne, *k'in* bei den Maya, mein schamanischer Beiname. Damit ehre ich die Sonne und erinnere mich, dass es ohne sie kein Leben gäbe auf der Erde *(solares Bewusstsein).* Es lautet so:

Sowelu, K'in, der du die Quelle aller Kraft bist,
deren Strahlen die ganze Erde erleuchten,
erleuchte auch mein Herz,
so dass auch dies dein Werk tun kann.

Dank dieses Morgengebets habe ich eine tiefe Beziehung zur Sonne entwickeln können. Es gibt viele andere Techniken der Maya, Tibeter und Inka für Heilung und Gruppenzeremonien, die ich anwende, wo man mit Mudras und geheimen Symbolkombinationen eine Verbindung zur Sonne herstellt, in sie hineinreist oder sie anschaut (Sonnenblicken oder *Sungazing*). All diese Arbeiten können hohe Energieschwingungen auslösen und sollten nur von einer initierten Person vermittelt werden. Besonders beim Sonnenblicken sei erwähnt, dass dies nur frühmorgens oder spätabends praktiziert werden soll und man mit kurzen Zeitspannen anfangen sollte. – Viele Frauen haben in Mond-Ritualen einen Weg gefunden, sich für die Himmelsgestirne und ihren inneren Mondzyklus zu sensibilisieren und von da eine tiefe Herzens-Beziehung zur galaktischen Mutter, der Lattice, zu entwickeln. Denken und studieren allein hilft da leider nicht weiter, kann aber ein Grundstein sein, der dem Verstand hilft, sich auf mehr (Unbekanntes) einzulassen.

Auch zum Gott *Hunab Ku*, der Sonne der Sonnen, dem Zentrum unserer Galaxie, dem galaktischen Herzen, können wir eine innere Beziehung herstellen, und von dort aus, als kosmische Schlange wirbelnd wie ein Derwisch, zu allen funkelnden Sternen unserer Milchstraße gelangen *(galaktisches Bewusstsein)*. In der *Atmung des Quetzalcoatl* (Übung 10) bat ich dich, vom Herzen aus einen Plasmastrahl ins galaktische Herz, *Hunab Ku*, zu senden. Wiederhole dieses Element mehrere Male am Tage und beobachte, was passiert. Es sollte sehr schnell geschehen; du wirst die Reaktion in deinem Körper spüren, klarer sehen und dich energetisiert fühlen, was meist stundenlang anhält. So einfach geht das! – Du kannst das gleiche mit deinem Lieblingsstern am Himmel tun; es spielt keine Rolle, ob du seinen astronomischen Namen kennst oder nicht. Versuche es einmal mit einem Stern des Oriongürtels, mit Sirius oder den Plejadensternen…

Hast du einmal Vertrauen gefasst und dein Herz für die Wirklichkeit unserer Galaxie mit unzähligen Sternen, Sternensystemen und ihren Intelligenzen geöffnet, steht dir nichts mehr im Wege, als interdimensional Reisender dein Universum zu erforschen. Klinke dich ganz einfach in die galaktische Lattice ein, Surfbrett unter die Füße und ab geht's!

Die ersten Sternenwesen habe ich im Winter 2002 in einer Initiation hoch in den Bergen von Chiapas erlebt, wo wir zelteten. Es war nachts, und nur das Sternenzelt funkelte über mir, als ich einer Eingebung folgend allein auf eine Anhöhe ging und mich mit dem Rücken nach unten auf den Boden legte. Ich lernte meinen Heimatstern kennen und ich spürte, dass hohe Lichtgestalten um mich herum gingen. Obwohl es kalt war, vergaß ich meine Temperaturempfindlichkeit und harrte dort stundenlang aus. Als ich aus meiner energetischen Starre erwachte, wusste ich, dass dies eine wichtige Initiation für mich war und sie heilend an mir gearbeitet hatten. Ich hatte das Gefühl, dass ich selbst auf jenen Stern transportiert worden war, während ich zur gleichen Zeit noch dort unten am Boden lag. Ich hatte überhaupt keine Angst, ich fühlte mich unter Freunden; es war ein Riesengeschenk und ein Meilenstein in meiner Entwicklung. Nun wusste ich, dass dies alles kein Scherz war; mein Energiepegel ist seitdem viel höher als vorher. Ich wurde seither kaum mehr krank.

Manchmal kamen mir die Mayameister, die ich kennenlernen durfte, wie Götter oder Gottwesen vor, die unserer Zivilisation weit voraus sind. Telepathie, Telekinese (Fortbewegung durch die Kraft des Geistes), holographische Technologie ohne sichtbare Energiezuführung sowie DNA-Aktivierung sind für die Sternenbrüder meist selbstverständlich. Von ihnen habe ich gelernt, dass kein Weg daran vorbeiführt, zuerst als Menschheit Frieden zu finden (kollektive Intelligenz).

Der theoretische Physiker Michio Kaku (*1947, USA) verwendet in seinen populären Fernsehsendungen wieder die sogenannte *Kardaschow-Skala* aus den sechziger Jahren, die versuchte, die Entwicklungsstufe extraterrestrischer Zivilisationen nach ihrem Energiehaushalt zu kategorisieren. Sie wurde vom russischen Astronomen Nikolai Kardaschow (*1932), einer der ersten Forscher auf der Suche nach außerirdischer Intelligenz, vorgeschlagen. Lernen wir mit einem kritischen Auge die sogenannten *Typ-I- bis III-Zivilisationen* kennen, die uns eine Vorstellung geben sollen, wohin uns ein neues Gruppenbewusstsein bringen könnte:

Die **Typ-I-Zivilisation** ist »planetar«. Sie kontrolliert alle Energieformen eines Planeten, bei uns wäre das der Boden, Vulkane, die Meere und das Wetter. Wir könnten sie in ein paar Generationen erreichen. (Filmbeispiel: *X-Men*).

Die **Typ-II-Zivilisation** ist »stellar«. Sie weiß die Gesamtleistung ihres Zentralsterns zu nutzen, bei uns die Sonne, mittels direkter Abschöpfung von Sonnenstürmen und Sonneneruptionen. (Filmbeispiel: *Star Trek* mit der Planetenföderation).

Die **Typ-III-Zivilisation** ist »galaktisch«. Sie nutzt die Energie von Milliarden von Sonnen (Sternen) innerhalb ihrer Galaxie. (Filmbeispiel: *Star Wars* mit dem galaktischen Empire).[86]

Damit bei diesen Vorstellungen nicht wieder die Rechnung ohne die Wirtin, genannt Lattice, gemacht wird, sollten wir vielleicht die Schamanen und Weisen der Erde um Rat fragen. Denn mit Arroganz und Ausbeutungspolitik bleiben wir eine *Typ-0-Zivilisation,* so wie wir heute nach dieser Skala definiert werden. Um der Debatte der Zukunftsforscher den mechanistischen Aspekt zu nehmen, hilft es, unser Modell der Gruppenbewusstseinsebenen zu Hand zu nehmen. Ohne die Intelligenz aller lebenden Systeme wie Erde, Sonnensystem, Sternenbrüder und Lattice mit einzubeziehen (oder ihre Sprachrohre wie Schamanen oder Medien), werden wir kaum die notwendigen höheren *Gleichgewichte* erreichen.

Wie oben beschrieben, können wir das Internet, die Fortschritte der Wissenschaft, die multikulturelle Gesellschaft sowie unsere globale Krisenzeit als »Geburtswehen« einer *Typ-I-Zivilisation* deuten, doch darf weltumspannende Nachhaltigkeit, Frieden unter den Menschen und soziale Gerechtigkeit dabei auf keinen Fall fehlen. Ich glaube, dass ein ausschlaggebender Faktor für den Sprung in eine nächste Zivilisationsform ist, endlich den Verbrauch der beschränkten fossilen Ressourcen durch die Nutzung von Energie aus Ozeanen, Windkraft, Sonnenergie, ja sogar aus dem Mikro- und Makro-Universum abzulösen. Warum tun wir es nicht so, wie es die Hohenpriester und beratenden Schamanen alter Kulturen schon immer kultiviert haben, indem wir alle beteiligten Wesen auf dem Planeten als Verbündete mit einbeziehen: die Pflanzen, Tiere, ihre Schutzgeister, die Elementarwesen (der Erde, des Wassers, der Luft, des Feuers), die Plasmawesen? – Für das Erreichen einer *Typ-II* oder *-III-Zivilisation* ist es doch »sonnenklar«, dass wir die Allianz mit Sternenbrüdern, Außerirdischen, Raumschiffen (Ufos) und allen Arten von höheren Intelligenzen im Raum brauchen. Dafür sollten wir mit dem Versteckspiel aufhören und es möglich machen, respektvoll und offen darüber zu reden und unsere Herzen kollektiv für höhere Ebenen von Gruppenbewusstsein zu öffnen.

Kosmische Intelligenz (5) MD

Wenn ich eine gefühlsmäßige Beziehung zu unseren benachbarten Sternensystemen oder Galaxien herstelle, dann eröffne ich mein *kosmisches Bewusstsein.* Die Astronomen nennen unseren *Galaxienhaufen,* der aus bis heute dreißig bekannten Galaxien besteht, *lokale Gruppe,* naja. Wenn ich mich noch weiter entferne, dann sehe ich diese »lokale Gruppe« nämlich als Teil unseres *Superhaufens,* genannt *Virgo-Superhaufen.* So gehe ich immer weiter weg, bis ich in die Arme der Latticefilamente falle, an der die Galaxien wie Wasserperlen hängen.

Wer als intergalaktischer Surfer den Kosmos noch weiter erkunden möchte, dem empfehle ich Geduld: Bitte »den Kopf verlieren« und sich *peu a peu* mit hochfrequenten Übungen oder Meditationen vorbereiten, Egoballast abwerfen! Dann offen sein für alles, mehr ist nicht nötig. Die Reisen können tanzend, auf einer Liege oder mit einer Kerze meditierend ausgeführt werden.

Du bist dabei völlig frei! Sie können auch nachts im Traum weitergehen oder dich während des Tages plötzlich einholen, so als ob jemand von einer anderen Galaxie per Wurmloch anklopfen würde.

Ich erinnere mich gerade einer anderen Geschichte meiner ersten Jahre in Mexiko. Einmal kam ein Mann zu uns nach Chiapas, aus dem Norden von Mexiko, der sagte, er hätte seine Heiltechnik von einem Außerirdischen direkt übermittelt bekommen. Noch etwas zögerlich besuchte ich seinen Kurs und sah das erste Mal jene wunderschönen Wesen, deren Körper funkelten und schimmerten wie Flüssigkristall. Sie wurden zu meinen Helfern beim Heilen, mittlerweile sind noch viele andere dazugekommen. Sie waren es, die mir den Mut machten, mein Potential als Heiler ernst zu nehmen. Es folgten bald ähnliche Bekanntschaften, und ich gewann immer mehr Zutrauen, mit ihnen zu kommunizieren, von ihnen zu lernen und durch sie anderen Menschen zu helfen. Ihre Schönheit, ihr fast blendendes Licht, die Liebe, die sie auch bei ihren »Alltagsverrichtungen« wie Wellen untereinander austauschen, sind oft so unbeschreiblich und überwältigend, dass ein Treffen mit ihnen schon allein therapeutisch wirkt. Die Frequenz war in manchen Sitzungen mit ihnen so hoch, dass es einfach unmöglich war, meine angestauten Emotionen zurückzuhalten. Etwas in mir zerbarst und ich platzte los. Wieder weinte ich wie ein Schlosshund; ich weinte aus Trauer, scheinbar so weit von dieser Lebensform entfernt zu sein, und ich weinte vor Freude über all die Schönheit um mich herum. Ich schämte mich ob all meiner kleinlichen Gedanken, ob all des Leids, welches ich so lange wieder und wieder aufkochte, um Aufmerksamkeit zu erheischen oder das Opfer zu spielen und als »armer Siech« zu gelten. Sie sagten mir einmal: »Pascal, was du jetzt fühlst, ist wirklich. Du hast dich wieder-er-innert. Deine Drachen-Codes sind nun aktiviert!« Von diesen Surftouren kehrt man jedes Mal wie neugeboren zurück, energetisiert, leer und klar im Kopf zugleich. Die tiefe Glückseligkeit hält oft tagelang an. Es ist so, wie du als Kind den Eifelturm besteigen (oder einen deiner alten Traumorte besuchen) durftest; du bist so überwältigt davon, dass dein ganzes Sein wochenlang davon eingenommen ist.

Ich könnte viele solcher Erlebnisse berichten, doch beschränke ich mich auf eine Gipfelerfahrung, die mein Leben ganz besonders markierte. Wir saßen in einem Tempel von Yaxchilan, einer alten Mayastadt am Urwaldfluss Usumacinta im Süden von Mexiko (Bundesstaat Chiapas). Als ich kurz meditierte, wurde ich plötzlich erhoben und fand mich auf einem wunderschönen Stern wieder, alles glitzerte und leuchtete. Die hohen weißen Lichtgestalten zeigten mir ihre Stadt mit allen Einzelheiten, sie strömten dabei so viel Ruhe und Liebe aus, dass ich wieder unweigerlich in Tränen ausbrach (und ich bin eigentlich nicht als Heulsuse bekannt, ja, bevor ich nach Mexiko kam, konnte ich kaum weinen). Es fühlte sich an, als wäre ich nach Hause zurückgekehrt; es war dann auch nicht einfach, wieder von jener Galaxie aufzubrechen. Seit diesem Erlebnis wusste ich, dass wir alle nicht nur in unseren drei Dimensionen auf der Erde leben, sondern gleichzeitig in verschiedenen Paralleluniversen. Mein Erleben war klar mehrdimensional, es passierte »so viel zur gleichen Zeit«; das 3D-Bild mit »zusätzlicher« reicher Sinnes- und Gefühlswelt war nur ein Teil davon, eine Teil-Übersetzung der Surferfahrung auf jenem Planeten. Deswegen ist es fast unmöglich, solche Erlebnisse in Worte zu fassen. Man bleibt nach ihnen zurück wie nach einem Traum, den man kaum beschreiben kann. Ich besuchte meine neuen Freunde danach öfter, und sie weihten mich in viele Geheimnisse ein, von denen ich so manches in diesem Buch lüfte.

Ich habe von den Maya gelernt, wie ich die Lattice im wahrsten Sinne des Wortes als »Assistenten« gebrauchen kann, der die *Datenverarbeitung* besorgt. Dabei wird ganz einfach »Arbeit« an die von den Meistern zugewiesenen Helfer delegiert. In den ersten Jahren in Mexiko habe ich Don Lauro lange beobachtet, wie er in Zeremonien, Heilungen und Energieklassen mit »jemandem sprach«. Er schien um Hilfe oder Rat zu bitten oder eine Art Bestellungen aufzugeben; manchmal gab er auch klare Anweisungen oder kodierte einen Energiefluss durch Kombinationen aus Buchstaben und Zahlen. Oft war da aber niemand, auch keine Wesenheit, die sein Gesprächspartner war. – Es dauerte ein bisschen, bis ich verstand, was da wirklich vorging: Er hyperkommunizierte seine Bestellungen oder Anweisungen direkt mit seinen Helfern und Sternenbrüdern in anderen Dimensionen oder in einem nahen Raumschiff. Da in der Lattice Distanz nicht wirklich existiert, sind sie immer »in der Nähe« wenn wir sie brauchen! Wie wir gelernt haben, geschehen diese Dienstleistungen deswegen in Nullzeit. Praktisch. Ich kann »meinen Assistenten« Registrierungsarbeiten oder Lösungsaufgaben anvertrauen und spare mir so die Gehaltskosten für eine Therapeutengehilfin. Wir erheben dabei nicht nur uns für das Zusammenspiel in einem höheren Gruppenbewusstsein, sondern auch die Helfer und Lichtwesen sich selbst, jedesmal wenn sie ihre Mission erfüllen, ihr Licht und Wissen weitergeben können. – Dazu kommt, dass wir uns überhaupt keine Sorgen machen müssen, wer was tun soll in der Lattice. Ich frage mich ja auch nicht, welche Stelle im Computer für die Datenverarbeitung zuständig ist (und störe mich nicht am Blackbox-Effekt).

Noch eine Anmerkung zur Zusammenarbeit mit Lichtwesen: Sie helfen uns von ihrer Lichtebene oder Dimension aus, aber wer auf Erden handeln muss, sind wir Menschen. Die Engel und »guten Außerirdischen« können vielleicht unsichtbar beeinflussen, heilen oder etwas in Bewegung setzen, doch sie gehorchen dem »freien Willen« und greifen selten in die physische Welt ein. Die Ausführenden und Verantwortlichen für die Handlungen sind wir selbst! – Die weißbemäntelte Flucht in die oberen Welten oder meditatives Däumchendrehen in Eremiten-Höhlen ist heute *out.* Gebet kann viel auslösen, wie in Experimenten anhand von sinkenden Kriminalitätsraten gemessen wurde – doch was die Welt heute vor allem braucht, sind Lichtkrieger, die anpacken und konkret mithelfen, dort, wo ihr besonderes Talent und ihre Gaben zum Tragen kommen.

»Der Kopf im Himmel und die Füße auf dem Boden« heißt hier: Oben bin ich in Kontakt mit den geistigen Führern und hier unten tue ich die »spirituelle Feldarbeit«, ich bewirtschafte das Feld. Die Mayameister sagten schon für das Jahr 2012 voraus, das die wichtigsten spirituellen Hausaufgaben als Menschheit in der Makellosigkeit der täglichen Verrichtungen bestünden: *persönliche* (körperliche, emotionale und mentale) *Gesundheit, harmonische Partnerbeziehungen sowie das liebevolle Aufziehen der Kinder, Mitarbeit in deinem sozialen und beruflichen Umfeld im Sinne eines Dienstes an der Gesellschaft.* – Genau das wurde doch auch in den mittelalterlichen Klöstern getan, wir es mir die Heilige Odilie auf eindrückliche Weise in Visionen gezeigt hat. Ich bewundere diese geerdete, emanzipierte Frau, die so stark an ihre Bestimmung glaubte, bis sie um 700 n. Chr. Äbtissin von gleich zwei Klöstern bei Straßburg war. Die Legende erzählt, sie hätte als Blindgeborene getötet werden sollen, erlangte jedoch in einer Heilung durch einen irischen Mönch das Augenlicht und musste selbst dann noch vor ihrem Vater fliehen, bis sich später alles zum Guten wendete. Die kosmische Intelligenz macht für Erdlinge nur Sinn, wenn wir sie als »Diener Gottes«, als Gottmenschen, in unserem eigenen Garten wieder verwurzeln, etwas zum Wohl des Ganzen beitragen, um bald wieder das Paradies auf Erden einzuläuten.

In der nächsten Übung trainieren wir die besprochenen Intelligenzen, die für das Erreichen unseres *ersten menschlichen Gruppenbewusstseins* und höherer Intelligenzebenen notwendig sind.

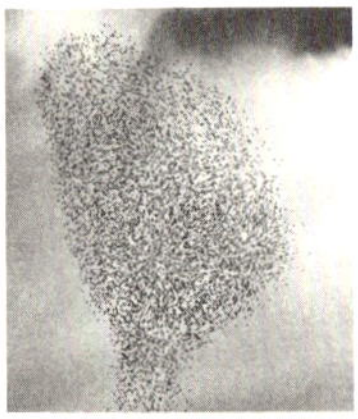

Kreativität – Meditation – Ritual

Übung 12: Intelligenztraining für höheres Gruppenbewusstsein

Bitte erhöhe deine Frequenz durch mentale oder physische Praktiken (Übung 9) oder praktiziere eine Weile die Atmung des Quetzalcoatl (Übung 10), damit deine Hyperkommunikation aktiviert und bewusster wird. Du kannst auch andere dir vertraute Techniken verwenden, um in einen tiefen Entspannungszustand zu gelangen und dich eins mit dem Universum zu fühlen. Oben im Text findest du ergänzende Beispiele zu den folgenden fünf Intelligenzsphären, die wir nun mit Leben füllen werden.

Kollektive Intelligenz: Alte und Neue Mythen

Besorge genügen leere Kärtchen und teile sie in zwei Stapel, einen links, einen rechts. Schreibe auf die linken Kärtchen **alte Mythen** (je mit einem Wort), die dir nicht mehr dienen in deinem Leben, etwa Pflichten und Verbote, kollektive Lasten, Mythen von Exklusion und Separation. Schreibe auf die rechten Kärtchen **neue Mythen**, nach denen du leben möchtest, die du deinem Umfeld wünschtest, wie das Lattice-Surfing, Mythen von Integration und Inklusion, Transparenz und Liebe, Mythen mit deinen neuen Archetypen, Helden und Göttern, mit dem Drachen und der Lattice. Die linken Kärtchen verbrennst und vergräbst du. Die rechten Kärtchen stellst du auf deinen Altar oder führst sie in deiner Handtasche oder deinem Portemonnaie mit dir.

Transpersonale Intelligenz: Meditation und Gipfelerfahrungen

Atme im Solarplexus ein und aus, schließe langsam die Augen. Lasse die verbleibenden Egos im Solarplexus los, den Zorn, die Lügen, die Habgier… Stelle dir nun vor, wie ein Plasmastrahl daraus in die »Zukunft« wächst. Weit vor dir, in naher Ferne, visualisierst du – jetzt – neue, transzendente Ziele, spirituelle Werte, ein Leben im Licht, in Gottes Heil. Diese Erfahrung strahlt zurück zu dir, bis du selbst in Licht aufgehst. Es ist möglich, Erfahrungen mit Meistern oder Lichtwesen zu machen. – Neben dieser Meditation ist es wichtig, dass du im Leben die beschriebenen Gipfelerfahrungen suchst, um dich mit dem universellen Geist zu verbinden; besonders empfehle ich dir das Ritual und die Atmung des Quetzalcoatl.

Holographische Intelligenz: Meditation des Kristallhologramms

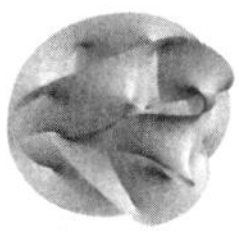

Du sitzt in tiefer Entspannung mit geschlossenen Augen da. Stelle dir in deinem Herz einen wunderschönen, transparenten Kristall vor, der mit jedem Atemzug wächst, über dich hinaus, bis er das ganze Universum umfasst. Er ist das kosmische Hologramm, in dem alles enthalten ist, fraktale Welten, Ebenen, Organismen und (niedere und höhere) Einheiten. Verweile und genieße das Bewusstsein von Einheit, Synergie und Heilung. Da du mit allem verbunden bist, finden Downloads unmittelbar statt. Genieße das holographische Surfen!

Galaktische Intelligenz: Plasmastrahl und Feldarbeit

Während du einen Plasmastrahl aus deinem Herzen aussendest, hebst du die Arme auf Halshöhe in einer großen, Großzügigkeit symbolisierenden Geste an. Spiele dynamisch den »galaktischen Spiderman« und webe das Lattice-Netz: Schleudere deine Plasmafäden aus deinen Handgelenken hin zu allen Sphären, Intelligenzen und Bewusstseinsformen, mit denen du in eine affektive, herzvolle Beziehung treten möchtest. Das kann ein Stein sein, eine Pflanze, ein Tier, ein Mensch, die Menschheit als Ganzes, die Mutter Erde, *Hunab Ku* (als Zentrum der Galaxie), andere Sterne und Planeten oder ihre Bewohner und Raumschiffe. Registriere die hochfrequenten Gefühle in deinem Herzfeld. Registriere die Antworten, die zurückkommen.

Um die galaktische Intelligenz weiter zu vertiefen, empfehle ich dir praktische Feldarbeit, je nach der Herzensverbindung, die du herstellen willst: Gartenarbeit, Dienst am Nächsten, Sozialarbeit, Mondritual, einen galaktischen Schamanenworkshop besuchen...

Kosmische Intelligenz: Meditation und kosmische Zusammenarbeit

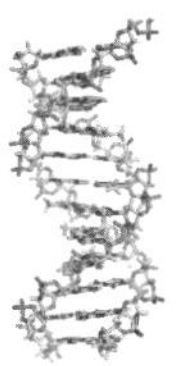

Bleibe in der Lattice sitzen, wie in der vorigen Übung. Reise in dein drittes Auge hinein und wieder hinaus. Schaue alles von außen an und gewinne eine immer größere Distanz zu allem, der Erde, unserer Milchstraße, unserem Galaxiehaufen, den Latticearmen im Universum... Meditiere über den Satz: »Ich bin ein kosmisches, göttliches Wesen, das eine irdische Erfahrung macht.«

Öffne dein Herz so weit, dass sich vielleicht Meister, Außerirdische, Quetzalcoatl, Götter melden.

Schließe die Meditation ab, indem du zu verstehen versuchst, wie dir die Lichtwesen, Helfer, Engel und Sternenbrüder in deinem Leben, deinem privaten

Tempel, im Unternehmen, im Verein und so weiter helfen könnten. Damit erden wir die sublimste aller Erfahrungen wieder dort, wo wir hingehören und unser irdischer Aufgabenbereich liegt. Lande dann sanft wieder in deinem Körper, strecke dich und öffne die Augen.

Entwickeln der Intelligenzen für neue menschliche Gruppenbewusstseinsformen	Zusammenhang zwischen Intelligenz und Bewusstsein
Leere Kärtchen und Stift, ruhiger Ort zum Meditieren	Ruhig – lebendig – wild
Sitzend (Aufgaben im Leben: auch stehend)	40 Minuten

Die folgende Tabelle fasst die besprochenen Intelligenzstufen zusammen, die uns vom in den letzten 3000 Jahren erlernten Individualbewusstsein *(ausbeutender Mensch, Homo perdens)* zu völlig neuen Ebenen von Gruppenbewusstsein bringen werden *(spiritueller Mensch, Homo espiritualis)*. Die Übergangszeit war Ende 2012, dem Anfang eines Zyklus von 26.000 Jahren nach dem Mayakalender. Wie du in der Tabelle siehst, geht es ab der holographischen Intelligenz überhaupt nur noch als Gruppenbewusstsein weiter. Die Entwicklung als Individuum und als Gruppe wird noch eine Zeitlang parallel fortfahren: Wenn die kritische Masse von Individuen erreicht ist, die sich durch eine *holographische Intelligenz* auszeichnen, wird unsere erste Stufe eines *bewussten* Gruppenbewusstseins beginnen.

Die Grenzen in der Tabelle sind nicht zwingend, die einzelnen Bereiche greifen ineinander. Wie jedes Modell stellt sie eine Vereinfachung dar und soll unserem Verstand als Orientierung dienen. Der Wahrheit etwas näher kommt die graphische Darstellung auf Seite 253, worin jede Bewusstseinsebene eine Sphäre ist, die die vorangehende umschließt. Auch die Bewusstseinsinhalte auf jeder Tabellen-Ebene könntest du dir als kleine Sphären innerhalb der nächstgrößeren Sphäre einer höheren Bewusstseinsebene veranschaulichen. Erinnere dich an das Beispiel des Radios mit seinen verschiedenen Frequenzen, die in deinem Zimmer als Paralleluniversen darauf warten, dass du mit ihnen in Einklang oder Kohärenz trittst. – Die Tabelle kann dir als Synthese vieler Themen dieses Buches dienen. Surfen wir einmal zusammen von unten nach oben durch die erste Spalte der Tabelle und erleben so die Entwicklung der menschlichen Intelligenz mit.

Tabelle: Stufen von menschlichem Gruppenbewusstsein

2012

Intelligenzstufen (heute meist unbewusst)	**Individualbewusstsein** *(Homo perdens)*		**Gruppenbewusstsein** (Individualbewusstsein integriert, *Homo espiritualis*)		
	Alte Inhalte	**Neue Inhalte**	**Kommunikationsinhalte**	**Bilder und Illusionen je nach Wahrnehmungsfilter**	**Dimensionen**
			Einheitsbewusstsein	(Gott, Licht, Alles und Nichts, Ursprung, Urknall)	MD-0D
Kosmische Intelligenz (5)	–	–	Kosmisches Bewusstsein: Galaxien, Lattice, Universum	Sternenbrüder Paralleluniversen, Aufgestiegene Meister, kosmischer Jesus/Buddha, Engel, Zeitreisen	MD
Galaktische Intelligenz (4)	–	–	Galaktisches Bewusstsein: Milchstraße, galaktisches Herz Hunab Ku), spirituelle Familie	Sternenbrüder, Paralleluniversen/Typ III-Zivilisation (alle Ressourcen der Galaxie werden nachhaltig kontrolliert)	5D-MD
			Solares Bewusstsein: Sonne und Sonnensystem	Paralleluniversen/Typ II-Zivilisation (Ressourcen des Muttersterns, der Sonne, werden nachhaltig kontrolliert)	
			Planetares Bewusstsein: Erde und Mond, Plasmawelt	Äußere und innere Erde/Typ I-Zivilisation (Ressourcen der Erde werden nachhaltig kontrolliert)	

↑ Vibrationsaufstieg des Menschen

→ Evolution in der Zeit

2012

Vibrationsaufstieg des Menschen

Intelligenzstufen	**Individualbewusstsein** *(Homo perdens)*		**Gruppenbewusstsein** *(Homo espiritualis)*		
	Alte Inhalte	**Neue Inhalte**	**Kommunikationsinhalte**	**Bilder und Illusionen je nach Wahrnehmungsfilter**	**Dimensionen**
Holographische Intelligenz (3)	–	Spirituelle Schulen, Zeit ist Kunst; Spiegel, Gleichgewicht, Fülle, Einssein, Universum als Gehirn	**Gruppenbewusstsein**: Schöpferische Kraft, Künstler aller Zeiten, Manifestation, natürliche Synergie	Interkonnektivität, Latticeverbindung, kosmisches Internet, morphisches Feld, fraktale Welten, mein höheres Selbst	5D
Transpersonale Intelligenz (2)	Licht und Schatten, Polarität, Ego	Auflösung des Ego und der Polarität, Licht, Stille, mystische Erfahrung	**Gruppenbewusstsein**: Transzendente Visionen und gemeinsame Ziele	Meine Seele, Plasmawelten, Plasmawesen, Wächter, Elementarwesen, Gruppenseelen	4D-5D
Kollektive Intelligenz (1)	Alte Mythen: Kulturlast, Archetypen von Gut und Böse, Ohnmacht, Weltverschwörungsangst, Zeit ist Geld, »ich, ich, ich«, »es gehört mir«	Neue Mythen: globales Dorf, Zeit ist Kunst; neue kollektive Information über Geschlechter, Nation, Ethnie, sozialem Status: »wir«	Gruppenbewusstsein: Zusammenarbeit für das gemeinsame Wohl, Mithilfe, Umweltdenken	*Maya*-Mensch (Herz-Mensch: Illusion oder Wirklichkeit?), Entwicklung meines Ich als Per-sona (Klangkörper); Legenden: Fliegende Teppiche, Tanz der Derwische, Held mit Drachen, Quetzalcoatl, Stationen-dramen	3D-4D
(Individuelle Intelligenz)	Ignoranz	Verantwortung	–	–	3D

Evolution in der Zeit

Immer mehr Menschen lassen die Ignoranz im Fernsehsessel liegen und übernehmen Verantwortung für ihr Leben *(individuelle Intelligenz).* Sie beginnen, von höheren Intelligenzen zu kosten und geben ihrem Leben eine Wende. Sie entdecken, dass alle Evolution nur darauf gerichtet ist, uns als »globale Familie« zusammenzubringen *(kollektive Intelligenz)* – dank der Vernetzung durch Internet, dank der aufgedeckten ökonomischen und politischen Skandale, die uns langsam wachrütteln, dank der Mutter Erde, die sich auch schüttelt und sagt: »Hey, ich bin ein Lebewesen, ein Organismus, und ihr seid meine Kinder!« Sie entdecken, dass all unsere Tätigkeiten und Berufungen eigentlich einen höheren Sinn haben, nämlich den, anderen Menschen einen Dienst zu erweisen, und nicht, sie damit auszustechen und kaltzumachen *(transpersonale Intelligenz).*

Sie beginnen, eine tiefe Liebe zu allen Wesen auf diesem Planeten zu spüren, zu Pflanzen, Tieren, Menschen, und legen das Urteilen ab: Sie sehen in den Mitmenschen nicht mehr Schatten, Fehler und Defizite, sondern Spiegel, Schätze, Potentiale und Lichtwesen. Sie sehen darin eine Möglichkeit, als *ein einzig Herz* zusammenzuleben: auf Tzeltal, einer Mayasprache »ta pisilic junax cotantic« *(holographische Intelligenz).* Sie wissen, dass nun der einsame Pfad des spirituellen Kriegers zu Ende ist, dass endlich das neue Zeitalter einer ersten Ebene von menschlichem Gruppenbewusstsein kommen wird. Die eben besprochenen Intelligenzen werden für viele Menschen noch neu sein, doch wird der Funke über die Mitmenschen und das starke morphische Feld rasch überspringen.

Fangen wir nun in der Tabelle noch einmal unten an und surfen die vierte Spalte hoch. Bewegen wir uns in der Tabelle nach rechts hin, gelangen wir von einem Individualbewusstsein (»ich«) zu neuen Ebenen von Gruppenbewusstsein (von »wir Bewohner der Erde« bis »wir Bewohner des Universums«). – Basierend auf einem holistischen Umweltdenken *(neue kollektive Intelligenz)* entwerfen die Menschen eine gemeinsame Vision für den Planeten und wirken als Künstler bei der Verwirklichung mit, jeder seiner Gabe und Lebensfreude entsprechend *(neue transpersonale Intelligenz).* Hier öffnen sich den Menschen auch die Plasmawesen unseres Planeten, die Elementarwesen und Lichtgestalten, die auf, in und über der Erde wohnen. Das Plasmanetz der Lattice wird erkannt und immer bewusster als kosmisches Internet zum Surfen und Manifestieren genutzt *(neue holographische Intelligenz).* Von da integriert die Menschheit Schritt für Schritt immer mehr Dimensionen und Universen samt ihrer Lebensformen in Bewusstsein und Alltag *(galaktische und kosmische Intelligenzen).* Auf nachhaltige Weise wird mit höheren Intelligenzen kommuniziert und mit Ressourcen von Erde, Mond, Sonne und unserer und anderer Galaxien umgegangen, ganz so, wie es die Priester und Druiden unserer Vorfahren der Hoch- und Megalithkulturen taten.

Die Zusammenarbeit mit höheren Intelligenzformen und ihren Vertretern wird uns Menschen eine unheimliche Macht einräumen und technologische Errungenschaften bringen, die unsere heutigen verblassen lassen. Es wird klar, dass das Individuum als Teil eines Gruppenbewusstseins Fähigkeiten entwickeln kann und an Daten kommt, zu denen es als Individuum wohl nur schwerlich Zugang hatte.[87] Wie bei den Organisationsformen der Tiere bekommt auch ein einzelner Mensch allein gewisse Dinge schlicht nicht auf die Reihe, auch wenn ihm noch so viel Zeit zur Verfügung steht. Wie würde der Weg der Menschheit wohl aussehen, wenn wir uns alle dem Zusammenspiel mit den Freunden aus anderen Dimensionen hingeben würden?

Zusammenfassung

Der Leser und Surfer hat in diesem Kapitel eine neue Sichtweise auf den intelligenten Quantenraum der Lattice entdeckt. Als Großhirn denkt sie selber und leitet die Evolution der Menschen, der Erde, des ganzen Universums. Sie beinhaltet unendlich viele intelligente Lebensformen und Lebenssysteme, die alle miteinander verbunden sind und hyperkommunizieren.

Jede höhere Gruppenbewusstseinsebene umschließt die vorangegangenen wie bei einer Zwiebel. Wir Menschen befinden uns auf einer inneren Zwiebelschale oder niedrigen Ebene, weil die bewusste Hyperkommunikation mit dem Kosmos zwar im Schöpfer-Code verschlüsselt ist, aber nur von wenigen Eingeweihten, Schamanen und Lattice-Surfern gelebt wird. Integrieren wir in unser Bewusstsein die Beziehung zu allen Menschen, dem Sonnensystem und unserer Galaxie, gelangen wir langsam in äußere Zwiebelschichten.

Alle Lebenssysteme der Lattice, von »kleinen Gruppenbewusstseinsformen«, wie die eines Ameisenstaates, zu »großen Gruppenbewussteinsformen«, wie das Bewusstsein der Menschheit oder gar der Galaxie, werden von der Lattice und der fraktalen Struktur des Drachenerbes, von Spins und DNA-Helixen bis zu wirbelnden Filamenten zusammengehalten. Jeder Mensch, der beginnt, seine holographische Intelligenz zu entwickeln, bekommt auch Zugang in die Mikro- und Makrowelten der Lattice, denn sie sind ja Teile des großen Hologramms.

Fassen wir unsere bisherigen Surf-Abenteuer dieses Buches in einer großen kosmischen Welle zusammen und surfen im nächsten Kapitel noch einmal in die unendlichen Fraktalwelten hinein. Wir werden uns in die Wahrnehmung der großen Schamanen und Heiler hineinversetzen und so in die höheren Gruppenbewusstseinsebenen hineinsehen. Danach biete ich dir eine spannende und illustrative Zusammenfassung des Buches an, damit du gut ausgerüstet bist, um das hier Erlebte zu integrieren und im Leben umzusetzen.

9
Dein Herztor für Zeit- und Raumreisen

Der Blick auf die Gruppenbewusstseinsebenen hat uns ein neues Verständnis für die Evolution des Menschen und seine als »Idealbild« genetisch gespeicherten Möglichkeiten gegeben. Je höher also die Intelligenz- oder Bewusstseinsstufe, desto mehr öffnet sich dem Menschen der Blick in fraktale Dimensionen und er bekommt Zugang zu unendlichen Mikro- oder Makrowelten.

Deswegen war der Kernpunkt der Lehre meiner Mayameister stets: das *Herz.* Schon im Kapitel 5 haben wir gesagt: *Das Herz ist unser persönlicher Wurmlocheingang zur Hyperkommunikation in Raum und Zeit.* Seit der ersten Übung haben wir gesehen, wie wichtig es im Leben ist, die »Aufmerksamkeit auf sein Herz« zu richten. Ich habe es mehrmals als das *Tor der Tore* erwähnt, weil es die Quelle alles Wissens ist und alle Zugänge zur Lattice enthält. Der Weg des Herzens vereint den Vater-Drachen mit dem Mutternetz, der Lattice, in allen Fraktaldimensionen oder auf allen Bewusstseinsebenen gleichzeitig und schafft uns eine Rückverbindung mit der Quelle, mit Gott.

Hinein ins Schwarze Loch, und die Illusionen sind vorbei

Ich habe von den Maya viele Techniken gelernt, bei denen man im Herzen beginnt, um eine Art *Tunnelreise* durch das Universum zu vollführen. Es gibt eine Serie von Übungen, die der Adept lernt, um die Essenz einer Medizin zu holen, die ein Klient dringend braucht. Er reist dafür an einen anderen Ort (Meer, Berge, Pflanzenwelt, anderer Planet, versteckte Labors), wo er das Heilmittel bekommt (Algen, Mineralien, seltene Pflanzen, außerirdische Technologie, Information, noch nicht öffentlich gemachte Arzneimittel). Meistens spielt die Projektion aus dem Herzen oder das Reisen ins eigene Herz eine wichtige Rolle. Die Medizinreise kann zum Beispiel mit der Ausführung des sogenannten »Höchsten Gebets« *(oración máxima)* beginnen, ein Mudra, bei dem beide Hände das Herzfeld mit einem weiten Kreise öffnen und dann mit einer Drehung aus dem Handgelenk heraus ein dreifaches, dreieckiges »Sonnenhaus« *(casa del sol)* aus dem Herzen projizieren. Der Schamane reist dann dort hinein und auch wieder daraus zurück.

Die Bewegung sowie die Reise können ein paar Sekunden dauern, so dass der Uneingeweihte oft kaum versteht, was denn da passiert. Auf die gleiche Weise reist der Schamane zu einem entfernten Klienten, um ihm die geholte Medizin zu verabreichen. – Das ist ein Teil der oft unbekannten Arbeit der Schamanenpriester: Sie reisen, holen, senden, empfangen, sie segnen und weihen, sie zapfen Energiequellen an – und das in mehreren Universen zur gleichen Zeit. Das Herz ist oft der Ausgangspunkt, als »Reiserouten« werden die verschiedensten Lattice-Netze verwendet, etwa Wasseradern, Drachenlinien der Erde, Plasmahülle der Erde, kosmisches Gitternetz.* Diese Netze sind es, welche die *Knoten- oder Herzpunkte* (Orte, Zeiten, Information) miteinander verbinden.

Allmählich habe ich begriffen, wie schon früher im Buch gesagt, dass wir wirklich durch unseren Herztunnel überall hin gelangen können, genau wie das Teilchen, das in eine höhere Dimension »auswich«.

Schon in der *Meditation der Fraktalreise* (Übung 7-1) hast du dein Herztor geöffnet und den »Fraktallift« für deine Fraktalreise genommen. Auf diese Weise kannst du auch unmittelbar andere Intelligenzformen des Universums besuchen, auf höheren Gruppenbewusstseinsebenen lernen oder dein schlummerndes Potential durch die hohen Frequenzen aktivieren lassen.

Auf diese Weise haben die Maya und andere Meisterkulturen ihr astronomisches, spirituelles, kulturelles Wissen, wie zum Beispiel ihre Schrift und Sprache erlangt. Das beantwortet auch die Frage, wie die *Ursprache* der Welt vor mindestens 100.000 Jahren entstanden sein könnte und warum man in den alten Hoch- und Megalithkulturen auf den verschiedensten Kontinenten bei Bauweisen, geometrischen Gesetzmäßigkeiten der Pyramiden, bei Symbolen und im Götter- und Totenkult Entsprechungen gefunden hat.

Du sagst jetzt vielleicht: »Ich lerne doch gerade, mit der DNA zu hyperkommunizieren, wieso brauche ich denn noch den Fraktaltunnel des Herzens?« – Gute fraktale Frage des 3D-Verstandes! Hyperkommunikation auf DNA-Ebene geschieht auf Mikro-Ebene, Herzreisen beginnen auf Meso-Ebene, das

* Der alte Name *Drachenlinien* für Ley-Linien oder das energetische Plasmanetz der Erde erinnert an altes Wissen über Spiralnetze auf allen Fraktalskalen.

eine schließt das andere nicht aus. Nein, es befruchtet sich gegenseitig. Du kannst durch physische Übungen und mentale Disziplin beide Ebenen aktivieren, indem du *Glaubensmuster, Frequenzen und Wahrmehmungsfilter* nach Belieben einstellst (Übung 9: *Leben oder Tod*).

Die Maya haben mir den *Herzschlüssel* zur Kommunikation in der Lattice immer wieder hingehalten, doch dauerte es, bis ich seine Wichtigkeit erkannte.

»Das Herz ist die stärkste Energie im Kosmos. Es ist ein Wirbelsturm, doch in seiner Mitte ist immer Stille. Du gehst dort hinein wie ein Pfeil und kommst an, wo du willst«, sagte mir einst ein alter Maya.

Das Herz ist unser Gleichgewichtspunkt im Raum und die Voraussetzung für ein Leben in Fluss und Fülle (Kapitel 1). Das Herz ist der Mittelpunkt meiner Wahrnehmung der Wirklichkeit; deshalb kannst du überall in der Welt Orte antreffen, wo geschrieben steht: »Hier ist der Mittelpunkt der Welt«, oder etwas esoterischer: »Hier ist das Herz-Chakra der Welt!« – Und jeder hat recht.

Mit diesem Recht kann also jeder auf der Welt all die spannenden Modelle besurfen, die wir in diesem Buch behandelt haben; sie sind alle Hilfsmittel, um »das Universum« oder »die Existenz« zu verstehen und zeigen uns andere Aspekte der göttlichen Lattice.

Mögliche Lattice-Surf-Gebiete:
- das Universum als Hologramm
- das Kosmische Theater (hahaha)
- fraktale Welten (Mikro-, Meso- oder Makrowelten)
- die Welten der Schlange, des Jaguars oder des Adlers
- das kosmische Internet
- andere Dimensionen
- höhere Bewusstseinsebenen
- andere Zeiten (Vergangenheit, Zukunft, Zeiträume)

Am Ende von Kapitel 6 haben wir gesehen, wie der *Maya*-Surfer heilt, wenn er reist, und höhere Intelligenzen kontaktiert, eigentlich an verschiedenen Orten *gleichzeitig* ist. Im Kapitel 7, als Lösung zur Befreiung aus der Zeittrance, versuchte ich aufzuzeigen, wie wir uns die Vergangenheit, die Gegenwart und die Zukunft alle in *parallelen Zeitsphären* vorstellen können. Der Schamane wechselt nämlich nicht nur zwischen Orten (Raumsphären), sondern auch zwischen Zeitpunkten (Zeitsphären). Er führt *Zeitreisen* in Nullzeit durch, um die Vergangenheit des Patienten oder in ihm angelegte Möglichkeiten anzusehen, die sich in der Zukunft entfalten können. Dazu bedarf es Präsenz, Sein in der Gegenwart, Verweilen im eigenen Herzen – um andere

Zeitenräume zu entdecken, direkt neben dir, als Paralleluniversen. Sie sind über *imaginäre Zeitspiralen* mit deiner Präsenz verbunden: Sphären aus der Vergangenheit oder der Zukunft, deiner Kindheit, einer früheren Existenz oder einer anderen Dimension. Alles ist *immer und überall.* Hier und Jetzt.

Dein Herz ist selbst jene **Zeitmaschine**, nach der alle gesucht haben! Du kannst nun täglich in Parallelzeiten surfen, solange du willst. Der Transport dorthin geschieht, je nach Übungsgrad, dank des Tunneleffekts meist in Nullzeit. Es ist der gleiche Tunnel, den Menschen bei einem Nahtoderlebnis erleben, wobei am Ende des Tunnels unendliches Licht auf sie wartet. Lattice-Surfer berichten erstaunt, in welch paradiesischen Gefielden unsere lieben Toten weilen und wie zauberhaft schön es auf anderen Planeten ist, so dass sie gar nicht mehr zurückkehren wollten. Die Mayameister haben mir verschiedenste Ritualanordnungen gezeigt, zum Beispiel mit einem Steinkreis (auf Keltenart), durch den der Schamane die ganze Gruppe zeitreisen lässt. Wer den Entschluss fasst, aus einer anderen Raum- oder Zeit-Dimension wieder in das dreidimensionale »Erdenleben« zurückzukehren, hat verstanden, warum er auf die Erde gekommen ist und wird durch eine neue Präsenzkraft und eine genussvollere Beziehung zum Leben belohnt.

Als ich einen Mayameister einmal nach dem *galaktischen Bewusstsein* fragte, antwortete er mir:

»Trete ein in das galaktische Herz.«

Ich nahm die Anweisung damals nicht wörtlich und dachte an einen schönen Aphorismus zur Meditation mit dem Gott *Hunab Ku.* – Vielleicht hatte ich auch etwas Angst, denn ich sollte ja in ein »**Schwarzes Loch**« eintreten und für immer verschwinden, wenn die Astronomen recht haben mit dem, was sie über das Zentrum der Galaxie erzählen. Die astronomischen, modernen Begriffe wie »Urknall« und »Schwarze Löcher« ließen eher unbehagliche Bilder in mir auftauchen, etwa mein Hab und Gut, das von einem »Schwarzen Loch« in sekundenschnelle aufgesaugt wird; und »Urknall« (oder »Big Bang«) ist auch nicht gerade ein subtiler Name für den »kosmischen Ur-Orgasmus«, bei dem das Universum entstand.

Schwarze Löcher sind für Astronomen Zonen im Weltraum, wo Teilchen, wenn sie eine bestimmte Grenze, den sogenannten ***Ereignishorizont***, überschritten haben, nur noch darin verschwinden, aber nicht mehr herausgelangen können. Das Zentrum unserer Galaxie wird als ein solches Schwarzes Loch angesehen, während es für die Maya das *galaktische Herz* ist. Jedes Herz besitzt doch einen solchen *Ereignishorizont* – hast du ihn überschritten, wirst du von ihm aufgesogen, in Liebe und Mitgefühl, dein polares Leiden wird gleichsam auf eine neue Dimension erhoben!

Ist es dir schon passiert, dass du von einem überaus herzlichen Menschen so richtig in den Bann gezogen worden bist? Du hast die Zeit vergessen, du fühltest dich ungemein wohl mit ihm; all deine Sorgen verschwanden, ja, du sahst in ihm die schönste Person des Universums, fast wie eine Lichtgestalt, hast seine Falten im Gesicht und die schräge Nase vollständig vergessen? – Du hast dich von ihm »in sein Herz schließen lassen« und von höheren Dimensionen, ja vom Ursprung gekostet.

Was der Mayameister meinte, war, dass ich wirklich in das galaktische Herz, das Schwarze Loch, eintreten sollte:

Denn alle Herzen sind Schwarze Löcher. Es sind fraktale Tore zur Quelle.

Der Urknall (Ur-Orgasmus) ist quasi das ultimative *fraktale Tor* zurück zum Ursprung. Die Reisen durch solche Herzensportale führen uns also hinaus aus dem gegenwärtigen Universum, wo wir gerade sind, und hinein in ein anderes oder direkt ins Nichts, an die *Quelle*… Prost!

Schwarze Löcher, genauso wie Herzen, pulsieren, atmen ein und atmen aus. Die Astronomen sehen die Teilchen nur verschwinden und nicht mehr herauskommen, weil sie eben in drei Dimensionen denken. Die Teilchen verschwinden zwar, erscheinen aber in einer anderen fraktalen Dimension wieder, was die Wissenschaftler *Weiße Löcher* nennen. Oder die Teilchen verschwinden ganz im Nichts und werden dann Unsichtbare Energie des Universums genannt.

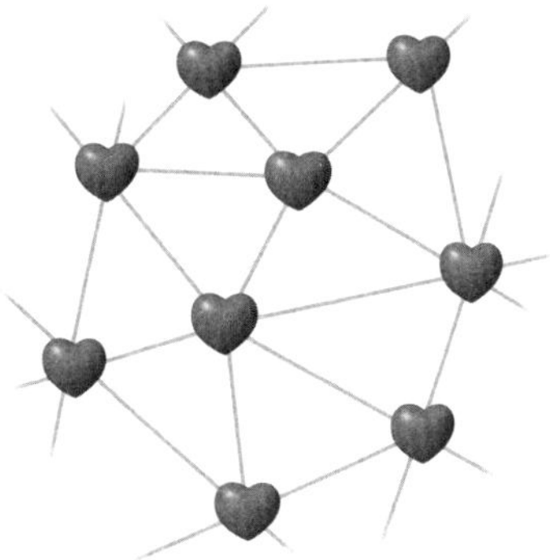

Stellen wir uns nun vor, dass jedes Universum, jede Ebene, Dimension, Sphäre, Zeit, Gruppe, jedes Lebewesen und jeder Grundbaustein des Universums sein ***Herztor*** hat und alle Tore miteinander verbunden sind, weshalb wir in Blitzesschnelle von einem zum anderen surfen können. Ein Herztor ist der Hauptknotenpunkt der Lattice einer bestimmten Dimension, Gruppe oder Einheit. Wir verstehen nun, dass die *Herzensverbindungen, von Herztor zu Herztor*, die »Tunnel« außerhalb von Zeit und Raum das einzig Wirkliche sind – alles Übrige, Inhalte, Daten, Manifestationen, Erscheinungen, ist *Maya*, Illusion. Erinnere dich, schon bei der galaktischen Intelligenz habe ich dir geraten, *Herzbeziehungen* zu den Makrowelten, wie zur Sonne oder zu *Hunab Ku* zu pflegen, das heißt, hochfrequente Gefühle zu ihnen zu entwickeln. Mir kommt die Zeremonie in den Sinn, die ich im nullten Kapitel beschrieb, wo ich mich über eine Stunde lang wie ein Derwisch drehte: Dort war ich das

Herztor und die Verbindung zu anderen Orten auf dem Planeten, mit denen wir arbeiteten.

Die Lattice besteht aus ***Herzensverbindungen*** *außerhalb von Zeit und Raum, dort wo das Nichts und das Alles ist, deshalb gewähren sie uns das Einheitsbewusstsein.*

Das ist Erleuchtung »á la Maya«! Willkommen. – Besonderes Augenmerk dürfen wir auf die verschiedenen Dimensionen und Ebenen von Gruppenbewusstsein richten, weil wir gerne denken, dass die nächsthöhere Ebene nun die endgültige Befreiung aus der Illusion oder die Erleuchtung bringen würde; genauso, wie wir meinen, dass wir die ultimative Menge von ewigem Glück erreicht haben, wenn wir alle an den Strand in die Ferien fahren oder der berühmte Guru mir endlich den vor Jahren versprochenen »heiligen Namen« gegeben hat. Wenn dein 3D-Bild eine Übersetzung aus 4D ist, was ist dann ein 4D-Bild? – Eine Übersetzung aus 5D.

Ist nicht jede Ebene eine Illusion der nächsthöheren? – Dann müssten wir uns fragen, ob nicht alles illusorische Ebenen sind, also *Maya pur.* Wenn du dich so ständig weiterentwickelst und in immer höheren Dimensionen wahrnimmst und Zugang zu hohen Ebenen von Gruppenbewusstsein bekommst, würdest du auf jeder Ebene sagen: »Dies ist nur eine vorläufige, illusorische Übersetzung aus einer noch höheren Ebene.« Doch was kommt dann am Schluss, »oben auf der Spiral-Leiter«? Ja, wieder die große Wahrheit des Lichts. Du bist nun ein Mayameister. Ein Meister der **Fata Morgana**, des Blendwerks im Kosmischen Drama. Das ist auch deine Rückkehr zur Urknall-Singularität des Kosmos; über die Singularität deines Herzens und aller Herzen!

Die Lattice ist also bewusst ein Ort der Erschaffung von Illusion, eine Laune der Schöpfung, so mag es scheinen! – Und Achtung für uns Benutzer: Je höher die Bewusstseinsebene, desto sublimer, glanzvoller und trügerischer ist die Illusion, denn jedes Erlebnis hat seinen eigenen Illusionscharakter, der überdies von dir *subjektiv* ausgewählt und gemäß Gewohnheit gefiltert wird.

Eine indische Meisterin hat mir einmal von hohen verführerischen Ebenen erzählt, so eine Art Schlaraffenland, wo der Meditationsschüler gerne hängenbleibt, weil er sie mit dem erlösenden Zustand des *Nirvana* verwechselt. Auch im Leben erscheinen immer dann schwierige Lektionen, wenn wir es am wenigsten erwarten oder auf den erworbenen Lorbeeren ausruhen. Menschen, Dinge und Situationen, die aus uns sowohl die allerbeste wie auch die allerdunkelste Seite herausholen können, haben nur eines im Sinn: uns im Leben weiterzubringen. Es sind Etappenschritte bei unserem Aufstieg durch Bewusstseinsebenen und Dimensionen.

So wie im Leben als auch im Tod, in beiden »menschlichen Aggregatzuständen«, hat die Seele die Chance, einmal mit und einmal ohne physisches Vehikel, sich zu heilen und *ins Licht aufzusteigen.* Es gibt genauso wie im Leben verschiedene *Maya*-Stufen oder Parallelwelten im Tod. Wer sich das Leben nimmt oder nicht im reinen mit sich ist, wenn er stirbt, der wird auch im Jenseits des Todes weiter angestaute Emotionen, Egos und Aggressionen spiegeln, bis er sie loslässt, Erkenntnisschritte macht und bereit ist, drüben ein »Leben« in Liebe und Zusammenarbeit zu führen. Der brasilianische Film *Unser Heim* (*Nosso Lar* von Regisseur Wagner de Assis, 2010) zeigt auf unvergessliche Weise die Zwischenstationen, die eine Seele durchläuft, bis sie selbst als Helfer und Berater für »Neuankömmlinge« *dient*, um dann in die Liste der Graduierten für eine spätere Reinkarnation aufgenommen zu werden.

Der ausgebildete Medizinmann weiß auch diese Totenreiche zu besurfen, was es ihm ermöglicht, eine Kommunikationsbrücke zwischen einem jüngst Verstorbenen und den Hinterbliebenen herzustellen. Er hilft der Seele des Verstorbenen beim Aufstieg ins Licht und legt von seiner Reise Zeugnis ab, indem er kleine Details oder gar Aufträge oder Bemerkungen aus dem Jenseits übermittelt, an denen die Angehörigen die Authentizität des Kontaktes zweifelsohne bestätigen können (zum Beispiel, wenn das Medium erzählt, welche Kleidung der Tote gerne trug, wo er etwas im Haus versteckt hat oder mit welchem intimen Kosenamen er den Ehepartner rief).

Um nicht dem höheren *Maya* anheimzufallen, ist es ratsam, nie den *kritischen Blick* zu verlieren. Ich stelle mir in Meditationen und Zeremonien in etwa folgende Fragen:

Warum sehe, höre oder spüre ich eine Dimension oder ein Lichtwesen so, wie ich es tue? (Beeinflusse ich meine Wahrnehmung mental?)

Was ist die höhere Wahrheit, die hinter der Übersetzung meiner aktuellen Wahrnehmungsfilter steckt?

Wenn ich den nächsten Schleier lüfte, was kommt dann?

Was sagt mir die Beobachtung aus einer nächsthöheren Ebene?

Es ist wichtig, andere Wirklichkeiten vom *Phantasieren* zu unterscheiden, denn auch wenn sie *Maya* sind, sind sie ein Teil der Wirklichkeit einer bestimmten Ebene oder Universums, also *wirklich.*

Wenn jedoch jede Ebene nur ein Spektrum oder eine Fata Morgana, eine Illusion des Universums darstellt, kann niemand sein Heil in ganz spezifischen Ebenen, Welten oder Dimensionen finden, wie das gewisse Lehrer und Gurus propagieren. Es gibt Gruppen, wo wöchentlich Gespenster gejagt oder grässlichste *Monster* unter Geschrei und Brimbamborium *exorziert* werden

(Welt der Schlange). Dann gibt es Menschen, die nur noch mit feiner Stimme säuselnd von *Engeln* erzählen (Welt des Adlers) und andere, die sich darauf versteifen, endlich von »Außerirdischen« entführt zu werden.

Paradiesische Bilder anderer Welten sowie liebende, strahlende Lichtwesen, ja sogar aufgestiegene Meister, sind einfach hohe Grade von *Maya.* Genieße sie und betätige dich kreativ in ihnen: spiele, lerne, heile, nach Lust und Laune. Aber *identifiziere* dich mit nichts und niemandem, weder mit einem hohen Meister noch mit der Schönheit der Sphäre. Was bleibt, sind die Beziehungen und Verbindungen zwischen den Herzen. Bleibe unabhängig und frei und beobachte einfach *deine eigene Lebenserfahrung* im Aufstieg. Alles, was in diesem Universum geschieht, ist Teil eines göttlichen Planes. Auch wenn wir oft nicht verstehen, warum etwas genau so passiert oder wie es dazu gekommen ist – es gibt immer einen höheren Sinn. Je dankbarer, demütiger und freudiger wir dem Leben gegenüber eingestellt sind, desto mehr werden sich die Schleier lüften, und unser Leben wird voll von Magie und Synchronizität sein. Am Schluss bleibt dann nur Genuss, Glück oder Gott – je nach deinem Wortwahl-Filter.

Also hinein ins Schwarze Loch deines Herzens, und frei bist du!

Neben der Idee, dass jedes Herz ein Schwarzes Loch mit Wurmlochmechanismus ist, möchte ich noch eine hilfreiche Vision mit dir teilen. Sie hilft dir, dich selbst wie auch Orte in der Natur als *Dimensionenportal* zu nutzen. Nach der DNA-Hyperkommunikation oder dem »Tunneln«, wie die Herztunnelreisen auch heißen, wäre dies ein Werkzeug für den Meso- und Makrokosmos. Es war auf meinem geliebten Odilienberg bei Straßburg, wo ich das erste Mal das Bild einer **Sanduhr** bekam.

Stelle dir vor, du stehst in einer geräumigen Sanduhr: An ihrer dünnsten Stelle, im Zentrum, befindet sich dein Herz – es ist dein Anker im Universum, deine Gegenwart, dein Alles und Nichts. Du kannst in deiner Phantasie die Sanduhr beliebig um ihren Mittelpunkt herum drehen, so dass sie zum Beispiel waagerecht zu liegen kommt. Auf beiden Seiten der Sanduhr ist eine Dimension (auf der einen vielleicht dein augenblicklicher Aufenthaltsort). – In diesen Zeiten fühlen viele sensible Menschen sich, als ob sie »abheben« würden, und es ist viel einfacher für sie als noch vor zehn Jahren, in Parallelwelten zu reisen. Der »Kopf« darf gerne Höhenflüge machen und sich von oben Inspiration und Heilung holen (eine Seite der Sanduhr), aber die »Füße« müssen um so besser verankert bleiben, damit es dich nicht nach oben zieht (andere Seite der Sanduhr, nach unten). Nutze die Sanduhr, um dich zwischen zwei Richtungen, Dimensionen, Zeitqualitäten im Gleichgewicht zu halten.

Du kannst auch wie ein Schamane *interdimensionale Sanduhren* in der Natur entdecken und sie als Reisehilfe benutzen, anstatt von dir selbst auszugehen: in Bäumen, Felsformationen, Schnittpunkten von Feld- oder Drachenlinien der Erde, an Kraftorten und in Tempeln alter Kulturen. Du magst vielleicht in die dahinterliegende Plasmawelt gelangen, wo du interessante Dinge über einen Wächter des Ortes oder vergangene Zeiten erfahren kannst, bis du dann weiterziehst. Lattice-Surfen verändert unsere Wahrnehmung enorm und lässt uns Geheimnisse entdecken, an denen wir vorher analysierend im Selbstgespräch vorbeiliefen.

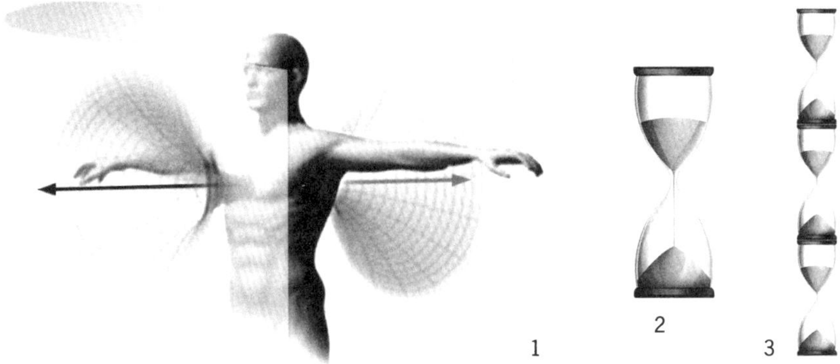

1. Das menschliche Herz als Wurmlocheingang: Die »gekrümmte Raum-Zeit« wird durch die Reise ins eigene Herz abgekürzt, womit der Schamane in Nullzeit in Raum und Zeit reisen kann. 2. Modell der Sanduhr als Dimensionenportal, wobei der Mittelpunkt das Herz ist, und auf jeder Seite sich die Öffnung in eine andere Dimension befindet. 3. Reiht man verschiedene Sanduhren aneinander, erhält man »zufällig« eine Doppelhelix: die interdimensionale Hyperkommunikationsantenne. Die Mittelpunkte sind die »Drachenherzen« unserer DNA-Molekülkette.

In jedem fraktalen Universum gibt es also ein Herztor, das wie eine interdimensionale Sanduhr oder ein Schwarzes Loch funktioniert: Du kannst– ohne Zeitverlust – durch dieses Tor in alle anderen fraktalen Dimensionen gelangen, also dich mit der ganzen Schöpfung oder dem Ursprung, dem Licht und dem Nichts verbinden. Nicht immer ist das Herztor einfach zu orten, so als wäre es ein zentrales »Herz-Gehirn«; manchmal nehme ich es in Form einer »Seele« wahr, die dem entsprechenden Universum seine Identität gibt.

Was ist zum Beispiel das Herz der Menschheit? – *Ta pisilic junax cotantic*, wir sind ein einzig Herz! – Jedoch, wo befindet sich dieses einzige Herz?

Es sind zwei Dinge: Es ist das *Feld* aller vereinigten Herzen und gleichzeitig ist es etwas, das uns als Menschheit verbindet, ich fasse es als *Seele der Menschheit* zusammen.

Um das fraktale *Netz der Herzensverbindungen* besser visualisieren zu können, möchte ich ein paar mögliche **Herztore** vorstellen, welche ich in meiner Heilarbeit und im Gruppencoaching heimlich anwende. Nicht alle sind logisch bestimmbar und beruhen auf Visionen oder meiner Intuition. Sei beim Lesen der folgenden Aufzählung von Makro nach Mikro (du kannst sie auch andersrum lesen) auf ein paar Fraktal- oder Quantensprünge zwischen den Ebenen gefasst, die deinen Verstand ins Wanken bringen können:

- »Photonenherz« und »Quantenherz« als Grundbausteine des Universums (Spiralformen und Strings)
- Atomkern oder »Atomherz«
- »Drachenerbe« (im Gencode)
- »Drachenherz« (in der DNA-Helix)
- die ganze Zelle als Herz
- Zellmembran als Seele
- Kopf-Gehirn als Leitzentrale der Sinnesorgane und der drei Gehirne
- Haut des Menschen als »Spiegel der Seele«
- physisches oder biologisches Herz als zentrale Signalstelle für alle Kreislaufsysteme (Lattice-Lebensbäume wie Neuronennetz, Blutgefäße, Lymphgefäße)
- Herzchakra als Tor zur Seele und zum Kosmos
- Herzfeld der Menschheit und ihre Seele
- Kristallherz der Erde
- unsere Sonne
- andere Zentralsonnen (in anderen Planetensystemen)
- das galaktische Herz *Hunab Ku*
- andere galaktische Herzen
- »Perlherzen« oder Seele der Galaxienhaufen (welche wie »Wasserperlen« an den Filamenten hängen)
- Herz und Seele der galaktischen Mutter Lattice
- Herz des Universums

Lassen wir uns wieder einmal von einem Mayameister auf eine »fraktale Reise« durch die Lattice mitnehmen, diesmal vom Makrokosmos hinein in den Mikrokosmos, so wie ich sie einmal in Palenque erleben durfte. Schnall dich an, und los geht’s mit diesem kosmischen Gedicht:

Das göttliche Drachenerbe

Die Spiralnetzarme unserer galaktischen Mutter, der Lattice ⊙ darin wie Perlen angeheftet unser Galaxienhaufen;
Unsere Milchstraße, Heim-Galaxie mit Sternen und Planetensystemen ⊙ darin das Herz der Galaxie, Hunab Ku*;*
Unser Sonnensystem mit seinen Planeten-Umlaufbahnen ⊙ darin unsere Sonne;
Die Kreislaufbahn der Erde um die Sonne ⊙ darin unser Planet Erde;
Unsere Mutter Erde ⊙ darin das Kristallherz der Mutter Erde, Tonantzin;*
Alle Menschenkinder von Gaia auf ihrer Oberfläche ⊙ darin sind wir »ein einzig Herz« – pisilic junax cotantic *–, die Menschheit;*
Das pulsierende Feld jedes menschlichen Körpers ⊙ darin mein strahlendes Herzfeld, mein Herzzentrum;
Der physische Mensch mit allen Körperzellen ⊙ auf meiner Oberfläche die Haut und Antennen meiner Sinnesorgane;
Das Netzwerk aller menschlichen Zellen ⊙ darin jede Zelle als ein kosmisches Herz, das meine Identität kennt;
Die Doppelhelixen der DNA in jeder Zelle ⊙ darin meine »Drachenherzen« – Sanduhreingänge in unendliche Dimensionen;
Die sichtbaren und unsichtbaren Gencodes in meinen Doppelhelixen ⊙ darin mein »Drachenerbe«, in sich verschlüsselt den göttlichen Lichtcode;
Die kleinsten Lichtbauteilchen des Universums, Photonen ⊙ um sie herum Lichtherzen, Spiralformen und Quantendrachen im unendlichen Universum
– Unseres Schöpfertums als Göttermenschen.

Ich bin Alpha und Omega, ich bin Leben und Tod;
Immer bin ich am Anfang und am Ende meiner unendlichen Reise,
Wo sich Quetzalcoatl selbst in den Schwanz beißt.
Das Drachenerbe füllt und enthält das ganze Universum.

(Pascal K'in Greub, Palenque, Mexiko, 2002)

AΩ

* Tonantzin ist die aztekische Muttergöttin.

Ist es dir schwindelig geworden? – Auf solchen Fraktalreisen können wir nach Belieben in unendlich große oder unendlich kleine Universen reisen. Nie werden die Quantenphysiker jedoch »das kleinste Teilchen« finden, denn am Schluss bleiben immer die tanzenden Energiespiralen (die Photonen, Strings, wirbelnde Energie-Spins oder wie man sie auch immer nennt) – und diese wiederum füllen sogar den leeren Raum, die *Unendlichkeit* des ganzen Kosmos aus, eine ungeheure Energiemasse, die heute noch *Dunkle Energie* genannt wird. Wo es kein Ende von unendlich klein oder unendlich groß gibt, dort beißt die **Uroboros**-Schlange sich selbst in den Schwanz und schließt den unendlichen Zyklus der Schöpfung. Wiederum ist sie weniger als Schlange (der Unterwelt) aufzufassen, denn als *gefiederte Schlange* oder *Drache*. Sie ist ein uraltes Symbol für die kosmische Einheit. Die alten Ägypter stellten sie ebenso dar wie die Alchemisten des Mittelalters. Im für mich eindrücklichsten Hochrelief eines Quetzalcoatl, in der Basis der Pyramide von Xochicalco (700 - 900 n. Chr.), nicht weit entfernt von unserem Retreat-Zentrum, beißt sich die gefiederte Schlange auch fast in den Schwanz. Das Symbol der Uroboros-Schlange erinnert uns daran, dass sich im Universum Spiraldrehungen so akkumulieren, dass ein Beobachter mit dreidimensionaler Wahrnehmung sie als Sphäre oder Kreis sehen kann. Sie ist demnach eine symbolische Vereinfachung für das multidimensionale, in sich *unendlich drehende Spiralnetz* der Lattice.

So drückt auch die *Kreisbahnatmung*, die wir als eine Meditation des Quetzalcoatl kennengelernt haben (Übung 10), die Weisheit der Uroboros-Schlange aus. Denn die Kundalini-Energie beschreibt eigentlich mehr als eine Kreisbahn, sie aktiviert unseren eigenen unendlich fließenden »Energie-*Donut*«: innen hinauf (die Wirbelsäule als Hauptachse), außen herunter (vordere Chakrawirbel oder Außenseite des Energie-Eies), wobei dein Herz der Mittelpunkt ist. Der Donut ist einfach eine erweiterte Anschauung unseres Energie-Eies oder Dracheneies, diesmal mit »Urröhre« darin. Auf den verschiedensten Fraktalebenen können wir dieses Auf- und Absteigen der Schlangen beobachten: So weist außer dem Menschen mit seinem Licht-Ei auch das biologische Herz, jeder Planet und Stern, ja das ganze Universum ein solch oszillierendes Feld zwischen Innen und Außen auf. (Siehe Abbildungen Nr. 17 - 18 im Bildteil.) Wenn wir die alte »Käseglocke« aus Angst und Ignoranz aufgelöst haben,

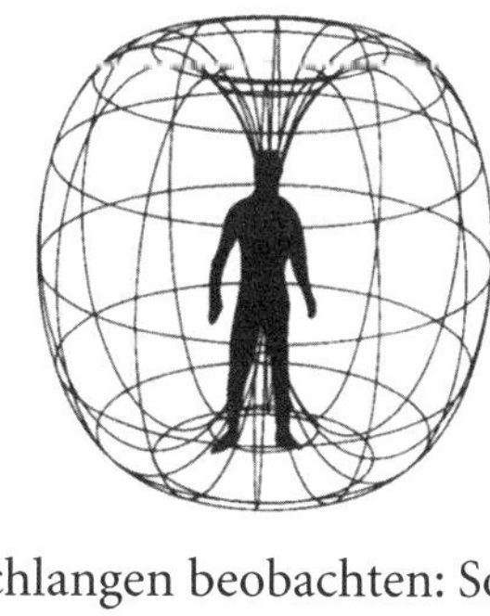

können wir uns frei wie ein Schamane mit einem anderen oszillierenden »Donut« verbinden und für Austausch und Heilung sorgen. So sah ich einen Mayaschamanen, der einen Baum verwendete, um eine Patientin von Krebs zu heilen; oder ich verbinde eine transpersonale Gruppenarbeit mit der Kraft eines nahegelegenen Berges oder mit der Sonne. – Man vermutet, dass auch Umlaufbahnen von Planeten nicht einfach Kreise beschreiben, sondern im Raum verdrehte Spiralbahnen.

Links: Der Uroboros-Drache in einem alten Stich von Lukas Jennis (1590 - 1630, Deutschland), aus dem Alchemie-Werk De Lapide Philisophico *(1625). Rechts: Das wunderschöne Hochrelief eines Quetzalcoatl in der »Pyramide der Gefiederten Schlange« von Xochicalco, Mexiko.*

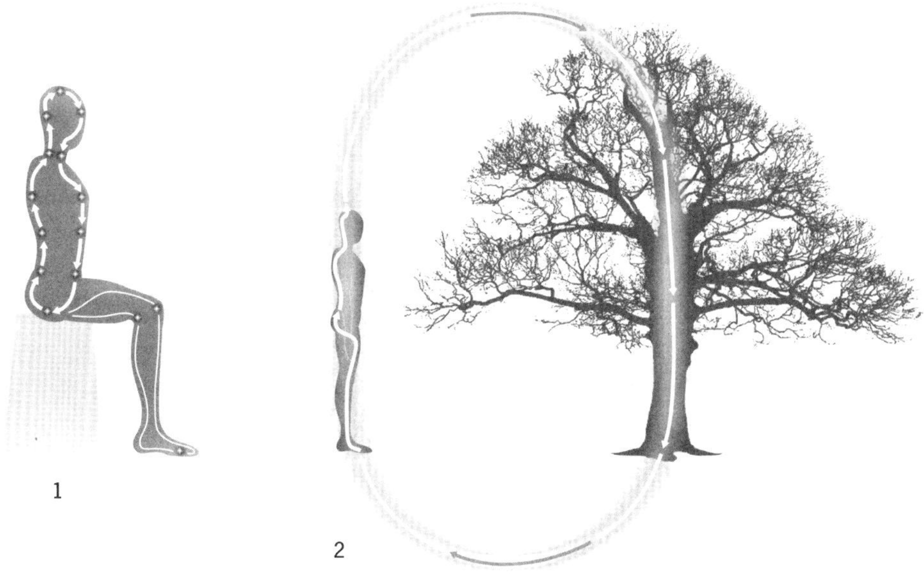

Der Uroboros-Drache und die unendlich sich drehenden Spiralnetze der Lattice in der Kreisbahnatmung des Quetzalcoatl (1) und in der schamanischen Kommunikation mit lebenden Systemen (2).

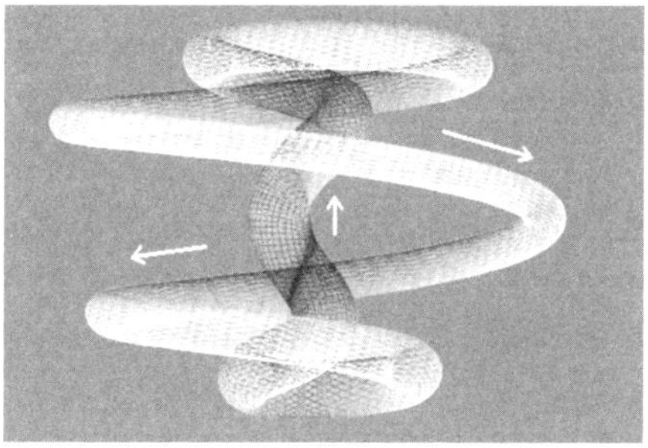 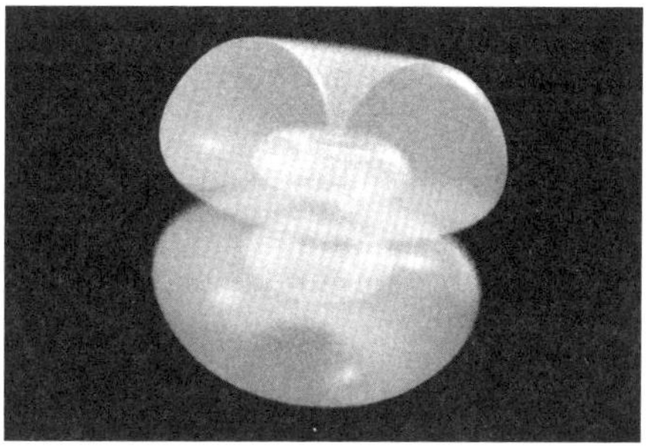

Links: Der Uroboros-Drache als Wirbellinie eines Torkados, darum herum ein Magnetfeldschlauch als Netz (Abbildung eines Torkado in Farbe siehe Bildteil, Nr. 19). Rechts: Ähnlicher Spiraltanz im Modell eines Doppel-Torus (englisch dual torus*).*

Die deutsche Physikerin Gabi Müller (*1955) leitet aus diesem *Donut*, der in der Geometrie *Torus* genannt wird, ihr Modell des *Torkado* ab; der Forscher Giesbert Nijhuis aus Holland (*1969) versucht mit einem *Doppel-Torus* den Informationsfluss im Universum zu erklären. – Der Drachen Quetzalcoatl beißt sich also wirklich multidimensional in den Schwanz. Alles kehrt zum Ursprung zurück. Alles ist eins.

Folgende Tabelle lädt dich noch einmal zu einer Fraktalreise durch die verschiedenen Größenskalen unseres Multiversums ein. Als erfahrener Lattice-Surfer wirst du hier viele Dinge wiederfinden, die wir in diesem Buch gestreift haben. Die Reise durch die Herztore ist ein innovativer, etwas gewagter Versuch, meine Mayavisionen unter einen Hut zu bringen. Die Tabelle versucht das Unbekannte, Unaussprechbare und Mehrdimensionale der Schöpfung darzustellen. Sie kann dir als Stütze für deine neue Kosmovision, deine morgendlichen Meditationen oder für deine Alltagspraxis als Helfer, Lebensberater und moderne Führungskraft dienen. Die Meister, Heiler und Schamanen, die ich in diesem Leben getroffen haben, nutzen alle mehrere dieser Tore bei ihrer Heilarbeit, auf individueller bis kosmischer Ebene.

Diese Tabelle beruht auf meiner eigenen beruflichen Erfahrung und Forschung sowie auf Informationen der Mayameister. Sie soll den großen Zusammenhang darstellen, wie sich die Spiral-Welten von groß bis klein, von makro bis mikro fraktal wiederholen. Die *Spiralsysteme oder Kreislaufbahnen* besitzen immer ein zentrales Herz oder eine identitätsspendende Seele. Folgst du ihnen, geht es auf der nächsthöheren oder nächsttieferen Stufe weiter. Dein Verstand muss einen »Quantensprung« oder »Fraktalsprung« machen, um dieser Aufzählung zu folgen.

Noch eine Lesehilfe: Die Spalte *Grundstruktur als Spiralnetz* beschreibt die Grundstruktur eines jeden Universums oder auch sich überlappende Latticemanifestationen. Die Spalte *Grundbausteine oder Spiraleinheiten* beschreibt mögliche Grundeinheiten des jeweiligen Spiralnetzuniversums. Jedes Spiralnetz mit seinen Spiraleinheiten kann als übergeordnetes Universum einer niedrigeren Ebene angesehen werden. Diese findest du dann in der Tabelle weiter unten. Du kannst die Tabelle selber nach Belieben fortsetzen, ins fraktale Detail gehen und auffasern, wo du möchtest.

Grundidee der Tabelle ist, dass du auf jeder Ebene immer die gleiche Spiralstruktur antriffst: Dem Lattice-Mythos dieses Buches folgend, sprechen wir bei der Betrachtung der *Spiralnetze,* des *Zusammenhaltes* eher von der Göttin, der Lattice; während bei der Betrachtung der *Spiraleinheiten,* der *Grundbausteine* wir eher vom Gott sprechen, vom Drachen, von Quetzalcoatl. Selbstverständlich sind sie beide immer alles – denn wo wäre denn eine Grenze zu finden zwischen Zusammenhalt und Bestandteil?

Unser Drachenerbe als Lichtcode fließt überall, in unseren Venen, in unseren Energiekörpern, unter und über uns, in der ganzen Lattice.

Der Uroboros-Drache, der galaktische Vater, beißt sich in den Schwanz und wird eins mit der galaktischen Mutter, der Lattice.

Vater, Mutter, Heiliger Geist – und wir sind die Töchter und Söhne der Schöpfung auf diesem Planeten, die Kinder der Sonnen, die Kinder aller Herzen…

Tabelle: Fraktale Universen und Herztore

Verschiedene fraktale Universen	**Herz/Portal** (Schwarze Löcher)	**Grundstruktur als Spiralnetz oder Überspirale** (multidimensional, in sich drehend)	**Grundbausteine oder Spiraleinheiten** (Teile des Spiralnetzes oder der Überspirale)
Unsichtbare/ Dunkle Energie, unendlich große Dimension *(Spiral- und Einheitsbewusstsein)*	**Urknall, Nichts, ohne Zeit, ohne Raum, Herzensverbindungen**	Gott, Alles und Nichts, Licht, Schöpfung, »Drachenerbe«, Quetzalcoatl, Rückkehr zum Ursprung, zur Quelle	»Fraktalisierung« des Lichtcodes als Lichtspektren auf verschiedenen Skalengrößen, in allen Lebensformen; als Spiralform; ein Universum aus Strings; Engel, aufgestiegene Meister, erlöste Tote

»Universum« *(kosmisches Bewusstsein)*	**Herz des Universums,** galaktische Mutter (logisch nicht bestimmbar)	Lattice (mehrdimensionales Spiralnetz)	Latticearme, Filamente
Lattice *(Lattice-Bewusstsein)*	**Seele der Lattice,** Umarmung der galaktischen Mutter (logisch nicht bestimmbar)	Galaxien in Spiralform angehäuft (oder Galaxienhaufen)	Spiralarme der Galaxien
Galaxie	**Galaktisches Herz, Schwarzes Loch**	Spiralarme der Galaxien	Sterne der Galaxie oder Planetensysteme, höhere Lebensformen mit multidimensionalen Raumschiffen und Sphärentechnologie
Milchstraße (unsere Galaxie) *(galaktisches Bewusstsein)*	***Hunab Ku,* galaktisches Herz**	Spiralarme unserer Galaxie	Sterne der Galaxie (Alkione der Plejaden, Sirius), Sternbilder (Orion) oder Planetensysteme (Sonnensystem)
Planetensysteme (andere als unser Sonnensystem)	**Zentralstern, Zentralsonne**	Planetenumlaufbahnen	Umlaufbahn jedes Planeten
Sonnensystem *(solares Bewusstsein)*	**Sonne**	Planetenumlaufbahnen um die Sonne	Umlaufbahnen jedes Planeten (Merkur, Venus, Erde, Mars, Jupiter, Saturn, Uranus, Neptun, sowie Zwergplaneten wie Pluto)
Erde *(planetares Bewusstsein)*	**Herz der Erde (Kristall),** Tonantzin (aztekische Muttergottheit), Gaia	Erd-Energielinien (Ley-Linien oder Drachen-Linien), äußere und innere Erde, Internet	Energiepunkte, Kraftorte, Plasmahülle, Plasmawesen, Zwischenwelten der Toten, Welt der lebenden Menschen

Menschheit *(kollektives Bewusstsein)*	**Seele der Menschheit** (Sprung vom Individual- zum Gruppenbewusstsein)	Horizontale »DNA«, soziale Systeme, Familien	Kosmische Schlange, Kundalini, innerer individueller Weg und Aufstieg des Quetzalcoatl, Regenbogenkrieger
Mensch als Sitz der Seele *(Seelen- und Energiekörper-Bewusstsein)*	**Herzchakra des Menschen**	Chakrensystem = vertikale »DNA«, in sich zirkulierendes Energie-Ei, Meridiannetz, Magnetite und Flüssigkristalle des Wassers H_2O_{37}, alle Energiekörper	Chakren (als schwarze Löcher), Akupunkturpunkte, Spiralenergetik im Körper, Herzverbindungen über das Herzfeld, Seelenverbindung zwischen den Menschen, Verbindung zur Geistseele (zum höheren Ich)
Mensch als mehrschichtiger Lebensbaum *(Organismisches Bewusstsein)*	**Physisches Herz des Menschen** (sendet kohärente Signale an Zellen und Systeme)	Lattice im Körper, miteinander verbundene Funktionssysteme	Latticesysteme: Neuronennetz (samt Kopf-, Herz-, Bauch-Gehirn), Blutgefässe, Lymphgefässe, Muskeln
Mensch als physischer Körper *(Körperbewusstsein)*	**Haut des Menschen mit allen Sinnesorganen**	50 Billionen Zellen im menschlichen Körper!	Zellen, »Haut als Spiegel der Seele«!
Menschen als Antennenstationen (Sinnesorgane und drei Gehirne) *(Sensitives und mediales Bewusstsein)*	**Kopf-Gehirn,** Leitzentrale, in enger Zusammenarbeit mit dem **Bauch-Gehirn**	Kommunikationswellen der neuronalen Felder und Sinnesorgane, Biophotonenfelder	Universum jedes Feldes und Sinnesorganes: Augen, Ohren, Nase, Mund, Haut (mit seinem spezifischen Frequenzspektrum)

Zellen oder Neuronen *(Zellbewusstsein)*	**Jede Zelle ist ein Herz** (Schwarzes Loch), **Seele in Zellmembran** (mit Idenditätsrezeptoren)	Lattice im Körper, Informationsmechanismen in der Zelle (über Proteine), Signalwellen	DNA-Doppelhelix, als Antennenstation für Information und als Lichtspeicher
Doppelhelix der DNA *(Genbewusstsein)*	**»Drachenherz«,** licht- und schwingungsempfindliches, energetisches Herz der DNA (logisch nicht bestimmbar)	Spiralnetz der sichtbaren und energetischen DNA	Molekülkette, einzelne Gen- und Lichtcodes der DNA
Gencodes (bekannte, unbekannte und Lichtcodes) *(Bewusstsein des Schöpfer-Code)*	**»Drachenerbe«** der galaktischen Mutter, Verbindung zum Universum (logisch nicht bestimmbar)	Komplettes vibrierendes »Drachenerbe« des Gottmenschen in den Atomen der Gene	Gencodes, die durch biochemische und energetische Vorgänge in der DNA aktiviert werden können; Atome, Quanten, Photonen
Atome, Quanten, Photonen *(Atom- oder Photonenbewusstsein)*	**»Atomherz«, »Quantenherz«, »Photonenherz«**	99,99% des Raumes in den Atomen ist Leere! (= unsichtbare Energie, Kosmos)	Lichtcode manifestiert sich in allen Lebensformen
Unsichtbare/Dunkle Energie (in den Atomen), unendlich kleine Dimension *(Spiral- und Einheitsbewusstsein)*	**Nichts, ohne Zeit, ohne Raum**	Gott, Alles und Nichts, Licht, Schöpfung, »Drachenerbe«, Quetzalcoatl, Rückkehr zum Ursprung	Spiralformen, String, Spin

Bevor wir mit der neuerworbenen Lattice-Technologie zwischen den verschiedenen Fraktalebenen herumsurfen, möchte ich eine Zusammenfassung über die Arbeit mit Sphären anbieten, wie wir sie erwähnt haben.

- Wir können auf jeder Fraktalebene gewisse ***Bewusstseinssphären*** orten (Zellbewusstsein, Chakrenbewusstsein, Nationalbewusstsein, planetarisches Bewusstsein und so weiter), also eine Art von morphischen Quantenfeldern oder Informationssphären. Im speziellen haben wir die *Gruppenbewusstseinssphären* Biosphäre, Technosphäre und Noosphäre kennengelernt.* Anhand des Zimmeruniversums, welches mit einem herumschwirrenden Radiouniversum unisono schwingt, haben wir die Kommunikation der Universen oder Sphären anschaulich dargestellt.
- Ein anderer Blickwinkel auf das Universum ergab verschiedene ***Sphären der Wirklichkeit***, also unterschiedliche Ebenen von ***Maya*** (Illusion) – je höher desto feiner!
- Wir haben gelernt, schöpferisch mit parallelen ***Zeitsphären*** umzugehen, indem wir die Beziehung zu ihnen änderten oder sie neugestalteten.**
- Beim Lösen des Rätsels der ***Sphäre des Drachens*** hast du einen wichtigen Schlüssel zum Erreichen der Einheit erlangt: dein persönliches, kollektives oder kosmisches Weltenei und die Vereinigung deiner drei Welten Schlange, Jaguar und Adler. Erinnere, dass das *Herz* jeder Sphäre in ihrem Zentrum sitzt. Darum herum wirbeln wir unsere *Kreisbahnatmung*, die je nach Surferbrille auch eine Sphäre ist, oder eben nur ein 3D-Blick einer multidimensionalen *Spiralnetzdrehung* oder eines *Wirbelliniennetzes*.***

Sagen wir, du möchtest dich von deinem Universum oder der Dimension als *Mensch mit Antennenstation* (der Sinnesorgane und drei Gehirne) mit dem Universum oder der Dimension des *planetaren Bewusstseins der Erde* (mit ihren Drachenlinien und ihrer Plasmawelt) verbinden. Wenn du dies mit dem Verstand tust, kann es sein, dass du über die zwei Welten denkst, anstatt wirklich energetisch mit dem jeweiligen Universum in Kohärenz (Übereinstimmung, Stimmigkeit) zu treten. Die wichtigste Vorstellung ist die, dass alles von der gleichen Lattice spiralnetzförmig fraktal durchwoben ist, irgendwie triffst du auf jeder Ebene »das gleiche« – bloß in verschiedenen Manifestationsformen. Damit schlägst du deinem Verstand ein Schnippchen, und es wird einfacher. Ein anderer wichtiger Punkt ist, dass du dich mit den *Herztoren* jedes Universums verbindest und die *Herzverbindungen* herstellst.

In unserem Beispiel wäre es die Verbindung zwischen dem Kopfgehirn und dem Herzkristall der Erde, was aus der obigen Tabelle gelesen werden

---

* Unterkapitel *Mikro-, Meso- und Makrowelten,* Kapitel 4 (Seite 130).

** Unterkapitel *Vergangenheit und Zukunft passieren immer jetzt!,* Kapitel 7 (Seite 225).

*** Unterkapitel *Dein Drachenerbe und die Rückkehr ins Paradies,* Kapitel 5 (Seite 176).

kann. Folge diesem Beispiel in der nächsten Übung. Erinnere dich bitte an die Übung 9, in der wir gelernt haben, wie wir unsere multiple Antennenstation der DNA selbst beeinflusssen können, um Zugang zu immer höheren Gruppenbewusstseinsebenen zu bekommen: das wichtigste sind hohe Frequenzen, in enger Beziehung dazu stehen öffnende Glaubensmuster und offene, kultivierte Wahrnehmungsfilter. Nun fassen wir drei schamanische Techniken zusammen, die helfen, zwischen zwei Universen zu kommunizieren: *Herztunnel, Sphären und Sanduhr.* Bei allen drei Techniken ist die *Imagination* des jeweiligen archetypischen Bildes, also der Tunnel-Röhre, zweier unisono schwingender Sphären oder der Sanduhr sehr wichtig, sowie deine eigene Herzbeziehung dazu. Durch die Herzbeziehung entstehen, wie immer, Gefühle, die die Frequenz anheben sollten und die »Technik« transzendieren (denn die Technik allein macht noch nicht den Meister).

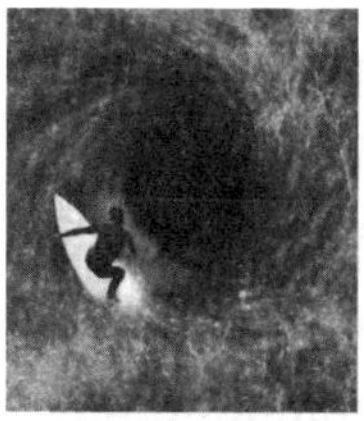

Biosynthergie©

Übung 13: Herztor-Surfen zwischen Universen

Wähle zwei Universen aus, zwischen denen du eine Verbindung herstellen möchtest. Sei dir bewusst, dass du diese Universen bist, du bist ein Teil von ihnen oder sie ein Teil von dir. Finde heraus, welches die Herzportale dieser Universen sind (oder die Seele, die ihnen die Identität gibt) – zwischen ihnen wirst du im folgenden die Herzverbindung herstellen. Konzentriere dich (wie in Übung 1) eine Weile auf dein Herzfeld, dein Herzportal. Wähle dann eine der drei Möglichkeiten aus: Sphären-Kohärenz, Herztunnel oder Sanduhr-Verbindung.

1. Stelle dir in deinem Geiste eine **Sphäre** vor, die das erste Universum/die erste Dimension enthält, dann eine mit dem zweiten Universum/der zweiten Dimension. Gebrauche dann deinen »Gegenwartspunkt«, das Herz, um wie mit einem Schalter die Kohärenz (den Gleichklang) der beiden Sphären einzustellen, bis sie unisono schwingen. Dabei musst du ganz einfach hochfrequente Beziehungen herstellen zwischen deinem Herz und dem Herzen des jeweiligen Universums/der jeweiligen Dimension. Automatisch wird sich die Kommunikation zwischen der aktuellen Dimension und der anderen Dimension wie bei einem Telefongespräch

herstellen. Du bleibst dann entweder in deinem Herzen oder surfst in eine der Sphären, während du zuhörst, was die »Radiostation« des anderen Universums so sendet.

2. **Tunnele** zwischen den zwei Universen oder Dimensionen per **Wurmloch**. Dafür ist es wichtig, dass deine Frequenz sehr hoch schwingt, was du durch eine energetische Körperübung oder Meditation erreichen kannst. Schließe dann stehend die Augen und konzentriere dich in deinem Herzen. Stelle dir vor, dass du aus deinem Herzen heraus quasi einen Kopfsprung in den Tunnel hinein machst und dahinjagst wie ein Pfeil (*viajar en vector*). Unterstütze den Kopfsprung durch eine Bewegung des Oberkörpers nach vorne, die dich vorwärts katapultiert, sowie durch eine kräftige Ausatmung durch die Nase.

Wurmlochreisen ist wie ein »Filmriss«: Eben bist du noch auf der Autobahn mit deinem Auto in einen längeren Tunnel eingetreten – und Schnitt! – blendet dich schon das Sonnenlicht am anderen Ausgang des Tunnels (eines Herzportals), und du fährst fröhlich weiter. So gelangst du in eines der ausgewählten Universen, von dem aus du mit der gleichen Technik in das zweite Universum »tunnelst«, und dann nach Belieben hin und her zwischen den zwei Universen. Am Schluss komme wieder zurück in dein Herz, wo du deine Hände einen Moment lang ruhen lässt, zum Zeichen des Abschließens und der Dankbarkeit.

3. Gebrauche das Symbol der **interdimensionalen Sanduhr**, wobei dein Herz der Mittelpunkt der Sanduhr ist, und die beiden Kelche der Sanduhr die zwei verschiedenen Dimensionen darstellen. Lasse zuerst die Visualisierung des Symboles der Sanduhr ein wenig in deinem Quantenfeld wirken, zentriere dann die Sanduhr in deinem Herzen, von wo aus du frei zwischen den beiden Fraktalwelten hin- und herreist.

Hast du ein wenig Übung in diesen drei »Techniken«, hilf dir mit der folgenden Vorstellung, wenn sie sich nicht von alleine als eine neue Wirklichkeit eingestellt hat: Da ja alles von der Lattice spiralnetzförmig fraktal durchwoben ist, triffst du beim Herztor-Surfen überall auf das »gleiche«, auf verschiedenste wunderschöne Mayaformen, Spiralnetze treffen auf Spiralnetze – ein Universum aus Filamenten, Fasern, Spiralen, Drachen, ineinander verwobenen Netzwerken...

Reisen zwischen parallelen Universen zum Erwecken des inneren Schamanen und zum Kalibrieren der Person in der Lattice, hin zu Fülle und Glück	Meistergrad im Lattice-Surfen
Ruhiger oder zeremonieller Ort	Ruhig – lebendig
Sitzend oder stehend	je 20 Minuten

Nach dem obigen Beispiel verbindest du die feinen Filamente deiner Sinnes-Antennen und neuronalen Gehirnfelder mit den Plasmafäden der Mutter Erde – und die Information des kosmischen Internets wird von alleine fließen, oder du selbst surfst nach Belieben hin und her. »Auf der einen Seite« übst du deine Hellsinne, auf der »anderen Seite« lässt du dich von *Tonantzin* berühren und beraten. Mit den drei Techniken und etwas Kreativität ist es dir nun auch möglich, Information »aus jedem beliebigen Punkt der Lattice zu beziehen« und »Rituale aus alten Kulturen« zu lernen, wie ich dir am Ende des Unterkapitels *Kommunizieren mit Mayameistern* (Kapitel 1) versprochen habe. Du kannst auch im Buch zurückgehen und die drei neuen Techniken in vorangegangen Beispielen und Übungen anwenden (zum Beispiel im Intelligenztraining von Übung 12). Es gibt viel zu entdecken in der Lattice; lass dich überraschen!

Folgende Abbildung stellt auf graphische Weise die gleichen Herz-Portale der Tabelle als runde Scheiben dar. Es wird klar, dass sowohl Reisen ins unendlich Kleine als auch ins unendlich Große in den unendlichen Raum münden, wo alles aus Spins, Spiralen und Mikro-Latticen oder aus Filamenten und der Lattice der Astrophysiker besteht. Dazwischen ist »unsichtbare Energie«, die spirituellen Schulen nannten sie seit jeher »Licht«, »Alles und Nichts«. Wir können durch Denkübungen und Meditation unser Bewusstsein so schulen, dass es beginnt, »immer mehr auf einmal« wahrzunehmen, anstatt zu trennen.

Schließen wir den Kreis der *Lattice als Lebensweg*, auf den du dich seit dem 1. Kapitel eingelassen hast. Natürlich ist er nicht linear, sondern verläuft zyklisch oder spiralförmig, wie du erfahren hast. Er beginnt oder ankert immer in deinem Herzen und ist deswegen auch dein *Herzensweg*. Das Herz öffnet dir den Kontakt zu deiner Seele und ihrer Erfüllung sowie die *Herzensverbindungen* zu anderen Personen und den Mikro- und Makrowelten. Das Herz lässt dich hinter die Dinge blicken und transzendiert die ranzigen »*Maya*-naisen«, die immergleichen Illusions-Soßen der alten *Matrix*.

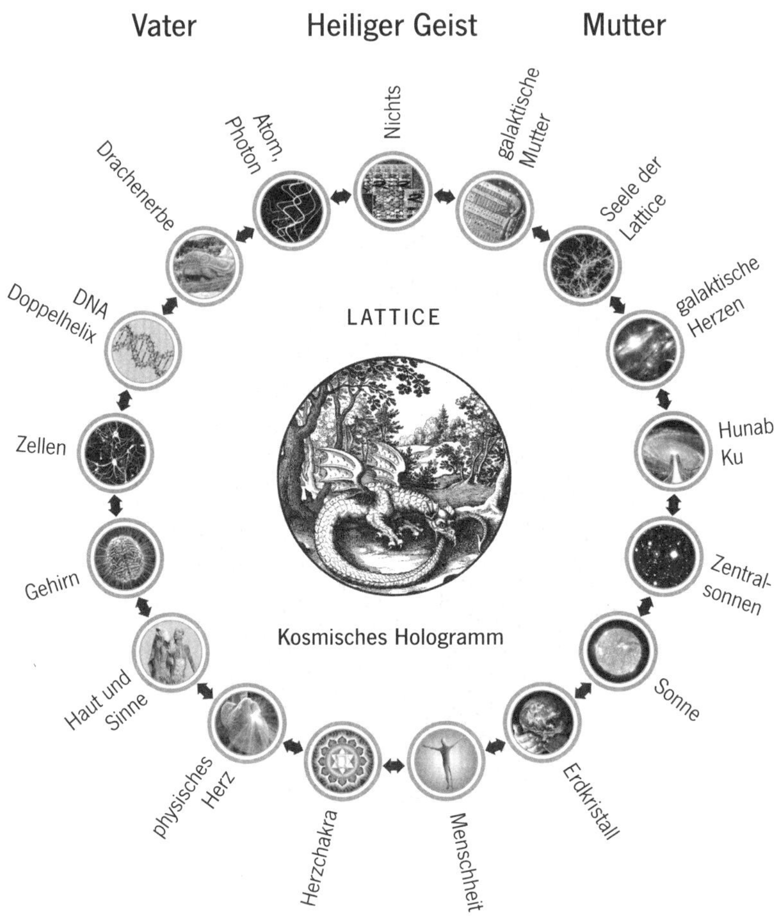

Fraktale Reise durch Herztore und Schwarze Löcher. In unendlich kleinen oder unendlich großen Dimensionen enden wir immer im Nichts, wo der Uroboros-Drache sich in den Schwanz beißt. Jeder Kreis stellt ein Dimensionstor dar. Enjoy Lattice-Surfing!

Je mehr du so die Lattice erschließen (»ersurfen«) lernst, je höher demzufolge deine *Synthergie* ist und damit deine Frequenz, deine Kohärenz und Informationsdichte, die du aufnehmen kannst, je höher dein Zugang zu Bewusstseinsebenen – desto höher ist das Gleichgewicht, das du beeinflussen kannst, desto *kalibrierter* bist du in Beziehung auf höhere Zusammenhänge, Bewusstseinsebenen und Dimensionen.

Du bist immer nur im Bezug auf ein *bekanntes* Universum oder eine *bekannte* Ebene im Gleichgewicht oder kalibriert; auf umfassendere oder »darüberliegende« Universen oder Ebenen jedoch vielleicht nicht. Es ist die Aufgabe des *Homo espiritualis,* des *spirituellen Menschen,* sich in immer höheren

Universen zu kalibrieren, anstatt es dem puren Zufall zu überlassen. Erinnerst du dich, als wir (im 1. Kapitel) folgendes sagten?

Lattice = Gleichgewicht = Fülle und Glück

Je mehr wir verbunden sind mit der Lattice, je weiter sich deine Surfgebiete ausdehnen und je »kohärenter« du im Lattice-Surfen bist, desto stabiler ist deine Gesundheit, die Dinge fließen dir zu und dein Leben wird erfüllt sein von Fülle, Reichtum und Glück; ganz einfach den Gesetzen des Gleichgewichts und einer universellen Resonanz folgend. Deshalb habe ich früher gesagt, dass die Lattice »durch dich hindurchfließen« soll, damit Fülle und Glück in deinem Leben einkehren. Nun, gegen Ende dieses Buches, verfügst du über die notwendige Information und die Techniken, *wie* das funktioniert.

Ich möchte noch eine kraftvolle Affirmation der Fülle mit dir teilen, die mich stets begleitet hat. Verbinde dich dabei mit der Lattice und erinnere dich der in diesem Buche besprochenen Themen, die darin anklingen: der »unbewusste Geist« (das unbewusste kosmische Internet in deinem persönlichen Weltenei und darum herum), sowie »Geld« als Spiegel deines Selbstwertes und deiner inneren Schatztruhe (Drachenerbe, gelebte Talente):

Affirmation der Fülle im Leben

»Ich .... bestätige:

Dass ich eine Einheit bilde mit dem unendlichen Reichtum meines unbewussten Geistes.
Ich habe das Recht, glücklich, gesund, reich und erfolgreich zu sein.
Das Geld fließt mir ungehindert, reichlich und endlos zu.

Ich bin mir immer meines wahren Wertes bewusst.
Ich teile meine Talente ohne Einschränkung und bin finanziell auf außerordentliche Weise gesegnet. Es ist wunderbar!«

Vom täglichen Wahnsinn in die wirkliche Welt

Es ist für uns Menschen unmöglich, »alles auf einmal« wahrzunehmen, ich glaube, es würde uns wahnsinnig machen. Die Wahrnehmungsfilter helfen uns, gemäß der persönlichen Evolution eines jeden, den Schleier jedesmal soweit zu lüften, wie wir wirklich verkraften können…

Je höher die Frequenz, desto schneller fallen die Masken.

Diese Regel sehen wir heute an allen Enden bestätigt. Die Masken krachen mit lautem Gedonner auf die Mutter Erde. Viele Coaches und Therapeuten haben mir bestätigt, dass es immer mehr Krankheitsfälle gibt und dazu mit mysteriösen Leiden, die man anhand des mechanistischen Verständnisses nicht erklären kann. Sie entstehen, wenn wir uns dem Fluss der Lattice nicht hingeben, sondern uns krampfhaft die alte Maske vors Gesicht pressen. Nicht jeder ist eben schon bereit, splitterseelennackt dazustehen und vielleicht Kindheitstraumata oder alte, kollektive Wunden zu entblößen. Was für eine schönes Gefühl, so dazustehen und die Kraft und Ehrlichkeit darin zu spüren! Einerseits kann heute jedermann mit der Lattice auf *sanfte Weise* schnelle Fortschritte machen, andererseits bleibt es aber keinem erspart, unaufgearbeiteten Seelenkummer, Schmerz aus der Vergangenheit sowie Lebensüberdruss und Zweifel selbst Schritt für Schritt in Mut, Selbstrespekt und Lebenssinn zu transformieren.

Wenn wir uns auf unserem Aufstieg und in der Öffnung des Bewusstseins von unserer Intuition, einem gesunden Menschenverstand und unseren Lichtfreunden führen lassen, sehe ich auch keinen Grund für die weitverbreitete Hilflosigkeit vor der selbstverantwortlichen, bewussten Entfaltung unseres schöpferischen Aktionsfeldes im Kosmos. Ich habe auf meinem Lattice-Weg immer meinem Herzen vertraut und bin der Überzeugung, dass immer genau das passiert im Leben, wofür ich vorbereitet bin, und immer diejenige Hilfe zu uns kommt, die wir wirklich brauchen (auch wenn wir manchmal sagen: »Uuh, das brauch ich jetzt aber *gar* nicht!«). Es kann immer der Moment kommen, wo du dann für eine Weile die Unterstützung eines erfahrenen Meisters brauchst, der dir helfen kann, eine Bresche, die sich auf deinem Weg aufgetan hat, zu überbrücken oder zu schließen. Wir »zivilisierte Menschen« dürfen wieder lernen, um Rat zu fragen oder um Hilfe zu bitten, wenn wir es brauchen – ohne aber ins Extrem des wöchentlichen Psychiaterbesuches, im Voraus gebucht, zu fallen, was wiederum einer sinnlosen Suche oder »Sucht« nahekäme. Kennst du folgenden Witz? – Fragt ein Guru seine zahlreich vereinten Anhänger:

»Bitte saget mir, wer von euch ist auf der spirituellen Suche?« – Als dann manche eifrig beginnen, eine Hand hochzuhalten, um ihren devoten Eifer kundzutun, fällt der Guru in einen stundenlangen Lachkrampf, von dem er sich erst wieder erholt, als keiner mehr im Saal ist.

Wir Menschen haben einen inneren, unlöschbaren Antrieb, uns *selbst zu verwirklichen* und uns *Dinge zu erfüllen*, was für den einen ein Hausbau ist, für den anderen das abendliche Bier im Laden an der Ecke. Er ist ein Ausdruck für die Suche nach dem »abgetrennten Teil«. Jeder, auch wenn er nicht darüber spricht, sucht auf seine Weise danach, nach seiner Vervollkommnung – nennen wir es Gott, Göttin, Lattice, wie auch immer. Oder er macht eben zu und wird ignorant oder »süchtig« nach irgendetwas: Er stopft die Löcher mit allerhand Stoff, Zeitvertreib und emotionalen Chemiecocktails im Körper, welche seine Lieblingsgefühle hervorrufen (Traurigkeit, Zorn, Angst, Euphorie und so weiter). – Ich habe im Verlauf der Jahre gelernt, dass jemand, der sich »Atheist« nennt, sehr viel spiritueller sein kann, als jemand der sich »religiös« oder hochspirituell nennt. Worte sind oft Schall und Rauch und können täuschen. In diesem Buch haben wir erfahren, dass das Suchen im Außen uns meist in der Illusion gefangen hält; vielleicht dient es uns als Spiegel, jedoch führt es immer wieder zurück nach innen, ins Herz, in unser schlummerndes Potential. Als Eltern, Lehrer und Chefs sollten wir den kommenden Generationen mehr Unterstützung auf dem Weg des *subjektiven Lernens* und der spirituellen Erziehung anbieten, anstatt – meist ohne es überhaupt zu merken – die feinen, ins Licht sprießenden Seelenpflänzchen für immer zu zertrampeln.

Als ich in der *Psychiatrischen Klinik Fray Bernardino* in Tlalpan, Mexiko-Stadt, Feldstudien für meinen Monolog des *Tagebuchs eines Verrückten* von Nikolai Gogol machen durfte – ein alter Schauspielertraum, den ich mir 2006 endlich erfüllte – fiel mir auf, wie viele mediale und spirituelle Themen bei den sogenannten »Ver-rückten« auftauchten. Ich werde Ruben nie vergessen, meinen neuen »Freund« dort. Er erzählte mir in allen Einzelheiten von seinen Angelabenteuern, wie er den Fisch spürte, bevor er anbiss, und wie das Wasser zu ihm sprach. Wenn er vom Wasser redete, begleitete er seine Worte mit einer großen schaumschlagenden Geste und einem lauthalsen »Sch-sch-sch-sch-sch«. Sein Psychiater lächelte mir mit einem Ausdruck von: »Na, hab ich doch gesagt!« etwas überheblich, mit abgewandtem Oberkörper und verschränkten Armen zu. Phantastischer wurde es dann, ich gebe zu, als Ruben mir plausibel erklärte, wie zuhause dann Zeus immer öfter zu ihm sprach, was natürlich in seinem katholischen Umfeld als Sünde galt. Er frequentierte dann hilfesuchend eine spirituelle Gruppe, in der scheinbar auch *dunkle Rituale* ausgeführt wurden, was den verunsicherten und einsamen Ruben in seinen aufsteigenden Ängsten nur noch verstärkte, anstatt ihm zu helfen. Als Zeus wie auch Rubens Schäferhund ihm dann wiederholte Male am morgendlichen Bettrande zuflüsterten, seine Ehefrau plane, ihn umzubringen, bat er bei der psychiatrischen Klinik um Hilfe, worauf er eingewiesen und medikamentös behandelt wurde.

Es schien mir, dass manche der Insassen der Klinik eine spezielle Sensibilität besaßen und überdurchschnittliches Wissen angesammelt hatten, jedoch durch eine kulturell einseitige Prägung ihrer mentalen Struktur oder durch den Druck moralischer Dogmen über Jahre hinweg ein psychisches Ungleichgewicht gebildet hatten. Dazu kam, dass gewisse *höherdimensionale Eindrücke* nicht kommuniziert und damit verarbeitet werden konnten. Es bedarf mehrmaliger *Auslösermomente* im Leben bis hin zu einer diagnostizierten *Schizophrenie,* wo ein Individuum es dann nicht mehr schafft, bewusst zwischen Ich-Bewusstsein und verschiedenen Ebenen von Gruppenbewusstsein (oder Parallelwelten) zu wählen. Es ist, als ob der Betroffene seinen Willen und seine Macht aufgibt und sich von einer bestimmten Ebene oder einem daraus resultierenden Verhalten kontrollieren lässt.

Es ist wichtig, dies hier auszusprechen, denn es herrscht in den Menschen eine große Furcht, sich dem Kosmos und damit höheren Wirklichkeitsebenen zu öffnen, auch wenn sie noch so real sind wie unsere drei Dimensionen, in denen dieses Buch physisch vor dir liegt. In vielen Fällen, wo Menschen mich wegen eines Lichtwesens um Rat fragen, welches sie oft besucht, wegen abgrundtiefer Alpträume oder wegen starker Kopfschmerzen bei hohen Frequenzen, gebe ich ihnen einen schamanischen Klaps auf den Rücken oder Kopf, wodurch sich ihre Angst vor dem Thema löst. Meistens schaffen sie es danach, die Situation frei nach ihrem Belieben zu wenden (und so sollte es ja auch sein). Angst vor dem Dunkel kann sehr einfach mit dem hebräischen Mantram *Eya Asher Eya,* was »Ich bin ich selbst« bedeutet, abgewendet werden. Wenn du es laut aussprichst auf deiner Reise, werden dunkle Gestalten, die du selbst projizierst oder anziehst, zurücktreten und von der Lattice auf den Weg zurück ins Licht geschickt.

Was kann ich tun, dass ich nicht selbst im Irrenhaus lande?

Menschen, die im Irrenhaus landen, sind dort, weil sie ihren *alltäglichen Wahnsinn* auf die Spitze getrieben haben und sich dessen selbst nicht bewusst waren. Beuge einfach vor, indem du das »familiäre Irrenhaus« durchschaust, den Wahnsinn in deinem Büro, die verrückte Person, die du manchmal spielst – und transformiere sie. Deshalb habe ich den Wahnsinn als erste Lichtsprache vorgestellt. Bald wird es dir so vorkommen, als wären alle verrückt in der Komödie des Lebens um dich herum – und du wirst immer ausgeglichener und »normaler«. Oder wenn für dich normal »angepasst« bedeutet, dann sei eben so wahnsinnig und geh den Lattice-Weg! Und dir wird nichts passieren dabei, dir wird es *immer besser gehen.*

Beuge vor, indem du deine Egos, wozu auch die Angst als übertriebener und lähmender Schutzmechanismus zählt, erkennst und loslässt. Die Mayameister und die Schamanen beginnen ihre Arbeit oft mit Schalk und einer guten Portion Wahnsinn – der Uneingeweihte mag das dann falsch verstehen und meint, der Schamane wäre wirklich ver-rückt! Ich lasse zum Beispiel die Teilnehmer in einem Seminar oder in einer Zeremonie manchmal kurz ihren täglichen Wahnsinn darstellen. Wenn wir unsere »*Maya*-Welt« auf übertriebene Weise ausdrücken, dann werden wir sie auch in Zukunft eher erkennen und loslassen. Don Lauro drückt diese Weisheit mit einfachen, poetischen Worten so aus:

In deinem Wahnsinn findest du deine Wirklichkeit.
In deiner Wirklichkeit liegt deine Gesundheit.
In deiner Gesundheit erwacht deine Spiritualität.

Bitte hab keine *Angst vor der Angst*, denn die Angst, die »Kontrolle zu verlieren« ist menschlich und Teil des *alten Mythos von Macht und Kontrolle*, der in unserer Erziehung und Unternehmenskultur noch allzu präsent ist. Was am meisten hilft, ist, nicht dorthin zu schauen, wo andere von: »Das kannst du doch nicht tun!« oder: »Spinnst du denn eigentlich?« reden, sondern Gleichgesinnte zu finden, damit dein Neuronenfeld, dein Gehirnquantenfeld, langsam eine andere Möglichkeit oder Wirklichkeit »sieht«, was dich gesund, frei und innerlich stark machen wird.

Grazyna Fosar und Franz Bludorf schreiben dazu: *Wie Beobachtungen aus dem Tierreich beweisen, zeigt Bewusstsein jeder Form zweierlei Tendenzen: zum einen, sich zu individualisieren, zum anderen, die Individuen wieder zu höheren Bewusstseinsstrukturen zu organisieren. Es ist beweisbar, dass Tiere mit ihren höheren Gruppenbewusstseinstrukturen, die jedem Einzeltier unmittelbar zugänglich sind, auch* ***außerhalb von Raum und Zeit kommunizieren****. Gleiches gilt dann natürlich auch für uns Menschen. Sobald dies bewusst geschieht, erfolgt eine* ***Angstreaktion****, da sich die individuellen Bewusstseinstrukturen (das »Ego«) kurzfristig auflösen, ein Vorgang, der auch von Nahtoderlebnissen und von kosmischen Erlebnissen der Mystiker her bekannt ist.*[88]

Es genügt demnach, durch dein Herz-Tor zu treten und den *Mut* zu haben, Tag für Tag deinen eigenen *Maya*-Wahnsinn, kollektiv gespiegelt im verführerischen Medientheater, aufzudecken. Anstatt ihn ängstlich krampfhaft aufrechtzuerhalten und die alte *Matrix* in deinen Feldern bis zum Geht-nicht-mehr nachzuplappern – erschaffst du deine *eigene Wirklichkeit* und schlägst deine Version einer *Creatrix* vor!* Klar ist das nicht so einfach, wenn auf familiärer, institutioneller, ja politischer Ebene, alle um dich herum die alte Matrix weiter zu unterstützen *scheinen* – doch es ist heute keine Rechtferti-

* *Creatrix* ist ein Wortspiel für eine neue, gemeinsam *kreierte Matrix* oder Schöpfung im morphischen Feld der Lattice (spanisch: *crear* = kreieren, erschaffen, schöpfen).

gung für Unwissenheit mehr: Wir wissen zu viel, durch das Internet und andere Lattice-Netze! Als Mayameister bist du schließlich ein *virtuoser Künstler unserer gemeinsamen Wirklichkeit.*

Nach all den Betrachtungen über unsere dreidimensionale Illusion, wird uns verständlicher, was die Mayameister meinen, wenn sie sagen:

Die wirkliche Welt ist die andere.
Vergeude keine Zeit und öffne dein Herz!

Eins steht fest: Was wir normal als »unsere Wirklichkeit« einstufen, ist ein winzigkleiner Ausschnitt aus einer »größeren Wirklichkeit«, die wir auf unserer Reise quer durch die Lattice kennengelernt haben. Wenn wir unser Herz öffnen, haben wir Zutritt zu Traumwelten, anderen Dimensionen und dem Gruppenbewusstsein. Wenn wir sie dann auch als höhere Versionen der Illusion durchschauen, bleiben nur noch die *Herzverbindungen*, die Lattice – die uns zurück zur Quelle, ins Licht führt.

Mir scheint, als wäre der moderne Mensch unserer übersättigten Gesellschaften in einem *Wurmloch steckengeblieben*, deswegen sieht er alles im »Tunnelblick«. Viele Menschen verteidigen natürlich vehement ihren *beschränkten Ereignishorizont* und seinen »Wächter«, das Ego. Unser großes Problem sind die *Konzepte* der dreidimensionalen Welt des Verstandes, weil wir uns andauernd in ihnen verstricken: Wer die Konzepte über andere Menschen, die Umwelt, die Politik, die Spiritualität, Gott, nicht teilt – hat oder tut *Unrecht*; darüber sind Familien und Nationen zerbrochen.

Je nach Konzept lieben wir es, über die »größere Wirklichkeit« zu schimpfen und behaupten dann, sie sei die »Illusion«, und hohe Frequenzen, Plasmawelten und Sternenbrüder seien Halluzinationen von Verrückten, esoterisch Verdrehten oder drogenabhängigen Schamanen.

Bleiben wir bescheiden und schotten uns nicht ebenfalls ab, von »denen da«, den »Ungläubigen«, denn wir sitzen alle im selben Boot, genannt Planet Erde. Wir alle spiegeln unsere tiefsten inneren Abgründe und erschaffen ständig das Chaos weiter mit. Es bedarf ein wenig Übung, das individuelle *multidimensionale Radio* so einzustellen, damit, »was da kommt«, auch gewollt und bewusst eingeleitet wurde. Tue ich, als wüsste ich von nichts, kommt halt wahllos die ganze Palette an: Monster, Außerirdische oder Engel; Unterwelt, Mittlere Welt oder Obere Welt; die verschiedensten Fraktalebenen, wie die einer Zelle, meiner Menschenseele oder unseres Sonnesystems. Je höher ich steige und je mehr ich sehen darf, desto demütiger werde ich, weil ich mich als immer kleineren Lichtpunkt im ganzen Universum erkenne.

Ich glaube, liebe Leserin, lieber Leser, dass die lang gepriesene *globale Familie* mehr als wahr geworden ist, denn sie ist daran, zu einer *spirituellen Familie* zu verschmelzen. Auch du kannst heute schon Teil einer solchen spirituellen Familie sein. Sie besteht aus Erdenbürgern *mit gleicher Wellenlänge* sowie aus Wesen, Lichtgestalten, Sternenbrüdern und Engeln, die deine Seele wiedererkannt hat oder die aus Affinität zu dir gekommen sind.

Eine gute Nachricht, die dir sehr helfen wird ist: Du musst es nicht mehr alleine tun! Eigenbrötelei und Verschanzen in den eigenen vier Wänden ist *out* – Zusammenarbeit und Gruppenzeremonien sind *in*. Die Mayameister und die Weisen der alten Kulturen sind Teil unserer *Familie der Zukunft* und weisen uns Wege in die neuen Zeiten. Wenn wir offen dafür sind, können wir von ihnen lernen, uns diejenigen Dinge wieder *zu Herzen zu nehmen*, die wir zuvor aus Ignoranz als »lächerlich« und »primitiv« abgestempelt haben. Falls wir an Aberglaube und Zeitverlust denken, wenn uns Maya-Älteste einladen, einen Altar mit Opfergaben zu schmücken, ein Ritual für die Mutter Erde abzuhalten oder mit unseren galaktischen Freunden zu sprechen, spiegeln wir nur unseren eigenen fehlenden Glauben an unsere Schöpferkraft und unsere Gefangenschaft im dreidimensionalen Zeitturm wider; während für die *Mayapriester* diese Handlungen Ausdruck einer realen, längst vergessenen Kommunikation auf den für Menschen höchstmöglichen Gruppenbewusstseinsebenen sind. So möchte ich mit diesem Buch ein Symbol schaffen und Dank aussprechen seitens »unserer Welt«, für die Freundschaft mit höheren Intelligenzen der »anderen Welt«.

Für die *Lattice-Methode* in diesem Buch habe ich die **3 M** entworfen: M-M-M steht für **Mut-Maya-Meister!** Die 3 M sind deine Begleiter auf dem Lebensweg der Lattice in die *wirkliche Welt*, wo du deine Spiritualität und Erfüllung in Freiheit und Unabhängigkeit leben kannst. Sie helfen dir, ehrlich mit dir selbst zu sein und die Lattice als *Spiegel der Wahrheit* zu gebrauchen. Diese schöpft dann durch dich hindurch deine Gesundheit, deine Beziehungen, deine berufliche Erfüllung, deinen Geldfluss. Erklimme im folgenden die Pyramide deines Lattice-Aktivators, dessen unbedingte Aufgabe es ist, dich *glücklich* zu machen!

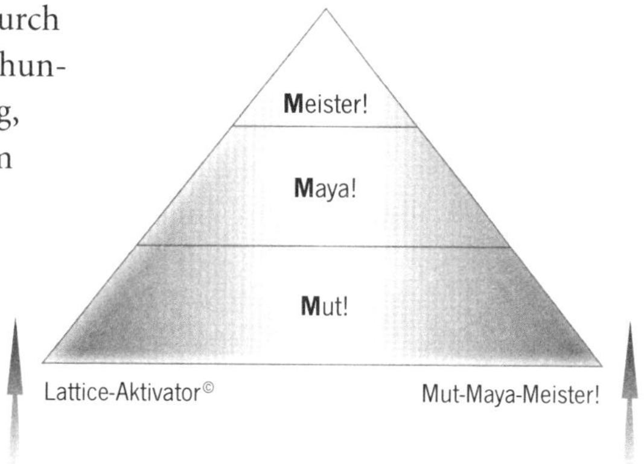

1. Mut! Zuerst brauchst du eine schöne Portion Mut, um die Dinge anders zu machen: Es ist deine **Bereitschaft und Offenheit**, überhaupt den Weg der Lattice unter die Füße oder das Surfbrett nehmen zu wollen. Stärke dich dazu mit dem Willen, der Disziplin und der Durchhaltekraft des Kriegers sowie mit dem Urvertrauen und Glauben des Heilers und Schamanen.

Auf dem Weg wirst du gewisse **Überzeugungen** und **Glaubenssätze** als überholt erkennen und ersetzen. Du hältst manchmal inne auf dem Weg und atmest tief durch. Du weißt, es gibt keinen anderen Anfang als bei dir selbst. – Und wo genau? Im Herzen. In deinem eigenen Herz-Tor. Mit einem wachsenden HERZBEWUSSTSEIN wird sich deine Wahrnehmung von alleine ändern.

2. Maya! Achtung! – Der Weg des Kriegers erfordert dauernde **Wachsamkeit**, nicht in die Fallen der *Maya*, der Illusion zu tappen. Deswegen folgst du nur deinen **HERZVERBINDUNGEN** und wendest die dir überlieferten Geheimnisse der Lattice an: Du erhöhst deine Frequenz und hältst sie immer konstanter aufrecht. Du überwindest die täglichen Dramen der Polarität. Du stehst »über den Dingen« und bist wenn immer möglich präsent. Wenn nötig, heilst du deine Vergangenheit und programmierst deine Zukunft, um wieder in die **Gegenwart** zurückzukehren. Du pflegst Herzenskontakte mit dem ganzen Universum und nährst sie durch **positive Gefühle**.

3. Meister! Jetzt beginnt dein freies Walten und Wirken, dein wirkliches Leben in **Fülle**: Du lebst und teilst deine Talente und Gaben und bist daran, deine **Meisterschaft** zu erreichen. Dabei hast du große Meister und Idealbilder an deiner Seite, bewusst oder unbewusst. Du selbst lebst den göttlichen Drachen in dir, du selbst lebst aus dem göttlichen Netzwerk heraus, der Lattice.

Auf diesem Weg des Lichtes, der Schöpferkraft, der Manifestation und der **Mitschöpfung als Mensch** hin zu einem neuen Gruppenbewusstsein, wirst du IMMER GLÜCKLICHER.

Doch wie meistere ich diesen Weg des Mayakriegers? Wie helfe ich mir unterwegs?

Du orientierst dich ganz einfach an den in diesem Buch vorgestellten existentiellen und interdimensionalen **Landkarten** und lässt dich von den erarbeiteten **Werkzeugen** unterstützen. Jede Surf-Karte schaut aus einem anderen Blickwinkel auf die Lattice und beleuchtet einen anderen Aspekt von ihr, deswegen ist es nicht einfach, sie miteinander zu vergleichen.

Tabelle: Landkarten und Werkzeuge auf dem Lattice-Weg

Landkarten	**Werkzeuge**
verschiedene Spiralnetze und Felder*	Kommunikation über Wellen, Hyperkommunikation, Verbindung zwischen den Herztoren
kosmisches Internet	Kosmisches Theater, dein kosmisches Sein
drei schamanische Welten (Schlange, Jaguar, Adler)	Sphäre des Drachen = Einheit (Ritual und Atmung des) Quetzalcoatl, heilige Sexualität, Heilung des Gesamtbildes einer Person
Multidimensionalität (von 3D bis MD)	Sphären, Zeittrance-Befreiung, Überwinden des polaren Dramas
Fraktale Welten (Mikro, Meso, Makro, von Photon bis Filament)	Tunneln (Tunnelreisen), Sanduhr
Bewusstseinsstufen, Ebenen von Gruppenbewusstsein, göttlicher Bauplan und Idealbild des Gott-Menschen in den Genen	Glaubensmuster (Überzeugung), Frequenz und Wahrnehmungsfilter, Meditation und Reflexion
Intelligenzen (von holographisch bis kosmisch)	Dynamisches Gleichgewicht, Herzzentrum, Spiegel, Hologramm, in den Beobachter gehen, Neukodieren des Körpers (und andere physisch-energetische Übungen)
Fülle und Glück, Resultate im Leben	Gleichgewicht in den Lebensprojekten: Privatleben, Single- oder Partnerleben, Sozialleben, Berufsleben

* Zum Beispiel Flüssigkristall-Wasser (und Wasserstoff), Magnetitennetz, DNA, Sinnesorgane mit ihren Frequenzen, Nervenbahnen, Kopf-, Herz- und Bauchgehirn, Chakren, Herzfeld und andere Energiefelder.

Die Lehre der Lattice verlangt in allen Landkarten und Netzen die Verantwortung jedes einzelnen und eine stetige Erweiterung des Gruppenbewusstseins zur kohärenten Zusammenarbeit. Jeder Input in ein *lebendiges System* hat einen Einfluss auf den ganzen Organismus; man muss davon ausgehen, dass er in jedem Moment an allen beliebigen Stellen Wirkungen erzielen kann und Reaktionen erfolgen.

Die Lattice ist demnach auch in *Organisationsstrukturen* wirksam und verlangt von Managern eine immer *effektivere und nachhaltigere Führung*, die alle Teile des Ganzen mit einbezieht, um langfristigen Erfolg zu sichern. Einfach nur »Chef« zu sein und in der Chefetage zu thronen, ohne zu wissen, was am anderen Ende des organisatorischen Netzwerkes vor sich geht, ist schon längst (k)alter Kaffee. Es ist hinlänglich bekannt, wie einerseits der *Faktor Angst* in einem Unternehmen an allen Enden als »Produktivitätskiller« wirkt und andererseits ein hohes *emotionales Engagement* der Mitarbeiter aller Abteilungen die innere Kommunikation und die Innovation fördern kann. Doch gerade in unseren Krisenzeiten begegne ich vielen Entscheidungsträgern in Wirtschaft und Erziehung, die der Entwicklung operativer und technischer Strategien alleinige Priorität bei ihren Budgetentscheidungen geben.

Vergessen sie dabei nicht ihr Kapital Nummer eins, das *Human-Kapital* – das als halbschlummerndes Potential tagein, tagaus bezahlt wird und deswegen seine Aufgaben »wie abgemacht« erledigt? Haben die Führer von heute den Mut, wirklich partizipative Teams zu leiten, wo die Mitglieder sich gegenseitig fordern und fördern, hin zu einer virtuosen Aufwärtsspirale von *Innovation und gesellschaftlichem Mehrwert*?

Es funktioniert im Zeitalter der Lattice also nicht mehr, die Augen zu verschließen und so zu tun, als wenn nichts passiert wäre. Früher oder später werden marode Unternehmen und Staatssysteme sowie heuchlerische, einseitig kopflastige oder auf Eigennutz ausgerichtete Strategien, Erziehungssysteme und Therapieformen aussterben. Was vor ein paar Jahren noch funktioniert hat, ist immer weniger eine Garantie dafür, dass es auch weiterhin so funktionieren wird; es ist vielmehr eine Garantie dafür, dass es eben heute *nicht mehr* funktioniert. Was wir heute brauchen sind Verrückte, Wagemutige, Kriegerseelen, Lattice-Surfer, Innovatoren, Kulturkreative, Anti-Gurus, Hoffnungsträger und bodenständige Spirituelle!

Rekapitulation der Lattice-Methode

Ich gratuliere dir, lieber Leser und Lattice-Surfer, du bist am Ziel angekommen! – Du hast die Reise durch andere Dimensionen, in höhere Frequenzen und hinein in das kosmische Internet geschafft. Dort hast du mit dem Gruppenbewusstsein der Biosphäre und höherer Intelligenzen hyperkommuniziert. Ich gratuliere dir ganz besonders zu deiner Weisheit und Reife, dir einen eigenen Erfahrungsweg zu erschaffen, fern vom spirituellen Herdentrieb der esoterischen Gruppen. Du hast deine Schatztruhe voller Gold gefunden, den Lichtbaustein des Universums – unser *Drachenerbe.* Du hast Gott und Göttin in dir vermählt und viel Licht erzeugt; du pflegst dein neues *Lattice-Bewusstsein* mit deiner auf der Reise erworbenen Trickkiste von Weisheiten und Werkzeugen des Regenbogenkriegers. Dank dir habe ich es also doch geschafft, die praktische Lattice-Lehre der Mayameister in Worte zu fassen!

Anhand der letzten Abbildung des Bildteils (Nr. 22) – die absichtlich so aussieht wie ein Brettspiel – lade ich dich zu einer Rekapitulation des Buches ein, während der wir die behandelten Themen auf einen Surf noch einmal erleben werden. Du kannst dabei dein Wissen vertiefen und verknüpfen, was dir auf dem Weg der Lattice helfen wird.

Sei noch einmal gewiss, dass du mit der Lattice das wohl wirkungsvollste, einfachste und heiligste Werkzeug aller Zeiten »ins Herz geschlossen« hast. Lass die anderen die Wahrheit in Häppchen zergliedern und Zeit verlieren – du hast mit der Lattice wirklich *alles,* was du brauchst!

Die Lattice ist das Großhirn des Universum und das Einheitsbewusstsein.
Als Göttin ist sie die Partnerin des Gottes, und doch birgt sie ihn in sich, Quetzalcoatl, den Drachen mit seinem Schöpfer-Erbe.
Sie ist das allesumfassende und alldurchdringende Netzwerk von Information, Energie, Licht.
Sie ist dir Schutz und Führung, Wächterin und Heilerin.
Sie richtet dein Herz mit allen anderen Herzknotenpunkten des Universums aus.
Sie ist dein vieldimensionales Mandala, deine Merkabah, die auf allen fraktalen Ebenen des Lebens dich ständig kalibriert.

»Stell dir vor, die Lattice wäre ein Spiel«, sagen die Mayameister. Du beginnst unten am steinernen Tor als Lattice-Surfer, bereit, in dein erstes *Herztor* zu kurven. Du weißt, in dir ist ein riesiger Schatz, doch du musst ihn dir, wie die Heldin oder der Held in einer Legende, zuerst verdienen. Dabei wird er von einem Drachen bewacht, Hüter über Fülle, Glück und Freiheit. Dein Weg durch fraktale Herztore und Schwarze Löcher hat zum Ziel, deine *Schöpferkraft* zu entfalten. Auf der rechten Seite gehst du mit ihr in dein Inneres und *heilst* dich in letzter Instanz *selbst*; auf der linken Seite richtest du sie nach außen und *erschaffst deine Wirklichkeit,* beginnst mit anderen Menschen zusammenzuarbeiten und *schaffst gemeinsam* so unsere neue Welt. Die Pyramide von Tikal (Guatemala) stellt das Leben, die Totenmaske von Pharao Tutanchamun (Altes Ägypten) den Tod dar; sie sollten uns an die Dualität unserer polaren Wahrnehmung erinnern und an die Evolution des menschlichen Bewusstseins, an eine Geschichte, in der nicht nur viel Neues entdeckt und errungen wurde, sondern in der auch blühende Fähigkeiten zeitweise vergessen worden sind, wie das mit der Hyperkommunikation im kosmischen Internet der Fall ist.

Die Dichotomie* unserer polaren Wahrnehmung wiederholt sich im ganzen Bild: links bei den drei sitzenden Maya das Außen, die Gesellschaft, das Leben; rechts beim einzeln sitzenden Maya das Innen, das Individuum, der Tod.

Weiter oben findest du links den *Drachen Quetzalcoatl* – der Vater, Gott und Adam nach der Entscheidung, in den »süßen Apfel zu beißen« und eine neue Rasse von Gottmenschen zu zeugen, das *Drachenerbe* anzunehmen. Der Drache bildet mit seinen Mikro-Latticeformen die ***Grundbausteine des Universums***, etwa die Strings, Photonen, Spiralformen, Helixen, die DNA und Plasmafasern.

Auf der rechten Seite findest du die *Lattice* – dargestellt als ägyptische Göttin Nut, die galaktische Mutter und Eva, nachdem sie sich vom Urgott als Drachenschlange zum Evolutionsschritt in die bewusste Schöpfung verführen ließ. Wegen dieses »Sündenfalls« müssen alle Spieler, Evas und Adams, neu mit Efeublatt, wieder unten vor dem steinernen Herz-Tor beginnen, bis sie wieder zu *Lattice-Bewusstsein* kommen, um *hinter die Dinge zu blicken, über den Dingen zu stehen* und *den großen Zusammenhang zu sehen.*

Die Lattice bildet mit ihren Makroformen, mit ihren Filamenten, Galaxien, dem kosmischen Internet, den menschlichen Netzwerken und den Gruppenseelen den ***Zusammenhalt des Universums.*** Die drehende Galaxie unter der Göttin Nut und die drehende Doppelhelix der menschlichen DNA sollen verschiedene Erscheingungsformen des gleichen fraktalen Drachenpotentials darstellen. – Wir können die beiden gegenüberliegenden Teile des Bildes, auf der einen Seite Quetzalcoatl und auf der anderen die Lattice, auch wie die Arme eines Kreuzes, eines kosmischen Wesens oder des Lebensbaumes verstehen, wobei der »Stamm« von der aufsteigenden Wirbellinie einer Makro-Drachen-Lattice geformt wird. Dies erinnert uns an die uralte Philosophie: »Wie innen so außen«, »Wie oben so unten«, »Wie rechts so links«.

Startbereit für dein Abenteuer? – Der Lattice-Surfer öffnet sein eigenes und erstes Herztor und hinein geht's in den *Maya*-Wirbel des Lebens mit seinen Fraktal- und Quantensprüngen! Auf dem *Aufstieg* erhöht er konstant seine Frequenz und erlebt unbekannte Dimensionen, er bildet seine kollektive, transpersonale, holographische, galaktische und kosmische Intelligenz aus und bekommt Zugang zu höheren Formen von Gruppenbewusstsein. Er entdeckt

* Dichtotomie ist das Entweder-Oder, etwas kann nur dieses oder jenes sein.

immer neue *Herzverbindungen* und flitzt schneller als das Licht durch Wurmloch-Tunnel von Herztor zu Herztor, jedes in verschiedensten Universen, Fraktalwelten, Dimensionen, Zeiten und Räumen. Jenseits von Raum und Zeit kann es schon mal vorkommen, dass die Zeit rückwärts läuft (weswegen er die interdimensionale Sanduhr plötzlich »auf dem Kopf« wahrnimmt). Wenn dann schließlich die ***Bestandteile des Universums und sein Zusammenhalt verschmelzen***, vereinen sich Gott und Göttin, Drache und Lattice in heiligem Liebesritual. Jenseits der Herztore, im Licht, werden sie eins.

Der Held ist am Ziel angelangt, er hat den Drachen in sich erweckt und sich von ihm erhöhen lassen. Er bekämpft ihn nicht mehr, er hat ihn, wie in den alten Legenden, »überwunden«. Er hat den Schatz erkannt – er gehört nun wieder ihm, und er darf ihn nutzen. Er bringt ihn der galaktischen Mutter, bezeugt damit die Souveränität (Oberhoheit) des Weiblichen wie einst Parzival, und wird in ihren Armen eins mit dem Universum.

Der kosmische Surfer ist nun ein Gottmensch auf Erden, wie damals Adam und Eva, jedoch ist er ein *bewusster Mitschöpfer* der Welt geworden, ein Meister der Illusion und ein Joker der kollektiven Realität. Und so navigiert er vielleicht noch heute durch die Lattice mit seinem neuen Drachen-Freund an seiner Seite…

Erden wir nun unsere Lattice-Erfahrung und bereiten uns auf das wirkliche Leben vor. – Ja, lieber Leser, jeder kann mit *aufgestiegenen Meistern, Engeln* und *Sternenbrüdern* in Kontakt treten, denn entweder stehen sie die ganze Zeit schon neben dir, oder es reicht ein Gedanke, und sie sind da – weil sie eben *schneller sind als das Licht.* Wie hochnäsig, verkrampft und arrogant war ich doch zuvor! Nur weil ich sie nicht wahrgenommen habe, dachte ich, sie wären nicht da. Bitte keinen Druck aufbauen und mit sich selber geduldig und liebevoll umgehen! Bei jedem Menschen ist die Wirkung der in diesem Buch beschriebenen Übungen anders, jeder entwickelt seine inneren Sinne anders: Einer sieht plötzlich mehr, der andere hört, riecht, schmeckt oder fühlt die Dinge im Jenseits. Sei dankbar für die Fortschritte und dränge dich nicht. – Statt Kampf und Krampf, lasst uns lieber den inneren Frieden genießen, den uns die Lattice schenkt, und lauschen wir gespannt ihrer Musik, die sie gerade heranweht. Beachten wir auch, dass alle Meister und Lichtwesen schlussendlich wie du und ich ganz einfach *Erscheinungen in diesem Universum* sind.

Ich selbst versuche immer wieder, meine mentalen Barrieren zu durchbrechen, wenn mir meine Projektionen vorgaukeln möchten, ich wäre zur ultimativen Ebene von Licht vorgestoßen, denn die gibt es ja gar nicht. Keine Ebene ist besser als die andere, kein Regenbogenkrieger ist besser als der andere. Nur so bin ich weiter offen dafür, dass im nächsten Augenblick, morgen, nächste Woche, etwas anderes, Neues geschehen kann.

Dazu kommt, dass ich als Beobachter beeinflusse, ob mir ein Wesen als Engel, Lichtgestalt oder Sternenbruder erscheint, entsprechend meiner kulturellen Information, persönlichen Erwartung und meinem Bedürfnis. Die *Jungfrau von Guadalupe* ist die wichtigste Darstellung der Gottesmutter Maria in Mexiko und die Schutzpatronin der Nation. Figuren und Darstellungen von ihr dürfen in keinem Haushalt fehlen, ja selbst Geschäfte und Werkstätten widmen ihr einen kleinen Altar in irgendeiner Ecke. Auf den *Tepeyac* im Norden von Mexiko-Stadt pilgern jährlich zwanzig Millionen Gläubige und machen die ihr gewidmete Basilika zum größten Wallfahrtsort weltweit. Ihre Information ist demnach »omnipräsent« im *morphischen Feld* der Bevölkerung. – Würde aber einem Urbewohner in den Wäldern von Borneo dieser spezifische Archetypus der Mutter Gottes begegnen? Wohl kaum. Würde einem Mexikaner eine Erd- und Muttergöttin aus Borneo erscheinen? Wohl kaum. Kultur prägt die *Wahrnehmungsfilter* für Information aus der unbekannten Welt, dem Nagual, dem Spirituellen. Biegt nun, sagen wir, »Licht« um die Ecke oder Gott, wird sie jeder ganz anders sehen, seiner Wahrnehmung der Welt, seiner Illusion und Wirklichkeit, seiner kulturellen und religiösen Filter entsprechend.

Die Frage ist nun gar nicht, ob »Gott« allein kommt oder mit Meistern und Engeln im göttlichen Schlepptau unterwegs ist, sondern welche Übersetzung des Lichtes oder welches Wahrnehmungsspektrum jemand auswählt. Wir sollten völlig wertfrei beobachten, ob er in der Folge einen Lichtblitz, Jesus, einen grauen Außerirdischen, einen Engel, Meister St. Germain, einen afrikanischen Regengott, ein schreckliches Monster, mehrere davon oder gar nichts um die Ecke kommen sieht, spürt oder einfach »weiß«. Wie Peter Falk als Detektiv in einem meiner Lieblingsfilme *Himmel über Berlin* (von Wim Wenders, 1987), als er vor einem für die Menschen unsichtbaren Engel steht: »Ich kann dich nicht sehen. Aber ich weiß, dass du da bist.«

Die Bewohner dieses Planeten haben seit Menschengedenken Höhlenmalereien, Riten für die Götter, später wissenschaftliche Forschungsmodelle sowie religiöse Erleuchtungswege entworfen, um die Quelle darzustellen und uns mit ihr zu verbinden, was all diesen Illusionen ihre Berechtigung und ihren Wert gibt. Es ist nur zu menschlich, dass wir gerade heute nach schnellen Rezepten verlangen, die unsere Probleme ein-für-alle-mal lösen sollten. Wir schauen auf die Wissenschaftler und hoffen, sie finden endlich die *ultimative Medizin, mathematische Formel* oder *geometrische Zauberform,* oder wir hängen uns an einen Meister, der nun die »Wahrheit über das Universum und die

Schöpfung« haben soll. Erscheint dann einer an der Straßenecke und verkauft solche Dinge, schlagen wir auch kräftig zu. In diesem Sinne ist auch dieses Lattice-Buch eine Illusion, ein hinkender Versuch, das Unfassbare greifbar zu machen und es zu verstehen. Vielleicht ist es auch nur ein Teil eines Neuen Mythos von unverzerrtem spirituellem Wissen, der Kulturen, Philosophien und Religionen frei fusioniert, weil er nicht in versteckten oder offenen Fanatismus fallen möchte. – Wichtiger als die Zeilen, die Information und die Anwendung, die von diesem Buch ausgeht, ist auf jeden Fall, was du im Leben mit dem Wissen der Mayameister anstellst, das ich versucht habe, dir zu übermitteln. Vergiss nie, dass es nur eine Wahrheit gibt, und das ist deine. Ich biete dir einen Weg an, doch nun musst du ihn selbst gehen.

Zusammenfassung

In dieser letzten Surfrunde haben wir Schwarze Löcher als Herzen des Kosmos kennengelernt und ihre Wichtigkeit als Herztore, um zwischen Fraktalebenen, Dimensionen und Bewusstseinsformen zu reisen. Neben dem Tunneln habe ich dir meine Visualisierung der Sanduhr gezeigt, mit der du ebenfalls zwischen zwei Räumen oder Zeiten wechseln kannst. Je weiter wir den Wirklichkeitsbegriff ausdehnen, desto mehr verstehen wir unsere Art der Wahrnehmung des Universums als großes Illusionentheater, als *Maya*.

Im unendlich Kleinen, im Gen- und Schöpfer-Code, wie im unendlich Großen, in den Lattice- und Galaxiearmen der galaktischen Mutter, treffen wir uns im Nichts, im Licht, dort wo sich der Uroboros-Drachen in den Schwanz beißt. Auf dem Weg, diese Bewusstseinsstufe langsam zu erklimmen, durchqueren wir immer trügerisch schimmernde Ebenen von *Maya*, von Illusion. Der Mayameister kennt deshalb seine Landkarten und Werkzeuge, doch überschätzt er sie nicht. Er ist ein kosmischer Clown, der den Weg des Aufstiegs auf verspielte, genüssliche und humorvolle Weise begeht.

Er genießt das Jetzt in jedem Atemzug und weiß gleichzeitig, dass er nicht allein ist und dass wir Stufe um Stufe in diesem Kosmischen Theater mit allen Beteiligten gemeinsam erschaffen müssen, um die abgestandene *Maya*-naise hinter uns zu lassen.

Willkommen zuhause, Lattice-Surfer!

Hinweise

Namen der Patienten oder lebenden Schamanen und Meister
Die Namen der erwähnten Personen wurden in gewissen Fällen geändert, um ihr Privatleben zu respektieren.

Tips zum Ausführen der Übungen
Richte dir für die Übungen in diesem Buch eine gemütliche Ecke ein. Du solltest dort ungestört sein, um deine Studien, Meditationen und aktiven Übungen machen zu können. Ich empfehle dir einen Altar, mit einer Kerze und anderen Gegenständen, die dir helfen werden, dich wie in einem kleinen, heiligen Tempel zu fühlen. Der Ort wird eine Verbindung zwischen Oben und Unten herstellen und schon bald eine lichte, starke Energie aufweisen. Wenn du magst, zündest du eine Kerze an und stellst duftende Essenzen auf.

Es gibt mehrere Möglichkeiten, wie du mit der Beschreibung einer Übung umgehen kannst.

1. Lies die Übung mehrmals entspannt durch und vertraue dann deiner Intuition. Es macht nichts, wenn du nicht alles genau so machst, wie es in meiner Anleitung steht. Beim nächsten Mal fügst du ein paar Details hinzu, bis du dich beim Ausführen des Rituals oder der Meditation wohl und sicher fühlst.

2. Eine andere Technik ist, den Text mit lauter Stimme auf dein Handy aufzunehmen; so hast du ihn jederzeit zur Hand, um die Übung an jedem passenden Ort auszuprobieren.

Zur Zusammenfassung der Übungen wird folgendes Schema verwendet:

Titel der Übung

Oberbegriff (Meditation, Ritual, Reflexion, Kreativität, Biosynthergie©)

Beschreibung der Übung

Zweck und Nutzen in einem Satz	Unterbegriff
Vorbereitung/Hilfsmittel	Vitalität (ruhig, lebendig, wild)
Körperhaltung (sitzend, stehend, liegend)	Zeitdauer

Weiterführende Information und praktische Hinweise
Auf der Webseite *www.es-ist-herz-zeit.com/deutsch* findest du eine eigene Zone für die Leser dieses Buches mit Ergänzungen, reichem audiovisuellem Material und Neuigkeiten. Du hast dort die Möglichkeit, an der wachsenden Community der Lattice-Surfer teilzunehmen, deine Erfahrungen auszutauschen und Fragen zu stellen.

Du kannst dich auch bei unseren Videos auf *YouTube* und auf der *Facebook-Seite* anmelden sowie die kostenlosen *Herz-Zeit-Nachrichten* abonnieren.

Warnhinweis

Das Ausführen aller Übungen kann ein persönliches Risiko mit sich bringen. Der Autor lehnt jegliche Konsequenzen ab, die durch die Übungen in diesem Buch verursacht werden. Sie können hochfrequente Energien befreien, an die man sich langsam gewöhnen muss, um einen Nutzen daraus zu ziehen. Jegliche Beschwerden oder Verletzungen unterliegen der Verantwortung des Anwenders. Im Fall körperlicher, seelischer oder geistiger Instabilität ist es notwendig, einen Arzt aufzusuchen, bevor man mit den Übungen beginnt. Das vorgeschlagene Training ersetzt weder den Besuch eines Arztes oder Psychologen noch eines ausgebildeten Instruktors in der Methode von Pascal K'in Greub.

Quellenangaben

Alle in den Quellenangaben (S. 318) genannten Bücher kann ich dem Leser wärmstens als vertiefende Literatur empfehlen.

Außerdem beziehe ich mich in diesem Buch an vielen Orten auf unsere interdisziplinären Forschungen von 2003 - 2006 in Mexiko und auf wissenschaftliche Details, die ich von unserem Forschungsteam in Mexiko-Stadt gelernt habe, ohne deshalb für alles Quellenangaben aus der Literatur machen zu können.

Auch möchte ich noch einmal auf die direkten Quellen verweisen, die »kosmischen Bücher«, wie die Maya sagen, aus denen viel Wissen in dieses Buch geflossen ist: die Lehren von Don Lauro de la Cruz, Mayapriester, Mexiko; Wissen von anderen Heilern und Schamanen in Mexiko, Guatemala, Burkina Faso (Afrika), Irland, Peru, Kolumbien; Wissen aus Parallelwelten in den Pyramiden von Palenque, Teotihuacan, Tikal, Kaminaljuyu, Copan usw.; Informationen verschiedenster Teams von Mayameistern und Sternenbrüdern.

Manche Themen in diesem Buch konnte ich nur anreißen, da sie Inhalt der nächsten zwei Bücher der Lattice-Trilogie sind:

Band 2: Wie man mit der Lattice durch den Gebrauch des Potentials der drei vereinten Gehirne kreativer denken kann

Nach außen gerichtete Anwendung des Schöpferpotentials der Lattice durch Denken, Fühlen und Handeln: *Kreation und Innovation.* Jacobo Grinbergs Synthergie-Theorie (zum Wechselspiel von Gehirn und Lattice); die Entwicklung des Bewusstseins und die »Rückkehr der Göttin«; das persönliche und kollektive Weltenei (Unterbewusstsein und Überbewusstsein, Seele und Spirit); Enfalten der persönlichen Kreativität.

Band 3: Wie man mit der Lattice heilen kann, wenn sie zum Lebensweg wird

Innere Anwendung des Schöpferpotentials der Lattice: *Heilung und Entfaltung des Bewusstseins.* Rückverbindung des göttlichen Potentials, energetische Psychologie und Medizin; Anleitung zur Selbst- und Fremdheilung für jedermann in einfachen Schritten.

Quellenangaben

1 Johann Wolfgang von Goethe, *Faust*, der Tragödie Erster Teil de.wikisource.org/wiki/Faust_-_Der_Trag%C3%B6die_erster_Teil

2 Tenzin Wangyal Rinpoche, *Übung der Nacht*, Goldmann, 2008, S. 6

3 Jerzy Grotowski, *Das Arme Theater des Jerzy Grotowski*, Friedrich Verlag, 1967

4 Alex Grey, *Sacred Mirrors – Die visionäre Kunst des Alex Grey*, Zweitausendeins, Frankfurt, 1996; jetzt Hans Nietsch-Verlag.

5 Ariel Spilsbury und Michael Bryner, *Das Maya-Orakel*, Hermann Bauer Verlag, 1996

6 Carlos Castaneda, *Reise nach Ixtlan*, Fischer, Frankfurt, a.M., 1976; *Die Lehren des Don Juan*, Fischer, Frankfurt a.M., 1973

7 Clarissa Pinkola Estes, *Die Wolfsfrau*, Heyne, München, 1997

8 www.andrewcohen.org/teachings/evolution-of-enlightenment.asp

9 verschiedenste Erfahrungsberichte als Text und Video auf der Webseite www.es-ist-herz-zeit.com

10 Rollin McCraty und Doc Childre, *The Appreciative Heart, The Psychophysiology of Positive Emotions and Optimal Functioning*, E-book, 2008

11 Miguel Angel Ruiz, *The Four Agreements*, Amber-Allen Publishing, California, 1997

12 Brian Weiss, *Viele Leben viele Meister*, Ediciones B, Madrid, 2004

13 http://de.wikipedia.org/wiki/Ich_weiß,_dass_ich_nichts_weiß (mit Absicht schreibe ich in meiner Textfassung »nicht« und nicht »nichts«)

14 Tal Ben-Shahar, *Happier*, Mc Graw Hill, 2007

15 Theo Fischer, *Wu Wei – die Lebenskunst des Tao*, Rowohlt, Hamburg, 1998

16 de.wikiquote.org/wiki/Das_Neue (2/9/2012)

17 *What the Bleep do We Know?!*, Dokumentarfilm 2004, Regie und Drehbuch: William Arntz, Betsy Chasse und Mark Vicente

18 Nicholas Handoll, *Die Anatomie der Potency*, Jolandos, Pfähl, 2004, S. 214

19 Grazyna Fosar & Franz Bludorf, *Vernetzte Intelligenz*, Omega, 2007, S. 15

20 ebenda S. 22

21 de.wikipedia.org/wiki/G%C3%BCnter_Nimtz

22 Grazyna Fosar & Franz Bludorf, *Vernetzte Intelligenz*, Omega, 2007, S. 27, 33

23 ebenda

24 ebenda

25 Gregg Braden, *Im Einklang mit der göttlichen Matrix*, KOHA, 2007

26 es.wikiquote.org/wiki/Max_Planck

27 Dr. Jacobo Grinberg Zylberbaum, *Pachita - Die Schamanen von Mexiko, Autochthone mexikanische Psychologie*, 1990

28 Gustav Weil, *Tausend und eine Nacht, Arabische Erzählungen*, Müller, Erlangen, 1984

29 S. Pezman, *Interview with Timothy Leary: The evolutionary surfer*, Surfer, 1978

30 José Argüelles, *Surfer der Zuvuya*, Bauer, 1987

31 en.wikiquote.org/wiki/Talk:Thomas_Jefferson

32 Stefan Zweig, *Joseph Fouché, Bildnis eines politischen Menschen*, S. Fischer, Frankfurt, 1999

33 Ken Keyes jr., *Der Hundertste Affe*, Felicitas Hübner, Waldeck 1995

34 www.gedichte-lyrik-poesie.de (eigene Bearbeitung)

35 www.goodreads.com/author/quotes

36 de.wikipedia.org/wiki/Wissen_ist_Macht

37 *What the Bleep do We Know?!*, Dokumentarfilm 2004 (siehe 17)
38 Ralph Hammerthaler und Elisabeth Schweeger, *Räumungen*, Alexander, Berlin, 1999 (Auszug von Wilhelm Schmid)
39 en.wikipedia.org/wiki/John_Archibald_Wheeler
40 Edward C. Whitmont, *Die Rückkehr der Göttin*, Rowohlt Hamburg, 1993, S. 54
41 ebenda S. 173 - 74
42 ebenda S. 195
43 ebenda, S. 197
44 es.wikipedia.org/wiki/Tezcatlipoca
45 www.heiligenlexikon.de/BiographienJ/Johannes_vom_Kreuz.htm (2/2/2012)
46 Film *Avatar* v. James Cameron, 2009; Film *Eragon* v. Stefen Fangmeier, 2006
47 de.wikipedia.org/wiki/Fraktale (10/10/2011)
48 Bruce Lipton, *Intelligente Zellen, Der Geist ist stärker als die Gene*, Koha, Video 2006
49 Esther del Rio, *Durch die Venen fließt Licht*, Eigenverlag, Mexiko, 2003
50 Bruce Lipton, *Intelligente Zellen, Der Geist ist stärker als die Gene* (siehe 48)
51 ebenda
52 Rollin McCraty und Doc Childre, *The Appreciative Heart, The Psychophysiology of Positive Emotions and Optimal Functioning*, E-book, 2008
53 GEO-Magazin Nr. 4/2007, Titel: *Epigenetik*
54 Bruce Lipton, *The Biology of Belief*, Hay House Publishing, 2005
55 Bruce Lipton, wie 48
56 Grazyna Fosar & Franz Bludorf, *Vernetzte Intelligenz*, Omega, 2007
57 ebenda
58 www.quantumjumping.com/blog/4-1-revolution-of-thinking (Zitat von Professor Steven Weinberg)
59 timothyhubbard.net
60 (Idee für die Abbildung) Piero Ferrucci: *Werde was du bist, Selbstverwirklichung durch Psychosynthese*, Rowohlt, 1986
61 George H. Williams, The Radical Reformation, Filadelfia y Londres, 1962
62 es.wikipedia.org/wiki/$
63 Edward C. Whitmont, *Die Rückkehr der Göttin*, Rowohlt Hamburg, 1993, S. 196
64 www.rexresearch.com/gajarev/gajarev.htm
65 Denis Dutton, *The Art Instinct*, Oxford University Press, 2010
66 Willies Harman, *Die Kunst kreativ zu sein*, Scherz Verlag, Bern, 1987
67 Jost Perfahl, *Paradies aus Klängen*, Langen Müller Verlag, München, 1986
68 ebenda und www.classic-life.com
69 Seth Lloyd, *Programming the Universe*, Alfred A. Knopf, New York, 2006
70 David Rotter, *Das Universum ist ein riesiges Gehirn*, Sein-Online, 2010
71 www.eso.org/public/news/eso0120
72 Jay Alfred, EzineArticles.com/571853
73 map.gsfc.nasa.gov
74 Jay Alfred (siehe 73)
75 aaaummm.wordpress.com/2012/03/29/neural-networks-and-the-universe
76 ebenda
77 www.eos.unh.edu/newsl_0809/forbes.shtml
78 Stephen Wolinsky, *Die alltägliche Trance, Heilungsansätze in der Quantenpsychologie*, Lüchow, Freiburg, 1996
79 Peter Schilling, *Major Tom* (Lied), 1982
80 Grazyna Fosar & Franz Bludorf, *Vernetzte Intelligenz*, Omega, 2007
81 ebenda
82 Tenzin Wangyal Rinpoche, *Übung der Nacht*, Goldmann, 2008, S. 24
83 (Idee für die Abbildung) de.wikipedia.org/wiki/Inklusion
84 eurotas.org/uploads/pdf/Konf_Splitter.pdf
85 de.wikipedia.org/wiki/Stanislav_Grof (9/11/2011)
86 es.wikipedia.org/wiki/Escala_de_Kardashov
87 Grazyna Fosar & Franz Bludorf, *Vernetzte Intelligenz*, Omega, 2007
88 ebenda

Bildnachweis

S. 37: Quelle unbekannt. | **S. 44**: mit freundlicher Genehmigung von Freddy Nock, Schweiz. | **S. 44**: Rosina Sonnenschmidt u. Harald Knauss: *Musik-Kinesiologie*, VAK, 1995, S. 212-214 | **S. 76**: mit freundlicher Genehmigung von P. Kwiat and M. Reck. | **S. 78**: mundodescono cido.com/WordPress/?p=1928 | **S. 99, 105, 107, 151,168**: Pascal K'in Greub. | **S. 115**: Quelle unbekannt. | **S. 121**: Ruiz, Federico, *Dios habla en la noche. Vida, palabra, ambiente de San Juan de la Cruz*, Madrid: Espiritualidad, 1990. | **S. 128**: Wikimedia Commons. | **S. 133**: www.greenspine.ca/Images | **S. 163 links**: mit freundlicher Genehmigung von An Vandeput | **S. 164 rechts**: mit freundlicher Genehmigung von Isidoro Negrete, Mexiko. | **S. 164**: Carlos Villanueva, Mexiko. | **S. 173**: Luis Enrique Resendi, www.panoramio.com/photo/ 3826169 | **S. 176**: Jaguar, mit freundlicher Genehmigung von Marcus Obal unter Lizenz GNU Free Documentation License; Adler, mit freundlicher Genehmigung von Alberto Rosales, Mexiko; Schlange, mit freundlicher Genehmigung von picturegallery. | **S. 185**: Wikimedia Commons. | **S. 191**: mx.fotolog.com/nofear12/43732417 | **S. 215**: mit freundlicher Genehmigung von Lawrence Berkeley National Laboratory, Mr. Paul Preuss. | **S. 216**: FreeDigitalPhotos.net | **S. 242, 244**: Creative Commons | **S. 270 oben**: Stefano Garau/shut terstock.com | **S. 290 oben**: Lucas Jennis, Wikimedia Commons; Xochicalco, Pascal K'in Greub. | **S. 291**: Torkado, mit freundlicher Genehmigung von Dr. Gabi Müller, www.tor kado.de; Double Toroidal Vortex, mit freundlicher Genehmigung von Giesbert Nijhuis.

Der Verlag hat sich bemüht, alle Inhaber von Bildrechten ausfindig zu machen. Das war leider nicht immer eindeutig möglich. Sollten Sie Rechte an von uns benutzten Bildern haben, dann wenden Sie sich bitte an den Verlag, um die Nutzung nachträglich zu regeln.

Alle Grafiken wurden von Armando Hatzacorsian ausgeführt mit Ausnahme von **S. 286 und 298**, die von Claudio Bado stammt.

Farbteil

Abbildung 1: www.justwave.com | **Abb. 2**: Landschaftsverband Westfalen-Lippe (LWL), Gemälde von Wiktor M. Wasnezow, 1880. | **Abb. 3**: mit freundlicher Genehmigung von Proscreens Ltd., Lancashire, UK. | **Abb. 4**: Creative Commons. | **Abb. 5**: © Claudio Bado. | **Abb. 6**: danieldjanie.blogspot.mx y gilmec.deviantart.com | **Abb. 7**: www.scenicreflecti ons.com/media/223488/Lava-Dragon-Warrior_Wallpaper | **Abb. 8**: mit freundlicher Genehmigung von GoldenMeadows. | **Abb. 9**: Photo von Herder de México, ©Bastiaan Versloot. | **Abb. 10, 11**: Quelle unbekannt. | **Abb. 12**: Creative Commons. | **Abb. 13**: mit freundlicher Genehmigung von Prof. Eshel Ben-Jacob, Tel Aviv, University, Israel. | **Abb. 14**: mit freundlicher Genehmigung von Tiziana Di Matteo, Carnegie Mellon University, USA. | **Abb. 15**: mit freundlicher Genehmigung von Dr. T. H. Jarrett (IPAC/Caltech). | **Abb. 16**: (oben) Davide Anselm, Creative Commons; (unten) Jean-Jacques Mlan, Creative Commons. | **Abb. 17, 18**: © Claudio Bado. | **Abb. 19**: mit freundlicher Genehmigung von Dr. Gabi Müller, www.torkado.de | **Abb. 20**: blog.mexicodestinos.com | **Abb. 21**: Pascal K'in Greub. | **Abb. 22**: © Claudio Bado; Quetzalcoatl, mit freundlicher Genehmigung von Dan Staten, danstaten.com

Abbildung 1: Wir bestehen zu 70 - 85% aus Wasser, je nach Organ. Wasser ist Leiter und Gedächtnis und soll vor langer Zeit aus dem Weltall gekommen sein und das Leben auf der Erde ermöglicht haben. Stelle dir vor, wie alles in dir und um dich herum aus Energie-Wellen besteht, die miteinander kommunizieren, vom Mikrokosmos bis zum Makrokosmos. Stelle dir weiter vor, dass alles im Universum aus verschiedensten Wasser-Manifestationen besteht, verbunden durch eine Art von Wasserkristall-Netz, durch das du täglich surfen kannst. (Siehe S. 83.)

Abbildung 2: Der fliegende Teppich in einem Gemälde des Russen Wiktor M. Wasnezow (1848 - 1926): mythischer Ausdruck alten Wissens über das Reisen in der Lattice außerhalb von Zeit und Raum. (Siehe S. 82.)

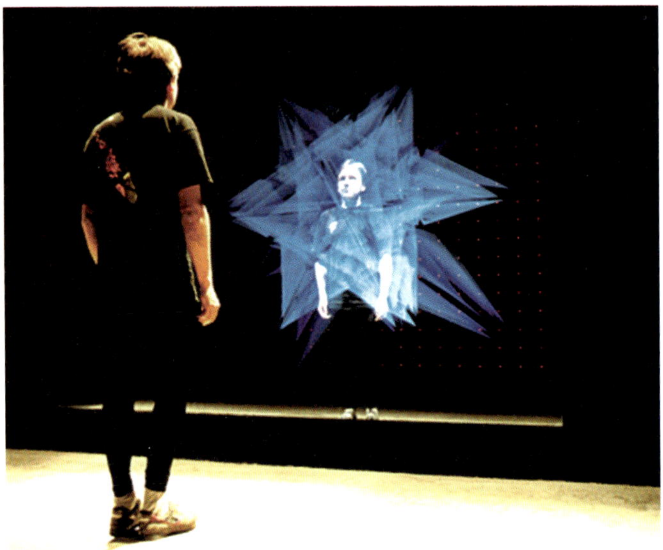

Abbildung 3: Eine der vier Quanteneigenschaften der Lattice ist die holographische. In jedem Augenblick spiegeln wir uns in ihr und erschaffen so die Wirklichkeit wie in dieser Projektion des Hologrammes einer Person. (Siehe S. 77.)

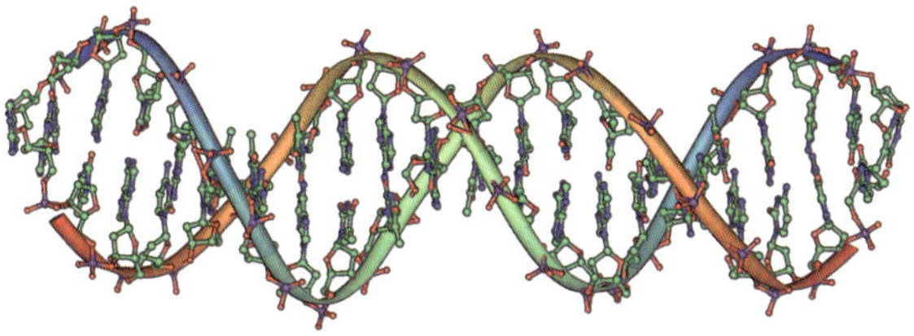

Abbildung 4: Die Doppelhelix-Struktur unserer DNA mit den Proteinkombinationen, welche unsere Gencodes enthalten. (Siehe S. 153.)

Abbildung 5: Fraktales Universum mit Drachenformen, von der DNA, die einer Zelle entstammt, bis zu den Galaxien. (Siehe S. 130.)

Abbildung 6: Die Polarität unserer Wahrnehmung hat die Drachen in gute und böse gespalten, gemäß der Kultur. Hier ein Drache mit der schützenden, schöpferischen Energie eines Begleiters. (Siehe S. 162.)

Abbildung 7: Drachenkrieger und Kriegerdrachen. In der Erinnerung des Menschen war das Zusammenleben mit den Drachen nicht immer friedlich. (Siehe S. 162.)

Abbildung 8: Die ägyptische Himmelsgöttin Nut, die alles Leben in ihrem galaktischen Schoß gebiert. In dieser Darstellung auf Papyrus aus dem Totenbuch des Schreibers Ani aus Theben (um 1300), webt sie eine Art Lattice, dargestellt durch Hieroglyphen und Menschengestalten. (Siehe S. 111.)

Abbildung 9: Der Quetzalcoatl am Fuße des »Templo Mayor« (Großer Tempel) von Tenochtitlan, heute Mexiko Stadt. (Siehe S. 113.)

Abbildungen 10, 11: Kommunikationsnetze der Lattice, Stufe 1 (siehe S. 205). Menschliche Netzwerke tendieren zur Regression ins archaisch-magische Zeitalter der Einheit wie in einem Fußballstadion. Einerseits ist dies der große Reiz solcher Vereinigungen, andererseits setzen sie auch dunkle Urkräfte frei, die in Randale ausufern können. Familien-Netzwerke haben die Tendenz, alles Fremdartige vom Clan abzuschotten.

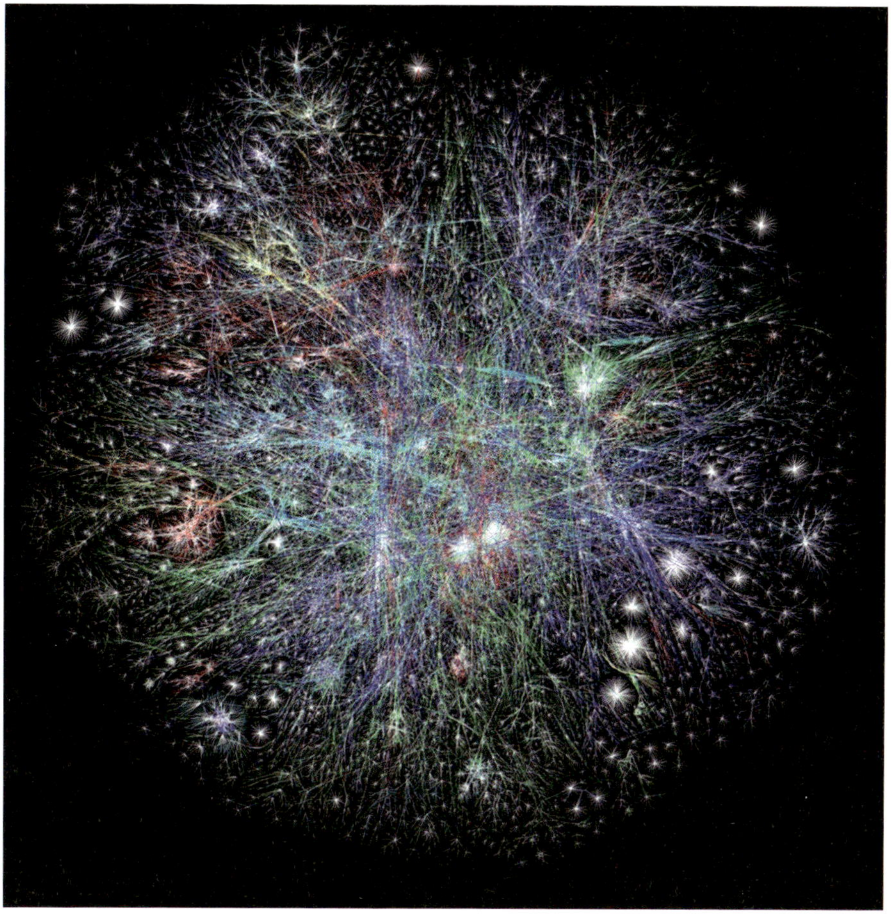

Abbildung 12: Kommunikationsnetze der Lattice, Stufe 2 (siehe S. 205). Visualisierung der verschiedenen Routen durch Teile des Internets. Die Länge der Linien beschreibt die Verzögerung zwischen den Knotenpunkten. (Datenerhebung im Januar 2005).

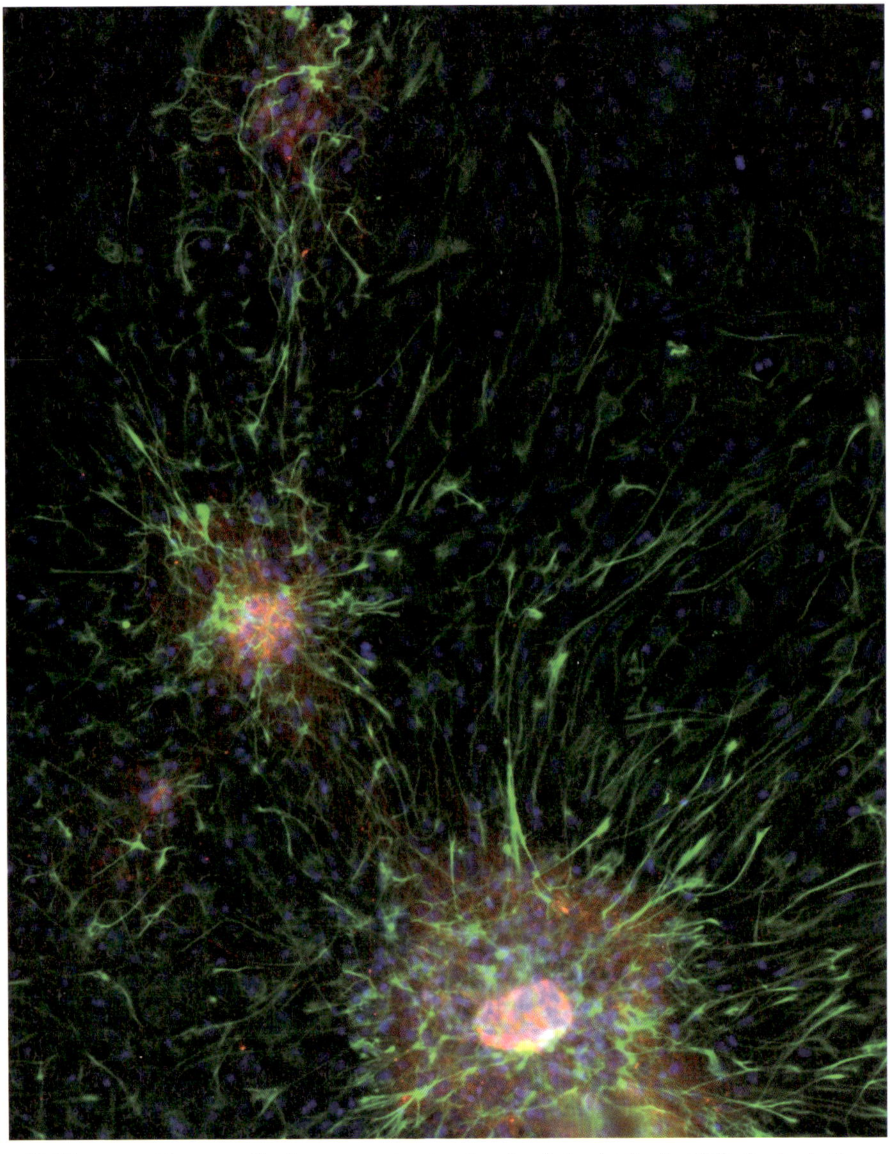

Abbildung 13: Kommunikationsnetze der Lattice, Stufe 3a (siehe S. 205). Fraktale Latticemanifestationen auf der Mikroebene. Ein aufkommendes Gebiet in der Computer-Neurowissenschaft ist die Kommunikation zwischen Gliazellen und Neuronen. Längs der neuronalen Netze befinden sich Gliazellen (grün, mit ihren Zellkernen als blaue Punkte), die den Fluss sensorischer Information zwischen den »Herztoren«, den großen Neuronen (rosa), ermöglichen.

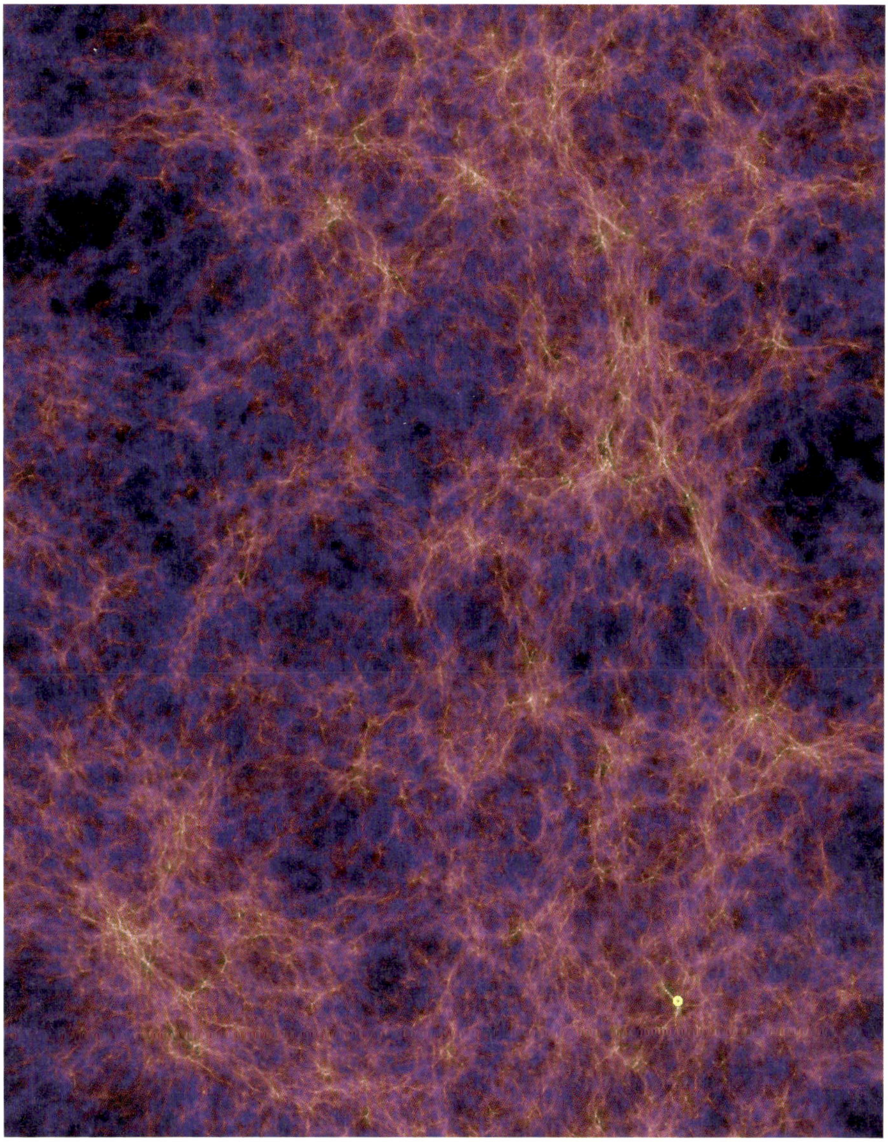

Abbildung 14: Kommunikationsnetze der Lattice, Stufe 3b (siehe S. 205). Computer-Modell des Universums, der Lattice, auf der Makroebene. Entlang der Filamente entstehen Sternformationen; an den Knotenpunkten, den »Herztoren«, sind die Galaxienhaufen (gelbe Farbe zeigt höchste Gasdichte an). Zwischen den Filamenten kann man die Hohlräume im Universum, die »Voids«, erkennen.

Abbildung 15: Der Panoramablick des kosmischen Web oder Netzwerkes, der Lattice, enthält Superhaufen von Galaxien, die sich im Universum ausbreiten und zeigt uns die Verteilung der Galaxien jenseits der Milchstraße, die in der Mitte als horizontale Scheibe sichtbar ist (von der Seite gesehen).

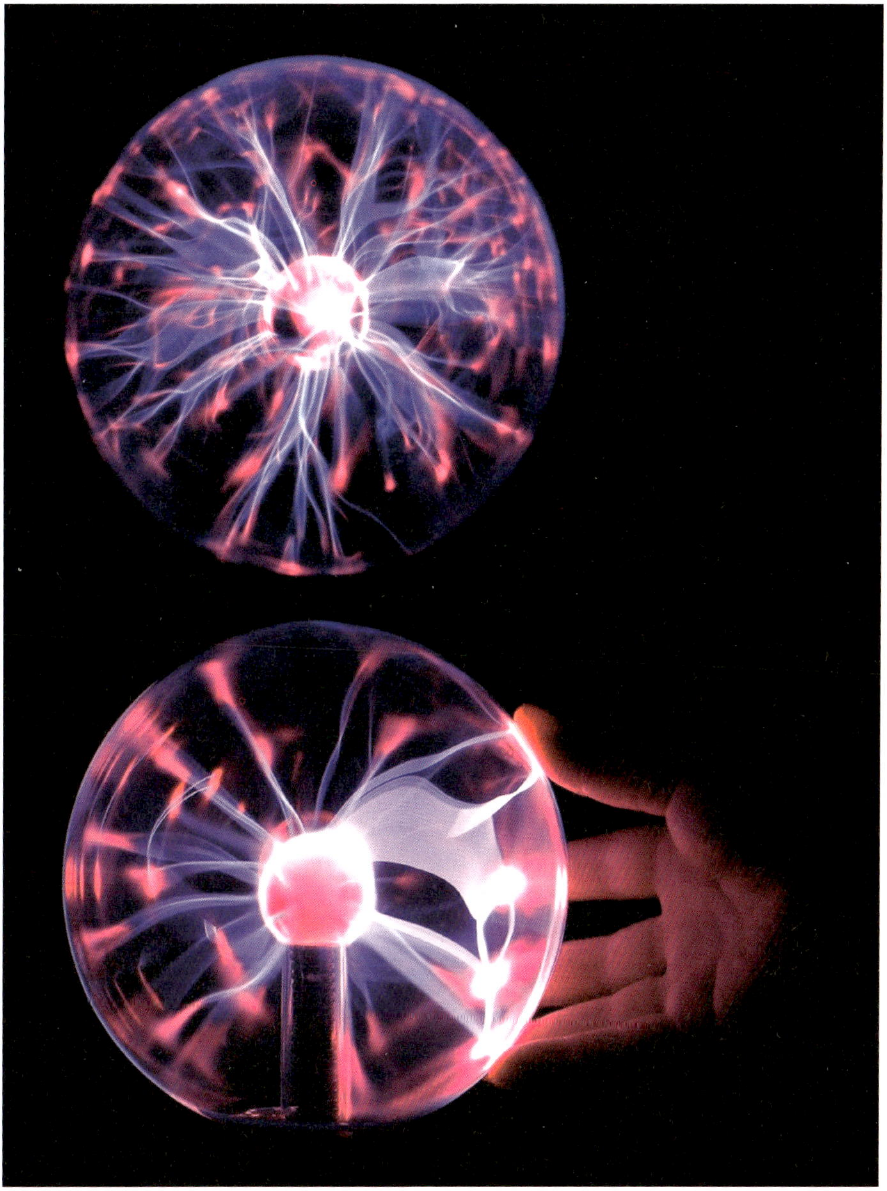

Abbildung 16: Plasmalampe oder Plasmasphäre, im Jahr 1904 von Nikola Tesla erfunden. Die Filamente entladen sich in Richtung eines Gegenstandes, der die Glasoberfläche berührt. (Siehe S. 209.)

Abbildungen 17, 18: Der Uroboros-Drache oder die Uroboros-Schlange und die unendlich sich drehenden Spiralnetze der Lattice in der Kreisbahnatmung einer Person (1) und im Torus des Erdmagnetfeldes (2). (Siehe S. 289.)

Abbildung 19: Der Uroboros-Drachen als Wirbellinie eines Torkados, darum herum ein Magnetfeldschlauch als Netz. (Siehe S. 291.)

Abbildung 20: Alte Kulturen ritualisierten den Tod als Gegenpol zum Leben, wie hier die nächtliche Friedhofsbegehung in Mexiko zum »Tag der Toten« am 1. November jeden Jahres. Wenn wir unserer täglichen Wahl zwischen Todesmodus und Lebensmodus in Gedanken, Gefühlen und Taten gewahr werden, werden wir wieder unsterblich.

Abbildung 21: Pascal K'in während eines persönlichen Retreats in einer Höhle in Chiapas, Mexiko. Man sieht die Plasmafäden vor dem Kopf und die Lichterscheinung vor dem sechsten und siebten Chakra.

Abbildung 22: Wrap-Up der Lattice-Methode für interdimensionale und intergalaktische Surfer. In diesem existentiellen Spiel gilt es, immer mehr fraktale Herztore miteinander zu verbinden, um zum Gottmenschen aufzusteigen und die vom Drachen bewachte Schatztruhe in dir zu befreien. Dabei vereinst du Vater Quetzalcoatl (links) und die Mutter Lattice (rechts). (Siehe S. 311.)

Biographie des Autors

Pascal K'in Greub ist Ausland-Schweizer und lebt seit dreizehn Jahren in Mexiko. Er hat an der Universität Basel Wirtschaftswissenschaften studiert und an verschiedenen deutschsprachigen Theater-Bühnen gespielt und inszeniert. Er verfügt über zwanzig Jahre professioneller Erfahrung als mystischer Coach, Therapeut, Heiler und Seminarleiter.

Am 31. Dezember 1999 manifestierte sich ein vorheriger Traum, als er in Mexiko den *Mayapriester* Don Lauro kennenlernte, was sein Leben für immer verändern sollte. Im Jahre 2000 wanderte er nach Mexiko aus: 33 Jahre alt, mit drei Koffern und der Bereitschaft zu lernen, sich zu er-innern und in die Jahrtausende alten Weisheiten eingeweiht zu werden. Er wird sechstes Mitglied der »Grupo de Creación« und während neun Jahren in Mexiko zum Wissenshüter und modernen Medizinmann ausgebildet. Später gaben die Maya Pascals Arbeit den Namen *Kosmisches Theater.*

Pascal K'in hilft dabei, die Frequenzen zu erhöhen, uns zu heilen, zu erinnern und zu transformieren. Da er in frühere Leben sehen kann, in denen er selbst Priester, Heiler und Magier war, versteht er es, aufgestiegene Meister und Lichtwesen einzuladen. Seine *Mission* ist die eines Brückenbauers zwischen den ältesten Kulturen der Erde, wie der der Maya, und der modernen Welt Europas, der Amerikas und Asiens. Es geht ihm darum, von alten Wissensquellen respektvoll zu lernen und damit Werkzeuge für einen neuen Lebensstil bereitzustellen, in dem Herz-Bewusstsein, »Unsichtbares Heilen« und verantwortungsvolles Mitschöpfen unserer neuen Welt selbstverständlich sind.

Man sagt ihm nach, »er könne in die Herzen der Menschen hineinsehen«.

Sie finden unsere Bücher in Ihrer Buchhandlung oder im Internet unter www.neue-erde.de
Bücher suchen unter: www.buchhandel.de.

NEUE ERDE GmbH · Cecilienstr. 29 · 66111 Saarbrücken
Fax: 0681 390 41 02 · info@neue-erde.de

NEUE ERDE